MÉMOIRES
DE LA
OCIÉTÉ D'ÉMULATION
D'ABBEVILLE

TOME II

LE CARTULAIRE
DU
COMTÉ DE PONTHIEU

ABBEVILLE
IMPRIMERIE FOURDRINIER ET Cie
Rue des Teinturiers, 51-53

1897

MÉMOIRES

DE LA

SOCIÉTÉ D'ÉMULATION D'ABBEVILLE

—

TOME II

CARTULAIRE

DU

COMTÉ DE PONTHIEU

PUBLIÉ ET ANNOTÉ

PAR

M. Ernest PRAROND

PRÉSIDENT D'HONNEUR

ABBEVILLE

IMPRIMERIE FOURDRINIER ET Cie

Rue des Teinturiers, 51-53

1897

LE
CARTULAIRE DU PONTHIEU

HOMMAGE

MESSIEURS ET CHERS CONFRÈRES,

ermettez-moi de vous dédier en témoignage d'affectueuse gratitude[1] la publication qui comptera le plus dans mes modestes travaux. Par elle, notre Ponthieu reprendra vie de huit à six cents ans en arrière, avec ses jeunes communes, ses fiefs seigneuriaux, ses bois, ses abbayes, et aussi avec un signe misérable des temps, les léproseries.

L'intérêt des documents me fait espérer que l'hommage n'est pas indigne de vous être présenté.

Fontes rerum pontivensium, si un autre titre n'eût été commandé, celui-ci se fût offert de droit et il n'eut pas seulement été justifié par le latin de la plupart des textes, il se fût appliqué à une des plus copieuses sources en effet de l'histoire du comté.

Le CARTULAIRE, nommé aussi TERRIER du comté de Ponthieu, a conservé la copie de beaucoup d'actes dont les originaux sont perdus ou, dans tous les cas, dis-

---

1. Mes souvenirs gardent religieusement deux dates, celle du 8 janvier 1891 où votre doyen d'âge reçut de votre amitié le titre de président d'honneur, et celle du 15 mai 1894 qui vit une médaille d'or consacrer par vos mains dans les siennes le cinquantenaire de son entrée dans notre compagnie.

persés ; et ces actes sont émanés des comtes de Ponthieu, des possesseurs de fiefs, de sénéchaux et d'évêques, d'abbés et d'abbesses, etc. Ils intéressent, par conséquent, l'histoire des comtes et celle d'un grand nombre de lieux du comté. Je vous ai soumis de ce recueil une transcription, sinon intégrale pour tous les actes, du moins toujours largement analytique à l'aide des sommaires et de quelques extraits.

Je n'ai pu remonter à l'origine du manuscrit, mais j'ai tenté de savoir en quels dépôts il avait séjourné et par quelles transmissions il est arrivé à la Bibliothèque où sa conservation est assurée.

Il a dû appartenir d'abord aux archives du Domaine ou de la Recette du Ponthieu. Il était conservé avant la Révolution au Bureau des finances d'Amiens. On l'y désignait, suivant le marquis Le Ver[1]*, par le nom de* Livre Rouge du Ponthieu. *Suivant le même témoignage, il fut sauvé en 1793 de la dévastation des chartriers par M. Traullé*[2] *et remis plus tard par lui à la Bibliothèque impériale. Désirant connaître la date et les conditions du don, j'ai eu recours à l'obligeance de M. Mortreuil, secrétaire de la Bibliothèque nationale. La réponse, complaisante et prompte, n'a pas satisfait à ma question. « Le département des manuscrits, y est-il dit, n'a pas de registre d'entrée avant 1830. Aucune mention d'acquisition ou du don pour ce volume qui a porté le n° 65 dans l'ancien fonds des cartulaires. » — Le numérotage, dois-je remarquer ici, a varié plusieurs fois. Le marquis Le Ver, qui a consulté largement le Terrier en 1811 et en 1816, le désigne par le numéro 312 du département des manuscrits. Le même recueil figure maintenant dans le même département, fonds latin, sous le numéro 10,112.*

Il était, en sortant des mains de M. Traullé, revêtu de ses anciens plats, rouges évidemment. La reliure actuelle est postérieure à l'Empire. Le dos, rouge encore, est orné de fleurs de lys et d'L entrelacées, surmontées d'une couronne fermée, et M. Mortreuil me dit : « Le volume a été relié à Paris par Lefebvre, relieur de la Bibliothèque. Il porte au dos le chiffre de Louis XVIII. L'estampille aux premier et dernier feuillets est celle qui a servi sous la Restauration. »

---

1. Passim dans ses extraits.
2. « ..... le Cartulaire du Ponthieu dit Livre Rouge qui était au Bureau des Finances d'Amiens dont M. Traullé l'a sauvé au moment du pillage de tous les chartriers. » — Le Ver. — Ailleurs : « .... que M. Traullé a soustrait au vandalisme de 1393. » — Le marquis habitué aux lectures de chartes a bien écrit 1393.

La table, NOUVELLE TABLE DES OBJETS CONTENUS DANS CE VOLUME, écrite sur parchemin, est de la main de M. Traullé. Elle a été réunie par le relieur au volume auquel elle ne tenait sans doute pas avant le don[1]. Elle remplit dix feuillets (410-419), c'est-à-dire vingt pages. J'y ai eu recours quelquefois quand les sommaires du XIVe siècle, que je reproduis de préférence, m'ont semblé insuffisants.

Quelques pièces ont été enlevées du corps du Cartulaire et je ne les ai connues que par cette table. Dans le courant du volume, des notes marginales, assez rares d'ailleurs, sont de la main de M. Traullé.

Les folios ont été numérotés plusieurs fois, mais non identiquement[2]. J'ai suivi, sauf inadvertances possibles, la foliation la plus moderne.

La Bibliothèque d'Abbeville a pu acquérir en 1891 trois recueils des extraits pris par le marquis Le Ver en différents dépôts. Ceux de ces extraits empruntés au Cartulaire du Ponthieu m'ont rassuré sur quelques lectures incertaines. J'aurai le bonheur de faire bénéficier assez souvent cette publication des remarques du savant qui aimait ardemment l'histoire de notre ville[3].

1. A moins qu'elle n'occupe des feuillets demeurés blancs et d'attente à la fin du Cartulaire ou que M. Traullé n'eût déjà fait substituer une nouvelle couverture à celle du Bureau des finances.
2. Il y a eu trois foliations :
Une très ancienne en chiffres romains, d'une encre en général très pâlie, ayant souffert dans l'angle supérieur des folios ;
Une beaucoup plus récente en chiffres arabes, un peu pâlie aussi. Elle pourrait être de M. Traullé et reproduit la première, à de rares variantes près qui ne sont que de légères erreurs réparées d'ailleurs dans la table ; ainsi, comme exemples, le folio IX[xx] XVII présente en chiffres arabes 196 (au lieu de 197); le folio IX[xx] XIX devient en chiffres arabes le folio 198.
La troisième, en chiffres arabes, se détache, parfaitement nette, en encre rouge. Evidemment postérieure au dépôt de M. Traullé, elle est très différente des deux premières parce qu'elle n'a pas tenu compte des folios qui manquent maintenant. Exemples pris au hasard : accord de 1334 entre le roi d'Angleterre et les religieux de Saint-Jean de Jérusalem ; le chiffre rouge 163 se substitue à la numération première VIII[xx] XI et à la seconde 171.
Pour les lettres d'arbitrage de la comtesse de Dreues et de la comtesse de Pontieu, l'ancien foliotage donne II[c] XVII, la table de M. Traullé 217 ; la foliation rouge donne 208.
Pour la liste des établissements religieux et des particuliers jouissant de bois avec la restriction de leurs droits, le foliotage ancien est II[c] XXXI recto et verso (231); la foliation rouge est 222 recto et verso.
Il est inutile de poursuivre.
3. Il y retrouvait sa famille, depuis son premier ancêtre connu, témoin de la charte de 1184, jusqu'aux nombreux maïeurs de son nom, y compris celui qui, au temps de la bataille de Crécy, avait escarmouché heureusement à la tête des bourgeois contre l'armée anglaise. Histoire du comté de Ponthieu de Devérité, tome I, pages 190-192, — sans preuves malheureusement.

J'ai reproduit à peu près intégralement toutes les lettres des comtes de Ponthieu et une partie des plus importantes entre les autres chartes. Les premières pourront servir à parfaire l'histoire des grands feudataires maîtres du comté; les secondes, à ressaisir à des plans plus reculés l'histoire des lieux du Ponthieu. De toutes les autres pièces, j'ai pris au moins des indications, empruntant, pour mieux garder la couleur des temps, les sommaires en vieille langue[1] au Cartulaire même, et y joignant de courts extraits pour la forme des noms de lieux et pour la fixation des dates. Ces indications vaudront comme répertoires raisonnés.

Je n'ai cru devoir m'accorder qu'une liberté. A une distribution qui semble à peu près de hasard, j'ai substitué l'ordre chronologique plus favorable aux vues historiques, aux recherches, au travail.

Puissent ces sources, mises ainsi à la portée de la main, tenter maintenant ceux de nos compatriotes qui ont la généreuse soif de l'histoire. A l'âge qu'il m'a été permis d'atteindre, je ne désire plus qu'aider aux travaux de mes successeurs.

E. PRAROND.

1. Ils ne sont pas toujours malheureusement d'orthographe uniforme ou régulière.

DOUZIÈME SIÈCLE

I

UNE LIBÉRALITÉ DU COMTE GUI

Lettres de le franquise [1] Wille (Willaume) d'Aumale

Sans date mais du comte Gui, par conséquent avant 1147. — Vers 1144, a écrit le marquis Le Ver.

Cette charte est donnée à Abbeville par le comte de Ponthieu à Guillaume d'Aumale.

Ego Wido, comes Pontivi, omnibus amicis et hominibus suis tam presentibus quam futuris salutem. Notum volo fieri omnibus successoribus meis quod ego Wido, comes Pontivi, Willermo de Albamarla et suis heredibus, per totam meam terram, vendendo et emendo, consuetudines meas libere et absolute concessi, et hoc assensu patris mei Willermi [2] et domine Ele, matris mee, fratris mei Johannis et uxoris mee Ide et filii mei Johannis, teste Bernardo de Balolio et Hugone Seniorato et Bartholomeo de Sancto Maxencio et Ingeranno qui non dormit [3] et Hugone filio Heldiaretis [4] et Symone Hirco et Waltero Colete et Gerardo de Sancto Richario et aliis quam pluribus. Apud Abbatis villam. Valete et istud firmiter tenete.

Fol. 54 recto.

1. Le sommaire dit simplement *franquise*; la table donne *franque feste*. Les deux expressions auraient la même valeur pour une date fixe, pour une foire; mais la charte ne limite la concession à aucune fête, à aucun lieu. Il s'agit d'un droit libre d'acheter et de vendre en tout temps, dans tout le Ponthieu, *per totam meam terram*. Le mot plus général *franquise* est préférable.

2. Gui nommant son père Guillaume ne peut être que Gui II.

3. Qui-ne-dort, nom latinisé comme plus loin Simon le Bouc.

4. Nom qui paraît mal transcrit par le copiste du terrier. Le marquis Le Ver, dans une pièce de 1255 pour le Val aux lépreux, a trouvé *Hugo filius Heldiardis*. — *Archives de l'Hôtel-Dieu.*

Omnibus amicis..... Valete. *Ne peut-on remarquer ces expressions familières et de belle humeur qui ne sont pas formules ordinaires des chartes ? — Cette courte pièce a pour intérêt de donner toute la parenté vivante de Gui et de montrer qu'il fut comte avant la mort de son père et de sa mère.*

II

SAINT-QUENTIN (en Vimeu)

Lettres de l'église d'Eu comment le comte de Pontieu octroye et conferme aux religieulx la mansion de Saint-Quentin. — *Sans date, mais du comte Gui, donc avant 1147.*

Notum sit omnibus, tam clericis quam laicis, quod ego Wido comes Pontivi, in honore dei, et in remissione peccatorum, tam antecessorum quam meorum, canonicis regularibus de Augo concedo et confirmo mansionem apud Sanctum Quintinum[1] et quarterium terre de Sancto Quintino, tam in nemore quam in planis, et nemus Hugonis Guffel et campum de Guidonis Prato et terram de Friencort[2] que data est eis in elemosina de feodo Anselmi de Caioco (Caieu) et terram de Maneslies[3] de feodo Willelmi de Bovaincort[4] et terram de Lanchières[5] et omnia que in Pontivo, amore dei in elemosina, acquirere

---

1. Saint-Quentin près de la Motte-Croix-au-Bailly, canton d'Ault.
2. Friencort dans la seconde copie. — Friaucourt du canton d'Ault. On a, en effet, écrit quelquefois Friancourt. — Garnier, *Dictionnaire topographique*.
3. Méneslies, canton d'Ault.
4. Bouvaincourt dans la seconde copie.
5. Lanchères, canton de Saint-Valery.

poterunt vel in feodo comitis de Pontivo. Testibus Landri clerico, Johanne filio ejus, etc., Godardo hostiario[1] et aliis.

Fol. 124 recto et fol. 250 verso[2].

Sans date dans les deux copies, mais on sait que le comte Gui mourut à Éphèse en 1147.

III

SAINT-QUENTIN

La lettre qui suit est bien postérieure à celle de Gui qu'elle confirme, mais, comme elle ne porte non plus de date, je la rapproche immédiatement de la précédente, ainsi que je le trouve d'ailleurs dans le Cartulaire.

Lettres comment Willaume, comte de Pontieu, acorda et conferma aux religieulx d'Eu pareillement que le comte Wy comme appert ès lettres presentes.

Notum sit omnibus, clericis et laicis, quod ego Willelmus comes Pontivi, in honore dei et in remissione peccatorum, tam antecessorum quam meorum, canonicis regularibus de Augo terram de Sancto Quintino et campum de Guidonis Prato, et omnia que in Pontivo, in amore dei

---

1. *Hostiarius*, dans du Cange : *Cui hostii seu portæ cura incumbebat.* Les *hostiarii* pouvaient être chevaliers ; *Hostiarii milites ipsi in domo comedent.* — *Ibid.*

2. Le titre de la seconde copie est : *Lettres comment Wy, comte de Pontieu, acorda et conferma aux religieulx d'Eu le maison de Saint-Quentin et aultres drois contenus en ces présentes.*

acquirere poterunt concedo et confirmo, teste Ingeranno de Roseria[1] et Bertranno de Nouvion, Roberto de Monte Securo[2], et Hellone[3] capellano, et aliis.

Fol. 124 recto et fol. 251 recto.

La date manque à cette lettre de Guillaume comme à celle de son aïeul dont elle reproduit d'ailleurs les termes, mais elle est forcément postérieure à 1191.

IV

SAINT-QUENTIN. — MERS

Lettres pour l'église d'Eu touchant l'église de Saint-Quentin. — Comment le seigneur de Mers donna aux religieulx d'Eu aucuns drois a Saint-Quentin au dehors d'Eu. — 1149.

Cet acte intéresse encore Saint-Quentin en Vimeu.

Sciant omnes presentes et futuri quod ego Willelmus de Mers[4], patrum meorum vestigia sequens, pro salute anime mee et parentum meorum omnium, dedi et concessi in perpetuam elemosinam ecclesie beate Marie Augi et fratribus ibidem deo servientibus quicquid patruus meus Ranoldus de Mers apud Sanctum Quintinum dedit et concessit eidem ecclesie et quicquid Simon de Mers, pater

---

1. Il y a Rosières, chef-lieu de canton dans l'arrondissement de Montdidier, mais il est probable qu'Ingerran tirait son nom de Rosières de la commune de Neuville-Coppegueule, canton d'Oisemont.

2. Faut-il chercher l'origine du nom de ce Robert à Monsures (canton de Conty)? Ce serait, dans tous les cas, la première fois qu'on rencontrerait Monsures sous la forme *Mons Securus*. — M. Garnier, *Dictionnaire topographique*, donne beaucoup d'origines au nom, sauf celle-là.

3. Ou Sellone.

4. Mers, canton d'Ault.

meus, successor ejusdem, eidem ecclesie dedit et concessit. Preterea liberos introitus et exitus dono et concedo omnibus manentibus apud Sanctum Quintinum, ne quis heredum meorum, in successu temporis, aliquid conetur exigere ab eis preter spirituales oraciones. Ego vero antecessorum meorum donacionem pro eorum anime que [1] remedio, hoc adicio [2], campum videlicet de ..... (?) qui est juxta Sanctum Quintinum et campum VII acrarum qui eidem conjungitur et extenditur usque ad viam que ducit ad Augum et duo jugera terre juxta campum eorum de Guidonis Prato. Ut autem hec donacio nulla valeat oblivione deleri aut in posterum aliqua successione turbari, eam scripto commendari et sigilli mei impressione roborari et subscriptorum testium feci auctoritate communiri. Testes sunt isti etc. Actum pupplice et oblatum super altare beate Marie de Augo, anno ab incarnatione Verbi M° C° XLIX°.

Fol. 122 recto et 249 recto.

V

SAINT-QUENTIN. — MERS

AUTRES LETTRES POUR L'ÉGLISE D'EU TOUCHANT SAINT-QUENTIN AU DEHORS D'EU. 1162.

Ces lettres sont de Guillaume de Mers, mais le comte Jean de Ponthieu y intervient. Elles débutent comme une homélie.

Industria priorum posterioribus normam vivendi edificavit ut quisque, suo contentus, sibi et proximis pacem conservaret. Quod igitur priores legum inventores, pro pace rei pupplice, ut lege [3] integritas illesa perseveraret, sanxerunt equum et utile esse ut juniores patrum vestigia sequentes irreprehensibiliter

1. Un mot a dû être passé ici par le copiste du XIV siècle, comme *mee*; ainsi : *meeque* ou *animeque mee*, peut-être *animarum animeque mee*.
2. Pour *adjicio*.
3. *Sic.* N'eût-il pas fallu au moins le datif *legi* ?

observent legis serta[1] per que respupplica transcendit summa et bene disponit universa. Quid enim utilius est in vita mortali quam justicia institutis regi quibus pariatur pacis soliditas? In justicia et enim et pace gratia dei acquiritur, inopia expellitur et quies gratissima cunctis largitur. Itaque ego Willelmus de Mers, patrum vestigia sequens et humane fragilitatis memor, pro salute anime mee et omnium parentum meorum, ut in conspectu dei merear justificari, in ecclesia Augensi seminare disposui semen quod non perit, ut dignus merear colligere a deo fructus qui manent in eternum. Quicquid igitur Ranoldus de Mers, patruus meus, apud Sanctum Quintinum dedit et concessit ecclesie beate Marie de Augo et successor ejus Simon de Mers, pater meus, eidem ecclesie dedit et concessit ibidem, ego eidem ecclesie do et concedo in elemosinam imperpetuum. Sed, quia elemosina redimit peccata et liberum facit a peccatis subditum, ut animam meam et animas omnium parentum meorum liberet a peccatis omnibus, ego hanc elemosinam reddo et facio, ab omni consuetudine liberam, ne quis deinceps aliquid exigat vel extorqueat ab ea vel per ea, preter spirituales oraciones que vitam dant eternam. Preterea introitus et exitus liberos huic elemosine, que est apud Sanctum Quintinum in Vimiaco, do et concedo imperpetuum. Et quicquid incrementi ego ipse superaddidi libera libertate donavi. Ne quis igitur successorum meorum vel heredum, in successu temporis, aliquid conetur exigere vel extorquere ab ea vel per ea, diligenter curavi munire hanc elemosinam scripto meo et sigillis comitum domini Johannis de Pontivo et domini Johannis de Augo et domini Ranoldi de Sancto Wallarico, ipse carens sigillo; in quorum presencia facta est hec libertatis donatio[2]. Et, quia hec elemosina de feodo est comitis Pontivi, precibus meis dictus Johannes, comes Pontivi, hanc elemosinam et libertatis donacionem fieri concessit et illam sanxivit et sigilli sui munimine confirmavit. Affuerunt eciam huic donacioni et libertatis confirmacioni Ingerrannus dapifer comitis Pontivi et Garinus victricus[3] meus de quorum feodo est hec elemosina; qui et hanc elemosinam

1. *Secta* dans la première copie, *serta* dans la seconde. La première leçon n'offre guère de sens. La seconde donne *guirlandes* ou moins élégamment *liens*; *legis serta*, les liens de la loi.

2. La première copie porte *donacio*, la seconde *donatio*. — Les formes sont incertaines et varient sous la main des copistes.

3. *Vitricus* dans la seconde copie, — beau-père.

et libertatis donacionem fieri concesserunt. Anno ab incrnacione domini M° C° LXII° facta est hec confirmacio et libertatis donacio, presentibus militibus, clericis et laicis; presentibus eciam principibus terre nostre, domino Johanne comite Pontivi, domino Johanne comite Augi, domino Renaudo de Sancto Walerico et Bertrando filio ejus, et presentibus Ingerranno dapifero comitis Pontivi et Warino de Mautort. Interfuemut eciam huic confirmacioni et libertatis donacioni fratres Augensis ecclesie etc. et quamplures alii clerici et laici.

Fol. 122 verso et 251 verso.

VI

ABBEVILLE. — ÉPAGNE. — ROUVROY

LE MOULIN dit plus tard DES NONNAINS

Pour Espaigne, *dit le sommaire de la lettre du sénéchal parce que le moulin fut peu de temps après à l'abbaye d'Épagne. 1176.*

Cet acte intéresse la construction même du moulin. La convention entre Enguerran et Renier de Revel a pour témoin (consentant par conséquent) Guy, frère du sénéchal.

Ego Ingerannus, senescallus Pontivi, volo notum fieri omnibus conventionem factam inter me et Renerum de Renela (ou Revela). Talis est convencio quod debeo invenire Renero sedem molendini prope portam de Roveroi[1] ubi habere potero et facere proprio sumptu meo omnes trencheias et super molendinum et sub molendino. Et Renerus debet facere ipso sumptu suo, in primo anno,

1. Rouvroy, le faubourg qui était alors fermé au moins par une porte.

molendinum molentem et invenire in exclusis et pontellis molendino pertinentibus quicquid ligni fieri pertinet. Post vero primum annum in omnibus sumptibus molendini duas partes mittere debeo, Renerus autem terciam partem ; et duas partes habebo in molendino et Renerus terciam partem et in moluera piscatura et in omnibus que aque et molendino pertinent. Inde vero recepi Renesum hominem ligium et ego concessi ei molinarius esse illius molendini et tenendarius[1] jure hereditario ipsi et heredi suo. Et Renerus reddet mihi xii d⁸ per annum de recognicione . . . .
. . . .

Nec est preterrundum quod molendus (ou molendinus) de Laviers (Petit Laviers maintenant) tantum debet habere ex aqua mei molendini cum aqua marisci possit molere . . . .
. . . . : . Actum anno Verbi incarnati m° c° lxx° vi°. Hoc factum fuit concedente et testante Guidone fratre meo, Johanne notario et aliis.

Folio 102 recto et folio 403 verso.

VII

LE VAL AUX LÉPREUX

Lettres faisans mention de plusieurs rentes, tant bos, terres, que aultres coses, que le comte de Pontieu donna aux frères de le maison du Val d'Abbeville. 1177.

Cet acte n'est pour une bonne part qu'une confirmation, ainsi particulièrement pour le setier du meilleur froment que les frères du Val ont le droit de prendre chaque semaine dans le moulin dit du Comte.

---

1. Mot abrégé qui ne peut être que *tenendarius*. Ce mot, qui n'est pas dans du Cange, doit être synonyme de *tenementarius*.

In nomine patris et filii et spiritus sancti amen. Quia rerum gestarum memoria subito annorum labentium circulo temporis diuturnitate multa solet delere oblivio ac res gestas et actores rerum testes quoque et tempora pro ut sanius et justius possimus litteris commendare et posteriorum memorie tradere per necessarium esse a perspicua predecessorum prudentia ad nostros usque contemporaneos derivatum accepimus, quorum discretissime sagacitati et nos diligenter adquiescimus, presertim ut omnis querela in perpetuum sopiatur et pacis diligencia studiosius conservetur[1], ego igitur Johannes comes Pontivi notum facio tam presentibus quam futuris quod fratribus in Valle de Bugni manentibus unam carucatam terre in silva que dicitur Haia Comitis[2], tam in terra extirpata quam in nemore in eadem terra, ad placitum illorum existente, et terras predicte domui adpendentes que fuerunt ab antecessoribus meis concesse, pro anima mea et antecessorum meorum animabus, in elemosinam libere et absolute, absque omni consuetudine in pace tenendas in perpetuum, concessu Guidonis fratris mei et Beatricis comitisse, uxoris mee, dedi et concessi. Totam quoque decimam de omni terra illa quam burgenses Abbatisville in Godei silva[3] extirpaverunt tam ego quam mater mea Ida, comitissa, et Guido, frater meus, et Beatrix, uxor mea, comitissa, concessimus, et in manu Theodorici, tunc temporis Ambianensis episcopi, elemosinam illam posuimus. Ipse vero eisdem fratribus eamdem elemosinam reddidit et sigilli sui impressione donum confirmavit, et, prece nostra, Adrianus papa[4] tunc temporis existens sigillum suum nostris litteris apposuit. Decimam quoque de terra illa extirpata que Haia Comitis dicebatur, que jacet sub cruce de Altavesne[5], eis concessimus. Nec non unum sextarium frumenti in molendino meo quod dicitur molendinum Comitis in unaquaque ebdomada de meliori frumento quod molendinum reddiderit, in

1. Le notaire du comte eût pu ménager ce jour-là sa rhétorique et son souffle.

2. La Haie du Comte, partie de forêt dont la situation est donnée par l'acte, dans le val qui descend de Buigny à Laviers.

3. La forêt voisine d'Abbeville, dont le nom est assez variable dans les actes, ordinairement dite ou traduite de Gadain ou de Gaden.

4. Adrien, pape de 1154 à 1159.

5 La croix de Haute avène une des bornes de la commune d'Abbeville. La Haie du Comte était donc bien voisine de la banlieue si elle n'y était incluse. Dans tous les cas, le comte y ayait conservé des dîmes.

perpetuum recipiendum sicut antecessores nostri concesserunt, et nos concedentes confirmamus. Notum quoque facio omnibus quod ego Johannes, Comes Pontivi et Monstreoli, et Guido, frater meus, et Beatrix, comitissa, uxor mea, domui et fratribus de Valle Bugnei et omnibus eisdem appendentibus nemus quod Forest[1] nuncupatur ad omnes usus eidem domui necessarios et ei appendentibus, tam ad edificandum quam ad ardendum, quercum quoque et estrum[2], et omnia alia ligna, excepto esculo et pomario[3], sive in deffensione fuerit sive non, in elemosinam perpetualiter optinendam[4] concessimus et confirmavimus, sicut et Guido, comes, pater noster, et nostri predecessores eidem domui concesserant, excepto quod nec nemus illud vendi nec donari poterit, nisi in elemosinam a predictis fratribus detur; ita etiam quod, si forte aliquis famulus eorum esculum vel pomarium interceperit sine forisfacto omnino erit, et eo ostenso ipsi magistro prefate domus, si fumulus ille ab hujus modi interpressura cessare noluerit, a domo ejicietur. Concessi etiam predictis fratribus quadraginta novales in nemore meo de Cantastre[5] in perpetuam elemosinam sine teragio et omni exactione et omni redditu obtinendas pro excambio, scilicet pabuli quod in omnibus nemoribus meis ad omnes usus bestiarum suarum, exceptis capris[6], habebant. Hec predicta et quicquid in feodo meo per elemosinam tenent vel justis quibuscunque modis acquirere poterunt concessimus et garandirare[7] debemus. Concessimus etiam ut, si ab elemosinis a nobis collatis maligno consilio deviaverimus, Episcopus Ambianensis, in cujus manu has elemosinas reddidimus, de nobis plenam justiciam expedite faciat. Ipsi vero fratres nos et animas antecessorum nostrorum et successorum nostrorum in

1. Pas d'autre désignation.
2. Hêtre évidemment, le mot n'est pas dans du Cange.
3. *Esculus, arbor glandifera* dans le supplément de du Cange. Pas d'autre spécification. Le marquis Le Ver a cru pouvoir avancer, mais non à l'occasion de cette charte, que l'*esculus* devait être le châtaignier.— *Pomarius, malus arbor* dans du Cange. Il y avait donc des pommiers dans les bois.
4. *Optinendam* sic. Nous avons déjà vu *pupplice* pour *publice*.
5. La forêt de Cantâtre.
6. Ou *capellis*.
7. *Garandire* dans la copie du folio 172.

fraternitatem [1], preces et beneficia domus sue, receperunt. Hujus rei testes sunt Theodoricus, Amb. Episcopus, Theobaldus, Pontivi archidiaconus, etc...[2] Actum est anno Mº C. LXXVIIº.

Fol. 21 verso et folio 172 recto.

J'ai comparé pour établir cette lettre les deux copies du cartulaire.

VIII

LES RELIGIEUSES D'ÉPAGNE. — ROUVROY

LE MOULIN

Pour Espaigne. — *Lettre d'Enguerran de Fontaines, sénéchal de Ponthieu pour l'abbaye d'Épagne. 1178.*

Cet acte intéresse encore particulièrement le moulin de Rouvroy. Le sénéchal précise les droits que ce moulin donné par lui aux religieuses leur confère sur les habitants de Mautort et de Sur-Somme; il énumère d'autres droits qu'il cède à Rouvroy et à quelles conditions; il rappelle les garanties accordées aux religieuses par le comte de Ponthieu, avec serment sur l'évangile, etc.

1. *Firmitatem* dans une copie du marquis Le Ver. — Il est évident que le mot est *fraternitatem*.
2. Les témoins sont nombreux. Je relève le nom d'Engelrand, sénéchal de Ponthieu. Les bourgeois assez notables pour qu'on constate leur présence sont Hugo Cholete, Wido Barbafust, Gonterus Cophins, Gonterus Patins. Un Gontier Patin, le même sans doute, sera le maïeur qui recevra la charte de 1184. Quant aux Barbafust, ils rempliront trois siècles de l'histoire d'Abbeville. Les Cholet ou Cholete, grands défricheurs de la forêt de Gadain, feront bientôt des dons importants de terre à l'Hôtel-Dieu. Je ne sais rien des Cophin. Ces noms sont ceux de l'aristocratie bourgeoise avant la charte.

Ego Ingerannus de Fontanis, senescallus de Pontivo etc., concessi in elemosinam temporibus perpetuis in pace tenendam monialibus de Hyspania in Pontivo molendinum meum de Roveroi[1] in quo homines qui manent apud, et apud Mautort, et in rua Super Somonam[2], molere tenentur et quicquid habebam apud Roveroi, tam in mariscis quam in pratis, hospitibus, terris, furno et rebus aliis, quocumque ad me et ad jus meum spectabat, sub hujusmodi forma paccionis quod congregacio sanctimonialium viventium sub regula beati Bernardi, ex hoc nunc et deinceps, abatissam canonice eliget et habebit. Hanc itaque donacionem ratam et stabilem volens permanere, sigilli mei munimine confirmavi, set et dominus meus Willelmus, comes Pontivi, hoc ipsum concessit et super sanctum Ewangelium juravit quod ipse hec et que prescriptis contulit monialibus garandibit et super hoc suum patrocinium fideliter per omnia exhibebit. Nepotes quoque mei Johannes et Hugo de Coquerel et Robertus de Laviers omnes donaciones quas monialibus hiis contuli concesserunt, jurisjurandi sacramento prestito confirmantes quod deinceps nichil omnino contra ispsas reclamabunt nec eas modo quolibet pro predictis molestabunt. Actum est hoc anno Verbi incarnati M° C° LXXVIII, sub testimonio venerabilis abbatis Balanciarum.

Fol. 102 recto et fol. 404 recto.

IX

LETTRES DU MARIAGE DU FILS DU SEIGNEUR DE SAINT-WALERY ET DE LA FILLE DU COMTE DE PONTIEU. 1178.

Theobaldus, dei gracia Ambianensis Episcopus, omnibus ad quos littere iste pervenerint in domino salutem. Noverit universitas vestra quod comes Pontivi

---

1. Pour la construction de ce moulin voir plus haut VI.
2. Sur-Somme.

filiam suam. Edelam dedit Renaldo [1], filio Bernardi de Sancto Walerico, in maritagium, et cum ea illi dedit villam quendam que vocatur Sanctus Albinus supra Deipam [2] et totam terram suam in Flandria, videlicet le Berquerie, et ea que ad ipsam pertinent; ita quod, si redditus terre illius centum libras pontivensis monete non compleverint, comes ei in terra Pontivi usque ad centum libras perficere debet, et dominus Bernardus filium suum Renaldum saisivit de tota terra sua infra Vimiacum, de feodo et de dominio, et de centum libratis [3] terre in Anglia in sterlingis; tali conditione quod, si Renaldus filiam et non filium de filia comitis habuerit et, post mortem filie comitis, de alia sponsa sua filium habeat, filia, quam de comitis filia habuerit, tantum Bernardi Villam hereditario jure possidebit. Renaldus autem uxori sue Edele dedit in dotem Andum (ou Audum) [4] et quadraginta libratas terre in Anglia in sterlingis. Renaldus [5] vero [6] nil debet accipere in terra Vimiaci quamdiu dominus Bernardus vixerit, nisi ejus spontanea voluntate. Si autem, post contractum matrimonium, a patre suo discedere voluerit, ipse Domeardum et Bernardi Villam [7] et ad ea pertinentia habebit. Similiter, postquam matrimonium contractum fuerit, filia comitis habere debet terram prenominatam, quam comes, cum filia sua, Renaldo in maritagium dedit et concessit. Hec etiam conditio in maritagio apposita fuit quod, si Renaldus deffecerit [8], alter filius Bernardi, qui heres ipsius erit, filiam comitis habebit. Similiter, si filia comitis Edela deffecerit, aliam filiam, si quam comes de uxore desponsata [9] habuerit, Renaldus habere debet, vel ejus frater qui heres domini Bernardi fuerit. Comes autem Pontivi filiam suam prenominatam

1. La première copie porte *Remaldo* ou *Renialdo* et plus loin encore *Remaldum* et *Remaldus*; c'est dans la seconde que je prends *Renaldo*, *Renaldum*, *Renaldus*.

2. *Deipam*, mais avec un signe d'abréviation. J'avais pensé à *Deiparam* qui pourrait correspondre à la rigueur à Notre-Dame, mais quel serait ce lieu? Je crois qu'il faut s'en tenir à *Deipam* et chercher une rivière de ce nom. — Le P. Ignace écrit *Diepam*.

3. Voir du Cange au mot *libra terræ* et *librata terræ*.

4. Nom abrégé dans la première copie. Lieu d'Angleterre probablement. *Audum*, Teulet.

5. Toujours bien entendu *Remaldus* dans la première copie.

6. *Autem* dans la seconde copie.

7. Domart-en-Ponthieu et Bernaville, chefs-lieux de canton, arrondissement de Doullens.

8. *Defecerit* dans la deuxième copie.

9. *Sponsata* seulement dans la deuxième copie.

assecuravit de tota terra sua ut heredem suum [1] post decessum suum, nisi filium de uxore desponsata [2] habuerit. Milites autem [3] et burgenses comitis, ejus precepto, eam assecuraverunt [4] ut heredem comitis. Si autem comes filium de uxore sua habuerit, et dominus Bernardus tunc [5] filiam habeat que desponsata non fuerit, filius comitis illam filiam Bernardi habebit uxorem. Et dominus Bernardus filio comitis, cum filia sua, dare debet [6] in maritagium centum libratas terre in Anglia in sterlingis, et, cum illam in matrimonium duxerit, Bernardus ei dabit mille libratas pontivensis monete. Et filius comitis predictus filie Bernardi dabit in dotem castellum quoddam quod vocatur Nigella et omnia ad illud pertinentia, tali conditione quod, si redditus Nigelle ducentas libras pontivensis monete non compleverit [7], filius comitis uxori sue [8] eas supplere debet. Preterea comes dominum Bernardum bona fide adjuvare debet contra omnes homines, salva fide quam regi Francie et regi Anglie debet, et salva fide quam debet dominis et hominibus suis; ita quod, si aliquis homo comitis contra dominum Bernardum commissum aliquod fecerit, et illud, ubi justum fuerit, emendare noluerit, comes domino Bernardo auxilium contra illum [9] prestare debebit. Et si eos malefactori penam inferre opportuerit, neuter illorum, absque altero, cum malefactore pacem faciet. Simili ratione, dominus Bernardus comitem bona fide adjuvare debet. Istam conventionem tenere assecuraverunt [10] fide et sacramento comes Pontivi et Bernardus de Sancto Walerico coram domino nostro Willermo, venerabili Remensi archiepiscopo, Apostalice Sedis legato, et nobis; ita quod [11] nos plegios de conventione ista tenenda posuerunt, tali conventione quod, si aliquis a pactione

---

1. *Suum* dans les deux copies. Le comte assimile cette fille à un héritier mâle.
2. *Sponsata* dans la deuxième copie.
3. *Etiam* dans la seconde copie.
4. *Adsecuraverunt* dans la seconde copie.
5. *Tunc temporis* dans la deuxième copie.
6. Ici sont passés plusieurs mots dans la deuxième copie.
7. *Compleverint* dans la deuxième copie.
8. La première copie porte *uxoris sue* ce qui n'est pas possible ; la seconde copie porte : *uxori*.
9. *Contra eum* dans la deuxième copie.
10. *Adsecuraverunt* dans la deuxième copie.
11. Ici plusieurs mots sont passés dans la seconde copie.

predicta resilierit, dominus noster et nos super illum et super ejus terram sentenciam ponere debemus. Hujus etiam [1] conventionis tenende plegii fuerunt Dominus rex Francie Ludovicus et dominus rex Anglie Henricus. Preterea barones comitis hanc conventionem, fide interposita [2], firmaverunt; et etiam burgenses; ita quod, si comes a conventione recesserit, et pactionem hoc scripto ordinatam non observaverit, barones domino Bernardo se reddere debent obsides in villa Sancti Valerici, nec ab ea exire debent donec comes Pontivi transgressionem conventionis bona fide emendaverit. Similiter homines domini Bernardi conventionem istam fide firmaverunt; ita quod, si Bernardus conventionem istam imitari recusaverit, milites sui debent se reddere obsides comiti intra Ruam [3], nec ab illa exire debent donec dominus Bernardus pactionem transgressam bona fide emendaverit. Et, si aliquis homo comitis ab hac conventione recedere voluerit, consilio Bernardi comes contra illum agere debet. Similiter, si aliquis homo domini Bernardi huic conventioni obviaverit, Bernardus super hoc consilium comitis exequetur. Ne autem super hiis pactionibus aliqua in posterum controversia [4] possit oriri, nos eas [5], utriusque partis assensu, presenti pagine commendavimus, et sigilli nostri auctoritate confirmavimus. Actum ab Incarnatione Domini Mº centesimo septuagesimo octavo. Datum per manum Roberti cancellerarii nostri.

Fol. 213 recto et folio 395 recto.

Je me suis fait une règle de ne reproduire intégralement du moins, que les pièces non publiées déjà dans des recueils accessibles au plus grand nombre des lecteurs. Je n'ai pu résister à l'intérêt du contrat de mariage d'Édèle. J'oublie la notoriété donnée à la fille de Jean par un roman d'aventures. Les conventions matrimoniales ne prévoient pas l'Istore d'outre mer, mais elles nous renseignent sur la puissance respective des comtes de Ponthieu et des seigneurs de Saint-Valery

---

1. *Autem* dans la deuxième copie.
2. Ici encore plusieurs mots passés dans la seconde copie.
3. Rue choisie peut-être comme plus rapprochée de Saint-Valery qu'Abbeville.
4. *Controversa* dans la seconde copie.
5. *Ea* dans la seconde copie.

et les calculs familiaux qui les rapprochèrent en 1178. L'acte a été publié par Jacques Sanson (le P. Ignace) et par M. Teulet. Par J. Sanson avec quelque inexactitude ; exemple : quod si Bernardus filium et non filiam, *au lieu de* filiam et non filium, *changement qui rend les conditions incompréhensibles. Le livre du P. Ignace est devenu d'ailleurs assez rare. Par M. Teulet l'acte à été reproduit d'après une copie gardée au dépôt des Archives Nationales. Mon excuse, de moindre valeur, est que les séries publiées du* Trésor des Chartes *ne peuvent se trouver que dans les bibliothèques riches. Dans tous les cas, l'original du contrat d'Édèle n'existant plus, les copies du Cartulaire de Ponthieu ne sont pas à dédaigner.*

A remarquer l'importance déjà prise par les bourgeois qui viennent, avec les barons, donner force aux conventions.

On pensera que les terres possédées en Angleterre par Bernard sont une preuve de la participation de sa famille à la conquête de Guillaume.

X

LES LÉPREUX DU QUESNE

I

Lettres de l'official d'Amiens

Cette lettre n'a pas de date, mais elle communique deux lettres du pape Lucius de 1182.

Universis presentes litteras inspecturis officialis Ambianensis. Noveritis nos vidisse et recepisse litteras infra sequentes scilicet, etc......

Suit la transcription de deux bulles du pape Lucius en faveur des lépreux du Quesne :

II

Lucius Episcopus, servus servorum dei, dilectis filiis de Quercu [1] communem vitam ducentibus salutem, etc..... Cette bulle, donnée à *Velletri*, n'est datée dans le cartulaire que de ces mots : *Datum Velletri, ij Kalendas julii* (on peut supposer 30 juin 1182).

Fol. 356 recto.

III

Lucius Episcopus, servus servorum dei, dilectis filiis leprosis Sancte Marie Magdalene de Quercu, tam presentibus quam futuris, communem vitam ducentibus, etc..... Cette bulle est encore donnée à *Velletri* : *Datum Velletri per manum Alberti Sancte Romane Ecclesie presbyteri, cardinalis et cancellarii, XVI Kalendas decembris* [2] *, indictione prima Incarnationis dominice, anno millesimo C° LXXXII°.*

L'official d'Amiens a ajouté : Pontificatus vero domini Lucii pape III anno secundo. *Or, Luce a été pape de 1181 à 1185.*

Fol. 356 verso.

Nous retrouverons encore plusieurs fois dans le courant du treizième siècle des actes intéressant les lépreux du Quesne.

---

1. Le Quesne, canton d'Hornoy. — Pour tout ce qui regarde le Quesne, voir la *Vallée du Liger* de M. Alcius Ledieu à qui cette vallée doit tant. — *La Vallée du Liger par Alcius Ledieu*, Paris, Alph. Picard, 1887.

2. Novembre 1182.

XI

L'ABBAYE DE DOMMARTIN (SAINT-JOSSE-AU-BOIS)

DONS DU COMTE JEAN

Memorandum d'une lettre de Jean comte de Ponthieu en faveur de l'abbaye de Dommartin. 1183.

Memorandum de quadam littera quam abbas et conventus Dompni Martini monstraverunt quod sic incipit : Ego Johannes, comes Pontivi, presentibus et futuris et c. Et infra litteram continetur : Pascua quoque per totam terram meam vel animalia pascentia tam fratribus quam servientibus suis a vilonagio[1] et omni exactione seculari libera concessi. Item in eadem littera continetur molendinum et furnum de Moriaumesnil cum hospitibus, cum ortis, pratis, aquis et de venatis[2] et ceteris ad locum illum pertinentibus. Datum anno Verbi incarnati M° C° LXXXIII°.

Folio 225 verso.

XII

ABBEVILLE

Lettre du comte de Pontieu comment il acorda a la ville d'Abbeville loy et commune l'an 1184.

Quoniam ea que litteris... Apud Abbatisvillam... quinto idus junii, millesimo centesimo octogesimo quarto... Tota etiam testis est Abbatisvilla...

Fol. 1.

---

1. Pour *Villenagio* ? — *Villenagium..... definitur villanum servitium, id est, illud, quod villani præstant.* — Du Cange.

2. Je ne puis lire que *venatis*. Il faudrait au moins *venatibus*, sinon *venationibus*. — *Venatio, jus venandi.* — Du Cange.

L'original très bien conservé de cette charte est à la bibliothèque d'Abbeville. — Elle a été publiée par le P. Ignace, Histoire des mayeurs d'Abbeville, p. 35; *par MM. Ch. Louandre et Ch. Labitte,* Mémoires de la Société d'Émulation d'Abbeville, année 1836-1837; *par M. Teulet,* Layettes du Trésor des chartes, t. I.

XIII

ABBEVILLE

Lettres comment le ville d'Abbeville doibt au comte de Pontieu cascun an dix livres monnoie de Pontieu a payer en dedens Penthecoustes pour le pois (poids) et pour les mesures, sauf le tonelieu (tonlieu) qui demeure au comte, et se faulseté étoit trouvée esdittes mesures ou aud. pois, le congnoissance appartenra auxdits maire et eschevins. *1187, au mois de novembre.*

De cautela antiquorum patrum ad nos usque manavit etc.....
    Fol. 203 verso.

Ces lettres ont été publiées par A. Thierry, Documents inédits, t. IV, *p. 15, d'après ce cartulaire du Ponthieu. — Thierry indique une traduction française qui est aux archives d'Abbeville,* Cartulaire blanc, *etc.*

XIV

CRÉCY

LA CHARTE

Aug. Thierry indique seulement la charte latine dans ses Documents inédits, *t. IV, p. 606. Le cartulaire du comté de Ponthieu (folio 131 recto) donne un texte français qui doit être une traduction à peu près contemporaine de la charte latine.*

Cette traduction a pour titre dans le cartulaire :

Lettres comment le comte de Pontieu otroya et donna a ceulx de Cressi loy et commune selon les drois et coustumes de le commune d'Abbeville. 1194.

Les premières lignes sont :

Pour ce que remontrance de homme est escoulourgable[1] et les choses qui sont notées en lettres sont plus tost rapelées à mémoire, je Will^e Talevas, cuens de Pontieu, fais savoir à tous chiaus qui sont et qui à venir sont que j'ai otoié, del assentiment Guyon, mon oncle, etc.

Pour la date, il me semble que le Cartulaire me donne juing l'an milisme chentisme quatre vins et quatre[2], *ce qui ne serait pas d'accord avec M. Thierry qui donne août. Le* Recueil des Ordonnances, *t. XIX, p. 500, donne, dans une confirmation (1484) des privilèges des habitants de Crécy par Charles VIII, la charte latine et la date y est bien dite 1194 :* ... quarto nonas junii, anno millesimo centesimo nonagesimo quarto Dominice Incarnationis.

La traduction française nous donne en cette forme les noms des témoins :

Les tesmoins qui y furent Guis mes oncles de par mon pere, Enguerran mes senescaus, Henris de Caumont, Watiers de Bonnele, Guis de Tofflait[3], Landris de Noron[4], Jehan Lecos, Landris de Monchiaus, Selvestres mes cape-

---

1. Je ne trouve pas escoulourgable dans le Glossaire français de du Cange, mais j'y trouve « escoulergement, écoulement du tems » et « escoullourger, escoulourgier, passer, s'écouler » avec renvoi à *scolare*, Glossaire latin. — La Curne donne « escoulergement » dans le même sens que du Cange. Il ne donne pas escoullourger. — Roquefort donne « escoulourger, s'écouler » et « escoulouriable, muable, coulant. » — Escoulourgable n'est dans aucun des trois glossaires. Godefroy fournit, entre autres formes « escoulorgable », fluent.

2. Pour 1194 suivant la remarque du marquis Le Ver. En 1184 Jean vivait encore et la charte est donnée par son fils.

3. Conflait à tort probablement dans le *Recueil des Ordonnances*. Les environs d'Abbeville connaissent Tofflet non Conflait.

4. Noyon selon le *Recueil des Ordonnances*.

lains, Ernous Moriaus[1] qui adonc estoit maires de Cresci. Toute le vile de Cresci meesmement en est tesmoins, car che fu cose faite en commune audience de toute le vile, et fut donnee par le main de Enguerran mon notaire.

Fol. 131 recto.

XV

SAINT-QUENTIN

AUTRES LETTRES DE L'ÉGLISE D'EU POUR SAINT-QUENTIN. — *Sans date.*

Si ces lettres ne sont pas de Guillaume II, elles ne peuvent être que de Guillaume III, c'est-à-dire postérieures à 1191.

Notum sit omnibus clericis et laicis quod ego Willemus, comes Pontivi, in honore dei, etc.....

Fol. 124 recto et fol. 251 recto.

J'ai déjà donné plus haut cette lettre pour fixer à une date approximative la générosité du comte Guy, rappelée par le comte Guillaume (v. ci-dessus III); j'en reproduis simplement ici les premiers mots pour fixer à une autre date approximative la lettre de Guillaume.

5. *Monachus* dans le *Recueil des Ordonnances*, c'est-à-dire Le Moine, nom du cardinal né à Crécy même, légat de Boniface VIII, fondateur du collège de la rue Saint-Victor, etc

XVI

ABBEVILLE

LES MOULINS DE BABOE ET DU COMTE

Lettres d'acord du comte de Pontieu et du prieur et couvent de Saint-Pierre sur le fait du molin Baboe et du molin le Comte.

Dans ces lettres de 1195 le comte Guillaume a repris le nom de Talvas, s'il ne lui a été donné par le transcripteur de l'acte.

Ego Willelmus Talevas, dei gracia comes pontivensis, ad communem presentium et futurorum deduco noticiam quod, cum inter me et dompnum Giroldum, tunc priorem, et monachos Sancti Petri de Abbatisvilla, contencio versaretur super elevatione molendini mei a molendinario meo facta, que molendino de Batboe eis, ut dicebant[1] dampnum inferebat non modicum, tandem dissentio ista sopita est in hunc modum. In majorem et scabinos Abbatisville compromisimus ut per juratos communie qui situm debitum molendinorum cognoscentes nominarentur, qui utrumque molendinum ad situm debitum reducerent insuper et aquam Scardonis in bifurcatione sub molendino Buvache[2], sub recepto ab eis sacramento, juste facerent bipartiri. Nominati autem fuerunt Rogo molendinarius, Bernardus Golde, Bernardus Rioles, Hugo de Montenai[3], etc., qui, presentibus

---

1. *Dicebant*, troisième copie, folio 209 verso. — La première ne donne que *dicebat*.
2. Nom moderne : la Bouvaque.
3. *De Montana* dans la troisième copie. Cette troisième copie donne encore les noms de quelques autres jurés.

Ingeranno Senescallo Pontivi et Silvestro clerico, vices meas in hoc agentibus, et presente priore, juraverunt se utrumque molendinum ad debitum statum bona fide reducturos. Particionem aque faciendam juraverunt Wido de Longuet etc. [1]. Predicti itaque jurati molendinum meum videntes injuste elevatum ad metam debitam reduxerunt. Aqua etiam secundum antiquum et debitum portionum excessum, me presente, est partita. Metas igitur elevationis molendinorum ab eis statutas et particionem aque factam ego [2], prior et monachi teneri volentes imperpetuum, cyrographum divisimus; et recepta ab eis parte sigillo capituli sigillata, partem eorum meo feci communiri. Hujus rei sunt testes Gonterus Patin, tunc maior, etc. Actum est hoc anno Verbi incarnati M° C° XV° [3], mense aprili.

Folio 15 verso, — et deux autres copies, l'une au folio 151 recto, l'autre au folio 209 verso.

On le voit, les jurés ont donné tort au meunier du comte, et le comte, acceptant leur décision, assiste en personne à l'établissement des niveaux arrêtés par ces arbitres. L'acte rédigé est coupé en deux. Le comte en a gardé une moitié munie du sceau du prieuré et a remis l'autre moitié munie de son sceau aux religieux.

1. La troisième copie donne encore ici quelques autres noms d'arbitres.
2. *Ego et prior*, dit la troisième copie.
3. 1115, mais on a corrigé et écrit en marge 1195 ; c'est aussi la correction faite par le marquis Le Ver dans le manuscrit n° 218 de la bibliothèque d'Abbeville.
M. Le Ver ajoute d'ailleurs : Girold ne fut prieur de Saint-Pierre d'Abbeville qu'en 1190 selon le *Gallia christiana, t. X, col. 1313.* Gontier Patin était maire d'Abbeville en 1195. On voit encore en 1195 Silvestre clerc du comte de Ponthieu. — Le P. Ignace, dans son *Histoire chronologique des mayeurs d'Abbeville*, page 90, fait mention de l'accord du comte et de Saint-Pierre, disant qu'il l'a vu dans un ancien titre de 1195. — Quant au nom de Talvas donné au comte de Ponthieu, poursuit Le Ver, je crois encore que c'est une erreur du copiste qui aura voulu faire le sçavant, car je n'ai pas encore vu de charte de Guillaume III, comte de Ponthieu, où il soit nommé Talvas. — M. Le Ver a voulu dire de charte en original.

XVII

MARQUENTERRE

Lettre de le commune de Marquienneterre. — *Rue, 1199.*

Je ne copie que le préambule, la charte rappelant celle d'Abbeville.

In nomine Patris et Filii et Spiritus sancti amen. Quoniam ea que litteris annotantur melius memorie commendantur, Ego Willelmus, comes Pontivi, tam presentibus quam futuris notum facio quod, cum homines de Mareskiene terre communiam haberent [1], ad petitionem eorumdem hominum, de assensu uxoris mee Aalidis filie Ludovici regis Francie, et consilio hominum meorum, concessi eis communiam habendam et tanquam fidelibus meis contra omnes homines imperpetuum tenendam, secundum jura et consuetudines communie Abbatisville, salvo jure sancte ecclesie et meo et heredum meorum et baronum meorum.

Statutum est itaque, et sub religione juramenti confirmatum, quod unusquisque jurato suo fidem, vim, auxilium, consilium quoque, prebebit et observabit secundum quod justicia dictaverit... etc.

Folio 321 recto.

M. Aug. Thierry remarque, Documents inédits, t. IV, p. 613 [2], *que la charte du Marquenterre est calquée sur celle d'Abbeville et en reproduit les dispositions. — Je ne vois pas ce que M. Thierry ajoute, que* « *s'il survient quelques difficultés entre le comte et les bourgeois, elles seront soumises à l'arbitrage de la commune d'Abbeville.* » *M. Thierry publie enfin les derniers*

---

1. Les habitants du Marquenterre possédaient donc déjà une commune de fait.
2. C'est dans notre cartulaire que M. Thierry a lu la lettre.

articles : Et sciendum est quod unusquisque, etc. *La lettre fut faite à Rue* M° C° *nonagesimo nono.*

Cette charte du Marquenterre a été publiée avec des Observations *et des réflexions dans un Mémoire pour le sieur Guerrier de Lormoy à qui le comte d'Artois, comte de Ponthieu, avait fait une concession à bail emphytéotique de 672 arpens de marais et mollières, à l'extrémité du Marquenterre, le long de l'Authie. — Les habitants du Marquenterre opposaient à cette concession les termes de leur charte de commune.* — Le Ver.

TREIZIÈME SIÈCLE

XVIII

ABBEVILLE

Lettres de rente a prendre sur le vicomté d'Abbeville. — *Septembre 1225*. (Erreur pour 1201, 1202 ou 1203.)

Lettres du comte Guillaume de Ponthieu, qui donna vingt livres parisis à prendre annuellement, jure hereditario, *sur la vicomté d'Abbeville à Pierre de* Poestisiaco [1] (dilecto meo de Poestisiaco), *en récompense de son service.*

Ego Willelmus, comes Pontivi et Monstreoli, notum facio tam presentibus quam futuris quod dilecto meo Petro de Poestisiaco et heredi suo, in recompensationem servicii sui, in feodum et homagium dedi xx libras parisienses, singulis annis in perpetuum jure hereditario possidendas. Ut autem dictus Petrus predictum feodum recipiat sine qualibet difficultate, ipsum ad vicecomitatum Abbatisville eidem feci assignamentum; ita quod annuatim ad Pascham ei reddentur vigenti libre predicte, ab eoque vicecomitatu Abbatisville tenebit. Et, ut donum istud ratum sit perpetuamque obtineat firmitatem, sigillo meo presentem paginam confirmavi, testibus Hugone comite de Sancto Paulo, Hugone de Fontibus, etc. Actum est hoc anno dominice incarnationis M° CC° XX° V°, mense septembris.

Fol. 60 verso.

« *Cette date (1225) est manifestement erronée, dit le marquis Le Ver, puisque le comte de Ponthieu mourut en 1221, et que, suivant l'*Art de vérifier les dates, *Hugues de Saint-Pol mourut de la goutte en 1205, à Constantinople d'où*

---

1. *De Poesticiaco*, quel est ce nom ? quel lieu peut-il représenter ? Le copiste du cartulaire l'a-t-il bien transcrit ? Quelle était la qualité de celui qui le portait et que le comte nomme affectueusement ?

son corps fut rapporté à l'abbaye de Cercamps. — Hugues de Saint-Pol avec sa femme Iolende mirent dans l'église de Saint-Gervais à Encre dix moines de l'abbaye de Saint-Martin des Champs au lieu des chanoines qui y étaient. Cet acte est de 1201 rapporté p. 92 de l'Histoire du comte de Saint-Paul *par Thomas Turpin, suivant lequel, en 1203, Hugues de Saint-Paul se rendit à Venise puis à Constantinople. Ainsi l'acte du comte de Ponthieu doit être au plus tard des années 1201, 1202, 1203.* »

XIX

DROITS DU COMTE DE PONTHIEU A SAINT-JOSSE-SUR-MER

L'abbaye de Saint-Josse-sur-Mer est une des plus anciennes du Ponthieu bien qu'elle ait peu d'histoire. L'extrait qui suit n'est qu'un fragment d'une charte de l'abbé Florent ou plutôt d'un accord entre lui et le comte Guillaume (1203), mais ce fragment est aussi un extrait d'une charte de 1100 du comte Gui reproduisant déjà elle-même des dispositions du comte Hugues. La comparaison de la charte de 1203, relevée intégralement par le marquis Le Ver dans le cartulaire même de Saint-Josse, et du fragment de notre cartulaire fait songer. On remarquera que l'art de fausser les textes remonte assez haut. D'après le cartulaire de l'abbaye, le comte n'a droit à la vache écorchée que s'il est présent à Saint-Josse ; d'après le Cartulaire du Ponthieu, *il y a droit dans tous les cas,* tanquam..., *etc. Notre cartulaire donne :*

Comes Monsteroli et Pontivi debet habere in festo beati Judoci vaccam[1] excoriatam et allia[2], ita tanquam[3] si presens fuerit. Et, si festum beati Judoci

---

1. *Vaccam unam* dans le cartulaire de S. J. — Copie Le Ver.
2. Des aulx, des ognons.
3. *Ita tamen* dans le cartulaire de S. J. — Suivant la copie Le Ver.

fuerit in die¹ quo non licet vesci carnibus, comes habebit centum ova et libram piperis² ut³ eo presente. Et sciendum est quod si homo nobilis, vel alius quilibet, ecclesie beati Judoci injuriam fecerit de quo ecclesia suum jus non possit habere⁴, comes Monsteroli et Pontivi tantum debet facere⁵ quod injuria predicte ecclesie emendetur sine custu⁶.

Item, dicta ecclesia debet dicto comiti, quolibet anno, unum pastum die quo idem comes voluerit⁷ apud Sanctum Judocum⁸.

Folio 222 verso.

MM. Ch. Louandre et Ch. Labitte ont publié un fragment d'une traduction française un peu ancienne de la charte de l'abbé Florent dans les Mémoires de la Société d'Émulation d'Abbeville, *années 1836-1837, p. 108.*

La lettre latine a été publiée dans le Gallia Christiana⁹. *Je n'ai reproduit les extraits de notre cartulaire que pour mettre en présence des variantes.*

La date donnée par le texte latin est : anno Verbi incarnati millesimo ducentesimo tertio, anno videlicet quo Paschæ dies evenit in festo beati Marci evangelistæ. — *Copie du marquis Le Ver.*

1. *In festivo die* dans le cartulaire de S. J. — Copie Le Ver.
2. Le comte ne ménageait pas le poivre sur ses œufs.
3. *Ut* n'est pas dans le cartulaire de S. J. Il fallait donc, suivant cet autre texte, que le comte fût présent. — La différence consiste ainsi, entre les deux textes, dans le changement de *tanquam* en *tamen* et la suppression du *ut*, au profit de l'abbaye.
4. *Habere non possit* dans le cartulaire. — Simple transposition de mots.
5. *Facere debet* dans le même cartulaire.
6. *Sine custu emendetur* dans la copie du marquis Le Ver.
7. N'eût-il pas fallu lire *venierit ?*
8. Ce dernier droit de *past* ne figure pas dans la copie Le Ver. — Le *Cartulaire du Ponthieu* est encore ici plus favorable au comte. Le cartulaire de S. J. donne toujours *Jodocus*, le notre, *Judocus*.
9. Tome X, *instrumenta*, col. 335.

XX

LES LÉPREUX DU QUESNE

Don d'un demi muid de blé par Enguerran de Saint Albin (ou Saint Aubin) aux lépreux du Quesne. — *6 des Kalendes d'avril 1203 (27 mars 1204.)*

Quoniam labilis est humana memoria nisi litterarum teneatur cathena, etc....., ego Ingerrannus de Sancto Albino[1] etc..... Factum est hoc anno incarnati Verbi M° CC° III°, VI kl^{as} april.
Fol. 358 recto.

XXI

AFFAIRES D'UN SEIGNEUR DE BOUILLENCOURT-EN-SERY

Lettres de l'amendise (de la réparation) du seigneur de Boulaincourt en Sery. 1205. — *Nous discuterons cette date beaucoup plus loin, à l'année 1285.*

Ramembranche que, le dymenche prochain devant le S. Thomas apostle, l'an de grace M. CC. et cinc, vint au manoir le comte à Abbeville mon seigneur

---

1. Aujourd'hui Saint-Aubin-Rivière, canton d'Oisemont, sur la rive gauche du Liger et à très peu de distance du Quesne, quoique d'un canton différent.

Guill... de Cayeu, sire de Boullaincourt en Seri[1], presens noble homme mon seigneur Jehan de Ponthieu, conte de Aubemarle, etc.....

(Aucune date à la fin qui confirme ou rectifie celle de plus haut).
Fol. 83 verso.

Mais cette date de 1205 est fausse. Si j'ai laissé subsister ci-dessus les premières lignes de la lettre c'est pour attirer immédiatement l'attention sur une erreur répétée ; erreur inaperçue de Dom Grenier (24ᵉ paquet, 6ᵉ liasse) ; largement exploitée par Formentin ; non discutée d'abord par moi, Histoire de cinq villes, t. IV, p. 275 ; *reprise avec quelque inquiétude ensuite,* Abbeville avant la Guerre de Cent ans, p. 68-69 ; *acceptée enfin par M. Darsy, en confiance de Dom Grenier sans doute,* Canton de Gamaches, p. 207.

La lettre est écrite en français, ce qui serait à peu près insolite pour le commencement du treizième siècle mais ne suffirait pas à démontrer la fausseté de la date, si, dans la lettre même, ne figuraient des noms de la fin du même siècle, entre autres celui de Thomas de Sandwich qui fut sénéchal de 1279 à 1288, etc.

XXII

LA VASSALITÉ DU SEIGNEUR DE SAINT-VALERY

Lettres comment le segneur de Saint-Valery promet au comte de Pontieu le service, excepté contre le roy de France et [celui] d'Angleterre. — *1205, (aoust.)*

Ego Thomas de Sancto Walarico notum facio omnibus etc..... quod talis paccio inter me et dilectum fratrem meum et dominum Willelmum comitem Pontivi etc..... anno Mº CCº Vᵗᵒ, mense augusti, pridie kalendas septembris.

Fol. 206 recto et fol. 398 recto.

1. Bouillencourt-en-Séry, canton de Gamaches.

Cet acte a été publié par M. Teulet, Trésor des chartes, t. Ier, p. 295.

M. Teulet *semble croire, d'après le titre qu'il donne à la pièce, que Guillaume était vraiment le frère de Thomas. Le mot* fratrem *pourrait n'être ici qu'un terme d'affection ou de courtoisie, sinon de vanité de la part de Thomas. Il a la valeur positive de beau-frère. Thomas avait, à défaut de Renaud, épousé l'Edèle, fille du comte Jean.*

XXIII

VERGELAI (aujourd'hui VERJOLAY)

Lettres comment le comte de Pontieu acorde que l'église de Notre Dame de Vergelai ait cascun an sur le vicomté de Rue ung muy de sel que Jehan son père, comte de Pontieu, et Betrix se mere, comtesse dudit lieu, avoient donné en aumosne a leditte eglise.

Ego Willelmus, comes Pontivi et Monstreoli, notum facio omnibus tam presentibus et futuris quod elemosinam unius modii salis in festo beati Johannis Baptiste, singulis annis, apud Ruam, ad vicecomitatum Rue, quicumque eum tenuerit, capiendi, quem Iohannes, pater meus, et Beatrix, mater mea, in elemosinam contulerunt ecelesie beate Marie de Vergelai[1], bene concedo [et] sigilli mei appentione confirmo. Actum est hoc anno Domini M° CC° quinto, mense septembri.

Folio 280 recto.

1. Verjolay, commune du Boisle, canton de Crécy. — Cette Marie de Vergelai était Marie-Madeleine. Verjolay, simple prolongation du Boisle vers l'Authie, n'en possédait pas moins une église. — *Histoire de Cinq villes, VI, p. 546.* — Cette église, dédiée à Madeleine, était le siège d'un prieuré à la collation de l'abbé de Vézelay en Bourgogne. — M. Darsy, *Bénéfices de l'église d'Amiens, II, p. 148.*

XXIV

SAINT-JOSSE-AU-BOIS. — LES VIVIERS DE RUE

Lettres comment Wille comte de Pontieu donna a l'église de saint Giosse ou bois soixante sols de cens a prendre a Rue, a trois termes, sur le maison qui fu Robert le Botille, qui est en Richebourc, et comment ledit comte donna a ladite eglise de saint Giosse autant que deux pesqueurs pourroient prendre au tramaire en ung jour ès viviers de Rue en le sepmaine devant le saint Giosse. 1205.

On remarquera que le comte Guillaume fit cette donation dans le chapitre même de Dommartin (Saint-Josse).

Ego Willelmus, comes Pontivi et Monstreoli, notum facio presentibus et futuris quod ego, pro anima patris mei et matris mee et antecessorum meorum, dedi ecclesie Sancti Judoci in Nemore, in elemosinam perpetuam, sexaginta solidos annui census capiendos apud Ruam, in domo Roberti le Bouteillier [1], que est in Richebourc [2]. Sciendum autem est quod ipsa domus cum deventura, tam in una parte quam in alia, libera est ab omni consuetudine. Predictus Robertus, vel heres ejus, fratribus Dompni Martini predictum censum singulis annis persolvet, ad faciendum anniversarium patris mei et matris mee. Et, si jam dictus Robertus, vel heres ejus, domum decidere permiserit, de consilio abbatis et fratrum predicte ecclesie, census valentes XL^a solidos eis providebit. Istis vero terminis solventur LX solidi predicti, in festo scilicet sancti Johannis xx solidi, in festo sancti Remigii xx solidi, et in Natali xx solidi. Quod si, statutis terminis, non redderentur ad unumquemque

---

1. *Roberti le Botill.* dans la première copie, mais la seconde copie donne *Roberti le Bouteillier*, que j'adopte.

2. Richebourc était donc un quartier de Rue.

terminum, Robertus vel heres ejus septem solidos et dimidium predictis fratribus reddere teneretur de lege. Concessi etiam eidem ecclesie[1], singulis annis, quantum una die duo piscatores capere poterunt ad tramaria[2] in vivariis meis apud Ruam, ubi fratres elegerint, in hebdomada ante festum sancti Judoci, mense julio. Hec omnia dedi et concessi ecclesie beati Judoci in Nemore assensu et voluntate Marie filie mee et Aelis uxoris mee. Et, ut predictam elemosinam nullus homo deinceps audeat violare, infringere[3] vel minuere, presentem cartam sigilli mei appositione roboravi. Testes sunt[4] Silvester clericus meus, Symon de Donquerre, Ingerannus filius ejus, Droco de Ponches, Johannes filius ejus, Guido de Argounia[5], Arnulphus del Espaut [?], Galterus de Gusart[6], Petrus Waucos et filii ejus, Johannes Fornarius, Oliverus, et multi alii. Acta sunt hec et confirmata anno ab incarnatione Domini M° CC° V°, in capitulo apud Dommartin.

Folio 182 recto et folio 292 recto.

XXV

ABBEVILLE. — SAINT-VULFRAN

Lettres de saint Oulfran. 1205

Universis Christi (in Christo dans deux autres copies) fidelibus etc. Willelmus, comes Pontivi et Monstreoli, etc., ecclesiam beati Wlfranni in Abbatisvilla, fundatam a predecessoribus meis et dotatam, affectu speciali diligo etc.

1. *Eidem ecclesie* dans la première copie. *Ecclesie* seulement dans la seconde copie.
2. *Tramalia* dans la seconde copie. On dit encore *tramail*, je crois. Le titre de la pièce a traduit *tramaire*.
3. *Aufferre* dans la seconde copie.
4. Les noms des témoins ne sont pas dans la première copie.
5. *Argouvia* plutôt sans doute, d'Argoules.
6. Un signe d'abréviation surmonte l'u. Peut-être faut-il trouver dans ce nom Guessart, Gueschart, à présent du canton de Crécy.

Cette lettre a été publiée par le P. Ignace dans son Histoire ecclésiastique, *page 89, avec quelques différences quelquefois dans les mots et malheureusement presque toujours dans les formes, ou du moins l'orthographe, des noms de lieux. Quelquefois même le nom est défiguré ; ainsi Haineville pour Haimevile.*

Il est question dans cette lettre du monnayage, percussura monete.

A remarquer que P. Ignace écrit toujours avec des æ où le terrier ne donne que des e (ici monetæ).

Le comte fait dans cette lettre une revue de tous ses dons. — Très grand nombre de lieux nommés. — Anno M° CC° QUINTO.

Folio 103 recto, 104 verso. — 231 recto, 232 verso.

XXVI

LE MOULIN DE TIGNY

LETTRES FAISANS MENTION DE CHERTAINE CONVENTION ET ACORD DU MOULIN DE TIGNY[1], DE L'ABBÉ ET COUVENT DE SAINT GIOSSE-OU-BOIS ET DU COMTE DE PONTIEU. — *1205, mars (1206.)*

Ego Petrus, Dei permissione Sancti Judoci in Nemore abbas, et totus ejusdem loci conventus notum facio..... Acta sunt hec anno verbi incarnati M° CC° V°, mense marcio.

Fol. 183 verso.

---

1. Commune de Tigny-Noyelle sur l'Authie, canton de Montreuil-sur-Mer.

XXVII

ABBEVILLE

LA CHAPELLE DE SAINTE CROIX DANS LE CHATEAU DE PONTHIEU

La lettre suivante a été transcrite deux fois dans le terrier avec des sommaires différents qui se complètent; d'abord : LETTRES POUR LES CAPPELAINS DE LE COMTE DE PONTIEU, DE TREIZE LIVRES ET DEMI QU'IL PRENDENT, CASCUN AN, SUR LE VICOMTÉ ; *puis :* LETTRES COMMENT WILLAUME, COMTE DE PONTIEU, DONNA ET ACORDA A UNG CAPELLIN DE SAINTE CROIX TREIZE LIVRES DIX SOLS PARISIS EN RECOMPENSATION DU MANAGE EVE DE SENARPONT ET UNG MUY DE BLÉ, LAQUELLE SOMME SE PRENT A LE VICOMTÉ A TROIS TERMES, A LE SAINT REMY, NOEL ET SAINT JEHAN-BAPTISTE. — *1205, mars (1206.)*

Ego Willelmus, comes Pontivi et Monstreoli........ Actum est anno Verbi incarnati M° CC° V°.

Fol. 105 verso et 233 verso.

Cette lettre a été publiée par le P. Ignace, Histoire ecclésiastique, *p. 395, mais un peu inexactement pour quelques mots. J'ai relevé les différences du texte fourni par le Terrier et du texte donné par le P. Ignace, ainsi :*

Ignace, ligne 2 (de la charte) : ..... et Alais uxoris. — *Terrier :* ..... et Aalais uxoris.

Ignace, ligne 5 : tredecim libras et dimidiam partem. *Terrier :* ..... XIII libras et dimidiam (*sans* partem).

Ignace, ligne 6 : Evæ Signoree. — *Terrier :* Evæ Segipourie, *ce qui d'ailleurs est incompréhensible.*

Ignace, ligne 7 : de Wiavecourt. — *Terrier :* de Vinacort.

Ignace, ligne 8 : eleemosynæ. — *Terrier* : elemosine. — *Le P. Ignace est plus classique et moins paléographe.*

Ignace, ibid. : ..... Abbavillensi. — *Terrier* : Abbatisville.

Ignace, ligne 11 : Joannis. — *Terrier* : Johannis bapt'.

Ignace, ligne 14 : ..... irrogare. — *Terrier* : irrigare. — *Ici c'est évidemment le P. Ignace qui a raison.*

Ignace, ligne 20 : Honoratus et Robertus. — *Les deux copies du Terrier ne me donnent, chacune, que* Honoratus Robertus.

Ignace, ligne 21 : Gollo, Renelinus. — *Terrier* : Gosso Renelinus.

Ignace, ibid. : Petrus de Verlli. — *Terrier* : Petrus de Welli.

Ignace, ibid. : ..... Betrannus. — *Terrier* : ..... Bertrannus.

Le P. Ignace ajoute : Datum per manum Ingerranni mei Concellarii. *Il est donc, du moins par ces mots plus complet. On voit qu'il a pris la charte ailleurs que dans le terrier, peut-être sur l'original même.*

XXVIII

SAINT-QUENTIN (EN VIMEU)

LETTRES COMMENT LE COMTE DE PONTIEU PRINST EN SA GARDE TOUTES LES POSSESSIONS DES RELIGIEULX D'EU ET MEISMEMENT DE SAINT-QUENTIN AU DEHORS D'EU AVEC LES APPARTENANCES. — *1207, juillet.*

Willelmus, comes Pontivi et Monstreoli, omnibus baillivis et servientibus suis salutem. Sciatis quod ego omnes res et possessiones canonicorum Augi, et maxime Sancti Quintini[1] cum pertinenciis, in protectione mea suscepi. Ideo vobis mando et precipio quatenus res et possessiones predictorum canonicorum,

1. Saint-Quentin en Vimeu, canton d'Ault.

sicut meas proprias, protegatis et manuteneatis, et, si quis eis in tota terra mea aliquam injuriam intulerit aut gravamen, consilium eis et auxilium pro posse vestro, sicut pro meis propriis negociis, conferre non differatis. Actum anno Verbi incarnati M° CC° VI°, mense julio.

Fol. 124 verso et fol. 251 recto.

XXIX

ABBEVILLE

CONCESSION D'UN ÉTAL ET PAR CONSÉQUENT D'UN DROIT DE CHANGE PAR LE COMTE

LETTRE DU CANGE SUR LE PONT-AUX-POISSONS. — *Cette lettre a été transcrite deux fois. La seconde copie a pour sommaire :* LETTRES COMMENT LE COMTE DE PONTIEU DONNA A HUE TROCHART ET A SES HOIRS UNE TABLE A FAIRE UNG CANGE SUR LE PONT AUX POISSONS POUR DOUZE DENIERS, L'AN. 1207.

Le pont aux poissons était on le sait, le siège de la vicomté de Ponthieu, celle que s'était réservée le comte à Abbeville.

Ego Willelmus, comes Pontivi et Monstreoli, notum facio omnibus, tam presentibus quam futuris, quod ego dedi Hugoni Trochard et heredibus suis quandam tabulam supra pontem Piscium de Abbatisvilla, ad faciendum excambium libere et quiete, in feodo et hereditarie, pro suo servicio, pacifice tenendam et habendam, ipse et heredes sui, de me et heredibus meis, hac habita conditione quod prefatam tabulam de retro poterit edificare, si ei vel heredibus suis placuerit, secundum formam latitudinis quam prefata tabula habet ante, et de longo tantum quantum celarium Walonis de Senarpont, quod juxta situm est, continet. Et pro hac donatione ipse Hugo vel heredes ejus debent michi, vel heredibus meis, XII nummos de censu singulis annis reddendos. Et, ut hec donatio firma sit et futuris temporibus in perpetuum perseveret, Ego et Aalais, uxor mea, comitissa Pontivi, et Maria, filia mea, presentem paginam sigillorum nostrorum munimine roboravimus. Hujus autem donationis sunt testes et c. Actum anno Verbi incarnati M° CC° VII°.

Fol. 21 recto. — Autre copie fol. 171 verso.

Nous retrouverons cet étal de change en l'année 1248. — Voir plus loin.

XXX

SAINT-QUENTIN (EN VIMEU) ET SEIGNEURS DE MERS

LETTRES COMMENT SIMON D'EU DONNA ET ACORDA AUX RELIGIEULX D'EU LES DONS ET AUMOSNES QUE SES PRÉDÉCESSEURS LEUR AVOIENT DONNÉS. 1208.

Sciant presentes et futuri quod ego Symon de Augo, nepos Willelmi de Mers[1] et heres suus, dedi et concessi ecclesie Beate Marie de Augo et canonicis ibidem manentibus, pro salute anime mee et antecessorum meorum, in perpetuam, quietam et liberam elemosinam, quicquid predecessores mei Renoduldus[2] de Mers, Simon de Mers et Willelmus de Mers, quorum heres ego sum, eisdem dederunt et concesserunt apud Sanctum Quintinum et liberos introitus et exitus de domo sua, de omnibus manentibus in ea, et maxime Campum qui vocatur de Fraxino[3] juxta Sanctum Quintinum et Campum septem

---

1. Mers, canton d'Ault.
2. *Sic.*
3. Le Champ du Frêne ; ce que nous appelons maintenant un lieu dit. Il n'y a pas de hameau ou de ferme du Frêne près de Saint-Quentin.

acrarum qui eisdem conjungitur et extenditur usque ad viam que ducit ad Augum, de quibus querela erat inter me et illos, et quod nec ego nec aliquis heredum nostrornm poterimus exigere, nec aliquid de cetero ab illa extorquere, pro hac elemosina et libertate, preter puras orationes; et, ut hoc firmius haberetur[1], presentem cartam sigilli mei munimine confirmavi. Actum anno Verbi incarnati M° CC° VIII°, regnante in Francia Philippo rege. Testibus hiis etc. Renaldo de Friencort et militibus aliis.

Fol. 123 verso et fol. 250 recto.

XXXI

NOUVION, COCQUERELLE, NOIELLE, NOIELETTE, SAILLY-LE-BRAY, BONNELE, HURT, FAVIÈRES

HUE DOLEHAIM CHEVALIER

Lettres comment le comte de Pontieu donna a mess. Hue Dolehaim[2] chevalier et a ses hoirs tout ce que ledit comte avoit a Nouvion, Cocquerelle, Noielle, Noielette, Sailly le bray, Bonnele et Hurt, et deux muis davaine a Favieres et ce que esd. terres porroit acquerir; lesquelles coses led. Dolehaim debvoit tenir dud. comte comme son homme lige. — *1208 (août.)*

In nomine Patris et Filii et Spiritus Sancti. Amen. Quoniam labilis est humana memoria et homines successive deficiunt et ea que litteris annotantur

---

1. Les deux copies portent *haberetur*. Il me semble que *habeatur* vaudrait mieux.

2. En cet acte comme en ceux de 1216 et de 1279, le copiste du cartulaire a écrit Dolehaim. Peut-on comprendre d'Olehaim ? Y aurait-il quelque rapport entre le chevalier Hue et la famille que nomme ainsi M. Menche de Loisne dans son mémoire *Les Fiefs relevant du château de Béthune*. — « Lestrem. 1° La terre et pairie de la Fosse *(Fossa)*.......... passa au XVe siècle aux seigneurs d'Olhaim..... » — *Le Cabinet historique de l'Artois et de la Picardie*, t. XI (1896), p. 258.

facilius ad memoriam revocantur, Ego Willelmus, comes Pontivi et Monstreoli, notum facio omnibus tam presentibus quam futuris quod ego, de assensu, concessione et voluntate Aalis, uxoris mee, Ludovici regis Francorum filie, et Marie filie mee, dedi et concessi dilecto meo militi Hugoni Dolehaim, pro servicio suo, et heredibus suis, quicquid habeo apud Nouuio[1] (Nouvion) et Coquerel[2] et apud Nigellam[3] et Noielete[4] et Sailli le Brai[5] et Bonnele[6] et apud Hurt[7], et duos modios avene apud Favieres[8], libere possidendum, bona fide, de me et heredibus meis hereditarie. Et quicquid in partibus illis de inde acquirere poterit ipsi Hugoni et heredibus suis, de me et heredibus meis similiter hereditarie possidenda concessi. Nec est pretermittendum quod Hugo predictus omnia supradicta de me ligie tenet et heredes sui de meis heredibus ligie tenebunt. Et est sciendum quod omnia supradicta contra omnes homines, ut dominus, garandire et manutenere debeo. Et, ut istud ratum et firmum permaneat in posterum, presentem paginam sigilli mei appositione testiumque sub notatione et cyrograffo confirmavi. Testes sunt et c. Actum anno Verbi incarnati M° CC° VIII°, mense Augusti.

Fol. 278 recto et fol. 278 recto.

En 1279, au mois de juin, un descendant de Hue Dolehaim recédera ces droits au comte de Ponthieu (Édouard roi d'Angleterre).

1. Signe d'abréviation sur l'o pour *Nouuiomum* sans doute. Nouvion, chef-lieu de canton.
2. On connaît Coquerel dans le canton d'Ailly-le-Haut-Clocher, et Coquerel de la commune de Bailleul, canton d'Hallencourt.
3. Noyelles-sur-Mer, canton de Nouvion.
4. Nolettes, de la commune de Noyelles-sur-Mer.
5. Sailly-Bray, de la commune de Noyelles-sur-Mer.
6. Bonnelles, de la commune de Noyelles-sur-Mer.
7. Le Hurt, lieu près de Ponthoiles, suivant D. Grenier. — *Histoire de cinq villes, t. VI, p. 263.*
8. Favières, commune du canton de Rue.

XXXII

MAIOCH. — LE CROTOY

Lettres de le commune de Mayoch[1] données par Guillaume comte de Pontieu. 1209.

Certifié par les maire et eschevins d'Abbeville en 1284. Cette indication n'est pas dans le cartulaire mais dans la table plus récente de ce cartulaire, de la main de M. Traullé.

J'ai transcrit les parties de cette charte qui ne sont pas identiques aux articles de la charte d'Abbeville. — M. Thierry a analysé cette charte, — Documents inédits, t. IV, p. 679. — Elle a été publiée dans le Recueil des Ordonnances, t. V, p. 181.

Ego Willelmus, comes Pontivi et Monstreoli, notum facio tam presentibus quam futuris quod ego, de assensu et concessione Aalis, uxoris mee, et Symonis de Bolonia, generis mei, et Marie, filie mee, uxoris ejus, et de consilio baronum meorum, dedi et concessi hominibus meis de Mayoch communiam habendam, tanquam fidelibus meis, contra omnes homines imperpetuum garandisandam, secundum jura et consuetudines Abbatisville, salvo jure Dei et Sancte Ecclesie et meo et heredum meorum et baronum meorum.

Ainsi que le remarque Aug. Thierry, les articles qui suivent « sont presque entièrement conformes à la charte d'Abbeville. Les derniers articles portent que,

---

1. Maioc et le Crotoy ne formaient qu'une même commune mais le nom de Maioc primait au commencement du treizième siècle celui du Crotoy qui semble n'avoir été alors qu'un simple château : *A castello de Crotoy.*

s'il s'élève quelques difficultés entre le comte et la commune, ces difficultés seront soumises à l'arbitrage des magistrats municipaux d'Abbeville, et que les habitants devront au comte des redevances annuelles, et une, entre autres, pour la petite vicomté. Les bornes de la banlieue sont ensuite indiquées, et cette banlieue, autant qu'on peut en juger d'après les anciennes désignations des lieux, avait une grande étendue. »

En effet, après l'article des trois aides, savoir 100 livres lorsque le fils du comte sera fait chevalier, 100 livres au mariage de sa fille et 100 livres pour la rançon éventuelle du comte, je lis :

Ad hec, si forte, inter me et dictos burgenses meos, querela emerserit, que per hoc scriptum nequeat terminari, (*ici manquent quelques mots qui sont dans le Recueil des Ordonnances* [1] : per communiam Abbatisville terminabitur.)

Nec pretermittendum est quod predicti homines de Maioch mihi debent, singulis annis, quadraginta libras parisienses, videlicet xx libras in maio et xx libras in festo beati Andree.

Preterea, ipsi mihi debent XL solidos de parvo vicecomitatu [2], singulis annis, in maio reddendos.

Et sciendum est quod ego dedi et concessi predictis hominibus communiam habendam secundum jura et consuedines communie Abbatisville.

Concessi etiam burgensibus eisdem banlivam quietam et liberam habendam, a castello de Crotoy usque ad perroi [3] de Baharmer [4] et a castello de Crotoy usque ad vetus molendinum in quantum plenum mare se extendit in partibus illis, et ab eodem molendino usque ad pontem de Buihen et de ponte de

---

1. *Recueil des Ordonnances*, t. V, p. 181. C'est à ce recueil que M. Thierry renvoie pour le texte.

2. Plus tard, au temps d'Édouard, on ne sut plus ce que c'était que cette petite vicomté. Voyez plus loin.

3. *Perroi bord*, rivage de la mer. — Glossaire français de dom Carpentier. Roquefort n'en dit pas plus. La Curne fournit quelques extraits de textes français dans lesquels paraissent toujours réunis les mots « perroy de la mer » ou « la grève et perroy de la mer. »

4. Baharmer marquait donc une extrémité de la banlieue. Une croix s'y élevait qui fixait sans doute la limite de la commune. — *Histoire de Cinq villes*, t. II, p. 155.

Buihen[1] usque ad perroi de Baharmer sicut fluvius de le Genestele[2] se extendit, et ab eodem perroi usque ad castellum de Crotoy sub pleno mari versus dorsum[3].

Et sciendum est quod, in unoquoque predictorum capitulorum, jus meum salvum debet esse et integre conservari.

Ut autem hec omnia firma et illibata permaneant, sub religione jurisjurandi, ego et predicti homines de Maioch promisimus ad invicem, et, ad majorem confirmationem, scriptum hoc ymagine sigilli mei munivi. Actum est hoc anno Verbi incarnati M° CC° nono.

Folio 298 recto[4].

Remarques à faire. Maioch ne serait-il pas le vrai et ancien nom de notre Crotoy, le château seul ayant, jusqu'en 1209 au moins, porté le nom de Crotoy?

Ce château semble, dans tous les cas, être bien tenu hors de la commune dans la la lettre du comte Guillaume. C'est de ce castellum *qu'on part et à lui qu'on revient pour déterminer le périmètre de la commune.*

J'avais pensé d'abord que le Crotoy avait pu n'être que le Pirée de Maioch. Je crois maintenant, mais le point serait à vérifier, que c'est le nom d'une pointe, qui, le château aidant, s'est subtitué au nom plus ancien de la station maritime.

---

1. Aujourd'hui Bihen entre le Champneuf, Balifour et Becquerelles.

2. Petit cours d'eau qui n'existe plus et qui servait ainsi de limite entre la commune de Mayoc et celle de Rue. Il a dû être coupé, par conséquent supprimé, par le canal de la Maye.

3. *Dorsum.* Que faut-il entendre par ce mot, une éminence, une dune, la limite atteinte par le flux de la mer? Je pense qu'il faut comprendre le derrière même du château, que la marée haute enveloppait d'ailleurs peut-être, le comte s'étant réservé toute l'ouverture de la baie et le château lui-même. Nous avons fait dans cette charte le tour de la banlieue en partant du château et en y revenant, mais sans y entrer.

4. La table moderne du cartulaire ajoute que cette charte a été certifiée par les maire et échevins d'Abbeville en 1284 au mois de mai.

XXXIII

DOURIER. — LA BROIE. — PONCHES

Lettres comment le segneur de Dourier confesse tenir ligement du segneur de la Broie se maison et ville de Dourier et les appartenances, excepté le cauchie (la chaussée) qu'il tient du segneur de Ponches. — *1209, mai.*

Ego Hugo Vieres[1], dominus de Dourier[2], notum facio presentibus et futuris quod ego ligie teneo de domino de Arborea[3] domum et villam meam de Dourrier cum pertinenciis, excepta calceia quam teneo de domino de Ponches[4]. Hec recognovi coram istis ; *suivent quelques noms de témoins*........ Actum anno ab incarnatione M° CC° nono, mense mayo.

Fol. 227 recto.

XXXIV

LES RELIGIEUSES DE MOREAUCOURT. — LA VICOMTÉ DE RUE

Lettres du comte Guillaume comment les religieuses de Moriaucourt prennent, cascun an, sur le vicomté de Rue, au jour sainct Jehan Baptiste, treize muids de sel. — *Fait à Cressy.* — *1209, décembre.*

1. Peut-être *Kieres*. — Je n'ai plus rencontré ce nom dans le cartulaire.
2. Douriez, canton de Campagne dans le Pas-de-Calais.
3. Labroye, canton d'Hesdin dans le Pas-de-Calais.
4. Ponches, canton de Crécy.

Ego Willelmus, comes Pontivi et Monstreoli, notum facio omnibus tam presentibus quam futuris quod, intuitu pietatis, ob salutem anime mee et Aelidis, uxoris mee, filie Ludovici regis Francie, et patris et matris quoque mee et antecessorum meorum, deo et beate Marie virgini et sanctimonialibus de Moriaucourt[1] ibidem deo servientibus, tresdecim modios salis, ita quod predicte sanctimoniales de Moriaucourt domui de Sancto Leodegario[2] juxta Arouuerel, annuatim, tres modios illius salis persolvent, in elemosinam erogavi singulis annis ad vicecomitatum meum de Rua, in Nativitatem beati Johannis baptiste recipiendos; quicquis eum tenuerit, predictam elemosinam persolvet. Ut autem illud ratum et illibatum de cetero habeatur presentem paginam sigilli mei appositione roboravi. Huic donationi interfuerunt Hugo, comes Sancti Pauli, avonculus[3] meus, Guido, patronus meus, Eustachius de Canteleu, H. Boithis [?], Revelinus Rabot, Ingerannus Comes [?], Silvester clericus, Ingerannus capellanus. Actum apud Cresciacum, anno Verbi incarnati M° CC° nono, mense decembri.

Fol. 288 verso.

XXXV

CONVENTIONS ENTRE LE COMTE DE PONTHIEU ET THOMAS DE SAINT-VALERY GARANTIES PAR GUILLAUME DE CAIEU

LETTRES PAR LESQUELLES GUILLAUME DE CAYEU FAIT SAVOIR QU'IL SERVIRA DE GAGE A SON SEIGNEUR THOMAS DE SAINT-VALERY POUR DES CONVENTIONS DE PAIX FAITES ENTRE THOMAS ET LE COMTE DE PONTIEU. IL DEVRA, SI THOMAS

1. Les religieuses de Moreaucourt. — Moreaucourt, aujourd'hui ferme de la commune de l'Étoile, canton de Picquigny.
2. Saint-Léger-lès-Rouvrel, canton d'Ailly-sur-Noye.
3. *Sic*

MANQUE AUX CONVENTIONS, SE RENDRE AU COMTE AVEC TOUT SON FIEF, JUSQU'A SATISFACTION DONNÉE PAR THOMAS. — *1209, au mois de septembre.*

Ego Willelmus de Kaieo (Kaioco dans la seconde copie) notum facio omnibus presentem paginam inspecturis quod ego conventiones pacis habite inter dominum comitem Pontivi et Monstreoli et dominum Thomam de Sancto Waleriaco (Walarico dans la seconde copie), ad petitionem et conjurationem ipsius Thome de Sancto Walarico domini mei, erga Willelmum comitem Pontivi et Monstreoli firmiter tenendas, sicuti continetur in cartis[1], plegiam. Ita quod, si dictus Thomas de Sancto Walerico[2] a conventionibus resiliret, ego ad dominum comitem Pontivi et Montreoli, cum totali feodo meo, irem ad servicium suum, quoad[3] emendatum foret. Actum anno Verbi incarnati M° CC° IX°, mense septembris.

Fol. 204 verso et folio 401 verso.

XXXVI

LES CATICHES DANS UN LIEU DIT HERMES, ETC.

LETTRES D'UN ACCORD DU COMTE DE PONTIEU ET DU SEGNEUR DE SAINT WALERY POUR LE FAIT DES CATICHES. 1209.

Quel est d'abord ce lieu nommé Hermes, dans lequel le comte de Ponthieu et le seigneur de Saint-Valery prétendaient chacun des droits? S'agit-il de

---

1. *In cartis suis* dans la seconde copie.
2. *Walarico* dans la deuxième copie.
3. *Quoadhusque* dans la seconde copie.

terrains vagues et dont la possession première était douteuse? Du Cange donne hermis, terra inculta; il ne donne pas Hermes, du moins au singulier. Ce nom, Hermes, ne se rencontre qu'une fois, ici, dans le cartulaire. Si on lisait quod hermes debent, on pourrait croire au pluriel d'un nom commun. Pour les catiches, voyez la note ci-dessous[1]. La convention de 1209 rappelle-t-elle des digues défendant des terrains nouvellement clos contre les débordements de la Somme ou le flux de la mer, des fossés égouttant des marécages? Des « bas-champs » dateraient-ils du treizième siècle?

Le reste de la convention règle beaucoup d'autres droits, en divers lieux, entre le comte de Ponthieu et le seigneur de Saint-Valery.

Talis est forma pacis que fuit facta apud Boubert[2], inter dominum comitem[3] et dominum Thomam de Sancto Walerico, quod Hermes debet partiri tali modo quod hoc quod comes castichaverit comiti debet libere remanere. Ita quod

---

1. *Casticia* et *castitia*, mot dont la signification était devenue incertaine et qui l'est peut-être encore un peu. Au propre, estime du Cange, il voudrait dire construction, d'une façon générale ; ainsi d'abord *castitia ecclesiarum* dans un capitulaire de Charlemagne. Puis d'autres exemples. En 808, dans une charte, *mansa cum casa, castitiis, ædificiis, pratis*, etc. En 853, un certain Hidaldus donne ce qu'il possède *cum castitiis, vineis et pratis* — diplôme de Charles le Chauve. — Quant à l'application précise du mot, du Cange hésite entre les opinions qu'il rapporte. *At videtur*, dit-il, *attigisse Sirmondus, qui castitia, pro ædificiis in universum accipi debere censet, vocabuli etymo licet adhuc incerto, nisi a casa petendum sit, quod vult Vossius*. Du Cange se rapproche déjà par l'extrait suivant du sens que nous trouverons dans les glossaires français : « *Castiche in charta vernacula an 1278* », où il est question des « *castiches des pons kemuns ki sunt à Amiens seur le rivière de Somme.* »

D. Carpentier s'avance encore plus dans son glossaire français : « *Castice, castiche*, chaussée, digue. »
Tel sera, après lui, le sens de préférence adopté.
Roquefort : « *Cathice, catiche*, chaussée, digue. »
La Curne ose préciser plus : « *Castice*, édifice, acception générique d'après du Cange. » Mais il ajoute : « On appelle *castiches*, en Picardie, des chaussées revêtues de pieux pour arrêter les eaux d'une rivière ou d'un étang. »
Godefroy enfin : « *Castiche, castice, castiche*, chaussée, digue, mur bordant une rivière. »
Castichaverat. — Le sens de ce verbe est à peu près donné par le substantif. *Casticher* c'est faire des *catiches* ; et en effet du Cange, au mot *castichare, castichiare* et *casticiare*, dit d'abord *ædificare* comme il a donné le sens de construction à *casticia* etc.
Roquefort dit : « *Casticher*, édifier, bâtir. »
La Curne reste muet.

2. Boubert, commune de Mons, canton de Saint-Valery.

3. Sans nom propre à la suite.

quantum dominus comes castichaverat, tantum dominus Thomas de Sancto Walerico habebit nemoris contra, et, quod residuum fuerit, equaliter et communiter partietur (ou parcietur). Dominus Thomas de Sancto Walerico potest facere in sua parte quodcumque voluerit, et etiam forterece, et, si aliquis reclamat aliquid in parte domini Thome, dominus Thomas debet illi jus facere, et, si aliquis reclamat in parte comitis, comes debet illi jus exhibere. Sed [?] in partem alterius neuter reclamabit. Preterea[1] matrimonium domine Edle[2] sororis sue, videlicet le Bocherie[3] in Flandria, debet dictus comes dominum Thomam dno (dominio ?) terre abotare et homines ejusdem ville eidem assignare. De tenemento quod dominus Thomas tenet in Marescheneterre[4] ita libere sicut Bernardus de Sancto Walerico tenuit in tempore Johannis comitis Pontivi Thomas ita libere tenebit, et, si apud Pontoiles[5], post mortem Bernardi de Sancto Walerico[6], facta fuerit banleue[7], deponetur sicuti in tempore Bernardi Sancti Walerici, et, si vavassores Capelle et Hamelli[8] sunt intrati in communia post mortem domini Bernardi, inde exigere[9] debent, si tum amant feoda sua, et, si in communia remanere volunt, feoda sua debent remanere domino suo. Sciendum etiam quod dictus Thomas portum suum de Sancto Walerico tenebit in tali statu quo Bernardus pater suus tenuit in tempore Johannis comitis Pontivi, preter hoc quod, si dictus comes potest juste et per legem compellere homines suos ad portum suum ire, ad portum comitis ibunt. Preterea predictus Thomas non potest habere homines davorie (de avoerie dans la seconde copie) in terra

---

1. La phrase qui commence ici, à peu près incompréhensible, doit avoir été mal transcrite par le copiste de l'original.

2. *Edle* dans la première copie; *Edele* dans la seconde.

3. *Le Vaccherie* dans la seconde copie.

4. *Marescbenesterre* dans la seconde copie : Marquenterre.

5. Ponthoile, canton de Nouvion.

6. Ici manquent une dizaine de mots dans la seconde copie. La phrase ne reprend qu'au mot *et vavassores (si* étant encore omis). La phrase ainsi a perdu à peu près tout son sens.

7. Banleue *(sic).* — Mais la commune de Ponthoile existait depuis 1201. Sa banlieue n'était-elle pas déterminée ?

8. *Capelle et Hamelli*. La Capelle, où située ? Le Hamelet sans doute, de la commune de Favières, canton de Rue.

9. *Exire* sans doute.

domini comitis, neque dominus comes in sua, nisi sit de hereditate. Sciendum quod, si aliquis homo velit ire de terra unius ad terram alterius permanere, infra xv dies debet recedere cum omnibus catellis [1] que portari possunt, salvo jure domini a cujus terra recedit. Sciendum est quod famuli domini Thome possunt ire in Vimiacum ubi famuli sui prius ierant jure, et famuli domini comitis similiter in Vimiaco. Famuli domini comitis capere non possunt namia [2] in terra domini Thome nec famuli domini Thome in terra domini comitis antequam monstratum sit dominis vel baillivis, preter pro abandum (pro habendum dans la seconde copie) de franco homine [3]. Actum est hoc anno Verbi incarnati millesimo cc° nono.

Fol. 206 verso et fol. 398 verso.

Il est question de bien d'autres choses que des catiches dans cette lettre. Elle peut aider à établir la puissance relative, les droits balancés du comte de Ponthieu et du seigneur de Saint-Valery.

Il est question en effet :

Des conditions du mariage d'Édèle ;

Des possessions de Thomas de Saint-Valery dans le Marquenterre ;

De la condition de ces possessions au temps de Jean prédécesseur de Guillaume ;

De Ponthoile ; de sa banlieue possible ;

De l'alternative imposée à certains vavasseurs d'opter entre les fiefs qu'ils tiennent et leur qualité de bourgeois de Ponthoile ; (valeur de la qualité de bourgeois ; le seigneur ne voulait qu'on pût dire je suis bourgeois de Ponthoile comme on avait dit civis romanus sum*);*

Du port de Saint-Valery ; du partage des droits du seigneur de Saint-Valery et du comte de Ponthieu dans les ports de la Somme ; le port de Saint-Valery (de de Sancto Walerico*), et le port dit du comte* (Comitis) *;*

Des hommes d'avouerie ;

---

1. *Catallis* dans la seconde copie.
2. *Namium, pignus, namium capere, pecora seu pignus auferre.*
3. Il est bien évident que les deux copies sont incorrectes ici.

Des obligations imposées aux hommes qni voudront passer de la terre d'un des deux seigneurs dans celle de l'autre, les droits du premier seigneur réservés ;

Du droit pour les domestiques du seigneur de Saint-Valery et pour ceux du comte d'aller dans le Vimeu ;

Etc.

XXXVII

VASSALITÉ DU SEIGNEUR DE SAINT-VALERY ENVERS LE COMTE DE PONTHIEU

Lettres comment le segneur de Saint-Walery promist au comte de Pontieu le service comme son segneur et qu'il ne feroit nulles emprinses sur nulluy contre ledit comte en tant que ledit comte feroit droit et jugement de ses pers audit segneur de Saint-Walery. — *Fait à Mautort l'an 1209.*

Ego Thomas de Sancto Walerico presentem cartam inspecturis notum facio me fecisse pacem cum domino meo Willermo, comite Pontivi et Monstreoli, sub hac forma, quod ego serviam ei tanquam domino meo fideliter sicut debeo et quod non faciam imprisiam erga nullum, contra eum, etc....... Actum apud Maltort[1], anno Verbi incarnati millesimo cc°° novo.

Fol. 205 verso et fol. 397 recto.

Publié par M. Teulet dans le Trésor *des chartes, t. I*ᵉʳ*, p. 335.*

---

1. Mautort dans la banlieue d'Abbeville ; aujourd'hui faubourg faisant suite à celui de Rouvroy.

XXXVIII

L'HOPITAL DE SAINT-RIQUIER

Lettres comment Guillaume, comte de Pontieu et de Monstroeul, prinst en se garde l'ospital saint Nicolas de Saint-Riquier. — *1209 janvier (1210).*

Willelmus, comes Pontivi et Monstreoli, nobilibus nostris, amicis, baronibus, militibus, majoribus, burgensibus, vicecomitibus, prepositis, servientibus sue terre, et omnibus aliis hanc paginam inspecturis, salutem. Universitati vestre notum fieri volumus quod nos fratres, sorores, servientes, redditus, chensus [1], nemora, molendina, possessiones adquisitas et acquirendas, et omnia molilia et immobilia hospitalis pauperum beati Nicholay de Sancto Richario, et omnia eis commissa et committenda, in protectione et gardia nostra, ut pote patronus ecclesie, suscepimus et adversus omnes molestatores, tanquam propria, deffendere tenemur. Inde est quod vobis mandamus et districte precipimus quare omnia prenominata, quociens ab eis requisiti fueritis, tanquam res nostras proprias, ab aliquo aggari (aggravari ?) non permittatis. Scitum quod omnia prenominata, et ea que juste acquirere poterunt, ab omni onere et exactione, per totam terram nostram, libera sint et quieta. In cujus rei etc. Actum, etc., anno Domini M° CC° IX°, mense januario.

Fol. 111 verso et fol. 319 recto.

---

1. Pour *census*. On reconnaît la prononciation picarde reportée du français au latin.

XXXIX

CRÉCY

Lettres de fondation de l'ospital de Cressy. — *Janvier 1209 (1210)*.

Willelmus, comes Pontivi, etc....., quoniam, ex precepto divine caritatis, sustentationi et utilitati pauperum intendere tenemur, etc. (Le comte fait cette fondation du consentement de la comtesse sa femme). Anno M° CC°, nono mense januario.

Fol. 109 recto.

XL

RUE

Lettres comment Willaume comte de Pontieu conferme le vente que sen pere Jehan comte de Pontieu fist de le commune de Rue qu'il vendi aux hommes de Rue, lesquelles lettres font mention de le loy de le ville de Rue. — *1210 au mois de mai.*

In nomine Patris et Filii etc..... Ego Willelmus etc..... Actum etc..... M° CC° X°, mense maii.

Fol. 152 recto et fol. 261 recto.

Cette charte a été publiée dans les Mémoires de la Société d'Émulation d'Abbeville, 1836-1837, *par MM. Ch. Louandre et Ch. Labitte, d'après l'original à eux communiqué par le détenteur du parchemin, M. Loisel, de Rue. M. Thierry qui l'a reproduite,* — Documents inédits, t. IV, p. 657 et suivantes, — *renvoie au* Terrier du comté de Ponthieu *et aux* Mémoires de la Société d'Émulation.

XLI

ABBEVILLE

LE MOULIN DE ROUVROY. — LES NONNAINS D'ÉPAGNE

Lettres de Guillaume comte de Pontieu en faveur du moulin de Rouvroy et du meunier. — *1209 février (1210).*

Ego Willelmus, comes Pontivi et Monstroeli (ou Monstrolii), notum facio presentibus et futuris etc..... quod molendinum monialium de Roveroy[1] et molendinarius ejusdem hereditarius, qui in ipso molendino manebit, a consuetudinibus communie super hiis que ad furnum et molendinum pertinebunt, liberi erunt penitus et quieti. Actum est hoc anno Verbi incarnati M° CC° nono, mense februarii.

Fol. 102 recto et fol. 404 verso.

1. Rouvroy dans la seconde copie.

XLII

ABBEVILLE

ROUVROY. — MAISON DES RELIGIEUSES D'ÉPAGNE DÉTRUITES POUR CAUSE DE GUERRE. — AUTORISATION DONNÉE AUX RELIGIEUSES DE REBATIR

Lettres du comte de Pontieu pour Espaigne. — *1209 février (1210).*

Ces lettres, du même mois que les précédentes, et plus curieuses, regardent encore Rouvroy et les religieuses d'Épagne. Le comte y fait savoir que les bourgeois d'Abbeville ont contesté aux religieuses le droit de réédifier des maisons détruites pour cause de guerre. Les religieuses ont porté leur cause devant le doyen, le trésorier, le chantre de Rouen. Enfin, il a été conclu que la prieure pourra faire rebâtir dans sa terre, hors de la barbacane de la porte de Rouvroy, et y rétablir ses hostises, son four, la maison, etc.

Le marquis Le Ver a remarqué que, dans cette charte, l'abbesse d'Épagne est qualifiée prieure et non abbesse « et qu'elle a porté ses plaintes à la cour spirituelle de Rouen, non à celle d'Amiens au régime spirituel de laquelle son couvent était soumis. » — *Il est vrai qu'elle avait réclamé même à Rome et que l'affaire était renvoyée à Rouen* auctoritate apostolica.

Outre des craintes de guerre qui ont valeur de témoignages historiques, la pièce rappelle les fortifications de la ville du côté de Rouvroy, une carrière appartenant aux bourgeois, etc.

Ego Willelmus, comes Pontivi et Monstreoli (ou Monstrolii), notum facio etc..... Actum est hoc annno domini M° CC° nono, mense februarii.

Fol. 102 verso et fol. 405 recto.

Je m'abstiens de publier cette pièce, malgré les variantes que j'ai relevées dans les deux copies, parce que M. Thierry en a déjà donné le texte d'après d'autres copies des collections Dom Grenier et Moreau; et cependant, ces autres copies ont fourni aussi d'autres variantes et il n'eût pas été peut-être sans intérêt de montrer combien peu sûres sont parfois les transcriptions, même consciencieuses, des anciens temps ou des dépôts modernes. Le Livre Blanc *de l'hôtel de ville d'Abbeville contient une traduction ancienne de la pièce. J'ai donné du texte latin une analyse, qui est presque une traduction aussi, dans* Abbeville avant la Guerre de Cent Ans, *p. 75. — Enfin, la critique pourra toujours corriger les copies du Terrier et la publication Thierry, l'original de la pièce se trouvant aux archives d'Abbeville, série FF, n° 4, sous ce titre :* Procédures devant l'official de Rouen entre les religieuses d'Épagne et les bourgeois d'Abbeville au sujet de la reconstruction par les premières de diverses maisons qu'elles possédaient en dehors de la porte de Rouvroy et qui avaient été démolies pour cause de guerre.

XLIII

LIEUX VOISINS D'ABBEVILLE

ÉPAGNE, SAINT-AUBIN, MAUTORT, YONVAL, VAUX, LE BOIS MULUEL,

Lettres de Guillaume conte de Pontieu pour l'abbaie d'Espaigne. — *(1210).*

C'est une confirmation des dons faits à l'abbaye par le sénéchal Enguerran.

Ego Willelmus, comes Pontivi et Monstreoli (ou Monstrolii), notum facio presentibus et futuris quod Johannes li Cos, homo meus, omnes possessiones quas Ingerrannus, quondam senescallus Pontivi, monialibus de Yspania contulerat in elemosinam et quas dicte moniales in presenciarum[1] possident eisdem monialibus in perpetuum pacifice possidendas in presencia mea benigne concessit et per manum meam eas tradidit Albree, ejusdem loci tunc temporis priorisse. Possessiones autem hic propriis duxi nominibus exprimendas : In primis locum qui dicitur Fons Sancti Albini inter Hyspaniam et Sanctum Albinum[2], decimas de Mautort et d'Uionval et de Vaus et terciam partem decime de nemore Muluel, furnos quoque quos predictus Ingerrannus possidebat apud Novion et omne dominium pertinens ad eosdem, essarta eciam Kalunkaisnoi[3] et nemoris Muluel, et totam culturam Hede vidue[4] et quidquid predictus senescallus possidebat in duobus molendinis de Pont.[5] et dominium in eisdem molendinis, et quidquid continetur extra portam et muros Hyspanie[6], tam in hominibus quam in terris, ortis, marescis et pratis versus Pontem Remigii, infra cursum magnum Somone, sicut via dividit que tendit a magno ponte Somone ad septentrionem juxta essarta nemoris Muluel[7]. Concessit etiam monialibus ante dictis molendinum de Rouvroy in quo homines de Camberon, de Mautort et de vico super Somonam[8], qui erant homines dicti senescalli molere tenentur.

. . . .

presentem paginam sigilli mei munimine confirmavi, testibus Hugone Coleth[9], Renero de Ducath[10], Eustachio de Brimeu et aliis quam pluribus. Actum anno incarnationis Domini M° CC° X°.

Fol. 101 recto et fol. 402.

1. Sic.
2. « *S. Albinus super Somonam,* lieu de l'Amiénois, que l'on ne trouve point dans la nouvelle carte de France, cité dans une charte de 1192, *Gallia christiania, t. X.* » — Dom Grenier. — Voir *Histoire de cinq villes,* I, *p. 189* (chap. d'Épagne.)
3. Quel était ce lieu dont le nom ne se rencontre qu'une fois, ici, dans le cartulaire ?
4. Le nom de cette veuve ne nous apprend rien.
5. Le nom est abrégé ainsi. Faut-il comprendre Pont-Remy, *de Ponte Remigii ?*
6. Le long mur que nous voyons encore border la route de Paris et redescendre en équerre vers les prés est peut-être un souvenir de ces vieux murs d'Épagne.
7. Ce bois *Muluel,* voisin d'Épagne et défriché dès lors, ne devait pas être très loin de la Somme.
8. La rue que nous appelons encore rue ou faubourg de Sur-Somme.
9. De la famille probablement qui figure sous le nom de *Choleta,* en ces temps reculés, dans des donations à l'hôtel-Dieu d'Abbeville et à la maison des Lépreux du Val ; et le nom de Hugue se rencontrait dans cette famille.
10. Nom peut-être mal écrit pour Durcat, Drucat.

XLIV

CRÉCY

L'acte suivant n'intéresse Crécy que pour un détail topographique.

LETTRES COMMENT GUILLAUME, CONTE DE PONTIEU ET DE MONSTROEUL, DEBVOIT CASCUN AN AU NOEL LX SOLS PARISIS A SIMON DE NOUVION.

Ego Willelmus, comes Pontivi et Monstreoli, notum facio presentibus et futuris me debere Symoni de Nouuion, homini meo, et heredibus suis, singulis annis, in Natali Domini, sexaginta solidos publice monete Pontivi (ou Pontivensis) assignatos ad hospitale de Wurench (Wvrench?)[1] pro tota terra quam dictus Symon habebat extra portam[2] de Cressy respicientem versus Machi a superiori angusto orti Roberti de Wicart usque ad terram de Haistrel et usque ad ortum Hugonis Losket; ita quod idem Symon nichil sibi vel heredibus suis retinuerit in illa[3] terra preter sexaginta solidos supradictos. Quod ut stabilem et perpetuam habeat firmitatem, presens scriptum sigilli mei munimine confirmavi, anno ab incarnatione Domini M° CC° X°, testibus Petro abbate Balanciarum[4], Willelmo ejusdem loci subpriore, Gossone et Renero clericis meis, et aliis multis.

Fol. 112.

---

1. Yvrench, serait-on tenté de traduire ; Wironchaux, suivant un sommaire du marquis Le Ver. Yvrench est du canton de Crécy, Vironchaux du canton de Rue.
2. Cette porte prouve que des murs ceignaient alors Crécy.
3. *In illa*, j'interprète ainsi des abréviations.
4. Même remarque.

XLV

ABBEVILLE

LE VAL LOUVRECH (Vallis Luposa) — *MOULINS DANS LA BANLIEUE*

Lettres pour le Val Ouvrech. — *Les chapelains de Saint-Jean-des-Prés échangent des droits sur les moulins contre une redevance de vingt-cinq sextiers de blé que leur devra le comte. — 1210, octobre.*

La lettre est du doyen et du chapitre de Saint-Vulfran qui servent de notaires.

Universis presentes litteras inspecturis Henricus, decanus, et capitulum ecclesie beati Wlfranni in Abbatisvilla salutem. Noverint universi quod, in nostra presencia personaliter constituti, capellani Sancti Johannis in Pratis Abbatisville recognoverunt coram nobis quod, cum ipsi haberent et possiderent super molendinos de Valle Luposa et appendicias dictorum molendinorum, qualibet septimana, unam minam bladi ad mensuram Abbatisville, duabus minis tantummodo, quolibet anno, exceptis, ipsi, de communi assensu et voluntate eorumdem, et pro utilitate ecclesie sue, dictum bladum tradiderunt in perpetuum domino comiti Pontivensi, pro viginti quinque sextariis bladi, quolibet anno dictis capellanis, per manum receptoris pontivensis qui pro tempore fuerit, in festo Sancti Remigii persolvendis, ad precium triginta denariorum minus(?) valoris melioris bladi fori Abbatisville; ita quod dicti capellani, aut eorum successores, in dictis molendinis aut eorum appendiciis, nichil de cetero poterunt reclamare nisi predictos viginti quinque sextarios bladi ad supradictum terminum festi beati Remigii persolvendos; ad quem terminum dictus comes ac ipsius heredes aut senescallus, vel receptor pro ipso et heredibus suis, dictis capellanis et eorum successoribus, seu eorum mandato, dictos viginti quinque sextarios bladi in perpetuum reddere ac solvere tenebuntur. Hec autem recognoverunt dicti capellani coram nobis decano et capitulo Sancti Wlfranni predictis, et promiserunt convenciones supradictas fideliter ac firmiter in perpetuum observare. Nos autem, tanquam patroni dictorum capellanorum, convencionibus predictis nostrum benigne prebuimus assensum et predictas convenciones, quantum ad nos pertinet, voluimus robur firmitatis in perpetuum obtinere. Actum anno Domini millesimo ducentesimo decimo, mense octobris.

Fol. 25 recto.

XLVI

LE CROTOY

LE PORT DU CROTOY

Lettre de convenance du port de Crotoy

Je Will...., quens de Pontieu et de Monstroil, etc........... (sans date mais entre 1191 et 1221, la lettre étant du comte Guillaume.)

Fol. 4 verso.

Publié par A. Thierry, Documents inédits, *t. IV, p. 20, mais d'après une copie de dom Grenier non d'après ce cartulaire. — A. Thierry donne pour date approximative à cette lettre : vers 1210.*

Une charte du comte Guillaume III en langue vulgaire est assez exceptionnelle. N'aurions-nous affaire qu'à une traduction ?

XLVII

LES LÉPREUX DU QUESNE

Don d'un demi muid de sel par Estienne Mulet aux malades du Quesne. 1211.

Noverint universi, tam presentes quam futuri, quod ego Stephanus Mulet dedi et concessi infirmis du Caisne, pro anima mea et antecessorum meorum et maxime filii mei Mathei, dimidium modium salis in salina que fuit Heluis Ba..set [?]. Testibus hiis domino Radulpo abbate Ultri portensis [1], Gaufrido priore, Hugone de Septem Mollis [2], Johanne de Fucardi monte [3], Willelmo de Cheus (?), Anschero de Avesnes [4], monachibus *(sic)*, Osberto Sache espée [5], Radulpho le Boc. Radulpho Cassont et pluribus aliis. Actum est hoc anno ab incarnatione Domini M° CC° XI°.

Fol. 358 recto.

1. *Ulterioris portus, Eu.*
2. Sept-Meules, petite commune sur l'Yères, canton d'Eu (Seine-Inférieure).
3. Foucarmont, commune sur l'Yères, canton de Blangy (Seine-Inférieure).
4. Avesnes, nom répandu et surtout dans le Nord. Ici, on pourrait choisir entre Avesnes, du canton de Gournay, ou Avesnes, du canton d'Envermeu, tous deux de la Seine-Inférieure, si l'on ne rencontrait plus près du Quesne, Avesnes-Chaussoy dans le canton d'Oisemont (Somme).
5. Le nom équivalent Sacquespée figure souvent dans les Mss. de Waignart avec des armes appropriées : *de sinople, à l'aigle d'or chargée d'une épée d'argent à demi tirée, sacquée, du fourreau.*

XLVIII

VILLEROY

Lettres comment le segneur de Villeroye bailla commune et loy a ceulx de Villeroye selon le loy de le ville d'Abbeville. — *Novembre 1211*.

La concession est faite par Nichole de Vileroie et Mehaut[1], sa femme, du consentement de Willaume, comte de Pontieu et de Montreuil, d'Aalis, sa femme, et de Marie, leur fille. *Quoique écrite en français, la lettre est datée en latin.* : Hoc autem factum est anno ab Incarnatione Domini M° CC° XI°, mense novembris.

Fol. *114 recto*.

Publié en partie d'après la collection de Dom Grenier par Aug. Thierry, — Documents inédits, t. IV, p. 685 et suivantes.

XLIX

VISMES

Lettres comment le conte de Pontieu acorda loy et commune a ceulx de Vime selonc le loy des maire et eschevins d'Abbeville. 1212.

Mais ces lettres sont du maire et des échevins de Vismes.

---

1. Villeroy, aujourd'hui annexe de Vitz-sur-Authie, canton de Crécy. La vieille commune est dépossédée de la primauté même de son nom. On dit couramment Vitz-Villeroy.

Quoniam ea que litteris annotantur melius memorie commendantur, ego Galterus de Nemore (du Bois), major, et scabini, et tota communia Vime[1], notum facimus presentibus et futuris quod dominus noster Willermus, comes Pontivi et Monstreoli, de consilio hominum suorum, nobis dedit et concessit communiam habendam, etc....... Factum est hoc in publica audientia cleri, baronum et burgensium, anno Dominice Incarnationis millesimo ducentesimo XII°.

Fol. 210 verso.

Aug. Thierry a mentionné cet acte mais n'en donne que les derniers mots : Factum est hoc, etc. — Documents inédits, t. IV, p. 689.

L

LES LÉPREUX DU QUESNE

ARRANGEMENT D'UN DÉBAT ENTRE LA MAISON DES LÉPREUX DU QUESNE ET FOULQUE DU QUESNE, CHEVALIER. 1213.

Quoniam, more fluentis aque, anni successive dilabuntur et pacis conditio atque concordie nondum ex facili diuturnitate dierum possunt evocari, ideo sub scripto volumus, tam presentibus quam futuris, etc... cum quedam controversia inter leprosos fratres de Quercu et dominum Fulconem de Quercu, militem, ventilaretur super quadam decima reddituum suorum etc...... Hoc actum est in anno Incarnationis M° CC° XIII°.

Fol. 358 recto.

---

1. Vismes au centre du Vimeu.

LI

RUE

PRÉLÈVEMENT DE SEL SUR LA VICOMTÉ

Lettre d'Éverard évêque d'Amiens faisant savoir que Guillaume comte de Pontieu et sa femme ont reconnu avoir donné en perpétuelle aumone a l'église de Sainte-Marie de Clairvaux et au même couvent deux cens muids de sel par an a la mesure de Rue, a prendre au mois de may sur le vicomté de Rue. — *1212, janvier (1213).*

Everadus[1], divina permissione ambianensis ecclesie minister humilis, omnibus ad quos littere iste pervenerunt eternam in deo salutem. Noverit universitas vestra quod Willelmus, illustris Pontivi et Monstreoli comes, et Aalis, uxor ejus, filia pii regis Ludovici, in nostra presencia constituti, recognoverunt se dedisse in perpetuam elemosinam, penitus et quitam, communi assensu et voluntate, ecclesie beate Marie Clarevallis et conventui ejusdem loci ducentes modios salis ad bonum assignamentum, singulis annis, ad communem mensuram salis de Rua, mense mayo reddendos, vel viginti quinque libras parisienses, singulis annis percipiendas in vicecomitatu suo de Rua, in die Ascentionis (ou Ascencionis) ad emendum sal in proprium usum domus Clarevallis expendendum. Quia vero vicecomitatus de Rua videbatur ad jus dotalicii spectare predicte uxoris sue comitisse, dictus comes ad vicecomitatum de Abbatisvilla sufficientem et congruam recompensationem, scilicet xxv libras parisienses in predicto vicecomitatu de Abbatisvilla, singulis annis, quoad vixerit, recipiendas eidem assignavit; quam recompensationem domina comitissa satis

---

1. Évrard de Fouilloy, évêque de 1211 à 1222.

gratam habuit, et, sufficientem sibi super hoc satisfactionem affirmans, suum predicte donationi favorem, spontanea et devota voluntate, prebuit et assensum. Nos igitur hujus elemosine, in manu nostra a predictis comite et comitissa resignate, donationem, piis et justis eorum precibus assencientes, benigno favore prosequimur, et, eam auctoritatis nostre patrocinio confirmantes, sigilli nostri munimine roboravimus. Actum anno incarnationis dominice M° CC° XII°, mense januario.

Fol. 293 recto.

LII

RUE — LE GARD

Traité du comte avec les bourgeois de Rue

Je ne résiste pas à la tentation d'intercaler ici une charte que je trouve dans des extraits du Livre Rouge de la ville de Rue. (Dom Grenier, Picardie 97, fol. 267 et suivants.)

Dans cette charte, le comte Guillaume s'engage envers les bourgeois de Rue à ne pas fortifier sa maison du Gard au delà de ce qui est porté dans le traité. 1214.

Ego Willelmus, comes Pontivi et Monsteroli, notum facio omnibus presentibus et futuris quod talis conventio facta est inter me et burgenses meos de Rua, super managio meo de Gardo, quod ego in jam dicto managio majorem fortitudinem quam in presenti carta nominabitur non possum facere[1]. De super

---

1. Pour le voisinage de Rue et du Gard, se rappeler ces lignes de la charte de 1211 : *Est autem clausura ville usque ad nemus meum de Gart*, dit le comte de Ponthieu.

fossatum sepem possum facere[1] et pontem qui possit levari[2] et portam de lignis sine propugnaculis[3]; et super portam possum facere capellam vel boiam ad jacendum[4] vel ad segetem ponendum et avenam. Si vero forte evenerit quod ego, vel servientes mei, aliquem hominem de communia Rue vel catalla[5] eorum caperemus et in predictum managium adduceremus, burgenses de Rua deberent ea requirere per plegios et ego, vel servientes mei, deberemus eis, per plegios redderre. Et si ego, vel servientes mei, eis per plegios reddere non vellemus, burgenses predicti, sine occasione et forefacto, possent juratos suos et catalla sua in prefato managio capere; nec propter querelam, que inter me et burgenses meos prenominatos oriatur propter managium predictum, eos infestare nec aggravare possum, nec aliquod malum facere. Nec pretereundum est quod propter istam conventionem, cappitula carte de communia, quam ipsi burgenses de me et de patre meo habent, non quassantur. Ut autem hoc ratum et inconcussum habeatur, presens scriptum sigilli mei munimine roboravi. Datum per manum Johannis capellani, anno dominice incarnationis 1214.

Cettre lettre, qui montre le comte de Ponthieu traitant ainsi de façon à peu près amiable avec ses bourgeois de Rue, fait voir aussi la simplicité de son manage du Gard. — La charte communale de 1210 lui interdisait d'ailleurs de construire aucune fortification dans la banlieue de Rue.

1. L'habitation du comte n'était donc défendue que par un simple fossé sur le bord duquel il se réserve le droit de planter une haie.
2. Il se réserve le droit de jeter sur ce fossé un pont que l'on puisse lever.
3. Enfin le droit de faire une porte de bois mais sans grandes défenses.
4. Une note marginale donne chambre à coucher, mais le mot ne se trouve pas avec ce sens dans du Cange.
5. *Catallum, bona omnia quæ in pecudibus sunt, etc.*, du Cange.

LIII

RUE

SEL A PRENDRE A RUE

Lettres du comte Guillaume donnant huict muids de sel a l'hospital d'Amiens a prendre tous les ans a Rue. — *1213, février (1214).*

Ego Willelmus, comes Pontivi et Monstreoli, notum facio omnibus presentibus et futuris quod ego, pro anima mea et pro animabus antecessorum meorum, dedi imperpetuam elemosinam domui hospitalarie de Ambianis decem modios salis ad proprios usus dicte domus, singulis annis, apud Ruam, ad mensuram Rue, in festo beati Johannis baptiste recipiendos. Et, ut hoc ratum habeatur, presentem paginam sigilli mei appensione confirmavi. Actum anno Domini m° cc° tercio decimo, mense februario.

Fol. 292 verso.

LIV

LES LÉPREUX DU QUESNE

Don d'un terrage par le comte de Pontieu aux Lépreux du Quesne. — *1214, juillet.*

Quoniam labilis est humana memoria, commendari debent in certa pagina que bene gesta sunt, ne deinceps ullo gravamine possint disturbari; tamen (?)

presencium quam futurorum cognitionem non lateat quod Ego Willelmus, comes Pontivi et Monsteroli, dedi domui leprosorum de Quercu, imperpetuum, terragium in centura[1] juxta caudam[2] Heberti et terragium de Valcelo des Lineries[3], scilicet pro auesna (avesna?) que sita est apud Cornoalle[4] pro villa mea edificanda et dilatanda. Ut hoc ratum et.....[5] in futurum conservetur, litterarum mearum notamie[6] et sigilli mei appositione corroboravi et permunivi. Testes hujus conventionis qui presentes interfuerunt volumus sub scripto commendari : Dominus Ingerranus de Sancto Albino. Dominus Fulco de Quercu. Johannes presbyter de Broecort. Aubertus presbyter de Quercu, Petrus presbyter de Sancto Albino, tota communia de Arguel et quidam (?) plures alii vicinarum villarum. Hoc actum est in anno Incarnationis Dominice millesimo cc° xiiii°, mense julii.

Fol. 358 verso.

1. Peut-on rapprocher ce mot de *centuria, ager ducentorum jugerum,* suivant du Cange.

2. Limite, *càudà, finis, terminus.* — Du Cange. — Ce mot n'expliquerait-il pas aussi le nom d'un fief sis au territoire de Francières près d'Abbeville, *la Queute ?*

3. *Lineries ?* Il est propable que le copiste dé la charte a mal transcrit ce mot que l'on ramènerait facilement à *lineriis,* correction qui nous rapprocherait bien de *linariis (linaria, ager lino consitus,* — du Cange. — Linière, terre semée de lin, — Roquefort.) — Serait-il maintenant bien hardi de chercher dans *valcelo* une altération aussi de *vacello (vacellus, modus agri, ut videtur, nisi sit pro valliculus,* — du Cange ; — vaucel, vaucelle, vauchel, vallon, vallée, — Roquefort.) On obtiendrait ainsi le vallon ou le val des lins ; lieu dit qu'il faudrait demander sans doute au terroir d'Arguel puisque toute la commune d'Arguel intervient dans la donation.

4. C'est encore au plan cadastral des environs d'Arguel qu'il faudrait rechercher ce lieu dont je ne rencontre le nom qu'ici.

5. Ici un mot que je ne peux lire.

6. *Notamine ?*

LV

ABBEVILLE

GAGES DE L'OISELEUR DU COMTE SUR LA VICOMTÉ D'ABBEVILLE. — PERMISSIONS DE CHASSE ET DE PÊCHE

Lettres comment le comte de Pontieu donna en fief et hommage a Robert de Bove, chevalier, et a ses hoirs, vingt-cinq livres parisis, cascun an, a prendre au jour saint Remy sur le vicomté d'Abbeville et soixante cappons du Mont de Rue, et si luy donna qu'il fust son oyseleur a héritage, et plusieurs aultres coses contenues en ces présentes. — *1214, aoust.*

Cette lettre intéresse aussi la topographie de Rue.

Ego Willelmus, comes Pontivi et Monstreroli, omnibus, tam presentibus quam futuris, notum facio quod ego dedi in feodum et in homagium, hereditarie, Roberto de Bova, militi, et heredibus suis, tenendas de me et heredibus meis, vinginti et quinque libras parisienses, annuatim recipiendas ad vicecomitatum meum de Abbatisvilla, in festo sancti Remigii, quas reddere tenebitur vicecomes meus, vel quicumque redditus vicecomitatus mei recipiet, et sexaginta capones de censibus meis de Monte Rue[1] annuatim accipiendos in Natali Domini, quicumque prepositus, sive receptor censuum meorum, ibidem fuerit. Concessi eciam eidem Roberto et heredibus suis aucupem[2] meum hereditarie, per terram

---

1. Le Mont de Rue.

2. Faute du copiste ou synonyme barbare d'*aucupium*, chasse des oiseaux au piège, au filet, pipée. — L'art de prendre les oiseaux n'est tombé en discrédit qu'après l'invention de la poudre. Seul souvenir de cet art chez nous les petits lacets de crin qui arrêtent tant d'alouettes, l'hiver, sur les sables de nos côtes. — Les comtes de Ponthieu ne paraissent pas s'être donné le luxe de fauconniers.

meam, cui aves capere licebit ad usus suos proprios. Preterea, concessi predicto Roberto et heredibus suis omnes aquas de Forti Managio[1], tenendas de me et heredibus meis, et fossatum quod extenditur ab aquis Fortis Managii usque ad portam Gravia (pour Gravie ?), et vivarium Esdaavardi, sicuti Walterus quondam vic (vicecomes) Rue easdem aquas tenuit. Omne eciam jus piscandi quod habere solebam in antedictis aquis, scilicet libertatem piscandi quocienscumque volebam, similiter eidem hereditarie concessi; ita quod ei licet piscari sicut mihi licitum fuerat, et omnes aque permemorate sepedicti Roberti erunt et heredium suorum post ipsum, tam pro mercarto (mercato) quod ipse Robertus de Bova fecit cum Roberto filio Walteri quondam vicecomitis Rue quam de donatione mea. Insuper, dedi et concessi eidem novum fossatum a porta Gravie[2] usque ad vivarium Esdanardi[3] et aliud novum fossatum factum juxta aquas Fortis Managii, inter domum sepedicti Roberti et villam Rue, in illa parte in qua constitutus est pons per quem venitur de villa ad domum permemorati Roberti de Bova. Hec omnia, sicut perscripta[4] sunt et perdivisa de me et heredibus meis, libere tenebit et hereditarie tam ipse Robertus quam heredes sui, et ego super hiis predictis firmam promisi garandiam, si quis Roberto antedicto, sive heredibus suis, inferre molestiam, sive aliquod gravamen presumpserit. Ut hoc igitur ratum et inconcussum permaneat, tocius hujus rei seriem memoriali scripto feci commendari et ad maiorem firmitatem presens scriptum sigilli mei impressione feci roborari. Actum est hoc anno dominice incarnationis M° CC° quator decimo, mense augusto.

Fol. 277 recto.

---

1. Fort manage. Fort manoir peut-être ; dans tous les cas dans les environs de Rue, puisque, avec les eaux dépendant de ce manage, le comte abandonne à son oiseleur le fossé qui court de ce même manage à la porte de Rue, nommée la porte de la Grève.
2. *Sic* cette fois. *Gravia* est bien une faute plus haut.
3. *Esdanardi*, le nom est bien écrit ainsi cette fois.
4. Ou *prescripta* ?

LVI

L'ABBAYE DE BALANCES

DROITS ACCORDÉS A CETTE ABBAYE

Lettres comment Willaume comte de Pontieu acorde a l'abbaye de Balanches tout ce que Jehan son père, comte de Pontieu, leur donna; c'est assavoir, cascune sepmaine, ung muy et demy de vin pour célébrer messes, et quatorze sextiers de vin pour accommunier les convers sept fois l'an, et le nuit de le my aoust deux muids de vin pour pitanche; et si augmenta ledit segneur comte de Pontieu ledite somme de vin de quatre sextiers; ainsi est somme toute huit muids de vin cascun an; item, le nuit de le my aoust, pour pitanches, généralement tous les poissons de ses viviers ou trente sols; item, cascun an, trois sextiers de fourment pour faire pain a canter, et encore pluseurs aultres drois contenus en ces présentes. 1214.

Ego Willelmus, comes Pontivi et Monsteroli, notum presentibus et futuris esse volo quod Johannes comes Pontivi, pater meus, donavit ecclesie de Balanciis, in perpetuam elemosinam, sextarium et dimidium [1] vini, unaquaque hebdomada, ad missas cantandas, et quatuordecim sextarios vini ad communicandos conversos [2] septies in anno; in vigilia etiam Assumptionis beate Marie virginis, singulis annis, duos modios vini ad refectionem conventus, que omnia

---

1. Par une charte de décembre 1170 *(feria VI, II nonas decembris)*, le comte Jean avait en effet aumôné à l'abbaye de Balances une certaine quantité de vin pour la célébration de la messe. — *Extraits du Cartulaire de Valloires par le marquis Le Ver.* — Mais par cette charte, telle que l'a copiée Le Ver, le comte ne donnait aux religieux qu'un setier, non un setier et demi : *Donamus sextarium vini unaquaque hebdomada ecclesie de Balanciis ad opus Sacrificii Domini.*

2. Les convers communiaient alors sous les deux espèces.

in unam summam redactam[1] vij modios et duodecim sextarios faciunt. Ego quoque..... in elemosinam superaddidi quatuor sextarios vini et de cetero erunt in summa octo modii. Si vero conventus multiplicatus fuerit et plus necesse habuerit, ego et heredes mei sufficienter dabimus. Dedit, preterea, pater meus eidem ecclesie, ad refectionem conventus in vigilia Assumptionis beate Marie, pisces generaliter de vivariis suis. Si autem in eisdem vivariis pisces inveniri aut carpi non possint, xxx solidos pontivensis monete, pro piscibus, singulis annis, dare tenebatur ipse et heredes ejus. Dedit quoque, singulis annis, tres sextarios frumenti ad hostias faciendas. Quia vero grave nimis erat et sumptuosum fratribus ecclesie supra dicte singulis septimanis ad Ruam nuntium suum mittere propter vinum, et vinum taliter acceptum frequenter et facile oprumpebatur, ad petitionem fratrum predictorum, statui ut vinum de cetero taliter accipiatur; singulis annis, in Pascha, unum dolium trium modiorum boni vini[2] de Rupella[3] ad cantandas missas idonei et ad communicandos conversos per estatem usque ad festum Omnium Sanctorum. Quod si forsitan apud Ruam non poterint inveniri, tantum nummorum ad eumdem terminum dari faciam quibus tantum vini et tam boni alibi comparetur. Octo vero diebus ante festum Assumptionis beate Marie, duos modios boni vini de Rupella dari faciam et triginta solidos pontivensis monete, pro piscibus emendis ad refectionem conventus, singulis annis, in eodem festo, et dicti fratres in vivariis meis, pro illa pitancia piscium, de cetero non piscabunt. In festivitate etiam Omnium Sanctorum, annis singulis, dari faciam unum dolium trium modiorum vini albi, idonei ad missas cantandas et ad communicandos conversos per hyemem usque ad Pascha, de meliori quod apud Ruam[4] poterit inveniri. In festivitate vero sancti Remigii, annuatim, dari faciam ecclesie supra dicte quatuor sextarios boni frumenti bene purgati, tres ad hostias faciendas et

1. N'eut-il pas mieux valu *redacta* ?

2. *Boni vini*. Ces mots se rencontrent plusieurs fois dans la lettre, ainsi que *tam boni* et *de meliori*. Le comte voulait que le vin fût bon à Valloires et il fixait les quantités du don selon la couleur.

3. *De Rupella*. On nommait ainsi de la Rochelle les vins que nous nommons de Bordeaux. Question de port de chargement.

4. Selon toute probabilité, le port de Rue recevait alors directement du vin de la Rochelle. Il y a là un indice de l'importance de ce port au commencement du treizième siècle.

quartum ex elemosina Mathei piscatoris; quem sextarium eidem Matheo, sub annuo censu, debebam pro quadam possessione sita in territorio de Monteigni[1]. Viginti quoque solidos parisienses in eadem festivitate sancti Remigii annuatim dabo eidem ecclesie, pro quibusdam terris et hospitibus et quolibet genere possessionis que Walterus de Monsterolo, dominus de Mentenay[2], eidem ecclesie dederat in elemosinam. Que omnia dicta ecclesia mihi tradidit sub hoc censu. Si vero ea mihi guarandire non tenetur ad hoc solummodo tenetur ut, quando et ubi necesse fuerit, ad sumptum meum, testimonium de premissis perhibeat veritati. Ne ergo turbatio aliqua de supra dictis omnibus recipiendis ecclesie de Balanciis proveniat in futurum, per manum vicecomitis de Rua qui tunc temporis erit, absque contradictione et dilatione, singulis annis, a fratribus de Balanciis ad predictos terminos recipientur. Preterea, sciendum quod Gaufridus de Viloncels[3], homo meus, terragium quod capere solebat in terris ecclesie de Balanciis apud Tilloy[4], que terre dudum pertinebant ad feodum Hugonis Botheri[5], totum per manum meam dedit ecclesie eidem in perpetuam elemosinam, liberam penitus et quietam; ita quod nichil omnino sibi vel heredibus suis retinet in terragio prenotato. Fratres autem ejusdem ecclesie dederunt dicto Gaufrido, de caritate domus, septuaginta solidos parisienses, et dicti fratres decimam accipient, sicut autem consueverant, in terra Gaufridi. Ego igitur predicta teneri firmiter faciam et sicut justum fuerit guarandire. Ut autem omnia superius annotata stabile robur obtineant perpetue firmitatis, presentem paginam sigilli mei munimine confirmavi, anno ab Incarnatione Domini M° CC° quatuor decimo.

Fol. 281 recto.

1. Montigny est un nom très répandu. Il s'agit évidemment ici d'un lieu très voisin de Valloires et sur les bords de l'Authie; aujourd'hui hameau de la commune de Nampont.

2. Mentenay, Maintenay, sur l'Authie, canton de Campagne (Pas-de-Calais).

3. *Viloncels*, Vironchaux. — *de Viloncellis* dans une charte de Jean, comte de Ponthieu, relevé par dom Grenier. — V. *Histoire de cinq villes*, t. II, p. 521. — Pour toutes les autres formes du nom, V. J. Garnier, *Dictionnaire topographique du département de la Somme*.

4. Le département de la Somme compte plusieurs Tilloy. Il faut chercher celui-ci dans les titres de l'abbaye de Balances (Valloires). « Tilloy, ferme dépendant de Valloires », dit M. Garnier. — *Dictionnaire topographique de la Somme*.

5. Nom qui ne nous apprend rien.

LVII

DOMQUEUR

Lettres comment le segneur de Drucat confesse que Jehan Leprevost de Miannay et ses hoirs tenront (tiendront) de lui franquement en toutes coses ung manoir séant a Dunquerre[1] pour quatre deniers de cens rendus a Drucat au Noel et par XII deniers de relief, par XII deniers de ayde a sen fils aisné faire chevalier, et par XII deniers d'ayde a se fille aisnée marier, par chascun journel, quant il y erquerra. — *1214, janvier (1215)*.

Ce sommaire, en le complétant ainsi : ..... *un manoir à Donqueurre et vingt-sept journaux et vingt-cinq verges de terre franche pour quatre deniers, etc... rend inutile la transcription de la pièce.*
Fol. 119 recto et fol. 245 verso.

LVIII

ABBEVILLE

ROUVROY. — CONSTATATION D'UNE CONVENTION ENTRE LE COMTE DE PONTHIEU ET LE POSSESSEUR D'UN FIEF SIS A ROUVROY OU DIT DE ROUVROY

Lettres de Rouvroy-lès-Abbeville. 1215

---

1. Domqueur, canton d'Ailly-le-Haut-Clocher.

Ego Ingerrannus de Candas notum facio omnibus presentibus et futuris quod conventionem factam inter Willelmum, comitem Pontivi et Monstreoli, et Theobaldum, fratrem et hominem meum, de toto feodo et domanio suo de Roveroi[1] juxta Abbatisvillam, cum appendiciis eorumdem, que de me tenebantur et que comiti jam dicto remanent[2], bene concedo et approbo, ita quod jam dictus Theobaldus homo meus sit de x (Libris) parisiensibus quas ipse Theobaldus habet in escambium pro feodo et domanio jam dictis, sicut homo meus erat de eisdem. Et hoc debet Theobaldus jam dictus garandire prefato comiti contra omnes qui ad jus et legem venire voluerint. Actum anno Domini M° CC° quinto decimo, mense octobris.

Fol. 74 verso et 378 verso.

LIX

NOYELLES

Lettres des maire et eschevins de Noielle faisans mention comment Vermond Feres recognut devant eulx debvoir cascun an a le saint Jehan Baptiste trois muis de sel a Hue Dolehaim. — *1215, février (1216).*

Ego Walterus Boisars, maior Nigelle[3], Bernardus Maior, Hugo molnarius, Ad... de Pumoroil et alii scabini et jurati ejusdem ville, notum facimus omnibus presens scriptum inspecturis quod Wermundus Feres, in presencia nostra cons-

1. *Rouveràі* dans la seconde copie. — Faubourg d'Abbeville
2. *Remànant* dans la seconde copie.
3. Noyelles-sur-Mer.

titutus, recognovit se debere annuatim domino Hugoni Dolehaim[1], hereditarie, tres modios salis ad Nativitatem beati Johannis Baptiste reddendos, pro gravia monte[2] et tenemento suo de Poumeroil qui fueunt Walteri de Pumeroil[3] dudum patris sui, et hoc concessu alieni (?) maioris, de quo tunc temporis predicta gravia cum tenemento ex parte ecclesie Compendii[4] tenebatur; et, ut hoc ratum et inconcussum habeatur, ad petitionem utriusque partis, presentem cartam sigillo communie nostre communimus. Actum est hoc anno Verbi incarnati M° CC° quinto decimo, mense februario.

Fol. 276 recto.

LX

ROTAINVILLE (MARQUENTERRE)

LETTRES DU COMTE GUILLAUME DE PONTIEU FAISANT SAVOIR QU'UN CERTAIN TERRITOIRE QUI EST APPELÉ ROTAINVILLE APRÈS LA MAYE, DE MONCHIAUX JUSQUES AUX DUNES ET JUSQU'A L'AUTHIE, EST DE L'ÉGLISE DE SAINT-WALERY[5]. — *1215, mars.*

Ego Willelmus[6], comes Pontivi et Monstreoli, notum facio omnibus presentes litteras inspecturis quod territorium quoddam quod vocatur Rotain-

---

1. Nous avons déjà rencontré ce chevalier. V. plus haut XXXI, p. 50.
2. *Monte.* Quid ? On comprendrait *montis*, la grève du mont ?
3. Ainsi les noms se trouvent orthographiés différemment à trois mots de distance.
4. L'église de Compiègne avait donc quelques droits à Noyelles.
5. Le sommaire le plus ancien est : LETTRES D'AUCUNS DROIS QUE L'EGLISE DE SAINT-WALERI A AU TERROIR DE ROTAUVILLE OULTRE L'EAUE DE MONCHEAULX JUSQUES A DUNES ET JUSQUES A LE RIVIÈRE D'AUTIE.
6. *Willermus* dans la seconde copie. Ces variantes sont sans importance.

vile[1] ultra Mayam, de Monchiaus[2] usque ad dunas[3] et usque ad Alteyam, est ecclesie beati Walarici et quod abbas et conventus beati Walarici debent habere omnes census et redditus de territorio illo assignatos et assignandos et aquacias[4] ex concessione nobilis viri Johannis comitis Pontivi, patris mei, et Beatricis, matris mee, et mea[5]. Interventu cujusdam concordie facte patris mei inter ipsum comitem patrem meum et ecclesiam beati Walarici super quibusdam querelis, exactionibus quibus dicta ecclesia dictum comitem patrem meum impetebat, comes vero justicias suas quas prius tenebat habebit. Ego siquidem, cogitans de remedio anime mee et antecessorum meorum, dedi et concessi, et hac presenti carta mea confirmavi, predicte ecclesie jus et donationes de piscibus quas habebam de manibus[6] piscancium predicti territorii, tenendas et habendas in perpetuam elemosinam. Dedi eciam et concessi redditum XL solidorum pontivensis monete, de quibus assignavi dictam ecclesiam ad redditum vicecomitatus mei apud Abbatisvillam, quicumque et quocumque modo illum tenuerit, singulis annis, ad Nativitatem Domini persolvendum; scilicet in exambio quinquaginta jornalium nemoris apud Pontoiles que dicta ecclesia de dono patris mei, in recompensationem dampnorum sibi ab illo illatorum, ibidem possidebat, et pro eo quod dicta[7] ecclesia de communia de Mareskieneterre firmiter promisit de cetero se non reclamare[8] occasione institutionis communie, salva[9] tamen justicia et redditibus ecclesie predicte, retenta mihi et heredibus meis

---

1. Routhiauville, commune de Quend. Ce hameau, entre Monchaux et les Royons, touche, en effet, aux dunes de la garenne dite de Saint-Quentin, et la côte au-delà de ces dunes s'arrondit en pointe douce pour s'infléchir dans la baie de l'Authie. M. Morel de Campennelle a cru possible de reconnaître dans cette configuration l'*Iccium promontorium* tant discuté. — *Mémoires de la Société d'Émulation d'Abbeville*, 1834-1835, p. 23-56, surtout p. 31.

2. Monchaux, commune de Quend.

3. Les dunes.

4. *Aquatia, jus piscandi*, et, suivant du Cange qui s'en réfère au P. Ignace, l'historien d'Abbeville, *jus piscandi tribus diebus in anno*.

5. C'est-à-dire *et mea concessione*.

6. *De navibus* dans la seconde copie, leçon préférable, je crois.

7. *Predicta* dans la seconde copie.

8. *Reclamaturam* dans la seconde copie.

9. Il faudrait, ce semble, *salvis*.

superiori justicia, exclusis[1] eciam vavassoribus beati Walarici a predicta communia et ab omnibus consuetudinibus et exactionibus communie, scilicet[2] Firmino Clerico, Gerardo qui habet filiam Huiberti[3] de Quent, Hugone Vavassore, Vincencio, et heredibus eorum. Assignavi eciam jam dictam ecclesiam pro salina fratrum de Balanches[4] quam dictis fratribus in elemosinam dederam. Hos[7] ad jus ecclesie beati Walarici pertinet, sicut per inquisitionem legitimam cognovi, ad quinque modios salis ad redditum meum de sale in Rua, singulis annis, ad Nativitatem beati Johannis baptiste recipiendos. Ad majorem vero hujus rei noticiam et firmitatem, presens scriptum sigilli mei appositione dignum duxi roborari ; et id volo firmiter et immobiliter ab heredibus meis observari. Datum anno Incarnationis Domini M° CC° quinto decimo, mense marcio.

Fol. 288 recto et fol. 327 recto.

LXI

L'ABBÉ DE SAINT-VALERY ET LA COMMUNE DE MARQUENTERRE

L'abbé et les religieux de Saint-Valery ne réclameront pas contre le comte de Ponthieu pour l'établissement de la commune de Marquenterre, réserves faites pour la vicomté et les revenus du couvent.

Lettres de Richarius abbé de Saint-Valery. — *1215, mars.*

Noverint tam presentes quam futuri quod ego Richarius, dei gracia abbas Sancti Walarici, humilis quoque ejusdem loci conventus firmiter promisimus quod

---

1. *Exclusus* dans la seconde copie, simple *lapsus calami*.
2. Les noms qui suivent sont ceux des vavasseurs de l'abbaye de Saint-Valery.
3. *Wiberti* dans la seconde copie.
4. Cette lettre, telle que la donne le cartulaire, oblige parfois à deviner. Ici, je crois qu'il faudrait lire *hoc*.

adversus virum nobilem Willelmum, comitem Pontivi et Monstreoli, nec adversus heredes suos, occasione institutionis communie, super communia de Mareskiene terre de cetero non reclamabimus, salvo tamen vicecomitatu nostro et salvis ibidem redditibus nostris. Ad majorem vero hujus rei confirmationem, etc... Actum est hoc anno Incarnationis dominice M° CC° XV°, mense marcio.

Fol. 327 recto.

LXII

LES LÉPREUX DU QUESNE

Vente d'un terrage aux Lépreux du Quesne par Hugue Haterel, chevalier. — 1216.

Notum sit tam presentibus quam futuris presens scriptum inspecturis quod ego Hugo Haterelles, miles, vendidi fratribus hospitalarie domus leprosorum de Quercu terragium totalis terre de Riomenez[1], etc...

Fol. 359 recto.

On voit dans l'acte que Andreas de Adamvilla[2] *était* dominus fundi; *beaucoup de noms de témoins* : Auberto de Quercu, Johanne de Broecort, Johanne de Adamvilla, Petro de Sancto Albino, presbiteris; Ingerranno de Sancto Albino, Fulcone de Quercu, Radulpho de Casenhart[3], Alexandro de Bello campo[4],

---

1. Ou *Riominiez* ? Quel est ce lieu ? En février 1236 (1237) nous le verrons nommé Riemers par le copiste du cartulaire. Il est probable qu'il a été mal transcrit dans tous les cas.
2. Probablement Andainville, du canton d'Oisemont.
3. *Campsart* évidemment, commune de Villers-Campsart, canton d'Hornoy.
4. L'un des deux Beaucamps sans doute, du canton d'Hornoy.

militibus ; Hugone Maricato, majore de Arguel, Gaufrido Cato, Gerardo de Geberello, Radulpho Moluero, Galtero Burello, et tota communia de Arguel et Galtero P..... (?) de Sancto Menelco qui nummos recepit de contractu. Hoc actum est in anno Incarnationis dominice M° CC° XVI°.

LXIII

RUE

LES LÉPREUX DE LANNOY

Lettres comment les ladres de Lannoy de Rue ont cascun an ung muy de blé sur les molins de Rue du meilleur après le blé de Valoires et plusieurs aultres dons contenus en ces présentes, et après ces présentes sont contenues les rentes que les dessus dits ladres ont a Rue sur le comte de Pontieu.

Sans date, mais du comte Guillaume qui rappelle les dons de son père le comte Jehan.

*Cette lettre est curieuse pour la topographie ancienne de Rue, les donations antérieures à la charte de commune, les noms des habitants de Rue au XII*e *siècle ; — curieuse aussi pour les environs de Rue, particulièrement pour Machy et nombre de lieux à proximité de ce village.*

Ne gestarum rerum memoria processu temporis evanescat et pereat, discretorum virorum prudencia solet eas per litteras eternare. Ego igitur Willelmus, comes Pontivi et Monstreoli, universis presentibus et futuris notum facio quod Johannes, comes Pontivi, in remissionem suorum peccatorum et antecessorum suorum, et pro anima Alelmi, fratris senescalli, pauperibus leprosis de Alneto in perpetuam dedit elemosinam unum modium bladi de meliori post bladum fratrum de Valoliis, ad managium meum [1] de Rua, singulis annis capiendum, videlicet dimidium modium ad festum Sancti Remigii et dimidium modium ad Quintanam [2]. Preterea, Johannes comes, pater meus predictus, dedit in elemosinam leprosis predictis xxi denariatam [3] panis, qualibet hebdomada, ad vicecomitatum meum [4] de Rua capiendas. Item, sciendum quod ego Willelmus, comes Pontivi et Monstreoli predictus, domui leprosorum predictorum concessi turellos [5] quos comitissa Ela dedit eis in elemosinam, qui sunt a pirio [6] de Crescio usque ad pirtum [7] de veteri de Alneto, ad pasturam et ad usus domus predicte, et quiete libere [8] in perpetuum possidendos. Preterea, ego dedi leprosis predictis in perpetuam elemosinam, singulis annis, xxii solidos parisienses, de quibus eos assignavi ad guihalam [9] de Rua de xii sol. (solidis) et ad Montem de Buc [10] de x s., singulis annis, reddendos medietatem ad Nativitatem et medietatem ad festum sancti Johannis baptiste. Item, universis ego volo notum fieri quod Symon de Donquerre [11] de leprosis predictis cepit sibi et heredi suo terram et pratum quod ipsi leprosi apud Arri [12] habebant, per unum modium bladi et unum modium avene, singulis annis, ad festum Sancti Remigii, leprosis predictis persolvendum. Et ego de illis duobus modiis supradictis, pro Symone predicto, unum modium reddere teneor, videlicet

1. *Meum*, dit le comte Guillaume. Il eut pu dicter *suum*, le manage existant déjà du temps du comte Jean qui avait assuré sur lui la donation.

2. *Quintana est hebdomada Quinquagesimæ.* — Du Cange.

3. Il semble qu'il faudrait *denariatas.* — *Denariata panis, panis pretii unius denarii.* — Du Cange.

4. *Meum*, même remarque que plus haut pour *managium*.

5. *Turellos.* — Digues, berges de route probablement. Voir du Cange au mot *turella*.

6. *Pirius, itinerarius agger, via strata publica.* — Du Cange.

7. Je lis *pirtum* ; il faut comprendre évidemment *pirium*.

8. *Quiete et libere*.

9. Il y avait donc une guihale à Rue comme à Abbeville. Sur ces guihales, le comte conservait des droits. — V. *Abbeville avant la guerre de Cent ans, p. 7*.

10. Je crois bien que le mot est *Buc*.

11. Domqueur, canton d'Ailly-le-Haut-Clocher.

12. Arry, canton de Rue.

dimidium modium bladi, videlicet III sextarios frumenti et III sextarios grossi bladi ad molendina mea apud Ruam, singulis annis capiendos. Symon vero de Donquerre predictus alterum modium leprosis predictis tenetur reddere, singulis annis, ad festum Sancti Remigii, videlicet dimidium modium avene et dimidium siliginis. Si vero Symon predictus, vel heres ejus, istum modium predictum singulis annis ad terminum prenunciatum non persolvet, leprosi predicti ad terram suam et ad pratum predictum reverterentur. Item sciendum quod Symon de Machi[1] dedit et concessit leprosis predictis managium de Baaillon[2] et haiam[3] imperpetuum tenendam per VIII s. censuales, singulis annis persolvendos, et per istos VIII s. predictos leprosi sepedicti sunt quiti et liberi de herbagio erga heredem de Machi, de omnibus bestiis suis et de aliis que in predictum managium redibunt vel hospitabuntur. Preterea, Symon de Machi predictus in perpetuam elemosinam dedit eisdem leprosis quinque jornalia terre que sunt ad dextram et ad sinistram Haie predicte[4], tenenda sine teragio libere et quiete, excepta decima. Item, idem Symon dedit in perpetuam elemosinam et concessit leprosis predictis LX jornalia terre, videlicet Campum de Corberia et Campum ante Puteum et Campum Galteret et Campum de Valle Guidonis[5], per decimam et per teragium in perpetuum possidenda. Item, predictus Symon dedit et concessit leprosis predictis unam caruscam terre, ab feodo Guidonis de Salicibus

1. Machy, canton de Rue.
2. Ce nom de lieu, Baillon, n'est pas rare dans la Somme. Le manage donné par Simon dépendait de Machy. — J. Garnier, *Dict. top. de la Somme*. — La léproserie de Lannoy ne dut pas conserver Baillon. Au dix-huitième siècle, ce fief, très important, n'appartenait plus aux sœurs de Saint-François mises par Henri IV, en 1598, en possession des biens de la maladredie ruinée. Il est dit seulement : partie de cette seigneurie était tenue de la maladrerie de Rue. — *Hist. de Cinq villes*, 11, p. 463.
3. *Haiam*. — Une haie pouvait être aussi une palissade. — Du Cange. — Le manage de Baillon devait être clos d'une manière particulière pour que l'acte mentionne la haie ; à moins qu'il ne s'agisse d'un bosquet attenant au manage : *Silva, haiis, seu sepibus septa, munita*. — Du Cange encore. — Je dois noter que, en face même de Machy, sur la côte qui s'élève au-delà de la route de Rue à Crécy, un petit bois carré portait le nom de bois Baillon. Il ne fut défriché qu'en 1856. Pour sa position, voir les anciennes cartes de l'état-major.
4. Voir la note ci-dessus.
5. Corbière, le Champ devant le Puits, le Champ Galteret, le Champ du Val Guyon, lieux dits dont le souvenir est perdu sans doute, mais qu'il faudrait chercher dans les environs de Machy.

usque ad feodum Symonis de Avesnes[1] et usque ad ortos de Machi, jure hereditario ad decimam et ad teragium possidendam. Item, idem Symon in perpetuam dedit elemosinam leprosis predictis quinque jornalia terre, videlicet essartellum ante portam de Baaillon, libere et quiete, sine decima et sine teragio possidenda. Item, unum aliud essartellum de quinque jornalibus de bus[2] Galteri Regis, sine decima et sine teragio tenendum, per quasdem botas[3] de XII denariis, singulis annis ad Pascha, uxori heredis de Machi reddendas. Item, Haiam de Menaufay[4] ad teragium et sine decima quam leprosi predicti de bosco extraxerunt, ab cruce domine Aelain[5] usque ad Vallem Guidonis[6]. Sciendum vero est quod, cum diu querela verteretur inter leprosos predictos, ex una parte, et fratres de Valoliis, ex alia, super quodam usagio quod ipsi leprosi in nemore de Tilloy[7] reclamabant, tandem, prudencium virorum consilio, inter se composuerunt; ita videlicet quod fratres de Valoliis predicti concesserunt leprosis prenominatis x jornalia nemoris in nemore de Tilloy predicto et quatuor jornalia terre juxta Campum de Corberia, jure hereditario leprosis sepedictis pacifice possidenda; et hoc factum fuit consilio meo et assensu burgensium meorum de Rua, Roberto de Noeres tunc temporis abbate existente de Valoliis. Item, notandum est quod Galterus de Monte (du Mont) domui leprosorum predictorum in perpetuam dedit elemosinam terram de feodo suo in perpetuum tenendam per dimidiam decimam et sine teragio, et Galterus predictus eandem terram super altare capelle de Alneto contulit; ita quod ipse et heredes ejus, si eis opus esset, domus predicte confratres essent. Item, vavassores de Arri[8] concesserunt eisdem leprosis LXV

1. Le fief Guyon, le fief Simon d'Avesnes, même observation que ci-dessus pour les lieux dits..... *ad ortos (hortos) de Machi*. Tous les lieux précédemment nommés ne sont pas loin de Machy.

2. Bus, Bussy, Buissy, ces noms assez répandus font toujours songer à *buscus* et à *buxus*. — S'agit-il ici d'un bois Gautier Le Roi ?

3. Il s'agit bien de bottes. — Voir du Cange : *botarum præstationes*.

4. La haie, le bois de Menaufay sans doute, mais où situé ?

5. La croix de dame Alain, dans les champs sans doute.

6. Le Val Guyon. — Nous avons déjà vu plus haut le fief Guyon.

7. Tilloy est un nom répandu. Un Tilloy était voisin de l'abbaye de Valloires.

8. Arry déjà nommé.

jornalia in nemore de Arri predicto in perpetuum pacifice possidenda ; et hoc factum fuit consilio meo et assensu burgensium meorum de Rua. Item, sciendum est quod Ingerannus vicecomes domui predicte leprosorum in perpetuam dedit elemosinam quatuor jornalia terre apud le Croe de Biaumes [1], sine teragio, et per dimidiam decimam. Item, Renelinus, frater Galteri Taupe (?), eisdem leprosis in perpetuam dedit elemosinam II jugera terre in angulo [2] Hugonis de Waban et h' (hec) II jugera predicta debent sextam partem teragii et dimidiam decimam. Item, sciendum est quod masserenses [3] in perpetuam dederunt elemosinam leprosis predictis duos falces prati et IX jugera terre, videlicet quatuor jugera terre in Salnerio Campo [4] et quinque jugera in Campo de Prella (Perella) [5] ; et ista novem jugera predicta debent dimidiam decimam et dimidium teragium. Item, notandum est quod Paganus de Aurenc [6] dedit et concessit eisdem leprosis III falces prati per quatuor denarios ad festum Sancti Remigii reddendos sine lege. Preterea, et idem Paganus dedit eis IIIJ jugera in Campo de Perella in perpetuum tenenda per dimidiam decimam et per dimidium teragium. Item, ego universis volo notum fieri quod Bernardus de Rua in perpetuam dedit elemosinam managium ubi idem leprosi manent et omnes hospites manentes juxta eorum managium usque ad managium quod fuit Herberti Boistel. Item, sciendum est quod Gontardus Grenie (ou Grevie ?) dedit in elemosinam leprosis totiens dictis quemdam ortum et quemdam hospitem ante portam predictorum leprosorum et unam denariatam panis, unaquaque hebdomada capiendam ad furnum de Divite Burgo [7]. Et sciendum est quod omnes venditores de quo venalio vendiderunt domui Alneti [8] ....
.... Item, heres de Vilers [9] eisdem

1. Biaumes, Beaumetz. — Il y a plusieurs Beaumetz. Le plus rapproché de Rue, celui qui pouvait dépendre du comte de Ponthieu, était le Beaumetz du canton de Bernaville. — Le Croe?
2. *Angulus*, et même *angula terræ*, coin, portion de terre. — Du Cange.
3. *Masserenses ?* Le mot a-t-il été mal transcrit ?
4. Le Champ ou Camp Saulnier ?
5. Le Champ de la Perelle (de la Prêle ?), lieu dit.
6. Aurenc, lieu que je crois inconnu.
7. Richebourg ou Riquebourg, quartier de la ville même de Rue.
8. Ici un certain nombre de mots que je n'ai pu lire avec certitude.
9. Probablement Villers-sur-Authie.

leprosis dedit in elemosinam unam denariatam panis, qualibet hebdomada capiendam ad furnum de vico Frestelengue[1], et heres de Laveriis unam denariatam capiendam ad furnum quod fuit Greniboldi Golni. Preterea, idem heres de Laveriis dedit eis in elemosinam II ....? de cervisia, qualibet hebdomada capiendas ad canbas[2] suas de Rua. Sciendum vero est quod managium quod fuit Radulphi de Arri, quod [est] ante portam leprosorum predictorum, quolibet anno debet eisdem leprosis VII s. et quatuor capones de censu XXVIII denarios et IIII capones ad Nativitatem, XXVIII denarios ad festum Sancti Johannis et XXVIII denarios ad festum Sancti Remigii. Managium vero filii Damoremen (ou Damorenien), quod est juxta virgultum eorumdem leprosorum debet quinque s. et II capones tribus terminis ut supra. Managium quod fuit Euvardi Canterel defuncti V s. IIII capones[3] Johannis et ad Nat. Managium quod fuit Reneri Gueruche IX s. IIII capones, tribus terminis ut supra. Managium quod fuit Radulphi de Acheu III s. II capones ad Nat. et ad festum Sancti Johannis. Managium Durandi Roselli, eodem modo, III s. et II capones. Galterus vero Muluel (?), ut heres ejus de quadam terra que est juxta domum suam, IIIJ s., tribus terminis ad Nat. ad festum Sancti Johannis et ad festum Sancti Remigii. Villana vero, vel heres ejus, de terra que est ante vicum de Escandecat[4], xx denarios et ij capones, ij terminis, ad Nat. et ad festum S[ti] Johannis. Renerus predictus, vel heres ejus, de tenemento quod fuit Giboldi Ruffi III s. et IX d[os] et I caponem, tribus terminis ut supra. Heres Coleman xxx denarios et ij capones, ij terminis, de quodam tenemento quod est juxta aliud tenementum predictum. Tenementum Heudiardis de Morlaio[5] XII denarios ad Sanctum Johannem, quos Wallo Ruffus dedit in elemosinam. Filii Roberti, filii

1. Ainsi à Rue comme à Abbeville une rue Frestelengue. V. *Topog. d'Abbeville*, t. III, p. 162.
2. *Camba, brassiatorum officina.* — Du Cange.
3. Un mot passé sans doute : *ad festum.*
4. Ce nom de rue n'est pas d'une étymologie facile. Il impliquerait l'idée de monter et on ne s'imagine pas une rue montante dans la ville plate de Rue. Faut-il lui demander le souvenir d'un port ? Escander signifiant gravir, la rue de Escandecat serait la berge sur laquelle on montait en sortant des bateaux. L'Escandecat aurait été « l'échelle » de Rue. Je n'insiste pas, bien entendu, sur cette hypothèse.
5. Morlay, annexe de Ponthoile, canton de Nouvion ; mais non loin de l'ancien lit de la Somme, vers le Crotoy.

Andree, vel heredes eorum, III s., II terminis, de tenemento quod Aia de Capella dedit in elemosinam. Rogerus Burnet, vel heredes ejus, x s., ad festum Sancti Andree et ad Pentescostem et ad festum Sancti Remigii, de tenemento in quo manet, quod Robustellus et uxor ejus dederunt in elemosinam. Ingerannus Dodet, vel heres (ou heredes) ejus, XII denarios, ad Sanctum Johannem, de tenemento quod fuit B (?) majoris. Hombardus de Cokerel, vel heres (ou heredes) ejus, de tenemento in quo manet, II s. et I caponem, ad Nativitatem, et XVII sextarios salis ad festum Sancti Remigii, et quicumque super illud tenementum manebit debet aquacias predictis leprosis si in mare perrexerit[1]. Galterus de Cokerel, vel heredes ejus, de tenemento quod est juxta tenementum aliud predictum totidem, videlicet II s. et I caponem ad Nat. et XVII sextarios salis ad festum Sancti Remigii et aquacias, si ille in mare perrexerit qui super illud tenementum manebit. Matillis Bobete, vel heredes ejus, de tenemento in quo ipsa manet II, modios salis, videlicet I modium ad festum Sancti Johannis et I modium ad festum Sancti Andree, quos Ing' (Ingerannus ?) Balles dedit in elemosinam. Ligardis Caisnele, vel heredes ejus, de tenemento quod fuit Galteri fratris ejus, dimidium modium salis ad festum Sancti Johannis. Uxor Roberti Roselli, vel heredes ejus, de tenemento in quo ipsa manet, III sextarios salis ad festum Sancti Johannis. Robertus de Beck, vel heredes ejus, de tenemento in quo manet, II sextarios salis ad festum Sancti Johannis. Henricus Cornix, vel heredes ejus, de tenemento in quo manet, dimidium modium salis ad festum Sancti Johannis. Radulphus Cauca, vel heres ejus, de tenemento quod fuit Columbelli, dimidium modium salis ad festum Sancti Remigii quem Evrardus Canterel dedit in elemosinam. Radulphus Fausse, vel heres ejus, dimidium modium salis ad festum Sancti Remigii Johannis *(sic)*, quem Gireroldus le Fusil ?... dedit in elemosinam. Heres Galteri filii Gurrikenel dimidium modium salis ad festum Sancti Johannis, quem Girardus molendinarius dedit in elemosinam. Heres Renelini Amille IIIJ sexterios salis, ij pro eo et ij quos Johannes prepositus dedit in elemosinam ad festum Sancti Johannis. Johannes Postel, vel heres ejus, dimidium modium salis ad festum Sancti Johannis, quem Girardus Molendinarius dedit in elemosinam ad festum Sancti Johannis. Ing'

---

1. *Si in mare perrexerit.* — La redevance n'était donc que conditionnelle.

(Ingerannus ?) filius Ameline, vel heres ejus, dimidium modium salis ad festum Sancti Johannis, de Monte[1] qui est juxta managium suum. Heres Aceline de Hera dimidium modium salis, de quodam tenemento quod est apud Here[2], ad festum Sancti Johannis. Gondeberdus de Bertaucourt ij s et ij capones, ad Nativitatem, de ij jornalibus terre apud Bertaucourt[3]. Managium vero de scabinis ij s., ad Nativitatem, quos Robertus Broncart contulit in elemosinam. Item, sciendum est quod omnes jurati de Rua, qualibet hebdomade, predictis leprosis unum obolum vel unam dimidiam venal'...[4] de omnibus illis qui venalia vendent in villa. Obolum vero istum, consilio et assensu comitum Pontivi qui tunc temporis erant, domini episcopi ambianensis et concessu tocius communitatis predicte ville, domui predicte dati et concessi[5] fuerunt antequam communitas fieret[6].

Fol. 283 et suivants.

Nous sommes ainsi transporté à des temps antérieurs à la commune.

Il est assavoir que de tout che qui est contenu en le chartre des freres del Ausnoy de Rue li dessus dit frere ne prendent des seigneurs de Pontieu que j mui de blé au manage le Conte a Rue, du meilleur après le blé chax[7] de Valoiles; chest assavoir demi mui a le St Remi et demi mui au Bouhourdeich. Item xxi denree de pain cascune semaine à le visconté de Rue. Item xxii s de parisis de rente à prendre à le guihale de Rue cascun an, xii s au Noël et x s au mont de Buc, à le saint Jehan Baptiste. Item i mui de labeur cascun an; chest assavoir demi mui davaine à prendre cascun an à le Saint Remi au grenier à Rue et demi mui de blé as molins de Rue, chest assavoir iiij sextiers de fourment et iij sextiers de gros blé.

Fol. 286 recto.

1. Ce nom n'indique sans doute qu'un accident de terrain.
2. Deux lieux de ce nom, l'un dans la commune de Rue, l'autre dans la commune de Quend.
3. Bertaucourt-lès-Rue, lieu détruit, dit M. Garnier.
4. Un verbe manque.
5. Ces formes au pluriel ne s'accordent pas avec *obolum* qui, de plus, est à l'accusatif.
6. Antérieurement à la commune qui datait, par concession au moins verbale, du comte Jean. — Cette constatation suffirait à établir l'ancienneté de la léproserie.
7. Le blé chax, ainsi écrit; le blé chaus de Valoiles, c'est-à-dire le blé de ceux de Valloires.

LXIV

BOIS PRÈS DU TITRE. — LE GARD LÈS RUE

Lettres comment l'abbé et couvent de Saint-Riquier accordèrent au comte de Pontieu (Guillaume) tout ce qu'ils avoient au bois de lès le Tristre pour quarante sols l'an au Noel a prendre sur le vicomté (d'Abbeville) et aussi comment ils accordèrent audit comte tout ce qu'ils avoient de le terre et marès dedans le closture du Gard et dehors pour un muy d'avaine a le saint Remy. — *1216, février (1217.)*

Ego Hugo, beati Richarii dictus abbas, et ejusdem loci capitulum notum facimus omnibus, etc..... quod nos quidquid habebamus in nemore juxta le Tristre[1] et juxta quod vocatur Cahaule[2], in feodo et domanio, Willermo illustri comiti Pontivi et Monstreoli dedimus et concessimus hereditarie possidendum et habendum, pro XL solidis parisiensibus, de quibus nobis fecit assignamentum ad vicecomitatum suum de Abbatisvilla, etc..... Actum anno M° CC° XVI°, mense februarii.

Fol. 179 verso et fol. 317 recto.

Le Tristre ou le Tristres, tous les anciens textes donnent le nom sous ces formes. — V. Hist. de Cinq villes, t. VI, p. 17. — Une lettre du 19 mai 1267 ajoute

---

1. Le Titre, canton de Nouvion.
2. Je ne trouve rien sur ce lieu. S'agit-il encore d'un bois ? Je ne puis, et en hésitant, rapprocher ce nom Cahaule que du mot *Caula*, Caule, pour lequel du Cange a relevé des significations assez diverses, entre autres, mais pour le pluriel *Caulæ, munimenta ovium vel sepimenta ovilium;* et, pour le singulier, *fustis, gallice* gaule. Mais dom Carpentier, dans son *Glossaire françois*, écrit : « Caule, sorte d'impôt » et renvoie à son supplément de du Cange. En ce supplément je trouve aussi : *Caula idem quod caulagium, tributi species.* — Si l'on suppose l'identité de ce Cahaule et de Caule dans la charte, le sens ne demeure pas moins indécis.

un témoignage aux autres : « *Je, Henri[s] de Nouvion, chevalier[s], fait savoir a chiaus qui sont et qui a venir sont, que Nicolas du Tristre, vaasseurs etc..... a vendu etc..... »* — Etude sur le dialecte picard *par Gaston Raynaud, p. 4.* —

La véritable origine du nom nous est fournie par du Cange. Elle évoque des souvenirs de chasse, ce qui ne peut étonner dans ce canton de bois. Le Titre nous arrête donc à une lisière d'embuscade, ou plutôt à une station habituelle, à un relais de chiens couplés, tenus en laisse.

Je suis forcé d'abord à une citation un peu barbare, du Cange ayant reproduit, pour plus vieux texte, une prescription de latin anglais et mêlé de vieil anglais. — J'abrégerai un peu.

Trista, Tistra. — *de tristris ancientes written traistis, and is derieud of traist, i. trust, and signifieth* : ubi alii homines, manentes in eadem foresta tempore quo dominus chaceaverit, in eadem venire debent, et confisi sunt, anglice, *aretrusted,* ad tenendum leporarios certis locis assignatos pro feris ibidem expectandis et capiendis. »

Puis et tiré d'ailleurs :

« Rex cum cæteris superior constitisset, secundum legem venandi, quem vulgus Tristam vocat, singulis proceribus cum suis canibus singula loca delegat. »

Ce mot, dans ses formes anciennes, désignait en même temps une obligation pour les habitants des lieux forestiers de nourrir des chiens et de les tenir prêts pour la chasse, dominoque suo præsentare, quandocumque illi placuerit in foresta sua venari.

Et comme exemple de la servitude nommée titre, dom Carpentier ajoute : « Robertus de Pissiaco habet leporem, vulpem........ et *tristre* inter boscum et forestam. »

N'oublions pas que le mot tristre, terme de chasse, avait été, avec tant d'autres, porté de France en Angleterre par les compagnons de Guillaume. Nous le retrouvons parfaitement en France et non venu d'Angleterre : « Poste où se placent les chiens, » *dit La Curne, renseigné par Gaston Phébus.*

J'ai été conduit aux remarques qui précèdent par l'auteur de Recherches étymologyques sur le Ponthieu *(Affiches de Picardie, n° 17, 26 avril 1777, p. 67).*

Il est permis de faire remarquer que du mot Tristre est venu le mot tertre. Dom Carpentier a fait le rapprochement sans s'y arrêter : Terstre, dit-il, pour Tistre in cod. Reg. etc. — Cette étymologie a échappé à Littré. — Voir encore dom Carpentier dans son glossaire, Voces gallicæ : « *Teltre, monticule.* » Et, dans son supplément latin à du Cange, les mots terstre, trista, tertrum.

Je finirai avec un poète. Eustache Deschamps, dans la pièce où il s'excuse de ne rien entendre à la chasse, dit :

D'estre au title est nommez musart.

Ballade DCCCV

Et l'éditeur, le marquis de Queux de Saint-Hilaire, traduit, en note, title par « lieu d'embuscade, titre. »

Nous pouvons nous figurer maintenant les comtes de Ponthieu chassant aux environs du Titre et nous comprenons pourquoi Guillaume achetait à l'abbé de Saint-Riquier ce qui pouvait n'être pas à lui in nemore juxta le Tristre, et près de son habitation au Titre. — Pour cette habitation, probablement située dans le bois dit de La Garenne, voir l'Hist. de Cinq villes, t. VI, pp. 23-24. — Pour un autre bois très voisin du bois de la Garenne, dit bois du Roi, c'est-à-dire anciennement bois le Comte, voir ibid, pp. 24-25.

Le désir d'être le seul maître seigneurial autour des lieux de plaisance où il pouvait résider faisait acheter au comte de Ponthieu, comme au Titre, ce que l'abbaye de Saint-Riquier possédait près de sa maison du Gard-lès-Rue.

LXV

CRÉCY

Lettre comment Wille conte de Pontieu affranquit Bernard Tueleu et ses hoirs tant qu'ils demeureront a Cressy. Fait a Cressy en 1217. avril. — *Concession aussi d'un étal.*

Ego Willelmus, comes Pontivi, etc... quod ego concessi Bernardo Tueleu quod ipse et heredes sui, quamdiu apud Cressiacum manserint, per totam terram meam de transverso et thelonio cum omnibus marcandisiis suis erunt liberi. Si autem dictus Bernardus aliquod managium acquisierit, illud managium libere et pacifice possidebit....... Concessi et eidem Bernardo in foro venali de Cressiaco unum stallum XIIII pedum hereditarie possidendum, pro quo mihi reddere tenebitur annuatim, in Natali Domini, x solidos censuales pontivensis monete....... Ut hoc autem, etc... Actum est apud Cressiacum, anno, etc... M° CC° XVII°, mense aprili.

Fol. 111 recto.

LXVI

RUE

L'HOPITAL, LES MOULINS DE RUE. — LE TITRE

Lettres comment le comte de Pontieu donna a l'Ospital de Rue demi muy de fourment a prendre au Noel sur les molins de Rue et demi muy d'avaine a le saint Remy et aultres cens en escange de dix journeulx de terre au Tristre. — *1217, avril.*

Ego Willelmus, comes Pontivi et Monstr..., notum facio omnibus presentibus et futuris quod ego, pro escambio x jornalium terre que fuerant Girardi Clerici apud le Tristre teneor, singulis annis[1], domui hospitalarie de Rua dimidium modium frumenti ad molendina mea de Rua in Natali Domini capiendum et dimidium modium avene ad redditum meum de Rua, in festo beati Remigii capiendum, quicomque (*sic*) ea tenuerit. Preterea, sciendum est quod prefata domus annuatim, de elemosina patris mei et matris mee, habet xxv solidos, videlicet de Evardo des Leus duos solidos ad Natale et duos solidos ad festum

---

1. Ici sans doute un verbe omis.

beati Johannis Baptiste, de sua masura, et de Galtero le Cordier duos solidos ad Natale et duos solidos ad festum beati Johannis Baptiste, de masura sua, et de Mainsent Huree ij solidos ad Natale et ij sol. ad festum beati Johannis Baptiste, de masura sua, et de Ada Serie ij solidos ad Natale et ij sol. ad festum beati Johannis Baptiste, de sua masura, et de Firmino Tresce (ou Tiesce) xii denarios ad Nat.; et, ut escambium jam dictum et elemosinam jam dictam predicta domus firmiter teneat, presentem cartam sigilli mei appositione confirmavi. Actum anno Domini M° CC° septimo decimo, mense aprili.

Fol. 282 verso.

LXVII

HOMMAGE DU COMTE D'EU POUR UN FIEF

Deux copies, deux sommaires : LETTRES DE QUARANTE LIVRES QUE LE COMTE D'EU PRENT EN PONTIEU SUR LE VICOMTÉ AU NOEL ; *ou :* LETTRES COMMENT LE COMTE D'EU FIST HOMMAGE AU COMTE DE PONTIEU [1]. — *1217, juin.*

Sciant presentes et futuri quod Ego Willelmus, comes Pontivi, recepi in homagium Radulphum de Exoldono, comitem Augi, de feodo quod tenuit de patre meo Johanne, comite Pontivi, Henricus, comes Augi. Et ego feodum suum accrevi de xl libris par., quas ei assignavi apud Abbatisvillam, ad vicecomitatum meum, singulis annis, in Natali Domini, ab eodem comite Radulpho percipiendis et habendis, ea condicione quod, si de uxore sua, filia predicti Henrici comitis Augi, heredem habuerit, predicte xl libre sibi et heredibus suis

---

1. Le marquis Le Ver qui a transcrit aussi cette lettre a écrit en marge de sa copie : « Voir la charte de Simon et de Marie de 1234. »

habende sint; si autem de ipsa heredem non habuerit, predicte XL libre in manum meam libere et quiete redibunt; ita quod michi remanebit vetus homagium. Super hoc homagium, debet idem Radulphus, comes Augi, michi servicium quod debuit patri meo predictus Henricus, comes Augi. Insuper refugium terre mee concessi, quamdiu voluerit juri per me parere et homines meos de terra mea qui ei servire voluerint, salva fide mea. Hiis testibus etc... Actum est hoc anno Verbi incarnati M° CC° septimo decimo, mense junii.

Fol. 120 verso et fol. 247 verso.

Le marquis Le Ver fait suivre cette charte de quelques remarques :
*Raoul d'Issoudun est Raoul de Lezignem, seigneur d'Issoudun, allié à Alix fille de Henri comte d'Eu et de Mahaut de Brabant. — Il mourut en 1217 au siège d'Acre. Alix mourut en 1227, suivant l'*Histoire des Grands Officiers de la Couronne*, t. II. — M. Le Ver discute cette dernière date; il renvoie à la charte de 1234 donnée par Simon, comte de Pontieu, et Marie, sa femme, à Aelide (on l'aurait nommée ainsi dans l'acte), comtesse d'Eu, qui ne serait donc pas morte en 1227. « On ne peut présumer, ajoute-t-il, que la date 1234 soit une erreur de copiste et que la charte doive être au plus tard de 1227, parce que Simon, comte de Pontieu, n'est rentré en grâce et en France qu'en 1230, s'étant expatrié depuis la bataille de Bouvines en 1214 et qu'on ne lui rendit le comté de Pontieu qu'en 1230 sous le cautionnement de ses hommes de Pontieu (mois de mars 1230). » Alix (Aelide), serait donc morte, non en 1227, mais après 1234.*

Raoul d'Issoudun doit au comte de Pontieu l'hommage que lui devait le comte Henri. Guillaume a augmenté le fief de quarante livres à prendre annuellement sur la vicomté d'Abbeville. Cette rente passera aux héritiers de Raoul s'il a des enfants d'Alix, sinon elle reviendra en la main du comte de Pontieu. Guillaume assure au comte d'Eu un refuge en Pontieu, etc.

LXVIII

PORT

LETTRES DE LE COMMUNE DE PORT. 1218.

Quoniam ea que litteris annotantur melius memorie commendantur, ego Willelmus, comes Pontivi etc..... Témoins :

Gyrondus[1], abbas Sancti Richarii, Symon, prior Abbatisville, Thomas, decanus Sancti Wlfranni, Balduinus, capellanus ejusdem ville de Port, Hugo de Fontanis, Symon de Donquerre, Revelinus Rabos, Renerus de Durcat, milites, Hugo Pevellons, maior de Port, Walterus Cornuarus, Matheus Johannes....... Actum est anno M° CC° VIII° decimo Incarnationis[2]. Datum est per manum Johannis capellani mei.

Fol. 87 recto et fol. 385 recto.

Cette charte est la reproduction de celle d'Abbeville. Aug. Thierry en a publié les seuls articles (quatre) qui diffèrent. — Documents inédits, t. IV, p. 688. — *Le P. Ignace n'en a donné à peu près que la date.* — Histoire des Mayeurs d'Abbeville, p. 139. — *MM. Ch. Louandre et Ch. Labitte n'ont donné aussi que cette date en renvoyant pour le reste à la charte d'Abbeville.* — Mémoires de la Société d'Émulation, 1836-1837, p. 122.

---

1. *Giroldus.*

2. L'Incarnation est le 25 mars, mais il n'y a pas à s'occuper ici de cette date puisque la charte a été donnée, à Port, *V° kalendas augusti.*

LXIX

ABBEVILLE

ÉTAL A BOUCHER VENDU AU COMTE

Lettres del estal Pierron Pipetarte *ou* Lettres commfnt Pierre Pipetarte et se femme vendirent au comte de Pontieu ung estal a char (chair) séant devant le maison Gautier Mulet. — *1218, octobre.*

La vente a été faite par devant le maieur.

Ego Petrus Normannus, maior Abbatisville, notum facio presentibus et futuris quod Petrus Pipetarte et Ermentrudis, uxor ejus, in presentia mea constituti, recognoverunt quod ipsi vendiderunt domino nostro et suo Willermo, comiti Pontivi ed Monstreoli, quoddam stallum carnificis, situm ante domum Galfridi Mulet allutarii [1], quod de ipso comite tenebant jure hereditario possidendum et habendum, et juraverunt, tactis sacrosanctis sollempniter, quod de cetero in ipso stallo nichil reclamabunt; presentibus scabinis etc. Et, ut vendicio ista rata permaneat, presentem cartam, ad peticionem eorumdem Petri et uxoris ejus, tradidimus ipsi comiti, sigillo communie roboratam. Actum est anno Domini M° CC° octavo decimo, mense octobri.

Fol. 16 recto et fol. 151 verso et fol. 204 recto.

Reproduit non exactement dans le Trésor des Chartes, *t. I*er, *p. 472, col. 2. — M. Teulet dit avoir extrait cette pièce « du fragment de cartulaire » dont il a parlé p. 120, note 1.*

1. *Allutarius,* dit du Cange, *qui pelles et coria parat* (c'est-à-dire corroyeur); et aussi : *Alutarii dicuntur, qui operantur in aluta,* cordonniers.

Et voici ce que je lis à cette page 120 au-dessous des lettres de l'évêque d'Amiens pour les conventions de mariage entre Édèle de Ponthieu et Renaud de Saint-Valery :

« *Cette pièce et 22 autres pièces, que nous publierons successivement à leur ordre chronologique, sont insérées dans deux cahiers, qui, écrits de la même main, semblent cependant, à cause du format, provenir de deux cartulaires différents. Une main moderne les a cotés de 1 à 23, et a intitulé les quinze feuillets de parchemin sur lesquelles elles sont transcrites :* Cartulaire de Ponthieu. *La plus récente de ces pièces est datée du mois de juin 1258.* »

LXX

RENTE SUR LA VICOMTÉ D'ABBEVILLE

LES SEIGNEURS DE MAISNIÈRES (canton de Gamaches)

Les deux actes qui suivent sont connexes.

I

Lettre de rente qui se print sur le Vicomté d'Abbeville. — *1218 novembre.*

Cette charte montre bien au treizième siècle les seigneurs de Maisnières descendants des comtes de Ponthieu.

Ego Willelmus, comes Pontivi et Monstreoli, notum facio quod, cum Johannes, pater meus, dedisset Guidoni, fratri suo, quadraginta libras pontivensis monete in excambium pro Nigella supra mare, et ei de dictis quadraginta libris ad vicecomitatum Abbatisville assignamentum fecisset annuatim in Pascha recipiendum, ita quod inde centum solidi dati fuerunt ab ipso Guidone in elemosinam, annuatim et perhenniter, fratribus militie Templi et quadraginta solidi domui sanctimonialium de Moriaucort[1], simili modo in Pascha recipiendi, et ex predictis quadraginta libris predictus Guido homo ligius Johannis patris mei fuisset cum totali feodo quod de ipso tenebat, ego dictum excambium Johanni, filio et heredi dicti Guidonis avunculi mei, concedo et confirmo tenendum de me, sicut pater suus de patre meo tenuit. Et sciendum est quod de viginti et septem libris pontivensis monete quas Willelmus de Maneriis, frater minor dicti Johannis, per ligationem de me tenebat, quas idem Johannes ab ipso Willelmo[2] emit[3].......... de jam dictis viginti et septem libris eidem Johanni ad vicecomitatum meum de Abbatisvilla assignamentum feci, annuatim, in festo Sancti Remigii recepiendis, et sic dictus Johannes bis homo ligius est. Nec pretermittendum est quod, si aliqua carta in pupplicum[4] ostenderetur que mencionem faceret de predictis XL libris pro excambio Nigelle ante cartam istam facta, nihil prorsus valeret. Et, ut hec rata et illibata permaneant, presentem cartam ipsi Johanni tradidi, sigilli mei munimine roboratam. Actum est hoc anno Dominice incarnationis M° CC° VIII° decimo, mense novembri.

Fol. 60 recto.

II

Aveu de Jean de Maisnières

Cet aveu témoigne pour l'acte précédent. Jean de Maisnières rappelle sa parenté et l'échange fait par son père qui a reçu du comte de Ponthieu quarante livres de rente pour Noyelles-sur-Mer.

Ego Johannes de Maineriis notum facio presentibus et futuris quod, cum Johannes, comes Pontivi, dedisset Guidoni patri meo quadraginta libras

1. Moreaucourt près de l'Étoile (canton de Picquigny).
2. Guillaume de Maisnières.
3. Suivent deux mots que je ne peux lire ou comprendre.
4. Ce n'est pas la première fois que nous rencontrons cette forme, faute de copiste peut-être.

pontivensis monete, in excambium pro Nigella supra mare et ei de dictis quadraginta libris ad vicecomitatum Abbatisville assignamentum fecisset annuatim in Pascha recipiendum, ita quod ex inde centum solidi dati fuerunt a Guidone, patre meo, in elemosinam, annuatim et perhenniter, fratribus militie Templi, et quadraginta solidi domui sanctimonalium de Moriaucourt simili modo in Pascha recipiendi, et ex predictis vero quadraginta libris dictus Guido, pater meus, homo dicti Johannis comitis cum totali alio feodo suo quod de ipso comite tenebat, fuisset, Willelmus, comes Pontivi et Monstreoli, mihi dictum excambium concessit et confirmavit, tenendum ab ipso, sicut pater meus de patre suo tenuit, et ex inde homo ligius ejus sum, cum alio feodo meo quod de ipso tenebam. Et sciendum est quod de viginti et septem libris quas Willermus, frater meus, tenebat de dicto Willermo comite, ligie, et quas ab ipso Willermo emi, me dictus Willemus comes in hominem iterum ligium accepit ad petitionem predicti Willermi fratris mei, et de ejusdem[1] viginti et septem libris michi dictus comes ad vicecomitatum suum de Abbatisvilla assignamentum fecit, annuatim in festo Sancti Remigii recipiendum, et sic ego sum dicti Willermi comitis bis homo ligius. Nec pretereundum est quod, si aliqua carta in publicum ostenderetur que mentionem faceret de predictis quadraginta libris pro escambio Nigelle ante cartam istam facta, nichil prorsus valeret. Et, ut hec rata permaneant et inconcussa, presentem cartam sigilli mei appositione roboravi. Actum est hoc anno Verbi incarnati millesimo ducentesimo xviii°, mense novembri.

Fol. 65 recto.

1. Pour *iisdem* ?

LXXI

ABBEVILLE

LES MOULINS. — DROITS DE MOUTURES

Lettres comment on ne doit prendre aux molins d'Abbeville que pour chacun sextier un boistel. — *1218, la veille des calendes de février. (31 janvier 1219).*

Par cette charte, le comte de Ponthieu protège aussi les meuniers en leur assurant un minimum de bénéfice. Il possédait lui-même des moulins. — Les meuniers ne prélèveront qu'un boisseau par setier moulu mais ne pourront moudre pour moins. Le comte prévenait les rabais de concurrence.

Ego Willermus, comes Pontivi et Monstreoli, omnibus presentes litteras inspecturis salutem. Noveritis quod, de assentu mei consilii, omnibus molendina infra banlieuam Abbatisville habentibus districte precipi ut molerent sextarium bladi pro uno bostello et non pro minori precio ut in retroactis temporibus facere consueverunt; tali conditione quod bolengarii non accomodabunt, vel aliud facient qua habita occasione bolengarii in molendinis suis molendi causam habeant. Si quis autem supradictorum infra banlieuam Abbatisville molendina habentium pro minori precio, contra hoc, molere presumpserit, et super hoc testimonio duorum vel trium convictus fuerit, pro pena delicti centum solidos pagabit, quorum altera medietas michi cedet, reliqua pro labore et observatione hujus rei per me dabitur molendinariis. Nec est pretermittendum quod supra dicti molendina habentes cambarios infra bannivam¹ molendini Silvestri [s] clerici mei qui Braiserech dicitur manentes in molendinis suis ad molendinum Brasium non recipient². Hoc autem contra omnes teneor garandire et ipsos molendina habentes indempnes conservare. Hoc autem, de precepto meo, jure hereditario tenendum ipsi sepe dicti molendina habentes juramenti sacramento confirmaverunt. Hujus rei testes sunt etc. Actum anno Verbi incarnati M° CC XVIII°, pridie kalend. februarii.

Fol. 7 recto.

LXXII

SERY

ÉCHANGE PAR L'ABBÉ DE SERY ET LE COMTE DE PONTHIEU DE LA TERRE DITE FRAILEVILE CONTRE LE FIEF ROHASTRE

LETTRES DE L'ABBÉ DE SERY. 1219.

Ego Ysonardus, dictus abbas de Seri, et totus ejusdem loci conventus omnibus presens scriptum visuris notum facimus quod ecclesia nostra fecit escambium cujusdam terre nostre que dicitur Frailevile³, scilicet quadraginta et

---

1. On ne trouve *banniva* ni dans du Cange ni dans dom Carpentier, mais on trouve *bannia* avec le sens de *bannalitas*.

2. Il y aurait à découvrir sur ces moulins. Un moulin « Brassiers » existait en 1138. — *Top. hist. d'Abbeville, t. III, pp. 229-230.* — Un moulin de Brais en 1391, assez près des moulins de Bouberch, sur l'eau de Maillefeu. — *Ibid. p. 336.*

3. Il faudrait chercher Fraileville sur un chemin « public » conduisant à Cayeux. Parmi les villages que nous trouvons non trop distants de Cayeux avec la terminaison ville, nous ne voyons que Friville dont le nom se rapproche de Fraileville. Je ne rencontre cependant ce dernier nom qu'ici. La charte de fondation de l'abbaye de Sery ne fournit en 1185 que le nom latin *Frivilla*. M. J. Garnier, il est vrai, a rencontré Frealvile, en 118., dans le Cartulaire de Selincourt. (Charte d'Aléaume de Fontaine.)

quinque jornalia, cum viro nobili Willelmo, comite Pontivi, pro totidem jornaliis terre ipsius que est de feodo Rohast[1], partim infra viam publicam que ducit apud Caiheu, partim ultra, videlicet terram pro terra. Quod ut sit ratum etc..... Actum anno gracie M° cc° xix°.

Fol. 73 verso et fol. 378 recto.

LXXIII

ABBEVILLE

Lettres du comte Guillaume pour saint Oulfran comment deux des nouvelles prébendes doibvent prendre huit livres a le vicomté. — *L'an 1219 au mois de mai.*

Ego Willelmus, comes Pontivi et Monstreoli, notum volo fieri omnibus quibus presentes litteras videri contigerit quod ego, intuitu caritatis, et ob salutem anime mee et antecessorum meorum, ecclesie Beati Wlfranni de Abbatisvilla, ad perfectionem quarumdam prebendarum de novo constructarum

---

1. Le fief Rohastre. — Busménard, ou partie de Busménard actuel (commune du Translay, canton de Gamaches). — « Ce lieu (Busménard) autrefois nommé Rohastre, avait été donné aux chevaliers du Temple par Anselme de Cayeux, avant l'année 1164 » etc. — M. Darsy, *Bénéfices de l'Eglise d'Amiens, t. II, pp. 94-95, en note.* — Busménard ou Rohastre. Là fut la maison du Temple avant qu'elle fût transférée à Mouflières (canton d'Oisemont). — *Etude sur les possessions de l'ordre du Temple en Picardie.* — *Mémoires de la Société de Antiquaires de Picardie, 4ᵉ série, t. II, p. 186.* Mais l'auteur de l'*Etude*, M. Trudon des Ormes, ne s'appuie pour la maison des Templiers à Rohastre que sur M. Darsy. — Busménard, aujourd'hui de la commune du Translay, était autrefois de la paroisse de Bouillancourt-en-Sery. — C'est un hameau assez important. Rohastre pouvait être divisé en plusieurs fiefs. La seigneurie de Busménard était partagée au dix-huitième siècle. — *Hist. de Cinq Villes, IV, p. 413.*

quas Willardus Faissouef[1] et Galterus de Ponches, canonici ejusdem ecclesie, nunc tenent, VIII libras par. in perpetuum, et singulis annis, ad vicecomitatum meum de Abbatisvilla contuli, capiendas per tres terminos, scilicet in Nativitate Domini LIII sol. et IIII^{or} denarios, et in Pascha LIII solidos et quatuor denarios, in festo Sancti Remigii LIII solidos et IIII^{or} denarios; itaque ex predictis VIII libris centum solidi prebende Galteri de Ponches et LX solidi prebende Willardi Faisouef cedent. Preter hec, LX solidos par. ad cereum ardentem ante sanctissimum corpus beatissimi Wlfranni ad vicecomitatum eumdem, dictis terminis, contuli in perpetuum, annuatim capiendos. Et, ut donationes iste rate et inconcusse in posterum permaneant, presentem paginam sigilli mei munimine roboravi. Actum est hoc anno Verbi incarnati millesimo ducentesimo XIX°, mense mayo.

Fol. 105 recto et fol. 233 recto.

LXXIV

MONTIGNY

LETTRES COMMENT LE COMTE DE PONTIEU DONNA EN AUGMENTATION A LE CAPELLE DE MONTEIGNI CENT SOLS PARISIS. — *1219 au mois de mai.*

Ego Willelmus, comes Pontivi et Monstreoli, omnibus Christi fidelibus presens scriptum inspecturis salutem in Domino. Noverint universi quod ego, pro salute anime mee et antecessorum et successorum meorum, in perpetuam elemo-

---

1. Faisouef plus bas; *Faissouef* encore dans la seconde copie; à traduire en français moderne par fait soif (ou fait doux).

sinam contuli, in augmentum capellanie apud ecclesiam de Monteigni[1] de novo constructe, centum solidos parisienses, singulis annis in hunc modum capiendos; quatuor videlicet libras ad redditus meos de Machiel (Maciel dans la seconde copie) et xx solidos ad census meos de Monteigni, in festo Sancti Remigii post augustum. Si vero alibi capellano competentem et sufficientem commutationem assignavero, predicti c. solidi ad me revertentur. Ut autem hec donatio stabilis et firma permaneat, presens scriptum sigilli mei munimine confirmavi. Actum anno Domini M° CC° XIX°, mense mayo.

Fol. 110 recto et fol. 140 recto.

LXXV

BOUFFLERS ET LE MOULIN D'ANCONAY

Lettres comment Guy de Caumont tenoit du comte de Pontieu Bofflers et le molin d'Anconay. — *1219, novembre.*

Ego Guido de Caumont[2] notum facio, etc... quod ego teneo hereditarie, de domino meo Willelmo, comite Pontivi, Bofflers[3] cum appendiciis et medietatem de Tolent[4] cum appendiciis et molendinum d'Anconay[5] situm versus Pōt'...[6] in

1. Montigny, commune de Nampont, canton de Rue.
2. Il y a beaucoup de Caumont en France. Le moins éloigné d'Anconnay est situé dans le Pas-de-Calais, à la source d'un affluent de l'Authie (canton d'Hesdin).
3. Boufflers sur l'Authie (canton de Crécy).
4. Tollent, sur la rive droite de l'Authie, en face d'Anconnay même (canton d'Auxi-le-Château, Pas-de-Calais).
5. Anconnay ou Enconnay, commune du Boisle, canton de Crécy.
6. Le mot est en abrégé. Je ne pense pas qu'il faille lire *Pontivum*, je pencherais pour *Pontes*, Ponches, à moins qu'il ne s'agisse simplement que d'un pont, *pontem,* sur le grand cours d'eau, *in magno fluvio*, qui ne peut être que l'Authie, divisée alors, faut-il croire, en plusieurs bras près d'Anconnay.

magno fluvio aquarum, et ut hoc ratum habeatur, etc. Actum anno Domini M° CC° IX° decimo, mense novembris.

Fol. 111 recto.

LXXVI

LES LÉPREUX DU QUESNE

Don d'une mine de blé aux Lépreux du Quesne par Gauthier de Pierecort. — 1219.

Notum sit tam presentibus quam futuris presens scriptum inspecturis quod ego Galterus de Pierecort[1], considerans idoneitatem et indolem hospitalarie domus leprosorum de Quercu, dedi in elemosinam eidem domui, solo caritatis affectu, unam minam segetis ad mensuram de Arguel, annuatim imperpetuum possidendam, etc..... Hoc autem actum est in anno incarnationis Domini M° CC° XIX°.

Fol. 359 verso.

---

1. Il y a, non loin du Quesne, mais de l'autre côté de la forêt d'Arguel et de la Bresle, un Pierrecourt du canton de Blangy (Seine-Inférieure).

LXXVII

RUE

SEL A PRENDRE A RUE

Lettres du comte Guillaume donnant huict muids de sel a prendre, par an, le jour de saint Jehan Baptiste a l'ospital de Montd. — *1220, juillet.*

Ces lettres ne sont qu'une confirmation.

Noverint universi presentes pariter et futuri quod ego Guillelmus, comes Pontivi, dedi imperpetuum in elemosinam hospitalarie domui pauperum jacencium in Monted'[1], octo modios salis annuatim in nativitatem beati Johannis baptiste, in villa de Rua capiendos, et per istam cartam quassata est alia carta quam dicta domus habebat de me super predictis octo modiis salis. Quod, ut ratum et firmum sit, presens scriptum sigilli mei munimine roboravi. Actum anno Domini M° CC° vigesimo, mense julio.

Fol. 292 recto.

LXXVIII

MOROMESNIL (près Brailly-Cornehote)

Lettres comment l'abbesse et couvent de Moriaucourt vendirent au comte de Pontieu le terre qu'ils avoient a Moromaisnil emprès Braisli pour

---

1. Faudrait-il lire *in Monte Desiderii*, Montdidier? Le marquis Le Ver ne l'a pas osé; il a reproduit l'abréviation.

CENT SOLS PARISIS QU'ILS EN RECHURENT ET COMMENT ILS EN QUITTÈRENT LEDIT COMTE. — *1220, octobre.*

Ego Emmelina, priorissa de Moriaucourt[1], et ejusdem loci conventus notum facimus presentibus et futuris quod vir illustris Willermus, comes Pontivi et Monstreoli, nobis pro terra de Moromaisnill, quam habebamus juxta Braisli[2], centum solidos parisienses tradidit, de quibus terram alibi emere tenemur; et pro predictis centum solidis terram dictam de Moromaisnill ei comiti hereditarie quittamus. Et ut hoc ratum et stabile permaneat, presentem cartam ipsi comiti tradidimus, sigilli nostri munimine roboratam. Actum est hoc anno Verbi incarnati millesimo ducentesimo vicesimo, mense octobri.

Fol. 220 recto.

LXXIX

SAINT-VALERY

DROITS SUR LA NAVIGATION

LETTRES D'ACCORD DE ROBERT COMTE DE DREUES, SEIGNEUR DE SAINT-WALERY, ET DU COMTE DE PONTIEU, POUR LE FAIT DES HAULES[3] DE LE MER ET DU NAVIRE. — *1220, décembre.*

Il est question dans cet accord des droits seigneuriaux respectifs du seigneur de Saint-Valery et du comte de Ponthieu; beaucoup de lieux y sont nommés, etc.

Ego Robertus, comes Drucocensis, dominus Sancti Walerici, et ego Aaenors, uxor ejusdem, notum facimus universis quod, cum querela verteretur

---

1. Moreaucourt près de l'Étoile, canton de Picquigny.
2. Brailly-Cornehotte, canton de Crécy.
3. Haule, *havle*, ouverture, port, havre. — Roquefort.

inter nos, ex una parte, et dominum nostrum Willelmum comitem Pontivi, ex altera, ita composuimus de querelis super scriptis de hansiis. Ita actum est quod licebit omnibus quibuscumque navibus de quocumque loco venerint ire sine condictione ad quemcumque portum voluerint; ita quod neque nos, neque comes Pontivi, nec aliquis ex parte nostra, poterimus cogere, neque vi neque prece, ductores navium, nec homines nostros, nec alios, quin, sicut dictum est, ad quemcumque portum voluerint, applicent; ita quod, si navis transierit portum Sancti Walerici, reddet et faciet apud Sanctum Walericum quicquid reddere et facere consueverat ante tempus pacis hujus. Et sciendum est quod, in omnibus rebus que ducuntur ad Sousmoree[1] per terram vel per grevam de Crotey[2] versus Pontivum, nichil ibidem habet dominus Sancti Walerici. Homines vero de Vacheria[3] et de Portu, et alii qui clamant usagium in marisco domini Walonis de Camberon, utantur pasturagiis illis sicuti solebant uti. Ita quod, si dictus Walo dicit quod illi super hec ei injuriantur, in curia sua poterit eos sommonere et illos oportebit ibi venire et coram ipso super querela ista juri parere; et, si ipsi homines in eadem curia poterint jure detinere pasturagium dictum, detineant; sin autem amittant. Calceia ibidem non debet esse, sed homines qui eam fecerunt amovebunt, et via de decem pedibus in latitudine erit in loco quo solebat esse antequam calceia fieret. Dampna vero, retracta occasione illius calceie, non sunt restauranda. Sedes autem vivarii et molendini de Bavencourt[4] subtus Vimam, in quibus Renerus de Altaribus[5] clamabat terciam partem, tenendam in feodo a nobis, sunt in feodo comitis Pontivi et nichil de iis pertinet ad nos. Quicquid etiam domina Maria de Firmitate et dominus Radulphus Thirels[6] tenent apud Sanctum Maxencium[7] et

1. Sousmarée dans la seconde copie. Le Ver a adopté Sousmarée ainsi que Duchesne.
2. Crotoy dans la seconde copie.
3. *Vaceria* dans la seconde copie. — Cette Vacquerie devait être voisine de Cambron comme Petit-Port (*Portus* ici)
4. Bavencourt ou Bavincourt, un des rares moulins que pouvait faire tourner la Vime. Ce moulin barrait la petite rivière un peu au-dessous du village de Vismes, *subtus Vimam*. (Canton de Gamaches.)
5. Des Auteux évidemment, ou Zoteux.
6. *Tirols* dans la seconde copie. Duchesne a lu *Tiroles*.
7. Saint-Maxent, canton de Moyenneville.

in ejusdem ville appenditiis est de feodo nostro. In vicecomitatu de Alenoy[1] comes Pontivi nichil habet. In vicecomitatu de Hodenc[2] nos nichil habemus. Carrucata autem terre quam Henricus Kieres[3] tenet apud Montem Renaldi[4] est de feodo nostro. Soeucors[5] est de feodo abbatis Sancti Walricii (Walarici *dans la seconde copie*) — *la différence est même plus grande par la disposition des mots, il y a :* Sancti Walarici abbatis. — Et vicecomitatus de Soeucourt *(sic cette fois dans la première copie;* Soeucort *dans la seconde copie)* noster est. Dictus siquidem comes Pontivi ponet extra manum suam, de terra de Exgnies[6] usque ad decem jornalia de quibus erit ....[7]; ita quod nos fecimus concedere Gosselinum de Grioel[8] quod ille cui comes terram illam dederit vel vendiderit vel excambierit[9] eamdem teneat per talem rentam qualis a terra debet solvi. Si non aliqua feoda per istam pacem mutata fuerint, non ideo feoda tenentes ea amittant. Ut autem hec omnia firmiter et imperpetuum teneantur presentem cartam sigillorum nostrorum munimine roboratam et confirmatam dicto comiti Pontivi tradidimus. Actum anno Domini M° CC° vicesimo, mense decembris.

Fol. 204 verso et fol. 396 recto.

M. Le Ver écrit ensuite :

« *Cette charte est dans le* Cartulaire du Ponthieu *mentionnée à l'article Picardie, fol. 162 dans le troisième volume de la table des matières de l'*Inventaire du Trésor

1. Alenai dans la seconde copie, simple différence orthographique.
2. Houdent dans la seconde copie. Duchesne a transcrit Holden.
3. *Kieres* au cas régime fournit Kieret ou Quieret, nom important dans le Vimeu. Le P. Ignace donne en 1186 un maïeur d'Abbeville du nom de Robert Quieret à qui il attribue déjà la seigneurie de Tours-en-Vimeu, mais la magistrature de ce Robert est fort douteuse et Waignart ne le nomme pas.
4. Mont Renaud, lieu inconnu maintenant.
5. Saucourt sans doute. Duchesne a lu ou laissé imprimer *Socucors* et plus bas *Socucort*. Le texte serait à examiner de nouveau.
6. Je n'ai pu lire qu'*Exgnies*. Je ne crois pas qu'on connaisse de lieu de ce nom en Ponthieu· Dargnies en diffère trop. On est amené à penser à Ergnies du canton d'Ailly-le-haut-Clocher.
7. Je n'ai pu lire que *contentum* et n'ai pas osé transcrire. Ni Duchesne ni le marquis Le Ver n'ont copié ce passage.
8. Le marquis Le Ver a lu *Gridel*, puis *grioel*. S'agit-il d'un lieu ?
9. *Excambiaverit* dans la copie du marquis Le Ver.

des Chartes *par Dupuy et Godefroy, manuscrite en neuf volumes, sous le n° 2, article Ponthieu.* »

Il ajoute encore :

« *Cette charte est aussi rapportée page 267 aux preuves du livre premier de la Maison de Dreux par du Chesne qu'il dit avoir extrait d'un registre contenant divers titres de la comté de Ponthieu.*

« *J'ai remarqué en marge les différences de ma copie que j'ai faite en 1811 sur l'original d'avec celle de du Chesne.* »

Le marquis Le Ver qui a laissé quelques blancs dans la copie dit : « *Ce qui se trouve en blanc je l'ai laissé ainsi et ai négligé de copier ce qui est dans l'original*[1]*.*

« *Quoique cette charte*, continue le marquis Le Ver, *ne soit pas scellée du sceau du comte de Ponthieu, à ce qu'il paraît dans son contenu, cependant, comme elle a été reçue dudit comte, je la mets dans les siennes par ce qu'elle peut être utile pour les droits du Ponthieu et l'histoire de ce comté de Ponthieu.*

« *En 1199, Walon de Cambron, chevalier, est un de ceux qui souscrivirent la confirmation faite par Gérard d'Abbeville du bois et de la terre du Fay que Bartholomé Fretel, seigneur de Vime, et Marie, sa femme, donnent à l'Hôtel-Dieu de Saint-Riquier. Voyez page 21 de mon extrait :* Inventaire du Chartrier de l'Hôtel-Dieu. »

J'ai remarqué moi-même quelques différences entre le texte du cartulaire et les extraits de Duchesne. — Ni Duchesne ni le marquis Le Ver n'ont relevé les passages obscurs ou incorrects que je suppose mal transcrits par le copiste du Cartulaire.

LXXX

RUE

Lettre comment le comte de Pontieu donna plusieurs héritages a plusieurs gens dénommés en ces présentes.

---

1. Le marquis Le Ver entend ici par l'original notre cartulaire qu'il extrait.

Sans date, mais la lettre étant du comte Guillaume prend place entre 1191 et 1221.

Dans cet acte, Guillaume confirme des dons de Jean, son père. Il y est question de beaucoup de lieux, de Rue et des environs de Rue, des bouchers, des moulins, de la pêche à la senne. La lettre est longue et montre à quels détails descendaient les comtes Jean et Guillaume. Elle fait voir Rue plus ou moins fortifiée, quelques-uns des habitants se livrant à la pêche, etc. La fin de la lettre contient une sorte de règlement pour la pêche à la senne. J'ai abrégé peu, par quelques coupures.

Ego Willelmus, comes Pontivi et Monstreoli, notum facio omnibus tam presentibus quam futuris quod Johannes, comes Pontivi, pater meus, concessit hominibus suis, quorum nomina in presenti pagina sunt scripta, hereditates ipsis et heredibus suis hereditarie possidendas, et ego idem Willelmus, comes predictus, easdem hereditates ipsis et heredibus suis confirmo et sub religione sacramenti hereditarie possidendas affirmo. Concessi eciam heredi Ingerranni, filii Emme [1], quod nec ego nec alius possum [2] *estaus* carnificum habere, nisi ipse [3], nec carnifex potest tailliare extra domum suam, nisi concessu Ingeranni vel heredis sui ; et, si extraneus carnifex venerit et heredi Ingeranni non habeat stallos liberos [4], in die vendat et nocte ponat suum *estal* in hospitio suo. Omnes carnifices censu tenent *les estaus* per tres solidos de *octroi* et per tres de *relief*. Et, si carnifex censum *de estaus,* in die quo heres Ingeranni posuerit, non reddiderit, sine forifacto et interpressura mei et communie, carnem in crastino capiet donec censum et legem habebit. Et sicut Galterus, vicecomes qui fuit, terram juxta *les estaus* carnificum perambulavit, sic heres Ingeranni in pace tenebit. Quia Ingerannus de antecessoribus meis hoc et molendinum de Revelo optinuerat, heres quidem ejus sexaginta solidos de

---

1. Cette Emma paraît avoir été une bourgeoise importante de Rue, ayant possédé, comme en fief, une sorte de monopole de la boucherie. Ainsi à Abbeville la pêche à la senne était aussi un privilège qui fut enfin vendu à la ville par une femme, Marie Gaude, en janvier 1324 (1325).

2. Nous dirions *possumus* ou *possum nec alius potest*.

3. C'est un privilège en faveur de cet Engerran, — un monopole.

4. On ne peut traduire, ce semble, que : s'il n'obtint pas de l'héritier d'Ingerran des étaux libres.

estaus et de molendino michi reddet *de relief,* quia feodum et hereditas est. Nec aliquis *maurra brais*[1] ad aliud molendinum[2], nisi quamdiu reficiatur, si frangatur in filo aque de calceis de Hout[3], nec supra molendinum sumptus molendini et mole fient de communi redditu. In duabus deventuris[4] Roberti Maquerel non potest fieri aliquid, nisi consensu ipsius.

Concessimus etiam ego et prior Abbatisville Roberto filio vicecomitis, jure hereditario tenendas, tres minas frumenti de meliori fromento quod molendina lucrata fuerunt in una quoque hebdomada recipiendas et in molendino ante domum Esclavard unum bostellum fromenti cotidie et *le monluerie* et minarium[5] a stagno pontis mansionis sue ad domum Alermi le Cambier qui fuit et suum servatorum[6] et servatorum quod pater ejus fecit juxta montem suum juxta domum Ursonis deffuncti et hospites supra vivarium meum manentes, scilicet Galterum le Porkier, Gilbertum de Vercoul, Revelinum le Turc qui fuerunt, et terram que fuit uxoris Godardi de Vercoul, et unam partem nemoris mei quod est juxta nemus Galeri Seniorati qui fuit, et de omnibus estallis piscatorum et fructuum[7] et omnium aliorum, preter carnificum, mediam partem et de *estaus des boulangiers* ubicumque fuerunt.

Concessi etiam heredi Eve, uxoris Bernardi le Fucillier (?), et heredi Giroldi Camp davaine (?) faleriam[8] jure hereditario tenendam per quadraginta et tres solidos vicecomiti Rue per annum reddendos. Horum[9] autem viginti solidi prima die *de may* vicecomiti reddentur; eadem die tres solidi vicecomitisse[10]; reliqui vero viginti solidi ad Natale.

1. *Maurra, moudra.* — *Brai* ou *braie*, grain pour faire de la bière, en latin *brace*, d'où brasser, brasseur. — On donne au mot *brace* une origine gauloise.
2. Ainsi cet Ingerran avait aussi un privilège pour la mouture de la braie.
3. Quel est ce lieu dit Hout? *De calceis de Hout.* Nous verrons plus loin un moulin de *Calceta.*
4. (?) On ne trouve pas même ce mot dans du Cange.
5. Minière, seul sens que donne du Cange. Est-il satisfaisant ici?
6. *Servatorium* dans du Cange, réservoir d'eau.
7. Fruits de mer sans doute.
8. Ou *Saleriam.* — *Faleria* ne se trouve pas dans du Cange; *Saleria* n'y signifie que Salière. Il faudrait lui donner ici le sens de Saline.
9. Pour *ex illis quadraginta libris.*
10. Voilà une galanterie inattendue.

Concessi etiam heredibus Gavaudi de Noirmont qui fuit lignagium[1] meum tenendum per quatuor libras et quindecim solidos reddendos per annum. Horum autem viginti solidi et quindecim denarii ad festum sancti Johannis baptiste reddentur et totidem in festo sancti Johannis in fine augusti[2], et totidem ad festum Omnium Sanctorum et totidem ad festum sancte Marie Candelier.

Concessi etiam heredi Godefridi hereditarie aquam habendam consideratione molnariorum[3] sicut descendit de molendino Sancte Marie de Forestmontier, quod fuit Galteri filii Emme, et veniendam (?) ad molendinum suum de vivario *de Merderon* et filium [filum] ejusdem aque liberum. Ita quod nec tensura[4] nec aliud quod heredi Godefridi noceat ibi fiet a duabus lanceis sub molendino de Calceia[5] usque ad molendinum suum de Merderon[6] . . . . Ipse similiter aquam tenebit inde vero heres Godefridi et pro tensura duorum molendinorum suorum et molendini, scilicet de vivario, et molendini de Gravis[7], una lancea sub molendinis et supra, duo millia anguillarum reddet, unum videlicet miliare ecclesie Sancti Petri, michi vero reliquum; et si anguille deffecerint, heres Godefridi inde se credibilem faciet et, sine impressura, *hereng* pro anguillis reddet. Hoc totum garantirabo ei erga Sanctum Petrum et erga alios per viginti solidos *de relief*.

Item sciant omnes quod Gofridus moluarius, Robertus Kenel, Ingerannus de Bekerel et Renerus Taignon, qui fuerunt de sequela moluariorum suorum, sic inter se concordafuerunt[8] quod habebunt duas partes aque totius que descendit de molendino de vivario de Merderon ad fluendum ad molendinum

---

1. *Lignagium, jus lignum exscindendi in nemoribus,* — du Cange. — Mais dans quels bois ici ? Cette partie de la charte nous met aux environs de Rue.

2. Par cette fête de saint Jean-Baptiste à la fin d'août il faut entendre la Décollation.

3. *Molnaironus, molnarius, molnerus, voces ejusdem significationis, quæ molitorem aliosque in molindino servientes denotant.* — Du Cange.

4. L'acte de tendre des filets. — V. du Cange au mot *tensura*.

5. Nous avons rencontré plus haut *de calceis de Hout*.

6. Un joli nom. — Suivent quelques mots que je n'ai pu lire avec certitude.

7. Le moulin des Grèves.

8. On n'hésitait pas à fabriquer des mots à la cour de Ponthieu.

de Bekerel et ad molendinum de Maioch, et heres Godefridi tertiam partem aque habebit ad molendinum suum de Gravis.

. . . .

Sciendum autem est quod heres Œlardi *Qui ne dort* in feodo suo habet *forage* et ego non.

Concessi etiam heredi Roberti de Gravella quod quisquis in domo sua lapidea[1] et in domo de fosse[2] manebit liber sit ab omni consuetudine.

. . . .

Concessi etiam heredibus Galteri vicecomitis terram de Fosse liberam et quitam de omni consuetudine per duodecim solidos annuatim mihi reddendos et concessimus etiam ego et tota communia heredi Willelmi Poulette hereditarie portam lapideam juxta domum que fuit Roberti Marklant et fossam edificandam, ita quod nec malum nec dampnum inde ville perveniet[3]; et si contigerit quod heres Willelmi Poulette non pararet portam et fossam ut predictum est, maior et scabini super hoc convenirent, et si nollet aut non posset emendare, porta et fossa redirent in manu ville[4]. Hostia[5] porte et sera claudere et hostia aliarum portarum excubie sunt in manu ville.

Concessi etiam heredi Giroldi molnarii molendinum de Perele, ita quod tertiam partem in molendino habebit et suum hostellum cotidie meliori annona quam molendinum lucrabitur et suum affavement (?)[6]. Hoc autem et hereditarie concessi ita quod ego et prior Abbatisville duas partes sumptuum molendini inveniemus; heres vero Geroldi tertiam. Si querela inter me et heredem Geroldi de molendino emerserit infra Ruam michi rationem faciet, nec de hoc quod molendino pertinet extra Ruam exibit; molendinum vero contra omnes et garandizare debeo.

1. Les maisons bâties en pierre étaient encore rares et, encouragées sans doute, donnaient droit à des exemptions.
2. Nous ne trouvons de ce mot, dans du Cange, *verbo fossis*, aucun sens applicable ici, mais du mot *fossatum* nous pouvons inférer qu'il s'agit dans la pensée du comte de maisons en état de se défendre et de servir à la défense de la ville.
3. Préoccupation de la sûreté de la ville.
4. Même remarque.
5. *Hostium pro ostium*, dit du Cange, ... *a porta nihilominus aliquid differre innuunt instrumenta*.
6. Je ne trouve ce mot nulle part.

Preterea sciendum est quod pater meus concessit Galtero vicecomiti et hiis hominibus meis de Rua tres sagenas [1], ipsis heredibus suis hereditarie tenendas per LX solidos in die sancti Johannis baptiste, annuatim reddendos, et decimum piscem sive decimium denarium et ego eis similiter concedo.

. . . .

Hec sunt nomina quibus et quorum heredibus suis sagene concesse fuerunt : Galtero vicecomiti una sagena integra cujus dimidium de ipso tenebant Renardus Braibende, Galterius Doiron, Landricus filius Helwi, Rikeldus et Hebertus filius ejus etc. Et isti acquietabunt Galterium vicecomitem, annuatim, de viginti solidis, die sancti Johannis. Secundam sagenam habebunt Andreas et Radulfus filius Godefridi et Ernai sacerdos. Tertiam sagenam habebunt Berta et Galterus filius ejus ; Galterus vicecomes quartam partem sagene ; Andreas duo recia [2]. Tractus sagenarum est usque ad *Groing* [3] usque ad pontem de Viliers et incipit a Burgespine. Ibi non possunt esse nisi tres sagene et ibi habent primium *le cois* et electionem trium tractium (pour tractuum) et trium tensuratum [4] ; postea homines sagenarum possunt trahere et tendere usque ad Groign. Si vero ultra tendentes inventi fuerint, concessi quod homines mei eorum recia capiant. Si vero contigerit quod homines sagenarum Abbatisville inter Burgespine et *le Groign* tendentes inventi fuerint et homines sagenarum de Rua supervenerint, quicquid in retibus eorum inventum fuerit infra aquam, homines sagenarum de Rua capient ; quod vero, quod homines Abbatisville ad siccam terram traxerunt, suum erit.

Fol. 155 recto et fol. 264 recto.

La fin manque ; la date précise nous fait donc défaut. Nous avons néanmoins en cette lettre une partie de Rue à la fin du douzième siècle ou au commencement du treizième.

1. *Sagena*, ce mot a deux acceptions, d'abord *rete? filet*, (le vieux français senne ou seine le traduisait) ; puis *navigii species*, sorte des bateaux servant à la pêche, — du Cange. — Les deux sens pourraient être admissibles ici. — La pratique de la pêche par des hommes de Rue est, de toute façon, constatée.

2. Pour *retia*. Ce mot tranche entre les deux significations de *sagena*. Il s'agit de filets.

3. Il serait difficile d'identifier ce lieu ainsi que les suivants.

4. Le mot n'est pas dans du Cange mais voir plus haut la remarque sur *tensura*.

LXXXI

HALLENCOURT

AIRAINES. — FONTAINES

Lettres de Gaultier seigneur d'Hallencourt. — *1220, février (1221.)*

Gaultier déclare qu'il ne peut abandonner sans la permission du comte de Ponthieu le domaine, la justice et le revenu qui lui appartiennent sur les terres qu'il a livrées aux habitants d'Airaines et de Fontaines. — Question de droit féodal.

Ego Galterus, dominus de Halencourt [1], notum facio omnibus presentibus et futuris quod dominium et justiciam et redditus quos habeo in terris quas hominibus de Arenis [2] et de Fontanis [3] tradidi extra manum meam ponere non possum nec heredes mei extra manum suam, nisi de licencia domini mei Willelmi, comitis Pontivi, et Monstreoli, et heredum suorum. Ut hoc autem ratum, etc. Actum anno Domini M° CC° XX°, mense februarii.

Fol. 346 verso.

---

1. Hallencourt, chef-lieu de canton.
2. Airaines.
3. Il y a beaucoup de lieux du nom de Fontaine en Ponthieu et en Vimeu. Celui-ci doit être en Vimeu.

LXXXII

LES LÉPREUX DU QUESNE

Don de Robert de saint Albin aux Lépreux du Quesne de trois arpens de terre. — 1222.

Notum sit tam presentibus quam futuris quod Robertus Sancti Albini[1] et Margareta, uxor sua, et Stephanus, eorumdem filius et heres, dederunt fratribus domus leprosorum de Quercu tria jugera terre sita apud Castelulum[2] in elemosinam imperpetuum possidenda, etc... Hoc actum est in anno Incarnationis M° CC° XXII°.

Fol. 360 recto.

LXXXIII

LES LÉPREUX DU QUESNE

Lettres de l'évêque d'Amiens en faveur des Lépreux du Quesne. — *1223, octobre.*

G.[3], divina miseratione ambianensis ecclesie minister humilis, omnibus ad quos presentes littere pervenerint eternam in Domino salutem, etc... Actum

---

1. Saint Aubin-Rivière, canton d'Oisemont.
2. *Castelulum* ne peut signifier que Chastelet ou Catelet, mais il y a tant de lieux de ce nom que les termes de cette charte ne suffisent pas à en désigner particulièrement un.
3. Cet évêque s'appelait Geoffroy.

anno gracie millesimo CC° XXIII°, mense octobris, in crastino festi Sancti Remigii, Petro de Sancto Albino tunc decano de Harenis [1].

Fol. 360 recto.

Cette lettre est la confirmation aux lépreux des donations contenues en l'acte précédent.

LXXXIV

LES LÉPREUX DU QUESNE

Don par Mathilde de Fresnoi de dix arpens de terre aux Lépreux du Quesne. — *1223, octobre.*

Sciant tam presentes quam futuri presens scriptum inspecturi quod Mathildis de Fraisnoi [2] dedit decem jugera terre sita in valle Dudain [3] domui fratrum leprosorum de Quercu in elemosinam imperpetuum possidenda, etc... concessu et voluntate Johannis Antin, sponsi sui, et heredum suorum et Radulphi fratris sui de Novavilla [4] qui erat dominus fundi, etc... Ego vero Alexander de Bello Campo, miles et dominus, ad petitionem dicti Radulphi, hanc elemosinam concessi, etc... Testibus istis : Petro decano de Harenis, Galtero capellano domus dictorum fratrum, Ingerranno, milite et domino de Sancto Albino, et majore de Arguel Hugone Maritato et scabinis et pluribus aliis. Hoc actum est in anno Domini M° CC° vicesimo tercio, mense octobris.

Fol. 359 verso.

1. Ce doyen d'Airaines était évidemment de la famille de Saint-Aubin, voisine du Quesne.
2. Beaucoup de lieux portent le nom de Fresnoy. Serait-il permis de voir ici Fresnoy entre Frettecuisse et Andainville, à cause du voisinage du Quesne ?
3. Ou du Dain.
4. Probablement Neuville-Coppegueule.

LXXXV

SAINT-RIQUIER

LA LÉPROSERIE. — Littera leprosorum de Sancto Richario

LETTRES TOUCHANT LA LÉPROSERIE DE SAINT-RIQUIER, DON DE DIX JOURNEULX DE BOS AUX LÉPREUX PAR GUILLAUME COMTE DE PONTIEU.

Par cette lettre, l'abbé de Balances (ou de Valoires) atteste une disposition du testament du comte Guillaume. — 1222, février (1223).
Les dix journaux faisaient partie de la forêt de Crécy.

Universis sancte matris ecclesie filiis presentibus et futuris frater Willelmus dictus abbas de Balanciis salutem. In testamento domini Willelmi, comitis Pontivi, quod coram domino rege Francorum apertum et approbatum fuit, noveritis contineri ipsum comitem legasse leprosis de Sancto Richario decem jornalia nemoris cum fundo terre capienda juxta nemus hospitalii de Sancto Richario. In cujus rei testimonium, ad petitionem fratrum predicti loci, fieri fecimus presens scriptum sigilli nostri caractere consignatum. Anno gracie M° CC° vicesimo secundo, mense februarii.

Fol. 222 recto.

Les dix journaux, donnés, avec le fonds qui les portait, par le comte de Ponthieu aux lépreux, étaient voisins du bois appartenant, sans doute par des donations plus anciennes, à l'hôpital de Saint-Riquier; et on lit à la suite de la lettre de l'abbé : « li maladerie de Saint-Rikier a dix jornex de bos en le forest (c'est-à-dire en la forêt de Crécy) en tel maners que chil de l'ospital l'ont ». Mais l'article est long et n'est pas particulier à la léproserie. Je crois devoir le détacher de l'attestation ci-dessus dont il n'est qu'un appendice non contemporain. Il intéresse bien d'autres lieux et d'autres personnes que le Val et les lépreux de Saint-Riquier. Il n'a pas de date et il a toute l'apparence de renseignements généraux annexés à la lettre par le copiste du cartulaire. Sauf pour le don aux lépreux, les droits qu'il consigne sont antérieurs à cette lettre et sans doute même au testament du comte Guillaume. Ces renseignements précèdent dans le cartulaire (l'ordre des pièces ne fait pas preuve il est vrai), la charte de l'abbé de Saint-Josse-sur-Mer qui est de 1203. Cet état constate, en les limitant, les droits de quelques établissements charitables et de quelques particuliers dans les bois dont ils jouissent. Il a reçu dans la vieille table un titre que je reproduis ci-dessous.

LXXXV bis

TOUCHANT LA FOREST DE CRESSY ET AUTRES BOIS OU PLUSIEURS PRENDENT DROIT, QUELS DROITS Y ONT ESTÉ QU'ILS N'ONT. *(Ces derniers mots, pris à la lettre, offrent une légère énigme.)*

Li maladerie de Saint-Rikier a dix journex de bos en le forest en tel maniere que chil de l'ospital l'ont.

Et est asavoir que en tous les bos que li sires de Bouberch a tenans a le forest[1] il nia (n'y a) ne pumier ne mellier ne warane de nule beste et puet on wider le forest, se mestiers est, mi (ou parmi) ses bos et par voies qui sont devisées et nommées.

Li hoirs de Bernai na (n'a) en tous ses bos ne pumier ne mellier ne riage.

Li hospitaus de Rue a x journex de bos en le forest et ni (n'y) ont ne pumier ne mellier.

Li maladerie de Cresci a x journex de bos en le forest et ni a ne pumier ne mellier.

Messire Jehan de Wascoigne na ne pumier ne mellier en tous ses bos qui tienent a le forest, ne warane de nule beste.

1. Il s'agit du Rondel.

Li hoirs Bertemieu Gaipin ne a pumier ne mellier en x journex de bos qu'il a tenans a le forest ne warane de nule beste.

Il est asavoir que chil du Temple[1] n'ont en leurs bos ne pumier ne mellier, ne warde, ne seigneurie.

Ramembranche que li seigneur de Pontieu ont es bos de Nouvion v voies d'issue pour leur bos vendre es queux il claime le cache as connins et as lievres et as goupieux et de ce doit-il monstrer lettres qu'il en a et le pumier et mellier, et pour che créanta il que il ne puet cachier a le grant beste.

C'est tout, — sans date.

Le dernier paragraphe ne semble pas clair. Que le comte de Ponthieu ait des voies de sortie, de vidange, par les bois de Nouvion comme par le Rondel, cela va de soi ; mais qu'il réclame la chasse au lapin, au lièvre, au renard, et s'interdise la grande bête, cela est peu compréhensible. Qu'il réclame le pumier quand partout ailleurs c'est lui qui l'excepte des jouissances concédées ou reconnues et qu'il se soumette à produire des lettres, cela ne paraît-il pas être l'obligation d'un de ses vassaux ? Le copiste n'a-t-il pas confondu deux articles ?

Ce qui reste de la vieille orthographe dans ce memento, malgré l'ignorance du copiste, prouve l'ancienneté de la rédaction.

LXXXVI

ABBEVILLE

LETTRES DE FUNDACION DE SAINT JEHAN DES PRÉS. — *1223, février (1224.)*

Gaufridus Dei gracia Ambianensis episcopus, etc...
Fol. 55 recto.

Publié par le *P. Ignace,* Histoire ecclésiastique, p. 112.

1. Il s'agit de leur maison ou grange et bois de Forêt-l'Abbaye.

LXXXVII

LETTRES DE LOUIS VIII

Lettres de Louis VIII dit le Lion, données a Chinon l'an 1225 dont le commencement manque mais dans lesquelles il est question d'une supplique de Marie comtesse de Pontieu. — Sommaire de la table. — 1225.

Les premières lignes manquent en effet, mais ce sont celles qui contiennent les préambules ordinaires. La charte est d'ailleurs complète. M. Teulet a publié (Trésor des chartes, t. II) *la lettre de la comtesse Marie qui constate les conditions de son accord avec le roi ;* le Cartulaire du Ponthieu *a conservé une copie de la lettre même du roi qui arrête les termes de cette convention. Le comté de Ponthieu est sorti amoindri du demi pardon royal. Il a gagné, ou perdu, de n'être pas réuni complètement dès lors à la Couronne.*

Bien avant M. Teulet, le P. Ignace (Jacques-Sanson) a publié la lettre de la comtesse Marie, — Histoire des Mayeurs d'Abbeville, *pp. 153-154. — Quelques différences de mots qui ne portent pas sur les conditions de l'accord seraient seules à relever entre les deux publications.*

La lettre du roi, conservée par le Cartulaire de Ponthieu, *a fourni à la comtesse les termes de ses déclarations. Suivant le marquis Le Ver, le docteur Rigollot, de la Société archéologique d'Amiens, a publié la lettre royale dans une* Dissertation sur les monnaies de Montreuil-sur-Mer, *insérée dans la* Revue numismatique. *Le docteur Rigollot y déclare, paraît-il, avoir copié l'acte sur l'original « que feu M. Traullé lui a communiqué. » En quelles mains a pu passer cet original, s'il n'est perdu ? — Je n'aurais pu consulter la* Revue numismatique *sans un long déplacement qui eût retardé le tirage de cette feuille.*

Noverint universi presentes pariter et futuri quod, veniens ad nos, dilecta consanguinea nostra Maria, comitissa Pontivi, nobis humiliter supplicavit ut filios et filias quos susceperat a Simone, fratre comitis Renaldi Bolonie, post interceptiones quas idem Simon fecerat adversus pie recordationis Philippum genitorem nostrum et adhuc erat susceptura, materne restitueremus successioni. Nos igitur, motu pietatis ducti, ejusdem consanginee nostre precibus nostrum animum inclinantes, filios et filias, a dicto Simone ipsi comitisse natos et nascituros, materne duximus successioni jure hereditario restituendos . . . . .
. . . .
. . . . Dicta vero comitissa, voluntate spontanea et cum instanti petitione, nobis et heredibus nostris donavit in perpetuum Albigniacum in Constantino [1], cum pertinensibus suis, in feodis et domaniis, quod dominus genitor noster dederat patri dicte comitisse, et castrum Dollens [2] cum pertinentibus suis in feodis et domaniis, et villam Sancti Richarii cum pertinentiis suis in feodis et domaniis; et Avesnas, cum pertinentibus suis in feodis et domaniis, excepto feodo dilecti consanguinei nostri Guidonis, comitis Sancti Pauli, quod habebat apud Avesnas [3] et apud Dollens. Nos autem, propter hanc donationem, quitamus dicte comitisse rachatum quod nobis debebat de morte patris sui, videlicet de terra quam pater suus tenuit, et quitavimus eidem comitisse omnes redditus quos genitor noster tenuit apud Abbatisvillam et apud Ruam et apud Maresquineterram et apud Pontes ad Villers et apud Sanctum Valericum, qui sunt de pertinentibus Sancti Richarii, et dedimus ei duo millia librarum parisiensium in pecunia numerata et recepimus eamdem comitissam in feminam ligiam de tota terra de qua pater ejusdem comitisse tenens erat et saisitus die qua decessit, eo modo quo eam tenuit a dilecto genitore nostro, exceptis illis que dicta comitissa dedit nobis et heredibus nostris in proprium sicut prius dictum est. Et concedimus et volumus ut filii et filie comitisse sicut recti heredes succedant et in tota hereditate de qua dicta comitissa tenens erit

---

1. Albigny dans le Cotentin. — Probablement Aubigny du canton de Falaise (Cavaldos) quoique le canton de Falaise ne puisse être dit proprement du Cotentin.

2. Doullens.

3. Avesnes-le-Comte, aujourd'hui chef-lieu de canton de l'arrondissement de Saint-Pol (Pas-de-Calais).

et saisita die qua decedet. Comitissa vero tenetur nobis ad hoc quod juramenta communiarum totius terre sue Pontivi nobis prestari faciat sub hac forma, videlicet quod, si comitissa aut heredes sui recederent a fideli servitio nostro aut heredum nostrorum, homines communiarum illarum universi nobis et heredibus nostris adhererent contra comitissam et heredes suos, donec id esset competenter emendatum ad judicium curie nostre aut heredum nostrorum. Comitissa vero super sacrosancta juravit quod omnes fortericias suas totius terre sue Pontivi nobis et heredibus nostris reddet ipsa et heredes sui, ad magnam vim et parvam, quoties et quando super hoc fuerit requisita aut heredes sui ex parte nostra aut heredum nostrorum. — Propter has autem conventiones Simon dicte comitisse maritus non intrabit, quod possit comitissa, in comitatum Pontivi nec in feoda nostra sine assensu nostro aut heredum nostrorum. Quod si dictus Simon facere presumat, nos de eo faciemus sicut de inimico nostro. Dicta vero comitissa juravit quod super parte comitatus de Alenchon[1], de qua simus saisiti, non trahat ipsa comitissa aut heredes sui, in causam aut penam aliquam nos nec heredes nostros, nec aliquem quem inde garantizare debeamus per jus aut per conventiones a genitore nostro garantizatas. Et si quas litteras habuerit comitissa contra presentis carte tenorem, nullam de cetero contra nos nec heredes nostros habere poterunt firmitatem. Ut igitur premissa perpetuam obtineant stabilitatem, presentem paginam sigilli nostri auctoritate et regii nominis karactere inferius annotato, salvo jure nostro et auctoritate regia, confirmamus. Actum Chinoni anno dominice incarnationis M° CC° vicesimo quinto, regni vero nostri anno secundo[2].

Fol. 202 recto.

1. Alençon.
2. Sans date précise; mais l'accord de Chinon est du mois de juin 1225 et la lettre de la comtesse Marie est du 25 juillet suivant.

LXXXVIII

CORBIE ET MAIGNIÈRES

Lettres de Corbie et de Maignières. — *Octobre, 1225.* — *Accord entre Jean de Maisnières, chevalier, et l'abbaye de Corbie.*

Tout aient connut present et à venir comme contens fust meus de long temps entre l'église de Corbie, d'une part, et monsire Jehan de Maigneres[1], chevalier, d'autre, sur le commugne de Maigneres et pluseurs autres quereles à le dite vile de Maigneres, etc... Fait à Corbie, lendemain de le saint Luk l'évangéliste, l'an de grace M CC et XXV, el mois d'octobre.

Fol. 65 verso.

Cette lettre est la traduction française de l'accord en latin publié par Aug. Thierry, Documents inédits, t. IV, page 692. — Cet accord a réglé l'abolition de la commune de Maisnières, et cette abolition a été décidée d'autorité par l'Église de Corbie et par le seigneur de Maisnières : « le commugne de Maigneres charra et ne sera plus dore en avant commugne. »

LXXXIX

LES LÉPREUX DU QUESNE

Don de Firmin Marcess' aux Lépreux du Quesne. — *1225, décembre.*

Notum sit presentibus et futuris presens scriptum inspecturis quod, cum Firminus Marcess' leprosarie infirmitatis vulnere detineretur et religiositatem

1. Maisnières, canton de Gamaches.

ac fraternitatem domus leprosorum de Quercu, pietatis affectu, vellet habere, dicte domui elemosinavit, pro anima sua et parentum suorum, tria jornalia terre imperpetuum possidenda sita ad Spinam Emelin, etc..... concessu, etc...[1] Testibus his Johanne de Broecort, Johanne de Arguel, Johanne de Adamvilla, Auberto de Quercu, presbyteris, Hugone Maritato, tunc majore de Arguel, et scabinis. Ut hoc ratum sit, ego Petrus, decanus de Harenis[2], sigilli mei munimine corroboravi anno Domini M° CC° XXV° mense decembris.

Fol. 361 verso.

XC

LES LÉPREUX DU QUESNE

Don d'un terrage par Foulques du Quesne aux Lépreux du Quesne. — *1225, février (1226.)*

Notum sit tam presentibus quam futuris presens scriptum inspecturis quod ego Fulco de Quercu, miles, et Galterus, filius meus et heres, dedimus et concessimus domui leprosorum de Quercu etc..... totale terragium in territorio Sancti Albini etc.....[3]. Testibus hiis etc.....[4]. Actum anno Domini M° CC° XXV°, mense februarii in die beati Mathie apostoli.

Fol. 361 verso.

Cette charte serait la seule de 1226 (date reprise à l'ancien style) que nous fournit le Cartulaire, si nous n'y reprenions à une erreur du vieux copiste la pièce qui suit.

1. De sa femme et de son fils. — *Galterus de Forma* était alors *dominus fundi*.
2. Ce doyen d'Airaines devait être *Petrus de Sancto Albino* comme nous l'avons vu en 1223. — Quant au lépreux donateur, je ne sais s'il faut compléter son nom en *Marcessus* ou *Marcellus*.
3. La léproserie devint donc par ce don notablement riche sur le territoire de Saint-Aubin-Rivière.
4. Ce sont les mêmes que dans l'acte précédent.

XCI

ABBEVILLE

PRIEURÉ DE SAINT PIERRE

LETTRES COMMENT LE COMTE DE PONTIEU[1] CONFESSE ESTRE TENU DE PAIER AUX PRIEUR ET COUVENT DE SAINT-PIERRE LES PARTIES QUI ENSUIVENT : C'EST ASSAVOIR CENT ET DIX SOLS A LE SAINT JEHAN BAPTISTE ; CENT ET DIX SOLS AU NOEL POUR LE MOLIN BRASSERES[2], DIX LIVRES POUR SE CAPELLE, QUARANTE SOLS POUR L'OBIT DU COMTE GUILLAUME ET QUARANTE SOLS POUR UN CHIERGE, LESQUELLES SOMMES (total vingt-cinq livres) LE CHANTRE DE SAINT WLFRAN SOLOIT RECEPVOIR ET PAR ACORD FAIT ENTRE LE CAPITLE DE SAINT WLFRAN ET LE DIT COUVENT ILS SE PAYENT DE PRÉSENT AU DIT PRIEUR ET COUVENT. — *Abbeville, 1226, mois de décembre. (Date rectifiée.)*

La date donnée par le terrier 1276 (Mº CCº LXXº XVIº) *ne résiste pas à la première lecture.*

La comtesse Marie mourut en 1251. La charte, forcément antérieure à sa mort, ne peut-être non plus du temps de son second mari Mathieu de Montmorency qui figure toujours avec elle en tête des actes. La pièce est donc antérieure à 1243. Elle pourrait être de l'intervalle entre la mort de son premier mari Simon (1239) et son second mariage (1243). Elle doit remonter plus haut cependant. Il faut se rappeler l'exil forcé de Simon après la bataille de Bouvines, la main mise alors sur le comté de Ponthieu par le roi, l'accomodement de juin 1225 qui remit la comtesse en possession du Ponthieu sans accorder à Simon une grâce que Marie n'obtint que de Louis IX en mars 1230 (1231). C'est donc entre 1225 et 1231 qu'il faut chercher la date que Marie donne seule. Il est probable que le copiste du terrier ne s'est trompé que d'une lettre et qu'il a écrit Mº CCº LXXVIº *pour* Mº CCº XXVIº.

1. Dans le cas présent la comtesse.
2. Peut-être dit alors au bres, au brai.

Ego Maria, comitissa Pontivi et Monstreoli, notum facio omnibus presens scriptum inspecturis quod xi libras quas J. cantor Abbatisville, duobus terminis, scilicet in festo beati Johannis baptiste c et x solidos parisienses, et c et x solidos parisienses in natali Domini, pro molendino Brasseres, recipere solebat, et x libras parisienses pro capellania Willelmi comitis patris mei, et xl solidos parisienses pro anniversario patris mei prenominati, et x solidos parisienses pro cereo in vicecomitatu meo Abbatisville capiendum, ad petitionem decani et capituli Sancti Wlfranni de Abbatisvilla, priori et conventui Sancti Petri imperpetuum reddere teneor, pro conventione scilicet facta inter ecclesiam beati Wlfranni in Abbatisvilla, ex una parte, et priorem et conventum prenominatum, ex altera, sub duabus prebendis quas prior et conventus prefati in ecclesia beati Wlfranni recipere solebant. Et ut hoc ratum et firmum permaneat presens scriptum sigilli nostri munimine roboravimus. Actum anno Domini m° cc° lxx° vi°, mense decembri. — *Erreur comme je l'ai dit pour* m° cc° xx° vi°.

Fol. 104 recto et fol. 232 verso.

XCII

ROYONVAL

Lettres comment l'église de Royonval[1] prent, cascun an, sur le vicomté de Rue un millier de herenc roux (de harengs saurs) a prendre a le candelier (la Chandeleur). — *1229, mai.*

1. Royonval, ce nom m'a quelque temps occupé. Il ne peut représenter, malgré la mutation des voyelles, que Riéval, abbaye de l'ordre de Prémontré dont les ruines existent encore dans la commune de Corniéville, canton de Commercy (Meuse). — *Regia Vallis*, Riéval, dit simplement la *Gallia christiana, t. XIII, col. 1124.* (Église de Toul). — Un bénédictin nous fournit du nom vulgaire des variantes parmi lesquelles Royonval entrerait facilement : « Rangeval, Rainval,

Cette lettre est cependant donnée par le comte et par la comtesse. Il est vraisemblable que Simon était rentré par tolérance dans le Ponthieu après l'avénement de Louis IX et qu'il faisait déjà acte d'autorité avant l'obtention définitive de sa grâce.

Ego Symon, comes Pontivi, et Maria uxor mea, ejusdem terre comitissa, omnibus tam presentibus quam futuris notum facimus quod nos dedimus et concessimus imperpetuum, pro animabus nostris et animabus antecessorum nostrorum, in elemosinam, ecclesie beate Marie Regie vallis unum mille de allectiis ruffis ad vicecomitatum nostrum de Rua, quicquis ipsum[1] teneat, annuatim, ad terminum Candelose capiendum, pacifice et quiete possidendum et habendum ; fecimus eciam hoc de concensu *(sic)* et voluntate heredum nostrorum. Et, ut hoc ratum et inviolabile permaneat, presentem paginam sigillorum nostrorum munimine fecimus roborari. Actum anno gracie M° CC° XX° IX°, mense mayo.

Fol. 290 recto.

XCIII

RUE

SEL A PRENDRE SUR LA VICOMTÉ

LETTRES (de la comtesse Marie) COMMENT LES RELIGIEUSES DE SAINT-MIQUEL DE DOULLENS FURENT ASSIGNÉES PAR LE COMTESSE DE PONTIEU SUR LE VICOMTÉ DE RUE DE QUATRE MUIS DE SEL QUE LE PÈRE DE LEDITE COMTESSE AVOIT DONNÉS AUXD. RELIGIEUSES. — *1229, juin.*

La comtesse Marie reparaît seule dans cet acte.

Riesval ou Reinvaux, en latin *Regalis Vallis*, située en Lorraine, aux confins du duché de Bar..... fondée en 1140 par Raynard, comte de Bar..... — *Recueil historique, chronologique et topographique de tous les archevêchés, évêchés, abbayes et quelques prieurés de France, par dom Baunier, religieux bénédictin (Paris, 1721), t II, p. 1052.* — Quelles relations engageaient un comte de Ponthieu et de Montreuil à approvisionner une abbaye voisine de la Meuse et de la Voëvre et si lointaine de la Somme et de la Canche ?

1. *Eum* dans le *Vidimus* donné par la comtesse Jeanne.

Ego Maria, comitissa Pontivi et Monstreoli, notum facio etc... *La lettre est scellée de son seul sceau :* sigilli mei munimine roboravi. Actum anno Domini M° CC° vigesimo nono, mense junio.

Fol. 280 verso.

Doullens venait cependant d'être séparé du Ponthieu par l'accord de 1225, mais la comtesse tenait sans doute à faire savoir que rien n'était changé quant aux générosités des anciens comtes. C'est comme leur descendante peut-être, et leur héritière, qu'elle confirma seule, Simon n'ayant pas le droit de disposer de son héritage.

XCIV

ERGNIES

Lettres du bois d'Ergnies. — *Mars, 1228.*

Une contestation s'est élevée entre Robert d'Ailly et Marie comtesse de Ponthieu pour les bois d'Ergnies, super nemoribus Dergnies[1], *et quelques autres choses. Cette lettre constate l'arrangement intervenu, 1228, mars (probablement 1229).*

Ego Robertus de Asliaco[2], miles, dominus de Bouberch, notum facio etc... M° CC° XXVIII°, mense marcio.

Fol. 73 verso et fol. 377 verso.

1. Canton d'Ailly-le-Haut-Clocher.
2. Ailly-le-Haut-Clocher évidemment. Le voisinage d'Ergnies fournit déjà une présomption, mais il y a des Robert dans les seigneurs d'Ailly de ce temps.

XCV

ABBEVILLE

LE VALOUVRECH. — LES MOULINS

Lettres du Valouvrech comment l'ospital Saint-Nicolay devoit a Robert du Vaulouvrech et a Jaque le Fournier, cascune sepmaine, une mine de blé tel que lesd. molins gaignoient [1]. — *1230, mai.*

Universis presentes litteras inspecturis fratres domus pauperum Sancti Nicholai de Abbatisvilla eternam in Domino salutem. Noverit universitas vestra quod nos pro molendinis de Valle Luposa et appendiciis, sicuti de piscaturis, domibus, tenementis, hospitibus, pratis et rebus aliis quas ibi possidemus ex parte Roberti de Valle Luposa et Jacobi Furnarii, hereditarie, tenemur in perpetuum reddere ipsis Roberto et Jacobo et heredibus suis, singulis septimanis, unam minam bladi libere, de tali blado quod lucrabitur in dictis molendinis, fideliter, sine aliqua mixtura. In cujus rei testimonium et munimen, predictam cartam predictis Roberto et Jacobo inde tradidimus, sigillorum capituli nostri et communie Abbatisville munimine roboratam. Actum est anno gracie M° CC° tricesimo, mense mayo.

Fol. 23 verso et fol. 228 recto.

---

1. Une seconde copie a pour sommaire : *Lettres comment les maitres, freres et sereurs de l'ospital de saint Nicolay d'Abbeville recongnoissent que, pour les molins du Vaulouvrech et les appendices, si comme de le pesquerie, maisons et autres coses, il rendent, cascune sepmaine, une mine de bled.*

XCVI

ÉCHANGE ENTRE UN SEIGNEUR DE VILLERS-SUR-AUTHIE ET LE PRIEUR DE MAINTENAY

Le prieur a traité au nom de l'abbé et du couvent du grand monastère de Tours. Le comte et la comtesse de Ponthieu, désormais unis dans les manifestations de leur autorité, ont confirmé l'acte.

LETTRES D'ACCORD DU SEGNEUR DE MAROEUL ET DU PRIEUR DE MENTENAY. — *1230, mai.*

Ego Bernardus de Marolio [1], miles et dominus de Viliers [2], et Agnes, uxor mea, notum facimus etc....... quod nobilis vir Symon, comes Pontivi, et Maria uxor ejus, comitissa, ad instanciam et petitionem nostram, omnes convenciones et quoddam eschambium factum inter nos et priorem de Mentenayo [3], nomine abbatis, et conventus majoris monasterii Thuronensis [4], videlicet de hospitibus et redditibus de terris communibus, de mariscis et de nemoribus sitis apud Viliers et apud Colines [5] et apud Fraisnes super Alteiam [6], sicut in litteris nostris continetur, per gratiam suam voluerunt, confirmaverunt et approbarunt etc....... Actum anno Domini M° CC° tricesimo, mense mayo.

Fol. 175 recto.

Sauf Marœuil, tous les lieux nommés dans cet acte sont voisins de l'Authie et l'échange porte sur des terres, des marais et des bois sis en ces lieux.

1. Marœuil dans le Pas-de-Calais, canton nord d'Arras.
2. Villers-sur-Authie, canton de Rue.
3. Maintenay, sur l'Authie dans le Pas-de-Calais, canton de Campagne.
4. Le grand monastère de Tours dont dépendait le prieuré de Maintenay.
5. Colline sur l'Authie dans le Pas-de-Calais, canton de Montreuil.
6. Fresnes, commune de Nampont, canton de Rue.

XCVII

CORBIE ET MAIGNIÈRES

AUTRES LETTRES DE CORBIE CONTRE MAIGNIÈRES. — *Décembre, 1230.*

Ces lettres sont de Hugues (Hugo), *abbé de Corbie*[1] *; elles constatent un échange avec Jean de Maisnières* (de Maneriis), *chevalier.*
Fol. 68 verso.
Nous avons déjà vu plus haut Corbie et Maisnières en conflit ou en accord.

XCVIII

SAINT-LEU-D'ESSERENT

HARENGS A PRENDRE SUR LA VICOMTÉ DE RUE

LETTRES COMMENT L'ÉGLISE DE SAINT-LEU DE ESCHERENS PRENT CASCUN AN DIX MILLIERS DE HERENGS SUR LE VICOMTÉ DE RRE. — *1230, mars.*

Ego Symon, comes Pontivi et Monstreoli, et Maria, uxor mea, omnibus tam presentibus quam futuris notum facimus quod nos et heredes nostri, in bona memoria constituti, misericorditer dedimus et concessimus in perpetuam

---

1. Hugues II, quarante-sixième abbé, 1221-1240. — *Gallia christiana.*

elemosinam eclesie beati Luppi de Essorento[1] et monachis ibidem deo servientibus, ob remedium animarum nostrarum et patrum et matrum nostrorum et anime Renaldi, quondam comitis Bolonie, decem milia allectium[2] ad vicecomitatum meum de Rua, quicumque vicecomitatum teneat, ad Nativitatem Domini, annuatim percipienda. Quod ut ratum et inviolabile permaneat, presentem paginam sigillorum nostrorum impressione fecimus roborari. Actum anno Domini M° CC° tricesimo, mense marcio.

Fol. 288 verso.

XCIX

NIHELLE

Nihelle ou Nielle était, suivant Dom Grenier, un hameau ou une ferme près du Pont de Remy. — Lieu détruit. — Voyez Histoire de cinq villes, t. V, p. 609-610.

Lettres du vicomte de Pont-de-Remy comment il dist que le comte de Pontieu fist faire deux molins a ses dépens en ung fief seant a Noielle que Watier de Noielle tenoist dudit vicomte et que ce fust du consentement dudit vicomte. — *1230, janvier* (1231).

Ego Eustachius, vicecomes Pontis Remigii, miles, notum facio omnibus presentibus et futuris quod dominus meus Symon, comes Pontivi et Monstreoli, et Maria, ejus uxor, comitissa, de voluntate mea et assensu meo, uxoris

---

[1]. Saint-Leu-d'Esserent dans le département de l'Oise. Le don était fait au prieuré de l'ordre de Cluny qui a laissé une si belle église sur les hauteurs voisines de l'Oise. La générosité s'éloignait bien du Ponthieu et les harengs ne pouvaient arriver que roux (*ruffi* ou *saurs*) aux religieux.

[2]. Ces chiffres, d'autres ailleurs, donnent une idée de l'importance de la pêche à Rue. Les bateaux ne rapportaient sans doute pas que ces quantités de harengs.

mee et heredum meorum, duos molendinos fecerunt ad custus suos in feodo Walteri de Nihella hominis mei, quod de me tenet apud Nihellam, de voluntate et assensu ejusdem Valteri et uxoris sue et heredum suorum; in quibus molendinis et in eorum proventibus et exitibus et *en lavaloison* et in XI jornalibus prati siti juxta pratum domini Warneri, dicti comes et comitissa et eorum heredes in custibus omnium predictorum duas partes ponent et ipse Walterus et ejus heredes terciam partem. Et sciendum quod dicti comes et comitissa, vel eorum heredes, in dicto feodo quod dominus Walterus de me tenet, in quo dicti molendini sunt, nullam poterunt facere villam seu fortericiam neque domos, nisi tales que ad illos molendinos pertinebunt et non poterunt cogere homines meos, qui debent molere per bannum ad molendinos meos, ut eant molere ad molendinos de Nihella, et, si forte irent molere ad illos, ego, vel heredes mei, de illis emendam nostram caperemus sine contradictione dictorum comitis et comitisse vel heredum suorum. Et notandum quod, pro forefacto dicti Walteri vel heredum suorum, ego, vel heredes mei, ad hec omnia predicta assignare non poterimus, nisi ad partem dicti Walteri, hoc salvo quod propter hoc dictos molendinos cessare molendi non faciemus. Has autem conventiones volui et concessi, et, tanquam dominus fundi, ad peticionem domini Walteri hominis mei, sigillo meo confirmavi. Actum anno Domini M° CC° XXX°, mense januarii.

Fol. 220 verso.

C

ABBEVILLE

LE VAL DES LÉPREUX

Lettres comment le comte de Pontieu donna au Val d'Abbeville, cascun an, deux quaretées de mort bos. — *1231, au mois d'aoust.*

Le comte donne ce bois dans la forêt de Crécy.

Ego Symon, comes Pontivi et Monstreoli, et Maria, uxor mea, notum facimus omnibus tam presentibus quam futuris quod nos dedimus et concessimus in elemosinam domui leprosorum de Valle Abbatisville duas quadrigatas mortui bosci in foresta nostra de Cresci ad usagium suum, singulis annis et singulis diebus, in perpetuum, sine contradictione nostrorum capiendas et habendas; et, ut hoc ratum sit, presentes litteras sigillorum nostrorum munimine roboravimus. Actum anno Domini M° CC° tricesimo primo, mense Augusti.

Fol. 23 recto et fol. 174 recto.

CI

LES LÉPREUX DU QUESNE

Don de Hugues de Moiliens confirmé par Hugues de Fontaines, chevalier et seigneur de Long, aux Lépreux du Quesne. — *1232, avril.*

Ego Hugo de Fontanis, miles et dominus de Longo, notum facio omnibus ad quos presentes littere pervenerint quod Hugo de Moiliens[1], de concessu uxoris sue Sydonie et Johannis filii sui primogeniti et aliorum filiorum, elemosinarie dimisit domui leprosarie de Quercu totum redditum quem accipiebat in terris dicte domus. Hanc elemosinam concedo ego Hugo memoratus, et, ut dominus fundi, contra omnes homines qui juri stare voluerint promitto warandizandam etc... Interfuerunt dominus Fulco de Quercu, Robertus de Wasconsons, Alardus le Charpentier, Ingerranus Loomer, et multi alii etc... sigilli mei munimine roboravi... Actum anno Domini M° CC° XXXII°, mense aprilis.

Fol. 362 recto.

1. Il y a Moliens dans l'Oise, mais il y a deux Molliens dans la Somme, Molliens-au-Bois dans le canton de Villers-Bocage, et Molliens-Vidame, chef-lieu de canton.

CII

LE TRÉPORT

Lettres de l'abbé du Tréport. — *Janvier, 1232 (1233).*

C'est une lettre de l'abbé du Tréport à l'occasion d'un différend entre le couvent et le comte Simon de Ponthieu, différend porté devant le roi de France. Il s'agissait de dégâts causés sur les terres de l'abbaye par le comte, par ses gens ou par son armée (exercitum suum). — *La lettre constate l'accord fait.*

Ego P. abbas humilis de Ulteriore Portu et ejusdem loci conventus omnibus presentes litteras etc... anno Domini M° CC° tricesimo secundo, mense januario.

Fol. 74 verso et fol. 378 verso.

Je ne sais si on peut traduire exercitus *par un autre mot qu'armée. On ne s'imagine pas cependant une armée du comte Simon et pourquoi sur les terres de l'abbaye du Tréport ?*

CIII

LES LÉPREUX DU QUESNE

Wautier de Crokoison [1], chevalier, reconnoit qu'il doit, suivant l'usage de ses ancêtres (more antecessorum meorum, dit-il), un demi sextier de blé aux Lépreux du Quesne. — *1232, février* (1233.)

Ego Walterus de Crokoison, miles, notum facio omnibus ad quos presentes littere pervenerint quod debeo domui leprosarie de Quercu dimidium sextarium bladi ad mensuram de Aienval [2], singulis annis, in festo sancti Andree apostoli reddendum etc..... Actum anno Domini M° CC° XXXII°, mense februarii.

Fol. 362 recto.

CIV

LE TITRE, ETC.

Lettres du seigneur de Lonc. — *1233, avril.*

Dans cette lettre, Hugues de Fontaines apprend qu'il a échangé avec le comte et la comtesse de Ponthieu ce qu'il avait à Airaines contre des terres au Titre. Les négociateurs de l'affaire — les experts — sont nommés comme témoins à la fin de la déclaration.

1. Croquoison près d'Heucourt, canton d'Oisemont.
2. Aujourd'hui Inval-Boiron, village qui n'est séparé du Quesne que par le Mazis et Saint-Aubin-Rivière.

Hugo de Fontanis, miles, dominus de Longo, et Alermus de Fontanis, filius ejus primogenitus, omnibus presentes litteras inspecturis salutem. Noveritis quod nos fecimus escambium domino nostro Symoni, comiti Pontivi et Monsteroli, et domine nostre Marie, uxori ejus, comitisse ejusdem terre, de hoc quod habe[ba]mus apud Harennas[1], in omnibus rebus, ad Tristiacum cum omnibus appendiciis, valorem pro valore, per dictum et considerationem domini Walteri de Maintenai, domini W. de Wailli[2], domini Henrici de Viaco et domini Roberti de Gebiefay, militum; et hoc juravimus bona fide tenendum, et sigillis nostris confirmavimus. Actum anno Domini millesimo cc° tricesimo tertio, mense aprilis.

Fol. 91 et fol. 389.

CV

ABBEVILLE

Lettres d'un accord du comte de Pontieu et de Robert Malet. — *1233, mai.*

Ludovicus, Dei gràcia Francorum rex. Noverint universi presentes litteras inspecturi quod de contentione que erat inter dilectos et fideles nostros Symonem, comitem Pontivi, et karissimam consanguineam nostram Mariam ejus uxorem, comitissam, ex una parte, et Robertum Malet et uxorem ejus et

---

1. Le marquis Le Ver n'a pas transcrit cette pièce, mais, dans le sommaire qu'il en donne, il a traduit *Harennas* par *Havrenas.* La seconde copie du Cartulaire porte *Harennis,* mais cette faute du copiste ne peut trancher aucune question. La charte de 1233 (1234) du comte Simon (voir plus loin) suffirait à montrer que la famille de Fontaines posséda de grands droits seigneuriaux à Airaines.

2. *Walli* dans la seconde copie.

Helam, materteram ipsius Roberti, ex altera, super terra Roberti, comitis de Alencōn, dicti comes et comitissa et Robertus et uxor sua pro se et Hela matertera sua, in karissimam matrem nostram Blanchiam Francorum reginam illustrem et karistimum et fidelem patruum nostrum Ph. comitem Bolonie compromiserunt ad faciendum voluntatem ipsorum, et ipsi in dicto suo dixerunt quod dictus Robertus Malet affidabit dicto comiti Pontivi centum quadraginta libratas terre ad monetam turonensem in terra et redditibus et hominibus extra sagium [1] per juramentum duorum militum videlicet Gaufridum [2] Rosset, ex parte comitis et comitisse, et Guillermum de Merula [3], ex parte dicti Roberti, et si isti duo discordabant tertium militem apposuerunt, videlicet Hugonem de Acxes [4]. Per istorum trium, vel duorum ex illis, legitimum juramentum, fiet dicta affidacio et per istud dictum dictus Robertus Malet et heredes sui remanent in pace de tota terra quam tenet, que fuit comitis Roberti de Alencōn, et de hoc quod ei debet attingere de eschaeta [5] dicte Hele matertere sue et de eschaeta que potest ei accidere de dote comitisse .... de Alencōn, et dicte terre affidatio fiet ad usus et consuetudines Normannie qui modo currunt. Preter ista autem Hela matertera predicti Roberti remanet in pace erga predictum comitem et ejus uxorem et eorum heredes, quamdiu vixerit, de tota terra quam tenet per viginti libras turonenses quas dictus Robertus Malet vel ipsius heredes reddent annuatim ad festum Omnium Sanctorum predicto comiti vel uxori sue vel eorum heredibus quamdiu dicta Hela vixerit, et, ipsa mortua, de dictis viginti libris quiti erunt et heredes sui. Post decessum autem dicte Hele, talis pars terre quam dictus Robertus Malet debebit habere et heredes sui de terra quam tenet dicta matertera sua ad usus et consuetudines partiarum in quibus dicte terre site sunt, sine contradictione deveniet quiete ad dictum Robertum et heredes suos imperpetuum sine reclamatione comitis et comitisse Pontivi et heredum

---

1. Sagium, *pondus*, et aussi *experimentum, examen, exagium in re monetaria*. — Du Cange.
2. Pour *Gaufridi* sans doute. Plus loin *Guillermum* pour *Guillermi*.
3. De *Merula*, nom que je ne trouve que dans ces lettres.
4. Même remarque.
5. *Escaeta, eschaeta, escheta, escheuta, excaeta, escadentia, escasura*, mots dont la signification est diverse, remarque du Cange ; mais le plus souvent *sic appellantur bona, prædia immobilia vel mobilia quævis, quæ ex delicto et forisfactura vassalli vel alio quolibet casu cadunt in fiscum domini feudi.*

suorum; et dictus comes vel ejus uxor, sive ipsorum heredes, nichil in parte terre que dicto Roberto Malet vel ipsius heredibus debet pervenire aliquo modo de cetero poterunt reclamare; et in tali statu quali modo sunt, erunt de alia parte terre quam dicta Hela tenet modo. Nos autem, prefatum dictum gratum habentes et ratum, ipsam ad petitionem partium, sigilli nostri auctoritate duximus confirmandum. Actum apud Bellum Montem anno Domini M° CC° XXXIII° mense maio.

Fol. 203 rouge mais IIe XII ancienne foliation.

De la lecture de ces lettres on pourrait tirer quelques considérations sur le droit du temps.

CVI

BOIS PRÈS DE FORÊTMONTIERS DONNÉS A DÉFRICHER

Ces bois faisaient partie évidemment du massif dit forêt de Crécy.

Lettres des bois donnés a Mathieu de Roye près de Foresmontiers par le comte et la comtesse de Pontieu. Il s'agit de trois cents journeulx de bois donnés a défricher suivant la volonté dudit Mathieu et a prendre au chemin qui va vers Ponthoile. *La lettre est de Mathieu de Roye. — 1233, octobre.*

Ego Matheus de Roya, miles, dominus de Garmegniaco [1], et ego Ydonea, uxor ejus, universis presentes litteras inspecturis salutem in Domino. Universitati vestre notum fieri volumus quod, cum querela verteretur inter

---

1. Germigni. — Les membres anciens de la famille de Roye étaient dits seigneurs de Germigni. — Moréri.

nos, ex una parte, et nobilem virum Symonem, comitem Pontivi, et Mariam, uxorem ejus, ejusdem terre .... (?) comitissam, ex altera, super nemore sito juxta Forestense Monasterium, pro bono pacis dederunt nobis et concesserunt prefacti *(pour prefati sans doute)* comes et comitissa trecenta jornalia nemoris ad essartandum vel ad faciendum voluntatem nostram, capienda sub via erga Pontoiles si sibi[1] capi possunt. Si vero ibi capi non possunt, residuum capere debemus super viam secundum longitudinem vie[2] quousque trecenta jornalia compleantur. Et residuum nemoris quod remanebit super trecenta jornalia, ni de voluntate et licencia prefactorum *(prefatorum évidemment)* comitis et comitisse[3] vel heredum suorum..., nec nos nec heredes nostri, quoquomodo ...... (?) retinere possemus. Nec in predicta terra castrum vel fortericiam aliquam, ni de voluntate et licencia sepedictorum comitis et comitisse vel heredum suorum, nos, nec heredes nostri, edificare possemus. Et sciendum est quod, si dictam terram, vel villam, vel castrum, vel foreciam fortericiam[4], in forciorem manum quam in manum prefactorum *(sic encore)* comitis et comitisse vel heredum suorum, vel in manum religiosam, vellemus ponere vel escambire, vel quoquoque modo alienare, hec nos vel heredes nostri facere non possemus. Et, ut hoc ratum et stabile permaneat, presentem cartam sigillorum nostrorum munimine duximus roborandam. Actum anno Domini M° CC° XXX° III, mense octobri.

Fol. 332 recto.

1. Pour *ibi* sans doute.
2. Le chemin de Ponthoile traversait donc les bois du domaine de Ponthieu.
3. *Pontivi.*
4. *Foreciam fortericiam.* Ces deux mots qui font, ce semble, double emploi sont écrits ainsi. Le premier mot *foreciam* a été souligné par un lecteur du cartulaire comme superflu sans doute.

CVII

AIRAINES

Ce sont les copies des chartres et des lettres touchant la ville et la baillie d'Areines et premierement de la chartre de la commugne de ladite ville. La lettre est de Simon comte de Pontieu et de sa femme. — *1233 au mois de janvier* (1234.)

Ego Symon, comes Pontivi et Monstreoli, et Maria, uxor mea et comitissa, notum facimus universis tam presentibus etc..... quod nos concessimus burgensibus nostris de Arenis communiam tenendam sibi et heredibus suis de nobis et heredibus nostris, quam nos, sub juramenti prestiti religionem, promisimus servaturos secundum tenorem et formam cartule quam ipsi habent de domino H. de Arenis et de domino Alermo de Fontanis, que talis est etc....... Actum etc..... anno M° CC° tricesimo tercio, mense januario.

Cette charte n'est donc qu'une confirmation.

CVIII

AIRAINES

Autres lettres pour Areines écrites par Henri de Areines.

Sans date, mais elles sont peut-être rappelées dans la lettre précédente de Simon comte de Ponthieu datées de 1233 au mois de janvier (1234).

Notum sit omnibus tam presentibus quam futuris quod ego Henricus de Arenis recognovi Alermo de Fontanis jus hereditatis sue in Arenis . . . .[1] est... jus hereditatis ejus ut ipse per totam villam Arenensem dimidiam partem vicecomitatus liberam habeat sicut et ego meam . . . . , ... Huic paci interfuerunt et testes sunt, etc...

Fol. 337 verso.

CIX

NOTRE-DAME DE BOULOGNE-SUR-MER

SOMME A PRENDRE SUR LA VICOMTÉ DE RUE

Lettres de Vidimus de l'official de Therouene comment il avoit veu les lettres du comte de Pontieu contenant comment l'église de Notre-Dame de Boulogne prent, cascun an, quarante sols parisis a prendre sur le vicomté de Rue au jour de le Notre-Dame my aoust. — *A Boulogne, 1233, février* (1234.)

La lettre de Vidimus est de 1279, la veille de la Toussaint.

Universis presentes litteras inspecturis officialis Morinensis salutem in Domino. Noverint universi nos, anno Domini M° CC° LXX° nono, vigilis Omnium Sanctorum, vidisse et tenuisse litteras quarum copia subsequitur, non violatas, non cancellatas, nec in aliqua sui parte viciatas, set sanas et integras, prout prima

---

1. La lecture de cette pièce est ingrate, ces points sont un aveu. Ce n'est point de bon gré que je les substitue au texte.

facie apparebat, in hec verba : Ego Symon, comes, et ego Maria, comitissa Pontivi et Monstreoli, vicecomiti nostro de Rua qui nunc est, vel imperpetuum futuro, salutem in Domino. Cum nos, ob nostrarum [1] antecessorum nostrorum remedium animarum, dederimus in perpetuam elemosinam ecclesie beate Marie de Bolonia XL solidos parisienses, singulis annis, in Assumptione beate Marie virginis, ad vicecomitatum nostrum de Rua capiendos, voluimus et precipimus ut, cum nuncius ecclesie predicte cum presentibus istis litteris juris ad te venerit, predictos XL solidos parisienses, in dicto termino, ex parte nostra, sine mora, absque contradictione aliqua, persolvi facias. Datum Bolonia, anno Domini M° CC° tricesimo tercio, mense februarii.

Fol. 287 recto.

A la date de ce pieux don Simon et Marie étaient ensemble à Boulogne; faut-il croire en pèlerinage? Simon, lui, était dans sa famille.

CX

LE GARD-LÈS-RUE

DON AU CHAPELAIN DU GARD SUR LES MOULINS ET LA VICOMTÉ DE RUE

Lettres comment le capellain du Gard de lès Rue prent, cascune sepmaine, sur les molins de Rue ung prouvendier de fourment et huict livres parisis sur le vicomté de Rue et si poeut avoir ès pastures du Gard deux vasques (vaches) et leur sievans (suivants). — *1234, may.*

Symon, comes Pontivi et Monstreoli, et Maria ejus uxor, ejusdem terre comitissa, omnibus, etc... Noveritis quod, cum quondam vir nobilis et bone memorie Willelmus, comes Pontivi et Monstreoli, pater predicte Marie, in

---

1. Ici manque *et* ; il faudrait *et antecessorum*.

remedium animarum patris et matris antecessorum suorum, unum provendarium[1] contulisset in elemosinam capellano de Gardo de meliori frumento ad molendina sua apud Ruam, singulis hebdomadis capiendum, et sex libras parisienses ad barram[2] de Rua capiendas, scilicet, etc... nos vero... et de voluntate et assensu Johanne primogenite nostre, etc... Actum anno Domini M° CC° XXX° IIII°, mense maio.

Fol. 289 verso.

Cette charte n'est donc qu'une confirmation.

CXI

ACCORD DU COMTE DE PONTHIEU ET DE LA COMTESSE D'EU. 1234

Les deux copies de cet accord ont des sommaires qui se complètent l'un par l'autre.

Premier sommaire : LETTRES DE L'ACORT DE LE COMTESSE D'EU ET COMMENT LE COMTE D'EU DOIBT AU COMTE DE PONTIEU SERVICE DE TROIS CHEVALIERS QUANT LE COMTE DE PONTIEU EN A BESOING.

Second sommaire : LETTRES COMMENT LE COMTE ET LE COMTESSE DE PONTIEU FIRENT PAIX AVEC LE COMTESSE D'EU DES CONTESTATIONS QUI ESTOIENT ENTRE EULX A CAUSE DES SERVICES QUE LEDITE COMTESSE DEBVOIT AUXD. COMTE ET COMTESSE DE PONTIEU A CAUSE DES FIEFS QU'ELLE TENOIT D'EULX PAR HOMMAGE;

---

1. *Provendarius*, idem quod *præbendarium*, seu *provenda* : mensura annonæ præbendariæ. — Du Cange.

2. *Barræ, prætera, dicuntur tributa quævis, præsertim quæ ad urbium et oppidorum barras et portas præstantur.* — Du Cange. — L'*octroi* aux portes ou aux *barrières* des villes est un souvenir de ces tributs. Les comtes de Ponthieu s'étaient donc réservé, sous une forme quelconque, un droit de ce genre, un droit d'entrée ou de *travers*, aux portes de Rue.

PAR TELLE MANIÈRE QUE LEDIT COMTE DE PONTIEU, SES HOIRS ET SES HOMMES DOIBVENT AVOIR REFUGE EN LE TERRE DE LEDITE COMTESSE D'EU, ET PAREILLEMENT LEDITE COMTESSE D'EU, SES HOIRS ET SES HOMMES, DOIBVENT AVOIR REFUGE EN LE COMTÉ DE PONTIEU CONTRE TOUS, EXCEPTÉ CONTRE LE ROY DE FRANCE. TOUTES LES COSES DESSUS DITES ET TOUS SERVICES QUITTA LEDIT COMTE DE PONTIEU A LADITE COMTESSE, EXCEPTÉ LE SERVICE DE TROIS CHEVALIERS QUE LEDITE COMTESSE ET SES HOIRS SERONT TENUS DE ENVOIER AD SOUFFISANTE SOMMATION, ETC.

Noverint universi presentes pariter et futuri quod ego Simon, comes Pontivi, et Maria, uxor mea, pacem fecimus cum Aelide, comitissa Augi, de contencionibus que erant inter nos et ipsam de serviciis que ab ea exigebamus pro feodis que dicta comitissa Augi et heredes sui tenent et tenere debent de nobis et heredibus nostris per homagium, tali modo quod ego et heredes mei et homines mei debemus habere refugium [1] in terra dicte comitisse Augi et ipsa et heredes sui et homines sui similiter debent habere refugium in terra nostra contra omnes, preterquam contra dominum regem Francie. Sciendum vero est quod nos quitavimus dictam comitissam Augi et heredes suos de omnibus serviciis et querelis que ab eadem exigebamus de feodis predictis, exceptis illis que scripta sunt in carta ista pro serviciis trium militum quos ipsa et heredes sui debent mittere nobis et heredibus nostris ad competentem summonicionem nostram, ad custus nostros, ex quo movebunt ad veniendum in servicium nostrum ad eundum in excercitum vel equitacionem nostram. Quando vero nos disgregaverimus excercitum vel equitacionem nostram, nos dabimus licenciam militibus dicte comitisse Augi. Si vero voluerimus dare eis licenciam, ipsi libere poterunt recedere. Et, si forte contenciones evenerint inter nos de feodis que dicta comitissa tenet de nobis, omnes erunt determinate et emendate in marchia [2], in loco ubi antiquitus solent emendari, videlicet apud Pontem [3].

1. Retraite assimilable à celle que prêtaient les églises : *Asylum, immunitas* ; avec plus de précision, le droit que dom Carpentier définit ainsi : *Jus domini de se in castrum vassali recipiendi.*
2. *Marcha, marca, marchia, terminus, limes, seu fines cujusque regionis.* — Du Cange.
3. Quel était ce Pont sur les limites évidemment du comté de Ponthieu et du comté d'Eu ?

Sciendum vero est quod nos, nec heredes nostri, non possumus clamare servicia supra dictam comitissam Augi, nec supra heredes suos, nec supra feoda sua, nisi servicia predicta. Et nos et heredes nostri tenemur garandire dicte comitisse Augi et heredibus suis contra omnes predicta feoda cum pertinenciis, pro antedictis serviciis, tanquam domini feodi[1]. Et, ut hoc ratum etc. Actum anno Domini M° CC° xxx° IIII°.

Fol. 120 recto et fol. 247 recto.

Le marquis Le Ver a fait sur ces lettres la remarque suivante :

« *Cet acte où le nom du mari de la comtesse d'Eu n'est pas mentionné indiquerait, sans cependant le dire positivement, qu'elle était veuve.*

« *On ne voit dans la généalogie des comtes d'Eu, insérée dans le t. III de l'Histoire des Grands Officiers de la Couronne, (depuis 1221 jusqu'en 1239 que Simon et Marie ont vécu comte et comtesse de Pontieu), on ne voit aucune veuve comtesse d'Eu du nom d'Aelide. On ne voit même pas de ce nom femme des comtes d'Eu. A moins que ce ne soit Alix, veuve de Raoul de Leẓignem seigneur d'Issoudun auquel elle porta le comté d'Eu, étant fille unique de Henry comte d'Eu selon la généalogie de Luẓignem. Raoul mourut en 1217 au siège d'Acre et Alix en 1227. Elle serait alors morte après 1234, car Simon de Dammartin n'est rentré en grâce qu'en 1230 et ne pouvait faire d'actes en 1227.* » — Bibliothèque d'Abbeville, Mss. n° 217. Fol. 253 verso.

CXII

SAINT-JOSSE-AU-BOIS

LES MOULINS DE TIGNY ET DE NAMPONT, etc.

LETTRES COMMENT SIMON, COMTE DE PONTIEU, ET MARIE, COMTESSE DE CE MESME LIEU, ACCORDÈRENT AUX RELIGIEULX DE SAINT-GIOSSE OU BOIS LE LÉGAT QUE

---

1. Simon s'accorde donc bien une supériorité féodale sur la comtesse d'Eu.

WILLE LEUR PRÉDÉCESSEUR COMTE DE PONTIEU AVOIT FAIT AUXD. RELIGIEULX, C'EST ASSAVOIR LE MOITIÉ DE LE MOITIÉ QUE ICELUY COMTE AVOIT ÈS MOLINS DE TIGNY ET DE NEMPONT, ET AUSSI COMMENT IL ACCORDÈRENT AUD. RELIGIEULX CERTAINS TERRAGES ET UNG MUY DE BLED A CAUROY QUE LE SEGNEUR DE PONCHES LEUR AVOIT DONNÉ EN AUSMOSNE. — 1234.

Ego Symon, comes, et Maria, comitissa Pontivi et Monstreoli, notum facimus, etc... quod terragium (apud Cauroy) et quem modium bladi dedit eis in elemosinam vir nobilis Guido, miles, dominus de Ponches[1]... in presentia virorum nobilium et magnatum, videlicet Bartholomei de Roya, Johannis de Baiemont, Gaufridi de Capella et quorumdam consiliariorum domini regis Francorum Ludovici in curia ejusdem domini regis, etc... Actum anno Domini millesimo ducentesimo tricesimo quarto.

Fol. 184 verso.

CXIII

DROITS DE L'ABBAYE DE SAINT-VALERY DANS LE MARQUENTERRE

LETTRE DE RICHARIUS, ABBÉ DE SAINT-VALERY FAISANT SAVOIR QUE TOUT CE QUE LE COMTE SIMON A CONCÉDÉ DANS LE MARQUENTERRE POUR LE DROIT DE TOURBAGE, IL L'A FAIT PAR LA VOLONTÉ DUDIT ABBÉ. — *1235, avril.*

Richarius, Dei paciencia abbas Sancti Walarici supra mare, universis presentes litteras inspecturis salutem in Domino. Noverit universitas vestra quod quicquid vir nobilis Symon, comes Pontivi et Monstreoli, fecit in marisco nostro de

---

1. Ponches, canton de Crécy.

Tengnon[1] turbandi[2], per voluntatem nostram fecit sicut in nostro, et hoc volumus et concessimus et dicto comiti usque in hodiernum diem warandizamus. In cujus rei testimonium presentes litteras sigilli nostri munimine roboravimus. Actum anno Domini M° CC° tricesimo quinto, mense aprili, dominica ante festum apostolorum Philippi et Jacobi[3].

Fol. 327 recto.

CXIV

CERCAMPS

SEL A PRENDRE A RUE

Lettres du comte Simon pour différentes choses (pour Cercamps). — *1235, au mois de mai.*

Ces lettres constatent bien la fabrication du sel près de Rue. — Six journaux de de grève étaient réservés ad conficiendum sal *aux religieux de Cercamps. Quel était le bois dit* Nove Deffensionis *?*

Ego Symon, comes Pontivi et Monstreoli, et ego Maria, uxor ejus, comitissa, notum facimus etc........ quod, cum viri religiosi abbas et conventus ecclesie beate Marie (*ici un mot gratté*) Caricampi[4] haberent decem modios salis recipiendos singulis annis in Nativitate beati Johannis baptiste et unam masuram cum sex jornalibus de greva ad conficiendum sal apud Ruam, et xx jornalia

---

1. Je ne puis lire que ce nom d'un lieu encore inconnu pour moi. Le sommaire, de date ancienne, le place dans le Marquenterre.

2. *Turbare*, tourber, extraire des tourbes.

3. Donc à la fin d'avril, la fête des apôtres Philippe et Jacques donnant le 1ᵉʳ mai.

4. Cercamps près de la Canche, aujourd'hui commune de Frévent (Pas-de-Calais) et filature du baron de Fourment.

nemoris quod vocatur nemus Nove Deffensionis[1] etc., que omnia pie memorie dominus Guillelmus, quondam comes Pontivi, dicte ecclesie imperpetuam contulerat elemosinam, etc....... Actum anno Domini M° CC° tricesimo quinto, mense mayo.

Fol. 291 verso.

Le comte, qui rappelle ainsi les droits dont jouit l'abbaye de Cercamps, accepte l'échange de ces droits contre quelques autres selon la demande même des religieux.

CXV

LES LÉPREUX DU QUESNE

Les deux pièces suivantes, pour le même don évidemment, sont de deux frères, dont l'un lépreux.

I

Don de Anchelmus de Beaucamp, lépreux, a la léproserie du Quesne, de dix journaulx de terre, etc. — *1235 février* (1236).

Noverint universi presentes et futuri quod ego Anchelinus[2] de Bello Campo[3], primogenitus domini Alexandri de Camp Sehart[4], cum Dei voluntate

---

1. *Defensio, forte idem quod Defensa seu Locus defensus.* — Du Cange. — *Defensa dicitur ager pratum, vel silva, ubi animalia immittere non licet.* — La traduction serait ici : bois de la Nouvelle Réserve.

2. Je lis bien dans la lettre *Anchelinus.*

3. Il n'y a pas très longtemps qu'on s'est avisé de dire et d'écrire Beauchamps. Toutes les cartes de Picardie du dix-huitième siècle portent encore Beaucamp-le-Vieux ou Beaucamp-le-Jeune.

4. Campsart, canton d'Hornoy.

lepre norbo percuterer et fratres leprosarie de Quercu in eorumdem consorcio me ad ejusdem domus bonorum communicationem, precibus proborum virorum, caritative recepissent, dedi in perpetuam elemosinam et concessi fratribus dicte leprosarie decem jornalia terre mee site in territorio de Bello Campo etc...... Datum anno incarnati Domini M° CC° XXXV°, mense februarii.

Fol. 362 recto.

II

DON PAR JEAN DE BEAUCAMP DE DIX JOURNAUX DE TERRE AUX LÉPREUX DU QUESNE POUR L'AME DE SON FRÈRE MORT CHEZ EUX. — *1235, février* (*1236.)*

Noverint universi presentes et futuri quod ego Johannes de Bello Campo, filius et heres domini Alexandri de Camp Sehart, militis, assensu et consensu uxoris mee Johanne etc........, dedi et concessi in elemosinam perpetuam domui leprosarie de Quercu subtus Arguelum decem jornalia terre mee sita in territorio de Bello Campo [1] pro anima Achelmi [2], fratris mei primogeniti, qui, voluntate Dei, lepre morbo percussus, a fratribus dicte domus ibi quondam fuit receptus et confraternitati eorum et benefactis associatus et sepultus etc........ Actum anno Domini incarnationis M° CC° XXXV°, mense februarii.

Fol. 362 verso et 263 recto. — Deux copies dont j'ai combiné un peu les légères variantes.

Cet acte semble la confirmation du précédent. Le lépreux A. de Beaucamp avait dû mourir peu de jours après le don fait par lui.

1. *Belli Campi* dans l'une des copies.
2. Je lis aussi bien *Achelmi* sur l'une des copies que *Anchelini* sur l'autre. La première forme représenterait-elle Anselme, la seconde Ancelin ?

CXVI

PONT-DE-REMY

Lettres comment Enguerran, vicomte du Pont-de-Remy et segneur dudit lieu, confesse que son père le fist saisir (le mit en possession) par le comte de Pontieu de toute se terre quelque part qu'elle fust. Il acorda que sen dit père aroit se vie durant le moitié de le dite terre et le manage qui avoit été a son père, et qu'il lui garandiroit. — *1236, juillet.*

Ego Ingerrannus, vicecomes et dominus de Ponte Remigii, notum facio omnibus tam presentibus quam futuris quod, cum pater meus me fecerit saisiri de tota terra sua, ubicunque sit, a domino comite Pontivi Symone et domina comitissa, ego concessi, coram dictis comite, domino meo, et comitissa, quod pater meus medietatem tocius dicte terre, cum omnibus proventibus, exitibus, dominio et managio quod fuit patris sui extra villam Pontis Remigii sito, per totam vitam suam, quiete et pacifice tenebit et habebit sine servitio faciendo; et hec eidem patri meo teneor garandire et deservire pro eo quoad vixerit. Et concessi coram dictis comite et comitissa quod, si pater meus custus vel dampna incurreret, vel homines sui vel eorum res per deffectum meum, vel aliqua occasione ex parte mea, quod dicti comes et comitissa ad omnes res meas assignent .... et eas patri meo deliberent qui eas tenebit donec de omnibus custibus et dampnis ab ipso patre meo legitime probatis eidem satisfecerem; et deprecatus fui dictos comitem et comitissam quod super hec litteras suas patri meo traderent. In cujus rei testimonium presentes litteras meo sigillo roboratas eisdem comiti et comitisse tradidi. Actum anno Domini M° CC° tricesimo sexto, mense julio.

Fol. 221 recto.

CXVII

AUXY

Lettres comment Hue d'Auxy, chevalier, tenoit se fief d'Auxy de Simon, comte de Pontieu. — *Octobre, 1236.*

.... M° CC° XXX° VI°, die jovis festi sancti Dyonisii.
Fol. 111 verso.

CXVIII

LES LÉPREUX DU QUESNE

Guillaume Haterel, rappelant la vente faite par son père aux Lépreux du Quesne en 1216, la leur confirme avec quelques explications. — *1236, février (1237).*

Ego Willelmus Haterax universis presentem paginam inspecturis in Domino salutem. Noverit universitas vestra quod, sicut in cartula domini Hugonis Haterel[1] quondam patris mei vidi contineri, ipse Hugo, anno Domini M° CC° XVI°, vendidit fratribus leprosarie de Quercu medietatem[2] terragii totalis terre de Riemers[3] quam dicti fratres ab eodem Hugone, jure hereditario,

---

1. *Haterax, Haterel;* ces noms en français suivent la règle française du temps : Haterax au *nominatif;* Haterel au cas régime.

2. *Medietas, eadem notione qua Medietaria..... Medietaria, prædium quod colitur a colono partiario.....* — Du Cange.

3. Nom que nous avons lu Riomenez dans la charte de 1216 donnée par Hugue Haterelles. — C'est un nom mal transcrit évidemment.

possidebant, etc... que omnia ego Willelmus, dicti Hugonis heres existens, benigne concedo fratribus prenominatis, etc... Actum anno Domini M° CC° XXXVI°, mense februarii.

Fol. 363 recto.

CXIX

L'ABBAYE DE VALOIRES

SOMME A PRENDRE SUR LA VICOMTÉ DU CROTOY

LETTRE DU COMTE SIMON QUI ASSIGNE AU COUVENT DE VALLOILES SUR LE VICOMTÉ DU CROTOY DIX LIVRES DE RENTE ANNUELLE A PRENDRE A LA SAINT REMY, QUE SON PÈRE (c'est-à-dire le père de la comtesse), LE COMTE GUILLAUME, A LÉGUÉES A CE COUVENT, dum laboraret in extremis. — *Décembre, 1237.*

Ego Symon, comes Pontivi et Monstreoli, et Maria uxor mea, comitissa, notum facimus universis presentes litteras inspecturis quod nos decem libras parisienses quas pie memorie vir nobilis Willelmus, quondam comes Pontivi[1]..., dum laboraret in extremis, legavit abbati et conventui de Valoliis, assignavimus ad vicecomitatum du Crotoy[2], singulis annis, in festo Sancti Remigii, a dictis abbate et conventu de Valoliis in perpetuum[3] accipiendas, ad anniversarium suum singulis annis faciendum ; et preterea sciendum est quod nos, ad petitionem karissime filie nostre domine illustris regine Hyspanie et heredis nostre, dedimus et concessimus dictis abbati et conventui de Valolliis LX solidos parisienses ad dictum vicecomitatum de Crotoy[4], singulis annis imperpetuum, in festo sancti Remigii capiendos et in anniversario viri nobilis Willelmi, quondam

---

1. *Antecessor noster.* — Marquis Le Ver, d'après l'original.
2. *De Croteio.* — Id.
3. *Imperpetuum.* — Id.
4. *De Croteio.* — Id.

comitis pontivi, antecessoris nostri, quamdiu vixerit dicta regina, singulis annis ad[1] vinum conventui distribuendos. Post decessum vero dicte regine, dicti sexaginta solidi in anniversario suo, pro se et antecessoribus suis, in vinum dicto conventui distribuentur imperpetuum, singulis annis. Que ut omnia[2] inconcussa in posterum permaneant et illibata, presentes litteras super hiis confectas, dicto abbati et conventui de Valoliis tradidimus, sigillorum nostrorum munimine roboratas. Actum anno Domini M° CC° tricesimo VII°, mense decembri.

Fol. 139 recto et fol. 314 recto.

Le marquis Le Ver a eu la bonne fortune de copier cette charte le 16 avril 1810 (il aimait à dater) sur l'original en parchemin qui était alors, intact mais privé du sceau, en la possession de M. Delignières de Bommy. Sa copie me fournit les rectifications reportées au bas de cette page.

« *Cette charte, dit M. Le Ver, est la plus ancienne que j'aie vue qui fasse mention du mariage de Jeanne comtesse de Ponthieu.* »

CXX

MAINTENAY[3]

VILLERS[4] — *FRESNES*[5]

LETTRES COMMENT LE COMTE DE PONTIEU DONNA ET QUITTA AU PRIEUR DE MENTENAY TOUT LE DROIT VICOMTIER A VILLERS ET A FRAISNES, EXCEPTÉ MURDRE, LARRECHIN, RAPT, ETC. 1237.

Quum labencium temporum cursus ea que geruntur non servat contra oblivionis incommodum, providendum est remedio scripturarum ne con-

---

1. *In vinum.* — Id.
2. *Que omnia ut.* Id.
3. Maintenay dans le Pas-de-Calais.
4. Villers, canton de Rue.
5. Fresnes de la commune de Nampont dans le canton de Rue.

tent[iones], concordia vel judicio terminate, ...[1]
relabantur. Huic est quod ego Symon, comes Pontivi et Monstreoli, et Maria, uxor mea, notum facimus universis presentes et futuris[2] quod, cum nos, ex una parte, et prior beate Marie de Menthenio, nomine abbatis et conventus Majoris Monasterii Turonensis, ex altera, invicem contenderimus super mariscis, pascuis, nemoribus, hospitibus, terris et redditibus, in dominio de Vilers et de Fraisnes super Alteyam contentis, tandem, de consilio bonorum vivorum et fide dignorum, convenimus in hunc modum : Ego Symon, comes Pontivi et Monstreoli, et Maria, uxor mea, comitissa, ac heredes nostri, donavimus et in perpetuum quittavimus priori beate Marie de Menthenayo, nomine abbatis et conventus Majoris Monasterii Turonensis, vicecomitatum, dominium et omnia alia jura, preter raptum, scatum[3] et murdrum, que habebamus in mariscis, pascuis, nemoribus, terris et redditibus in dominio de Vilers et de Fraines super Alteyam contentis, super quibus nos et ipsi contendebamus, et propter hujusmodi jurium nostrorum concessionem, abbates et conventus predicti michi et uxori mee ac heredibus nostris concesserunt medietatem mariscorum, tam turbablium[4] quam non turbablium, in dominio de Vilers et de Fraisnes contentorum ad eosdem pertinentium; propter quam concessionem ego et uxor mea ac heredes nostri tenemur eis tandam[5] garandiam seu deffensionem exibere de rebus omnibus dictorum abbatis et conventus in nostro comitatu contentis quam exhiberemus in nostris propriis rebus contra omnes qui venire voluerint ad jus et legem, confirmans...... (?) in nostra protectione, tanquam proprias res nostras, recepimus omnes proprietates seu possessiones

1. Mots que je ne peux lire.

2. Ces mots *presentes et futuris* montrent combien la lettre a été mal transcrite dans le cartulaire par le copiste du commencement du xive siècle.

3. *Scatus*, mot rarement employé pour vol sans doute et que l'on rencontre dans la charte de 1203, de l'abbé de Saint-Josse-sur-Mer, Florent, *(Gallia christiana, t. X, col. 335-338)* : *Et notandum quod comes Monsteroli et Pontivi extra villam beati Jodoci per totum comitatum prædictæ ecclesiæ debet habere assultum et murdrum, scatum et ratum (raptum), scilicet violentiam mulieris vi oppressæ, etc.* — Du Cange, sous ce mot *scatus*, dit : il semble..... *videtur usurpari pro furto*, et il renvoie au mot *scach* où nous lisons : *scach, scachus, latrocinium, vox germanica, etc.* Suivent quelques exemples de l'emploi du mot.

4. Pour *turbabilium* sans doute dans ce latin barbare, *tourbables*.

5. Je lis *tandam*, mais il faut comprendre *tantam* ou *eamdem*.

necnon omnia alia bona eorum que jure elemosinario vel aliquo quomodo (*sic*) in comitatu nostro specialiter dicti Abbates et conventus obtinent et obtinere poterunt in futurum. Nec pretermittendum est quod totum mariscum turbabilem in dominio de Vilers et de Fraines super Alteyam contentum, ad eosdem abbatem et conventum pertinentem, ego et uxor mea ac heredes nostri, cum potuerit turbari, vocato ut decet priore de Menthenayo qui pro tempore fuerit ibidem, et ejus assensu et consilio requisito, eodem priore consensum in hoc adhibente, dictum mariscum vendemus et medietatem pecunie, terminis solutionis assignatis, dicto priori reddemus; verumtamen si, a tempore venditionis de dicto marisco facta (*pour* facte *qu'appelle* venditionis) ad me vel heredes meos, ut est superius expressum, intra quindecim dies aut (?) in (?) statu (?) prioris seu nostro veniat aliquis et offerat de dicto marisco, prima venditione penitus adnullata, semper plus offerenti dabitur sepedictus mariscus et medietatem precii legitime venditionis hujusmodi dicto priori, qui pro tempore ibidem morabitur, nichilominus reddemus, conditione seu occasione qualibet non obstante. De dicto autem marisco non turbabili, fiet divisio per portiones equales inter nos et dictum priorem. Ita quod de portione que nos continget nichil cedet in usus dicti prioris, nec de portione sepedicti prioris quid contra cedet in usus nostros, et nos idem prior[1] totam voluntatem nostram de portionibus nostris libere faciemus. Et ut hec rata et inconcussa perpetuis temporibus permaneant, presentes litteras sigillorum nostrorum munimine dignum duximus roborandas. Actum anno domini M° CC° triscesimo VII°.

Fol. 270 recto.

Il n'y a malheureusement que cette copie dans le cartulaire. On ne peut la corriger par une autre.

---

1. Bien que cela semble insolite, le comte cède ici la parole au prieur lui-même.

CXXI

ABBEVILLE

Lettres (du comte et de la comtesse de Ponthieu) comment l'afforement du vin est au segneur de Pontieu et a le ville (d'Abbeville). — *août, 1237*.

Ce sommaire est très incomplet[1]. *En cette lettre sont réglées des attributions de justice entre le comte et la ville et déterminées des procédures.*

Universis presentes litteras inspecturis, Simon, comes Pontivi et Monsteroli, et Maria etc. . . . .
Actum etc. M° CC° tricesimo septimo, mense augusto.

Fol. 16 verso et fol. 151 verso.

Cette lettre a été publiée, plus complète même et d'après l'original, par Aug. Thierry qui en a donné un très bon commentaire. — Documents inédits, t. IV, p. 27.

La lettre n'est pas indifférente pour la topographie abbevilloise. Le comte est amené pour la constation des droits en question à mentionner le bourg de la ville, c'est-à-dire le centre actuel entre les quatre anciennes portes : quadam terra sita in burgo Abbatisville ubi stalla carnificum esse solebant, a furno Sancti Walerici[2] usque ad puteum[3]. — *Ne retrouvons-nous pas ici notre rue de la Boucherie aujourd'hui*

---

1. Le sommaire d'une seconde copie l'est aussi : Lettres d'un accord du comte de Pontieu et de le ville d'Abbeville pour une pièce de terre au bourc d'icelle ville. Thierry donne simplement et plus justement pour titre : Accord entre Simon etc. et la commune d'Abbeville.

2. C'est la première fois que nous rencontrons ce four dit de Saint-Valery.

3. Un puits public évidemment.

désertée par les bouchers, à moins qu'il ne s'agisse d'une rue déjà abandonnée par eux comme le donne à soupçonner le verbe solebant *dont le temps implique souvenir? Le comte semble bien désigner aussi notre grande rue du faubourg du Bois, encore simple chemin sans habitation sans doute, dans ces mots :* quadam pecheia terre sita juxta nemus Abbatisville in via Sancti Richarii, etc. *En l'accord intervenu le comte et la comtesse paraissent s'être montrés conciliants.*

CXXII

LES RELIGIEUSES D'ÉPAGNE

HARENGS A PRENDRE SUR LA VICOMTÉ DE RUE

Lettres (du comte Simon et de la comtesse Marie) comment les religieuses d'Espaigne ont, cascun an, quatre milliers de herengs, a le saint Andrieu, a prendre sur le vicomté de Rue. — *Aoust, 1237.*

Ego Symon, comes Pontivi et Monstreoli, et ego Maria, comitissa dicte terre, notum facimus presentibus et futuris quod nos ad instanciam et petitionem dilectissime primogenite nostre, J. Dei gratia regine Yspanie et Castelle, in puram elemosinam dedimus in perpetuum conventui beate Marie de Yspania quatuor millaria alectium recipiendorum annuatim ad vicecomitatum nostrum de Rua, in festo sancti Andree apostoli, quicumque dictum vicecomitatum meum teneat. In cujus rei testimonium presentes litteras sigillorum nostrorum fecimus roborari. Actum anno Domini M° CC° XXX° septimo, mense augusto.

Fol. 286 verso.

La grande quantité de harengs que les comtes donnent sur la vicomté de Rue prouve, ou l'importance de la pêche par les bateaux de Rue, ou l'importance industrielle de l'encaquement en cette ville.

CXXIII

ABBEVILLE

SOMME A PRENDRE SUR LA VICOMTÉ D'ABBEVILLE

Lettre comment le comte et le comtesse de Pontieu (Simon et Marie) confessent avoir donné a sire Guiffroy de le Capelle, chevalier, trente livres tournois de rente a prendre, cascun an, a le vicomté d'Abbeville, au jour de le candelier (la Chandeleur) jusques a tant que aultre assignation souffisante luy sera faite et par si qu'il doibt estre homme lige dudit comte pour lesd. trente livres. — *1237, octobre.*

Noverint universi presentes pariter et futuri quod Symon, comes Pontivi et Monstreoli, et comitissa, uxor mea, dedimus, concessimus, et hac presenti carta nostra confirmavimus, domino Galfrido de Capella[1], militi, filio domini Galfridi de Capella, triginta libras turonensium annui redditus recipiendas in vicecomitatu nostro Abbatisville per manum vicecomitis nostri ejusdem ville, ad Purificationem beate Virginis Marie, tenendas et habendas a nobis et heredibus nostris, sibi et heredibus suis libere, pacifice, quiete et hereditarie ; quotiesque predictas triginta libras turonenses annui redditus dicto Galfrido et heredibus suis assignaverimus in terris nostris vel redditibus aliis vel in alio loco competenti et hoc dicto Galfrido et heredibus....... (?), et habendum est quod predicti Galfridus et heredes sui tenentur nobis et heredibus nostris ligium homagium facere et fidelitatem et fideliter servire, salvis ligiis homagiis et fidelitatibus aliis. Insuper dictus Galfridus et heredes sui nobis et heredibus

---

1. Bien des lieux s'appellent la Capelle ou la Chapelle.

nostris tenentur servicium facere et redderre ad usus consuetudines Pontivi, et, ut hec rata et inconcussa permaneant in posterum, presentem paginam sigillorum nostrorum munimine duximus roborandam. Actum anno domini M° CC° XXX° VII°, mense octobri.

Fol. 117 recto et fol. 243 recto.

CXXIV

LE CROTOY

SOMME A PRENDRE SUR LA VICOMTÉ POUR L'OBIT DU COMTE GUILLAUME A VALLOIRES

Lettres comment l'abbé et couvent de Valoiles ont, cascun an, au jour saint Remy, soixante sols parisis a le vicomté du Crotoy (ad vicecomitatum du Crotoi) pour l'obit du comte Guillaume. — *1237, au mois de décembre.*

Ego Symon, comes Pontivi et Monsteroli, et Maria, uxor mea, comitissa, notum facimus universis presentes litteras inspecturis quod nos decem libras parisienses, quas pie memorie vir nobilis Willelmus quondam comes, dum laboraret in extremis, legavit abbati et conventui de Valoliis, assignavimus ad vicecomitatum du Crotoy, singulis annis, in festo sancti Remigii, a dictis abbate et conventu de Valoliis in perpetuum accipiendas, ad anniversarium suum singulis annis faciendum; et preterea sciendum est quod nos, ad petitionem karissime filie nostre domine illustris regine Hyspanie et heredis nostre, dedimus et concessimus dictis abbati et conventui de Valoliis LX solidos parisienses ad dictum vicecomitatum de Crotoy singulis annis imperpetuum in festo sancti Remigii capiendos et in anniversario viri nobilis Willelmi quondam comitis Pontivi, antecessoris nostri, quamdiu vixerit dicta regina, singulis annis ad vinum conventui distribuendos. Post decessum vero dicte regine, dicti sexaginta solidi in anniversario suo, pro se et antecessoribus suis, in vinum dicto conventui distribuentur imperpetuum, singulis annis. [Ut hec] omnia inconcussa in posterum permaneant et illibata, presentes litteras super hiis confectas dicto abbati et conventui de Valoliis tradidimus, sigillorum nostrorum munimine roboratas. Actum anno Domini M° CC° tricesimo VII°, mense decembris.

Fol. 139 recto et fol. 314 recto.

CXXV

JEANNE DE PONTHIEU REINE DE CASTILLE

CONVENTIONS MATRIMONIALES ENTRE LE ROI DE CASTILLE ET JEANNE DE PONTHIEU

Lettres de Louis roi de France faisant connaitre des lettres du roi de Castille.

La lettre du roi de Castille est datée de Burgos le dernier jour d'octobre 1237. Elle règle la question de la jouissance du comté au cas du décès de la comtesse Marie. La lettre du roi de France qui approuve et précise les conditions est datée de Melun, janvier 1237, c'est-à-dire 1238. — Après le mariage de Jeanne comme cela ressort d'ailleurs des termes du vidimus.

Ludovicus, Dei gracia Francorum rex, notum facimus quod nos litteras carissimi consanguinei nostri Ferrandi, illustris regis Castelle et Toleti, Legionis

et Galicie, recepimus in hec verba : « Karissimo consanguineo suo Ludovico, Dei gracia illustri regi Francorum, Ferrandus, eadem rex Castelle et Toleti, Legionis et Galicie et Cordube, salutem et vere dilectionis affectum. Dilectionem vestram, de qua monbitatam[1] obtinemus fiduciam, rogandam instanter duximus quatenus amoris nostri gracia concedatis..... (?), confirmando litteris conventionem quam nos et karissima uxor nostra, donna Johanna, illustris regina, cum dilecto socero nostro, nobili comite Pontivi, super comitatu fecimus, sicut in nostris patet litteris super hoc concessis ; videlicet quod, si accideret comitissam socrum nostram, uxorem suam, decedere, ipso vivente, non obstantibus heredibus nostris, in vita sua, salvo jure uxoris nostre et heredum nostrorum, teneat comitatum. Facta apud Burg..., ultima die octobris, anno Domini M° CC° tricesimo septimo............................
.... » Predicta etiam Johanna regina, dum tractaretur de matrimonio contrahendo inter ipsam et regem Castelle predictum, coram nobis concessit et nos requisivit ut jam dicto comiti patri suo nostras daremus litteras, quod videlicet si comitissam matrem suam, ipso comite vivente, decedere contingeret, idem comes dictum comitatum Pontivi teneret toto tempore vite sue. Nos vero formam conventionis, sicut superius est expressa, presentibus litteris testificamur. Actum apud Melodunum, anno Domini M° CC° tricesimo septimo, mense januarii.

Fol. 365 verso.

Cette lettre doit être celle que conservent les archives d'Abbeville, série AA, n° 7. Lettre de saint Louis faisant connaître qu'il a été prié par le roi de Castille et de Léon de confirmer la convention intervenue entre lui et son beau-père le comte de Ponthieu, pour la possession du comté. Deux pièces parchemin avec la ratification de cette convention.

---

1. Je ne peux lire que cela, mais le copiste a, je pense, mal reproduit le mot qui doit être *indubitatam* ou *non dubitatam*.

CXXVI

MAINTENAY[1] — VILLEROY[2]

LETTRES COMMENT GUILLAUME, SEGNEUR DE MENTENAY, ACCORDE AUX MAIRE ET ESCHEVINS DE VILLEROYE L'ASSIGNATION DE CENT DIX LIVRES A PRENDRE SUR LE FIEF QU'IL TIENT[3] DU COMTE DE PONTIEU, LEQUELLE ASSIGNATION LEUR FIST WILLAUME DE VILLEROYE, NEPVEU DUDIT WILLAUME, ET AULTRES DROIS TOUCHANS LE COMTE DE PONTIEU. — *1237, au mois de mars (avant Pâques 1238).*

Ego Willelmus, miles, dominus de Mentenay, notum facio etc........ quod ego assignamentum factum majori et scabinis de Villa Regia a Willelmo de Villa Regia, nepoti meo, ad totum feodum suum (lacune) quem[4] a viro nobili comite Pontivi et Monstreoli tenet etc..... presentibus litteris sigillum meum apposui ad instanciam nepotis mei prenominati, quod sigillum proprium non habebat ad presens. Datum anno Domini M° CC° XXX° VII°, mense marcio, die sabbati ante Ramos palmarum.

Fol. 227 verso.

---

1. Maintenay dans le Pas-de-Calais.
2. Villeroy, de la commune de Vitz, canton de Crécy.
3. Ce sommaire n'est pas exact. C'est Guillaume de Villeroye qui a fait l'assignation sur un fief qu'il tient du comte de Ponthieu.
4. *Feodum*, masculin, pour *feudum*, neutre.

CXXVII

LES LÉPREUX DU QUESNE

Don par Jean de Beauchamp aux Lépreux du Quesne de dix journaux de terre au terroir de Beauchamp. — *1238, mai.*

C'est la répétition en termes à peu près identiques de la donation faite en février 1235 (1236). — V. plus haut.

Noverint universi etc.... quod ego Johannes de Bello Compo etc..... Actum anno Verbi incarnati M° CC° XXXVIII°, mense maii.
Fol. 363 verso.

Cette lettre est ainsi la confirmation de celle de février 1235 (1236). — Jean de Beaucamp s'y dit encore filius et heres domini Alexandri de Campsehart, militis. Assensu, *poursuit-il,* et consensu uxoris mee Johanne et amicorum meorum carnalium, dedi in elemosinam fratribus leprosarie de Quercu subtus Arguelum decem jornalia sita in territorio Belli Campi, pro anima Anchelmi fratris mei primogeniti, qui, voluntate Dei, morbo lepre percussus etc.....

CXXVIII

LE TITRE

LE BOIS DE LA VAQUERIE

Lettre de don fait par le seigneur de Long du bos de bos de le Vacquerie proche le Tritre. — *1238, juin.*

Cette lettre est assez curieuse pour la topographie des environs du Titre.

Je Alyaumes de Fontaine, chevaliers, sires de Long, fais savoir etc. que je, del assentement et du greant Mar' (Marie) me femme, ai donné et octrié à men tres chier oncle, mons. H. de Vi, chevalier, pour sen service, xxi journel de bos avoeches le fons de le tere qui est apeles le bos de le Vaquerie, assis el teroir du Tristre, encosté le bos des malades du Val Bordel et encosté le voie qui va d'Abbevile a Rue et, se plus y avoit de bos en chu lieu, il est siens avoeques l'autre à chelui Henri et à ses hoirs à avoir à tout jours quite et empais (en paix) de mi et de mes hoirs, à chelui Henri et à ses hoirs à tenir quitement par serviche de venir III fois en l'an à mes plais au Tristre, s'il en ara esté semons, et par v s. de parisis de relief et par v s. de droites aiues[1] quant eles eskesront. Adechertes le don dessus dit fait audit Henri et à ses hoirs sui je tenus à warandir, tant comme sires, contre tous chieus qui à droit et à loy vaurroient appoir (apparoir ?); adechertes je et me femme devant dite avons creanté que au devantdit bos, excepté le serviche

---

1. *Aiues* ou *ajues*, aides (en italien *ajuto*). Dans la lettre de 1275, de Witasse de Fontaines, pour le fief qui fut Thumas le Prevost (au Tristre ou à Sailly-le-Sec), on lit le mot droites *aieues*.

de relief et les aiues devantdites, nule cose dore en avant ne y reclamerons ne ne querrons art ne engien, matere ne cause seur che, de molester ledit Henri ne ses hoirs. Et a che que toutes ches coses dessus dites remaignent fermes nous y avons obligié tous nos hoirs et avons seelé et warni cheste presente chartre de nos seaus, faite en l'an de grace M. CC et XXXVIII, el moys de juing.

Fol. 93 verso et fol. 392 recto.

CXXIX

LES LÉPREUX DU QUESNE

Les deux lettres suivantes de la même date constatent un même don.

I

Don par Pierre de Saint-Albin aux Lépreux du Quesne (d'une pièce de terre d'un journal environ au terroir de Saint-Aubin). — *1238, avril.*

Noverint universi presentes litteras inspecturi ad quos littere presentes oblate fuerint quod Petrus, dictus Prepositus, de Sancto Albino[1], filius quondam Ade Porion, etc... unam peciam terre, circiter unius jugeris, site in territorio de Sancto Albino, au Chastelet[2], etc... dicte pauperi domui leprosarie de Quercu

1. Saint-Aubin-Rivière.
2. Nous avons déjà rencontré ce nom sous la forme *Castelulum* dans une pièce concernant le Quesne.

in elemosinam contulit imperpetuum possidendam etc... Actum anno Domini M° CC° XXXVIII°, mense aprili.

Fol. 364 verso.

II

LETTRE DU DOYEN D'AIRAINES

Don (d'une pièce de terre d'un journal environ) PAR PIERRE DE SAINT-ALBIN AUX LÉPREUX DU QUESNE. — *1238, avril.*

I[1], decanus de Harenis, universis ad quos littere presentes oblate fuerint in Domino salutem. — Noverit universitas vestra quod Petrus, dictus de Sancto Albino, prepositus, in presencia nostra, quandam peciam terre, circiter unius jornalis terre site in territorio de Sancto Albino, supra Vallem Segaut[2], etc... domui fratrum pauperum leprosorie de Quercu subtus Arguelem in elemosinam contulit imperpetuum possidendam etc... Actum anno Domini M° CC° XXXVIII°, mense aprili.

Fol. 364 recto.

1. Le nom n'est représenté que par cette initiale.
2. Le Val Segaut, lieu-dit qu'il faudrait chercher aux environs de Saint-Aubin.

CXXX

ENGAGEMENT DU COMTE DE PONTHIEU ET DE LA COMTESSE DE DREUX PAR DEVANT LE ROI DE FRANCE

Lettres comment le comte de Pontieu et le comtesse de Dreues promirent par devant le roy de Franche et son conseil a tenir ce qu'il seroit appointié du descors dudit comte et de ladite comtesse. — *1238, octobre.*

Hec est forma pacis habite et tractate etc... M° CC° XXXVIII°, mense octobri. *Fol. 207 verso et fol. 399 recto.*

Publié par M. Teulet, Trésor des chartes, t. II, p. 393. — *M. Teulet corrige* octobri *en* novembri. — *Notre cartulaire porte :*

Datum Par' in crastino beati Martini hyemalis, anno Domini M° CC° XXXVIII°. mense octobr.

CXXXI

LE CROTOY

RENTE A PRENDRE SUR LA VICOMTÉ

Lettre de Simon comte de Pontieu qui acorde a Bernard d'Amiens, chevalier, soixante livres de rente annuelle a prendre sur le vicomté du Crotoy. — *1239, au mois de juillet.*

La donation reviendra aux donateurs si Bernard d'Amiens meurt sans héritier légitime de sa chair, sauf que sa veuve en gardera viagèrement la moitié.

Ego Symon, comes Pontivi et Monstreoli, et ego Maria, uxor ejus, notum facimus universis presentem paginam inspecturis quod nos dilectissimo consanguineo nostro domino Bernardo de Ambianis, militi, domino de Stratis[1], dedimus et concessimus LX libras parisienses annui redditus, singulis annis, in vicecomitatu nostro du Crotoy, duobus terminis, videlicet in Pascha XXX lib., et in festo Omnium Sanctorum totidem, sibi et heredibus de carne sua propria et matrimonio legitimo, percipiendas, et de hiis assignamentum fecimus eidem ad dictum vicecomitatum nostrum pro servitio suo et homagio quod nobis fecit contra omnes homines, excepto Johanne de Ambianis nepote suo. Quod si dictum Bernardum ejus uxor supervixerit, XXX libras annuatim in dicto comitatu nostro nomine dotis percipiet, terminis prenotatis, videlicet in Pascha XV lib. et totidem in festo Omnium Sanctorum. Hoc autem non est pretermittendum quod, si dictus Bernardus heredem de carne propria legitimum et uxore sua legitima geniterit, dictus heres et ejus heredes dictas LX libras in feodum et homagium ligium de nobis et heredibus nostris hereditarie possidebunt. Si vero dictus Bernardus heredem non habuerit de uxore legitima, totum ad nos et ad heredes nostros revertetur, excepto quod ejus uxor, quamdiu vixerit, XXX libras, sicut predictum est, pro dotaliis possidebit. Preterea, si dicta pecunia, terminis assignatis, ab eo qui vicecomitatum nostrum predictum tenebit non fuerit persoluta, nos illis tenemur ad plenum dictam pecuniam facere intus venire et ad hec fideliter et firmiter tenenda et observanda nos et heredes nostros obligamus. In cujus rei testimonium presentes litteras memorato Bernardo sigillorum nostrorum munimine tradidimus roboratas. Actum anno Domini M° CC° tricesimo nono, mense julio.

Fol. 138 verso.

1. D'Estrées.

CXXXII

BRAILLY

UN HOMMAGE DE GUY DE VAUDRICOURT

Lettre comment le comte de Pontieu donna a Guy de Waudricourt le manage que ledit comte avoit a Brailly[1] pour une paire d'esperons dorés, cascun an. — *1239, août.*

Simon, comes Pontivi, et Monstreoli et Maria, uxor ejus, presentem paginam inspecturis salutem in Domino. Noverint universi tam presentes quam futuri quod nos dedimus et concessimus dilecto nostro Guidoni de Waudricourt, sibi et heredibus suis, totum managium quod fuit Guidonis Gambart, situm apud Brally, jure hereditario, quiete et pacifice, imperpetuum possidendum, habendum et tenendum de nobis et heredibus nostris libere, per unum par callecarum deauratorum de servicio (?), singulis annis, in festo sancti Remigii, reddendum, et totidem de relevamine et totidem de nostris auxiliis quum acciderit. Et ut hoc etc...... Actum anno Domini M° CC° XXX° IX°, mense augusto.

Fol. 109 recto.

Cette charte est, dans le terrier, la dernière du comte Simon dont la fin est proche.

1. *Apud* Brally dans le texte.

CXXXIII

POUR L'OBIT DU COMTE SIMON

SOMME A PRENDRE SUR LA VICOMTÉ DE RUE

Lettres (de la comtesse Marie) comment l'église de Boulogne prent, cascun an, vingt sols parisis au jour de le nostre Dame my aoust, pour l'obit Simon comte de Pontieu, a prendre sur le vicomté de Rue. — *1239, octobre.*

Le comte Simon était mort le 17 ou le 21 septembre 1239.

Ego Maria, comitissa Pontivi et Monstreoli, omnibus presentes litteras inspecturis notum facio quod vir nobilis Symon, comes Pontivi et Monstreoli, dilectus maritus meus, ad obitum suum, dum adhuc in sua bona memoria permaneret, pro anniversario suo, singulis annis faciendo in festo beati Mathei evangeliste, pro remedio anime sue, concessit et legavit ecclesie beate Marie de Bolonia xx solidos capiendos annuatim ad vicecomitatum meum de Rua, ad festum Assumptionis beate Marie virginis. Et ego, tanquam domina et rectus heres, de voluntate mea, et eciam ad petitionem comitis mariti mei karissimi, dicte ecclesie, pro dictis xx solidis parisiensibus ad vicecomitatum meum de Rua, sicut superius est expressum [1], ad dictam Assumptionem capiendos imperpetuum et habendos. In cujus rei testimonium presentes litteras sigilli appositione roboravi. Datum anno Dei M° CC° nono [2], mense octobri. Nos vero,

---

1. Quelques mots manquent évidemment ici qui justifieraient plus loin l'accusatif *capiendos*.
2. Une note en marge d'écriture moderne dit : il y a sûrement ici erreur de date.

officialis Morinensis[1] predictus, in testimonium premissorum presentium litterarum, sigillum curie Morinensis[2] presenti transcripto duximus apponendum. Datum anno et die predicta[3].

Fol. 287 verso.

Cette lettre vient dans le cartulaire après une autre de l'official de Thérouenne donnée en 1279. Elle n'est qu'un vidimus de cet official.

CXXXIV

L'ABBAYE DE SERY

CENS A PRENDRE AU TRANSLAY POUR L'OBIT DU COMTE SIMON

Lettres comment le comte de Pontieu Simon donna vingt sols de cens aux religieulx de Sery pour son obit qu'on fait en ledite église a le saint Mahieu et se prendent au Tranleel au jour saint Remy. — *Octobre, 1239.*

Ego Maria, comitissa Pontivi et Monstreoli, universis presentes litteras inspecturis notum facio quod vir nobilis Simon, comes Pontivi et Monstreoli, quondam maritus meus dilectus, ad obitum suum, cum adhuc viveret, et in sua bona memoria permaneret[4], pro anniversario suo, singulis annis faciendo

---

1. De Thérouenne.
2. Du pays, de l'évêché des Morins, de Thérouenne.
3. L'an et jour du *vidimus*, c'est-à-dire probablement dans les vigiles de la Toussaint 1279.
4. Formules toujours à peu près semblables dans ces nombreuses fondations de la comtesse, qui, si elles ne sont pas du même jour, sont presque toutes du même mois.

in festo beati Mathei ewangeliste, et pro remedio anime sue, concessit et legavit ecclesie beate Marie de Seri viginti solidos parisienses ad census meos du Tranleel, annuatim, in festo beati Remigii capiendos. Ego autem, tanquam domina et heres, de voluntate mea, et etiam ad petitionem dicti comitis mariti mei karissimi, assignavi dicte ecclesie predictos xx solidos sicut superius est expressum, Et, ut hoc ratum et firmum permaneat, presentem cartem sigilli mei munimine volui roborari. Actum anno Domini M° CC° XXX° nono, mense octobri.

Fol. 162 verso et fol. 240 recto.

CXXXV

ABBEVILLE

L'OBIT DU COMTE SIMON A SAINT-VULFRAN

Lettres pour saint Oulfran comment il prendent au jour saint Remy soixante sols parisis pour l'obit du comte Simon. — *Octobre, 1239.*

Ego Maria, comitissa Pontivi et Monstreoli, universis presentes litteras inspecturis notum facio quod vir nobilis Symon, comes Pontivi et Monstreoli, dilectus maritus meus, ad obitum suum, dum adhuc in sua bona memoria permaneret, pro anniversario suo singulis annis faciendo in festo beati Mathei evangeliste, pro remedio anime sue, concessit et legavit ecclesie beati Wlfranni de Abbatisvilla LX solidos parisienses ad vicecomitatum meum de Abbatisvilla, annuatim, in festo beati Remigii capiendos. Ego autem, tanquam domina et heres, de bona voluntate mea, et ad petitionem predicti comitis mariti mei karissimi, legavi predictos LX solidos, sicut superius est expressum, singulis annis capiendos. In cujus rei testimonium presentes litteras sigilli mei munimine roboratas eidem ecclesie tradidi. Actum anno Domini M° CC° tricesimo[1], mense octobris.

Fol. 105 recto et fol. 233 verso.

CXXXVI

RUE

L'OBIT DU COMTE SIMON DANS LA MALADRERIE DE RUE

Lettres comment le maladrerie de Rue[2] prend, cascun an, a le saint Mahieu, xx sols a le vicomté de Rue pour l'obit de Simon comte de Pontieu. — 1239.

Ego Maria, comitissa Pontivi et Monstreoli, presentes litteras inspecturis notum facio quod vir nobilis Symon, quondam comes Pontivi et Monstreoli, dilectus maritus meus, ad obitum suum, pro anniversario suo, singulis annis in festo beati Mathei ewangeliste faciendo, pro remedio anime sue, concessit et legavit leprosis de Alneto[3] Rue xx solidos parisienses ad vicecomitatum meum de Rua, in festo sancti Remigii capiendos. Ego autem, tanquam domina, de voluntate mea et eciam ad petitionem mariti mei karissimi, assignavi dictos xx solidos sicut superius est expressum. In cujus rei testimonium predictis leprosis tradidi litteras meas sigillo meo roboratas. Actum anno Domini M° CC° XXX° nono, mense octobri.

Fol. 283 recto.

1. Le copiste du quinzième siècle a omis le mot *nono*.
2. Dite de Lannoy.
3. *Alnetum*, Lannoy. — Lieu couvert d'aulnes, l'aulnoie, l'aunoie, l'annoy. — Ce nom est bien un dérivé latin, *aulnée*, *aulnette*, etc., retraduit *alnetum* dans les chartes.

24

CXXXVII

RUE

L'OBIT DU COMTE SIMON DANS L'ÉGLISE DE SAINT-VULPHI DE RUE

LETTRES COMMENT L'ÉGLISE DE RUE SAINT WLFI PREND CASCUN AN VINGT SOLS A LE FESTE SAINT REMY SUR LE VICOMTÉ DE RUE POUR L'OBIT SIMON COMTE DE PONTIEU. — *1239, octobre.*

Ego Maria, comitissa Pontivi etc............, notum facio quod vir nobilis Symon, quondam comes Pontivi et Monstreoli, dilectus maritus meus, ad obitum suum, pro anniversario suo, singulis annis, in festo beati Mathei evangeliste faciendo, pro remedio anime sue, concessit et legavit ecclesie beati UUflagii[1] de Rua xx^s par. in vicecomitatum meum de Rua in festo sancti Remigii. Ego autem, tanquam domina, de voluntate mea, et eciam ad petitionem predicti mariti mei karissimi, assignavi predictos xx^s sicut superius est expressum. In cujus rei testimonium, predicte ecclesie tradidi litteras meas sigillo meo roboratas. Actum anno Domini millesimo cc° xxx° nono, mense octobri.

Fol. 286 recto.

1. Vulphy, patron de Rue, né à Rue même; saint local, peu connu hors de Rue, et qui ne figure pas dans toutes les hagiographies.

CXXXVIII

RUE

L'OBIT DU COMTE SIMON DANS L'HOPITAL DE RUE

Lettres comment les povres de l'ospital de Rue ont, cascun an, a le saint Remy dix sols sur le vicomté de Rue pour l'obit Simon comte de Pontieu. — *1239, octobre.*

Ego Maria, comitissa Pontivi, etc.............., notum facio quod vir nobilis Symon, quondam comes Pontivi et Monstreoli, dilectus maritus meus, ad obitum suum, in distributione facienda singulis annis, in festo beati Mathei evangeliste, pro remedio anime sue, concessit et legavit pauperibus hospitalis de Rua x^s parisienses ad vicecomitatum meum de Rua, in festo sancti Remigii capiendos. Ego autem, domina, de voluntate mea, et eciam ad petitionem predicti comitis mariti mei karissimi, assignavi predictos x^s sicut superius est expressum. In cujus rei testimonium, predicto hospitali tradidi litteras meas sigillo meo confirmatas. Actum anno Domini M° CC° XXX° IX°, mense octobri.

Fol. 286 recto.

CXXXIX

LE CROTOY

SOMME A PRENDRE SUR LA VICOMTÉ

Lettres de dix livres parisis pour une capelle a Saint-Leu d'Esserans (ou Esserens) lesquelles on prent a le vicomté du Crotoy. — *1239, au mois d'octobre.*

La comtesse Marie reconnaît que son mari Simon a concédé à l'église de Saint-Leu une « capellenie de dix livres parisis à prendre à la Saint-Remy sur la vicomté du Crotoy. » — *Autre sommaire.*

Ego Maria, comitissa Pontivi et Monsteroli, universis etc............, notum facio quod vir nobilis Symon, quondam comes Pontivi et Monsteroli, constituit et concessit ecclesie beati Luppi de Esserans unam capellaniam de decem libris parisiensibus ad vicecomitatum meum de Crotoy assignatis, singulis annis, in festo beati Remigii, pro remedio anime sue et mee, capiendis. Ego autem, tanquam domina, de bona voluntate mea, et etiam ad petitionem predicti mariti karissimi, hanc assignationem et concessionem volui et concessi et predictas decem libras ad dictum vicecomitatum meum, sicut superius est expressum, assignavi. In cujus rei testimonium presentes litteras sigilli mei munimine roboratas eidem ecclesie tradidi. Actum anno Domini M° CC° tricesimo nono, mense decembri.

Fol. 139 recto et fol. 404 verso.

CXL

ABBEVILLE

L'OBIT DU COMTE SIMON DANS LA LÉPROSERIE DU VAL D'ABBEVILLE

Lettres comment le maison du Val d'Abbeville prent vingt sols cascun an a le saint Remy a le vicomté d'Abbeville [1] pour l'obit Simon comte de Pontieu. — *1239, au mois de décembre.*

Ego Maria, comitissa Pontivi et Monstreoli, universis presentes litteras inspecturis notum facio quod vir nobilis Symon, quondam comes Pontivi et Monstreoli, dilectus maritus [2], dum adhuc in sua bona permaneret memoria, pro anniversario suo in festo sancti Mathei evangeliste faciendo, pro remedio anime sue, concessit et legavit domui leprosorum Abbatisville vinginti *(sic)* solidos parisienses ad vicecomitatum meum de Abbatisvilla, annuatim, in festo beati Remigii capiendos. Ego autem, tanquam domina et heres, de voluntate mea, et etiam ad petitionem dicti comitis mariti mei, assignavi predictos vinginti solidos, capiendos sicut superius est expressum. In cujus rei testimonium predicte domui tradidi litteras meas sigillo meo roboratas. Actum anno Domini M° CC° tricesimo nono, mense decembri.

Fol. 22 verso, 23 recto, 173 recto, 174 recto.

1. Du Pont aux poissons dans un autre sommaire.
2. *Maritus dilectus* dans toutes ces lettres, quelquefois *karissimus*. Jamais mari plus regretté ne fut remplacé plus vite par une femme mûre.

CXLI

SAINT-JOSSE-AU-BOIS

SOMME A PRENDRE SUR LA VICOMTÉ DE CRÉCY POUR L'OBIT DU COMTE SIMON

Lettres comment Marie, comtesse de Pontieu, acorda aux religieulx de saint Giosse ou bois qu'ils aient, cascun an, a le saint Remy, trente sols parisis a le vicomté de Cressy pour l'obit de Simon comte de Pontieu. — *1239, décembre.*

Ego Maria, comitissa Pontivi etc............... [1] anno Domini M° CC° XXX° IX°, mense decembri,

Fol. 183 recto et 192 verso.

CXLII

ABBEVILLE

LES CHAPELAINS DE LA COUR PONTHIEU. — LA PORTE COMTESSE

Lettres comment le comtesse de Pontieu assigna aux capellains de le court Pontieu quarante sols a prendre sur le tenement de

---

1. Toujours mêmes formules pour un service annuel le jour de saint Mathieu. — La comtesse régularise, confirme les dons de son mari.

PIERRE TROCHART[1] SÉANT OULTRE LE PORTE COMTESSE. — *1240, juillet.*

Le P. Ignace a publié cette lettre[2]. Je la reproduis parce qu'elle est courte et intéressante pour la topographie de la ville. On y voit que le cens assigné par la comtesse porte sur tous les ténements qui appartinrent à Pierre Trochart situés hors de la porte Comtesse, avant la maison Roberti Apulei, de l'autre côté de l'eau dans un lieu appelé autrefois le jardin du comte. Ces indications ont quelque prix. On peut en induire que les comtes eurent une habitation hors de la porte dite Comtesse avant de faire construire la demeure « managium » qui prit le nom de Cour Ponthieu ; que la porte de la ville qui s'ouvrait dans la direction de l'ancienne demeure des comtes prit naturellement, dans le langage populaire ; le nom de porte le Comte[3] ou de porte Comtesse[4] ; que les comtes divisèrent et cédèrent successivement les terrains dépendants de leur ancienne demeure. Cela est évident pour la maison Roberti Apulei[5]. Nous voyons que les comtes avaient conservé des cens, après cession du terrain sans doute, sur les ténements de Pierre Trochart voisins de la maison Apoule ou Le Pullois ; que ces ténements étaient situés hors de la porte Comtesse (ou de la ville), de l'autre côté de l'eau[6] ; enfin, que les terrains cédés par le comte étaient des parts d'un lieu dit antérieurement gradinium, ou plutôt gardinium comitis. *Tous ces points de repère nous mettent très près de la place du Pilori ou à l'entrée de la chaussée du Bois, aux maisons numérotées 2, 4 et 6, et le jardin des comtes devait s'étendre bien plus loin.*

Ego Maria, comitissa Pontivi et Monstreoli, notum facio omnibus presentibus et futuris quod, cum deberem capellanis meis Sancte Crucis

---

1. Deux copies de ces lettres. Le sommaire d'une des copies porte : « Sur le ténement où le grange Jacques Roussel est assise oultre le porte le Comtesse » ; ce qui prouve seulement que, lors de la confection du cartulaire, Jacques Roussel avait succédé dans ces ténements à la famille Trochart.

2. *Histoire ecclésiastique, p. 397.*

3. Se rappeler la fontaine le Comte, le moulin le Comte, etc.

4. Cela serait vrai encore si la demeure comtale avait été le château qui précéda, croit-on, le prieuré de Saint-Pierre.

5. Voir pour l'abandon du terrain par le comte Jean en 1178 la charte que j'ai analysée dans les *Mémoires de la Société d'Émulation d'Abbevile, 1869-1872, p. 737-741.*

6. Certainement la Rabette qui servait de défense à la ville avant son agrandissement.

in Abbatisvilla xxviii solidos parisienses censuales, ego de illis ipsos assignavi ad xl solidos censuales quos habebam super omnia tenementa que fuerunt Petri Trochart, sita apud Abbatisvillam, ultra portam Comitisse, ante domum que fuit Roberti Apulei, ex alia parte aque, in quodam loco qui pridem vocabatur gradinium[7] Comitis. Ita quod predicti capellani mei et eorum successores capellani Sancte Crucis predictos xl solidos censuales, singulis annis, in Penthecosten, de cetero recipient, et reddent mihi et heredibus meis xii solidos parisienses censuales, termino supradicto, et xxviii solidi parisienses prenominati eisdem quiti et liberti imperpetuum remanebunt. Hoc autem assignamentum predictis capellanis, et eorum successoribus capellanis Sante Crucis, ego et heredes mei, ad arbitrium maioris et scabinorum Abbatisville, tenemur imperpetuum garandire. Et ut hoc ratum et firmum permaneat, presentem cartam sigilli mei munimine roboravi. Actum anno Domini m° cc° xl°, mense julio.

Fol. 106 recto et fol. 234 recto.

CXLIII

CRÉCY

VENTE D'UN CENS SUR LA VICOMTÉ

I

Lettres comment Jehan Rabot vendi a Pierre Dominus cent sols de cens que ledit Rabot prendoit cascun an sur le vicomté de Cressy au jour saint Remy. — *1242, septembre.*

Ego Matheus, comes Pontivi et Monstreoli, et Maria, uxor ejus, comitissa, notum facimus presentibus et futuris quod nos litteras Johannis Rabot,

---

7. Le P. Ignace a écrit *gardinium*. Du Cange ne donne pas *gradinium* mais il donne *gardinium ut gardinum*. Le P. Ignace a lu la charte ailleurs que dans notre terrier; sa leçon doit être la bonne.

hominis nostri, vidimus in hec verba sigillo suo sigillatas : Ego Johannes Rabos notum facio presentibus et futuris quod ego, magna necessitate urgente et pro alia[1] hereditario meo salvando, de assensu etc........ [?] Margarete, uxoris mee, et Johannis Halle, fratris mei, et Ysabell', sororis mee, vendidi penitus u.... [?] Petro Dominus, burgensi de Crotoy, sibi et heredibus suis, centum solidos annui redditus quos tenebam de comite et comitissa Pontivi ad vicecomitatum de Creci, singulis annis, in festo sancti Remigii, jure hereditario in perpetuum capiendos. Dictum etiam redditum in manu dictorum comitis et comitisse resignavi et de ipso redditu ipsum Petrum feci investiri, ita quod idem Petrus et ejus heredes predictum redditum de dictis comite et comitissa Pontivi hereditarie tenebunt per unam libram piperis, singulis annis in festo s. Remigii reddendam, et totidem de relevamine quum acciderit. Certavimus[2] coram omnibus et juravimus, ego, uxor mea, Johannes, Ysabell', prenominati, quod contra hujus[3] venditionem de cetero non veniemus nec ipsum Petrum aut successores suos super venditione predicta molestabimus nec molestari procurabimus; et ut hec venditio rata sit et firma permaneat, presentem cartam sigilli mei munimine roboravi. Actum anno Domini M° CC° XL° II°, mense septembris.

Hanc autem venditionem superius annotatam volumus et concessimus et tenemur garandire, tanquam Dominus, eidem Petro et heredibus suis imperpetuum contra omnes, juri et legi parere volentes, et ad petitionem Johannis hominis nostri, Margarete, Johannis Halle, Ysabell', prescriptorum, in testimonium veritati, presentibus litteris sigilla nostra apposuimus. Actum anno Domini M° CC° XL° II°, mense septembris.

Fol. 109 verso et fol. 222 verso.

---

1. Ou *alias*. — Le sens peut-il bien se dégager ?
2. Pour *affirmavimus*.
3. *Hanc ?*

II

LETTRES COMMENT JEHAN RABOS VENDI A PIERRE DOMINUS, BOURGEOIS DU CROTOY, CENT SOLS DE CENS QUE LEDIT RABOT, CASCUN AN, PRENDOIT SUR LE VICOMTÉ DE CRESSY. — *1242, septembre.*

Ego J. Rabos notum facio universis quod, cum ego vendiderim Petro Dominus, burgensi du Crotoy, et heredibus suis centum solidos parisienses annui redditus, ad vicecomitatum de Cressy assignatos, quos tenebam de comite et comitissa Pontivi, etc..... M° CC° XLII°, mense septembri.

Fol. 111 verso.

CXLIV

RUE

RENTE A PRENDRE PAR L'ÉGLISE DE LONGPONT SUR LA VICOMTÉ DE RUE EN ÉCHANGE DE DONS DU COMTE GUILLAUME

LETTRES COMMENT L'ÉGLISE DE LONG PONT PRENT, CASCUN AN, QUATRE LIVRES PARISIS A LE SAINT JEHAN BAPTISTE, SUR LE VICOMTÉ DE RUE, EN RECOMPENSATION DE DOUZE JOURNEULX DE GRÈVE POUR FAIRE SEL QU'IL AVOIENT DE LÈS RUE ET DE TRENTE JOURNEULX DE BOS QU'IL AVOIENT EN LE NŒUVE DEFFENSE. (in novo deffenso). — *1243, aoust.*

Mathieu de Montmorency, le nouveau mari de la comtesse, paraît pour la première fois en ces lettres dans le cartulaire.

Ego Matheus, comes Pontivi et Monstreoli, et Maria, uxor mea, comitissa, universis presentes litteras inspecturis salutem in Domino. Noveritis quod, cum bone memorie Guillelmus, quondam comes Pontivi et Monstreoli, dedisset in elemosinam ecclesie Longi Pontis [1] XII jornalia greve juxta Ruam ad sal faciendum et XXX jornalia nemoris in novo deffenso sita, abbas et conventus dicte ecclesie nobis et heredibus nostris quitaverunt et imperpetuum tenendam concesserunt dictam elemosinam; tali videlicet conditione quod nos et heredes nostri tenemur reddere in Nativitate sancti Johannis Baptiste ecclesie prefate quatuor libras parisienses ad vicecomitatum de Rua, singulis annis, imperpetuum capiendas, pro recompensatione elemosine supradicte. Sciendum eciam quod, si ille qui vicecomitatum teneret prefatam pecuniam non redderet ad dictum terminum, singulis diebus post prefatum terminum, si tum submonitus esset ex parte dicte ecclesie, expensas rationabiles nuntio supra dicte ecclesie reddere tenetur. In cujus rei testimonium presentes litteras dedimus dicte ecclesie sigillorum nostrorum appentione munitas. Actum anno Domini M° CC° quadragesimo tercio, mense augusto.

Fol. 280 recto et fol. 287 recto.

CXLV

CORBIE ET MAISNIÈRES

Lettres de Corbie contre Maignières. 1244. — avant la fête de saint Barnabé apotre [2].

La lettre est d'un abbé de Corbie désigné seulement par une grande R rouge [3]. *Il*

---

1. Deux Longpont, l'un dans le canton de Longjumeau (Seine-et-Oise) ; l'autre dans le canton de Villers-Cotterets (Aisne). Le premier est bien connu pour son abbaye de Cisterciens ; le second conserve les ruines d'une église abbatiale. Auquel de ces lieux le comte Guillaume avait-il fait sa générosité ?

2. La Saint-Barnabé est le 11 juin.

3. Raoul, *Radulfus I*, quarante-septième abbé de Corbie. — *Gallia christiana*, t. X, col. 279.

s'agit d'un nouvel accord entre lui et Jean de Maisnières, chevalier. Les parties remettront leurs débats entre les mains de Guillaume de Durcat et de Bern... de H...?, chevaliers. Si les arbitres ne s'accordent pas, Mathieu, comte de Ponthieu, et Geoffroy de Mill..., bailly du roi à Amiens, nommeront pour arbitre Mathieu de Roye ou le vidame d'Amiens, seigneur de Picquigny. — Analyse du marquis Le Ver.

.... Feria secunda ante festum beati Barnabe apostoli.
Fol. 69 recto.

J'ai négligé de transcrire cette lettre mais l'analyse fournie ci-dessus suffit.

CXLVI

FIEFS VENDUS A ROBERT D'ARTOIS

Lettres comment Mathieu, comte de Pontieu, vendi a Robert, comte d'Artois, le fief que Hue, comte de Saint-Pol, tenoit dudit comte de Pontieu, ou quel fief sont pluseurs hommages déclairés en ces présentes et le fief du vicomte de Pont de Remi. — *Mai, 1244.*

Daté à tort dans le terrier 1248, puisque, à part d'autres preuves, la confirmation royale est de novembre 1244. Cette confirmation, reproduisant la lettre de Mathieu, la donne comme du même mois aussi et écrite à Argenteuil; le P. Ignace de même : apud Argenteolum, *et novembre 1244.*

Robertus, comes Attrebatensis, universis presentibus etc.....

Le comte et la comtesse de Ponthieu ont vendu ces biens au comte d'Artois, propter suam urgentem et evidentem necessitatem. Actum anno Domini M° CC° XLVIII°, mense maii.

Fol. 112 verso.

Pour la date voir plus haut la remarque et surtout la lettre suivante.

CXLVII

FIEFS VENDUS A ROBERT D'ARTOIS

Lettres comment le roy de Franche Loys conferma et acorda le vente des fiefs dessus dits. — *(C'est-à-dire des fiefs vendus à Robert comte d'Artois par Mathieu comte de Ponthieu et Marie sa femme,* propter urgentem et evidentem necessitatem.) — *Novembre, 1244.*

Le comte et la comtesse de Ponthieu ont vendu au comte d'Artois pour deux mille livres parisis et le quint denier toutes leurs possessions au delà de l'Authie jusques vers Hesdin à la charge de les tenir du roi.

Ludovicus, Dei gratia Francorum rex, notum facimus universis tam presentibus quam futuris quod nos litteras dilecti et fidelis nostri Mathei, comitis Pontivi, et Marie uxoris sue, comitisse Pontivi, vidimus in hec verba ;

Suivent les lettres du comte et de la comtesse :

Universis presentes litteras inspecturis Matheus, comes, et Maria ejus uxor, comitissa etc...

*Le P. Ignace a publié cet acte dans l'*Histoire des Mayeurs d'Abbeville, p. 167-168.

La lettre, curieuse pour l'énumération des droits cédés, finit ainsi :

In cujus rei testimonium presentem cartam sigillorum nostrorum munimine duximus roboratam et rogavimus karissimum dominum nostrum Ludovicum regem francorum [ut] predictam venditionem ratam haberet et per suas litteras laudaret et pariter confirmaret. Actum apud Argentolum anno Domini mill° ducent° quadrag° quarto, mense novembris.

Et la lettre du roi reprend :

Nos autem, ad peticionem dictorum comitis et comitisse Pontivi, vendicionem predictam prout superius continetur, quia res de feodo nostro movent, laudamus, concedimus et confirmamus, ita quod prefatus comes Attrebatensis et..... et ejus heres..... de nobis et heredibus nostris possidebunt [et] imperpetuum tenebunt. Actum Parisiis anno Domini mill° quadrag° quarto, mense novembris.

Fol. 113 recto.

Le marquis Le Ver a fait plusieurs remarques sur cet acte. — Mss. de la Bibliothèque d'Abbeville, 217, fol. 279.

Le comte et la comtesse de Ponthieu, dit-il, vendent par nécessité jurée ; c'est peut-être pour cette raison que l'héritier ne paraît pas et n'approuve pas la vente suivant l'usage dans les ventes.

Perry de Locre et le P. Ignace ont publié cet acte, le premier dans son Chronicon belgicum, p. 405 ; *le second dans son* Histoire des Mayeurs d'Abbeville, p. 167. *— Le P. Ignace reproche à de Locre d'avoir mis* quinquaginta libris *au lieu de* quingentis libris. *— Critique de détail ; le P. Ignace écrit* Johannes de Bardes ; *de Locre écrit* Baardes ; *le cartulaire donne* Baiardes.

Enfin, ajoute-t-il, ces deux auteurs ne mentionnent pas Johannes de Bouberch, *ce qui prouve qu'ils ont eu sous les yeux des exemplaires différents de celui dont le cartulaire garde une copie.*

CXLVIII

LE FIEF DE LA CUISINE

Lettres comment le comte de Pontieu Mathieu vendi a Phelippe le Roux de Rue le fief de notre cuisine lequel fief fut a Jehan Hoket en rechupt ledit comte cent livres parisis. — *1245, juillet.*

Ego Matheus, comes Pontivi et Monstreoli, et ego Maria, comitissa, ejus uxor, notum facimus tam presentibus quam futuris quod nos dilecto nostro Philippo filio Walteri dicti Ruffi de Rua, feodum Coquine nostre, quod fuit Johannis Hoket, quod feodum emimus a Matheo de Avesnes, vendidimus pro c libris par., de quibus a dicto Philippo plenam recipimus solutionem, eidem Philippo et heredibus suis, jure hereditario, quiete et pacifice possidendum, habendum et tenendum de nobis et heredibus nostris in homagium ligium, ad usus et consuetudines feodorum aliorum serviencium nostrorum. Nos dictam venditionem ipsi Philippo et heredibus suis tenemur bona fide in perpetuum garandire, et ad hec omnia firmiter tenenda nos et nostros obligamus heredes. In cujus rei testimonium presentibus litteris sigilla nostra apposuimus. Actum anno domini m° cc° quadragesimo quinto, mense julio.

Fol. 275 recto.

A la suite de cette lettre est écrit :

Il est assavoir que pour ce fief dessus dit li hoirs Ph' le Rous est assenez à prendre chascun an xx sestiers de gros blé as molins de Rue au Noel.

CXLIX

LES LÉPREUX DU QUESNE

Lettres d'Estienne de Biencourt relatives aux Lépreux du Quesne. — *1245, septembre.*

Étienne de Biencourt déclare abandonner aux frères de la léproserie, pour quatre sextiers de blé et vingt sols parisis à lui payés, tout ce qu'il leur avoit injustement réclamé sur la terre que Mathilde de Fraisnoi, sa mère, a autrefois donné à leur maison.

Sciant omnes presentes litteras inspecturi quod ego Stephanus de Biencourt[1] quitavi domui et fratribus leprosarie de Quercu, pro quator sextariis bladi, videlicet ad mensuram Harenarum (d'Airaines) et pro viginti solidis parisiensibus jam michi persolutis, ad unam robam emendam[2], quicquid injuste reclamabam in terra quam Mathildis de Fraisnoi[3], mater mea, quondam emerat et predicte domui et fratribus in elemosinam dederat, assensu et voluntate Radulphi de Nova Villa[4], fratris sui, domini fundi terre, etc..... Actum anno incarnationis Domini M° CC° XLV°, mense septembris.

Fol. 365 recto.

1. Du canton de Gamaches ?
2. Pour acheter une robe. *Roba* est du bon latin du moyen âge, ayant d'ailleurs une origine franque.
3. Fresnoy entre Frettecuisse et Andainville, canton d'Oisemont.
4. Probablement Neuville-Coppegueule près de Beaucamp-le-Vieux.

CL

ABBEVILLE

LE BRULLE PRÈS DU BOIS D'ABBEVILLE
LES CHAPELAINS DE SAINTE CROIX EN LA COUR PONTHIEU

Lettres comment le comte de Pontieu donna aux capellains de le court de Pontieu xc journeulx de terre au Brulle derriere le bos d'Abbeville, entre le quemin d'Arli (d'Ailly) et le quemin de Vauchelle et tous les drois que ledit comte prendoit ou moulin Sainte Croix[1], et ce leur donna ledit comte en escange d'un redime que les dessus dits capellains prendoient en sept cent journeulx de terre audit Brulle. — *1245, mars* (1246.)

Ego Matheus, comes Pontivi et Monstreoli[2], et Maria, uxor mea, universis presentes litteras inspecturis notum facimus quod, cum Robertus et Johannes, tunc temporis capellani capelle nostre Sancte Crucis in Abbatisvilla, haberent redecimam in septies centum jornalia terre in territorio nostro du Bruille justa (juxta) nemus Abbatisville, nos, de communi assensu dictorum capellanorum et nostro, excambium fecimus, dantes eisdem capellanis et assignantes quater viginti et decem jornalia terre in eodem territorio, sita videlicet inter

---

1. Ce moulin de Sainte Croix devait être un moulin à vent situé au même terroir environ et nommé ainsi parce qu'il dépendait sans doute déjà en quelque sorte de la chapelle de Sainte Croix en la Cour Ponthieu. Dans tous les cas l'acte ne parle pas d'un moulin mais d'un four.

2. Ce nom est toujours abrégé dans le terrier de sorte que l'on hésite à choisir entre deux formes usitées *Monstrolium* et *Monstreolum*.

duas vias antiquas quarum una ducit recto limite versus Arli[1], ex una parte, et, ex alia parte, versus Vaucheles[2]. Insuper concedimus dictis capellanis et eorum successoribus, pro predicte redecime excambio, si furnarius aut boulengarius in furno Sancte Crucis manserit, qui antiqus[3] furnus est dictorum capellanorum, plenam habeat libertatem in omnibus et per omnia que ad nostram pertinent juridictionem[4]. Nos eciam omnia, sicut superius sunt expressa, de dicto excambio volumus et fideliter confirmamus, renuntiando juribus omnibus que in locis predictis habere solebamus, ita quod nos in dictis locis justiciam latronum et altam tummodo[5] retinemus justiciam. Et ad hec omnia firmiter observanda sicut superius sunt expressa, nos et heredes nostros in perpetuum obligammus[6]. In cujus rei testimonium presentes litteras sigillorum nostrorum munimine roboravimus. Actum anno Domini millesimo cc° quadragesimo quinto, mense marcio.

Fol. 106 recto et fol. 234 verso.

Par cet acte qui intéresse la topographie de la banlieue d'Abbeville, le comte et la comtesse, en échange de la dîme prélevée par les chapelains de Sainte Croix sur sept cent journaux de bois au terroir du Bruille (ou Brulle), leur ont donné quatre-vingt-dix journaux de terre sur le même terroir. Ils ont renoncé à tous droits sur leur four (S. Crucis), ne retenant en tous les lieux qu'ils nomment que la justice sur les voleurs et la haute justice.

Ainsi en la commune, même en la ville (exemple du four) les comtes n'avaient pas, sur quelques points, abandonné toute le justice aux maire et échevins.

Le P. Ignace a publié cet acte deux fois, Histoire ecclésiastique, p. 397-398; Histoire des Mayeurs, p. 169.

1. Le P. Ignace écrit *Ailli.*
2. Le P. Ignace écrit *Vauchelles.* C'est, dans tous les cas, le même nom.
3. Le P. Ignace a lu *antiquitus.* Je ne peux lire dans les deux copies du terrier que *antiqus.*
4. *Jurisdictionem.* — P. Ignace.
5. J'ai cru lire ainsi, peut-être pour *dummodo* ou plutôt *solummodo.* — Le P. Ignace écrit *termino.* — *Terminus,* quelquefois *regio terminis suis et limitibus circumscripta, districtus.* — Du Cange.
6. *Obligammus* ainsi écrit dans les deux copies.

CLI

ARBITRAGE A SAINT-VALERY ENTRE LE COMTE DE PONTHIEU ET LE COMTE DE DREUX

Lettres d'arbitrage du comte de Pontieu et du comte de Dreues, segneur de Saint-Walery. — *1247, septembre.*

Les deux copies du cartulaire offrent de nombreuses variantes que j'ai relevées.

Ces textes français du treizième siècle ont de l'intérêt pour l'étude du langage du Ponthieu, mais on verra par les variantes combien l'orthographe des copistes était incertaine.

Nous Jehans, quens[1] de Dreues, sire[2] de Saint-Waleri et de Braine, faisons savoir à tous cheus[3] qui ces[4] presentes lettres verront et orront que, comme contens fussent[5] meus[6] entre nous d'une part et le conte et la[7] contesse de Pontieu d'autre, de nos seignories[8] et de nos justices[9] si comme nostre père le quens[10] Robers en usa en sa bone[11] vie, si comme de la maison de Haimeville[12] et d'un[13] bouriois[14] de Caours qui s'estoit aquites à Saint Waleri, de qui[15] la gent[16] le conte de Pontieu pristrent[17] quarante sols[18] à Abbeville à tort et des nouveles coustumes que cil[19] d'Abbeville et cil[20] de la terre le conte de Pontieu ont acoustumé seur nos bouriois[21] et seur nos homes[22] de nostre terre puis le temps[23] du conte Robert nostre[24] pere, et de la visconté de Camberon u fie[25] de Ponches que Hues, chevalier sire[26] de Camberon, voue à tenir de nous et li sires de Ponches la voue[27] à tenir du conte de Pontieu, dui[28] chevaliers[29] preudommes[30] doivent[31] estre pris[32] pour ma partie li uns, li autres pour la partie du devant dit conte et de la devant dite contesse, à enquerre comment en en a usé au temps[33] le conte Robert nostre père et dune boise[34] qui fu trouvée en terre u marès dehors Vaux[35] et de ce[36] que li quens[37] et la contesse[38] de Pontieu se plaignent, li quens et la contesse dient que cil[39] de Gamach[40] deviserent[41] leur fié à Martaingnevill'[42] et de la visconté de Pendé[43] u fie' le conte et la contesse de Pontieu et du fie'[44] mesire Robert de Hamencourt[45] que cil[46] de Gamach[47] pristrent[48] en leur fie' de la visconté de Franclues[49] u fie'[50] le conte de Drues et de la visconté de Tilloy[51], par le conseil de bonne[52] gent[53], de nostre assentement et par nostre acort[54] pour oster ces[55] contens devant nommés, que nous prendrons deus preudommes[56] chevaliers, si comme nos[57] avons devant dit[58]. Nous pour nostre partie preismes[59] Jehan de Friencourt, chevalier, et li quens[60] et la contesse de Pontieu pristrent[61] pour leur partie Jehan de Touflet[62], chevalier, et cil[63] doi chevalier devant nommé doivent savoir et enquerre en bone foy[64] comment nostre père li quens[65] Robers et li quens Guill'...[66] de Pontieu en usèrent u derrain[67] an qu'il alèrent de vie à mort, et doivent cil[68] doi chevalier devant nommé avoir rendu leur[69] dit de ces choses[70] devant dites à nous au conte et à la contesse de Pontieu ou à nos commandemens[71] dedens ceste[72] prochain Chandeleur[73]. Et nous li quens[74] et la contesse de Pontieu sommes tenus de tenir et de garder ce[75] que cil[76] doi chevalier nous reporteront. Et pour ce[77] que ce[78] soit ferme chose[79] et estable, nous en avons baillié nos lettres seelées de nostre seel au conte et à la contesse de Pontieu. Ce[80] fu fait à Saint Waleri, l'an de l'incarnacion[81] nostre seigneur[82] mil ans CC quarante sept, el moys[83] de septembre.

Fol. 208 verso et fol. 400 verso.

Variantes de la seconde copie : 1 cuens. — 2 sires. — 3 chiaus. — 4 ches. — 5 fust. — 6 meus n'est pas dans la deuxième copie. — 7 le contesse. — 8 segnouries. — 9 justiches. — 10 li cuens. — 11 boine. — 12 Haymevile. — 13 de un. — 14 bourgois. — 15 de cui. — 16 la gens. — 17 prinrent. — 18 XL. — 19 chil. — 20 chil. — 21 bourgois. — 22 hõmes. — 23 le tamps. — 24 men pere. — 25 u fief. — 26 chevaliers sires. — 27 l'avoue. — 28 doi. — 29 chevalier. — 30 preudomme. — 31 devoient. — 32 prins. — 33 tamps. — 34 il s'agit évidemment d'une buse. — 35 vaus. — 36 che. — 37 cuens. — 38 le contesse. — 39 chil. — 40 Gamaches. — 41 barnisierent. Ni dom Carpentier, ni la Curne, ni Roquefort ne donnent le verbe barnisier. Godefroy le donne sans la signification. — 42 Martaignevile. — 43 Ces mots « de Pendé u fié » manquent dans la seconde copie. — 44 fiex. — 45 de Haimencourt. — 46 chil. — 47 Gamaches. — 48 prinrent. — 49 Franlleus. — 50 fief. — 51 Tylloi. — 52 boine. — 53 gens. — 54 Ici la seconde copie ajoute : et par l'assentement le conte et la contesse de Pontieu sa fême fu accordé pour oster, etc., il est évident que cette seconde copie complète ici la première. — 55 ches. — 56 nous prendrommes ij preudommes. — 57 nous. — 58 Le mot « dit » est passé dans la deuxième copie. — 59 presimes. — 60 cuens. — 61 prinrent. — 62 de Toufflet. — 63 chil. — 64 boine foi. — 65 cuens. — 66 Guill's. — 67 u desrain. — 68 chil. — 69 lor. — 70 de ches coses. — 71 quemandemens. — 72 cheste. — 73 candelier. — 74 cuens. — 75 che. — 76 li (li doi chevalier). — 77 che. — 78 che. — 79 cose. — 80 che. — 81 del incarnacion. — 82 nostre segneur. — 83 le mois.

CLII

ABBEVILLE

UNE TABLE DE CHANGEUR

Lettres comment sire de Bethremieulx Trochars avoit baillié a cens a Pierre de Loherene son cange qu'il avoit sur le Pont aux Poissons. — *Juin, 1248.*

Nous avons vu plus haut le comte concéder l'autorisation de ce change probablement en plein vent.

Je Fremins de Rogehan, maires, et li esquevin d'Abbeville[1] faisons savoir à tous ceulz qui ces lettres verront ou orront que sire Bertremex Trochard, canoines de Saint-Offran (ou Olfran) d'Abbeville, vint par devant nous et recognut que il avoit livré à chens (cens) hiretaulement à Pierre de Loherenne, canoine de Saint-Olfran, son cange qui siet seur le Pont du Bourc d'Abbeville, de costé le cange sire Walon de Senarpont, par l'assentement et le volenté Leurens Trochard, sen neveu et sen hoir, qui contient VII piéz de lé (large) au pié de le ville, par VII lib. x soulz parisis de cens, as termes de le vile, dont il doit racater LXX s de cens dedens VIII ans etc . . . .
. . . . Et el tesmoing de vérité, nous avons fait faire cest cyrografe en III parties, dont sire Bertremex a une partie et Pierres de Loherenne l'autre partie, et nous avons la tierce partie, en l'an de l'incarnation mil CC XL VIII, el mois de juing.

Fol. *21 recto et fol. 171 verso.*

---

1. Firmin de Rogehan fut bien maïeur en 1248. — Voir toutes les listes de maïeurs et *Abbeville avant la Guerre de Cent ans.*

CLIII

LE CROTOY

LA GARENNE DU CROTOY ET DE MAIOC

Le Warenne du Crotoy et de Maïoque. Lettres (de l'abbé de Saint-Riquier) comment le comte de Pontieu a le warenne au Crotoy et Maioc et pluseurs aultres droits que l'abbé accorde par ces présentes. — *1248, juin.*

Je Waltiers[1], abbes de Saint-Rikier, et li couvens de cel lieu faisons savoir à tous ceuls qui sont et qui à venir sont que, comme contens fust entre nous, d'une part, et le noble homme Mahieu, conte de Pontieu et de Monsteroil, et Maroie, contesse sa fame, d'autre part, seur divers articles qui après seront mis en la parfin, par conseil de preudes hommes et de bone gent, avons fait pais entre nous et en ceste maniere : c'est assavoir que li quens et la contesse et li hoir de Pontieu ont et doivent avoir le warenne à Crotoy et à Maioc, tout pour tout; ne ni (n'y) puet nus (nul) cachier se par euls non[2], ne prendre pertris ne oysiaus de rivière; c'est assavoir que nos bestes et les bestes de nos hommes de Maioc puent aler en pasture par toutes les teres waaignables et en esteules et ailleurs sans faire dommage à autri d'ablais et de waaingnables, de si (ci) as dunes; et, se beste est prise dedens les dunes, li quens et la contesse et li hoir de Pontieu *(la suite manque dans la première copie; je prends cette suite dans la seconde, dont l'orthographe diffère beaucoup)* et li

---

1. Galterus, le quarantième abbé dans la liste du *Gallia Christiana*.
2. Se par euls non, ne prendre... c'est à dire sinon par eux, ni prendre...

hoir de Pontieu ont et doivent avoir l'amende, etc. *(La lettre est encore fort longue.)* L'an de l'incarnation M CC XLVIII, el mois de juing, le samedi devant la Nativité saint Jehan.

Fol. 117 verso et fol. 316 recto

CLIV

L'ABBAYE DE BALANCES (Valloires)

Lettres pour l'abbé de Balanches. — *1248, au mois de juillet.*

On remarquera que le comte Mathieu de Montmorency rappelle d'abord nominativement un assez grand nombre de ses prédécesseurs.

Ego Matheus de Monte Morenchi, comes Pontivi et Musteroli, et ego Maria, comitissa Pontivi et Musteroli, notum facimus universis presentes litteras inspecturis quod nos concedimus, approbamus et confirmamus cartas et omnes libertates quas contulerunt antecessores nostri Willelmus, Guido, Johannes, Willelmus, Simon, comites Pontivi et Musteroli, ecclesie beate Marie Balanciarum Cisterciensis ordinis et fratribus ibidem deo servientibus, sicut in cartis eorum vidimus contineri.....[1] Fratres predictos..... facimus liberos et quitos a traversis, vectigalibus, theloniis, lignagio, roagio, avoeriis, grueriis et ab omni penitus exactione, sicut et antecessores nostri fecerint et ut famuli et familiares, sive propinqui fratrum in domibus eorum consistentes, et foris vel intus, cum fratribus euntes seu redeuntes, aut de abbatia ad grangias vel de grangiis ad abbatiam pro servitio vel familiaritate servientes, pacem per omnia habeant et

---

1. Voir plus haut, p. 81, la charte de 1214, du comte Guillaume, et, p. 164, celle du comte Simon, de décembre 1237.

securitatem. Concedimus etiam eisdem fratribus omnia que predicti comites Pontivi et alii viri juridictionis nostre dederunt vel daturi sunt, aut ea que juste acquisierunt in terris, aquis, pratis, nemoribus et censibus, sine omni querela, exactione, usagio et consuetudine, libera penitus et quita, jure perpetuo possidenda. Confirmamus eisdem grangiam de Bonanciis[1] cum appenditiis suis et nemore suo de Cantastro[2]. Item grangiam de Cresci cum appenditiis suis molendini de Barra[3] cum vivario et nemore ; grangiam de Tilloy[4] cum terris, decimis, boscis et hominibus suis de Vilonchiaus[5] ; grangiam de Messoltre[6] cum appenditiis suis et etiam vicecomitatum quem habent ex dono Guidonis de Ponches[7] ; grangiam de Malrepast[8] cum omnibus appenditiis suis et hominibus de feodo de Langre[9] ; grangiam de Dunis[10] cum terris, pratis et appenditiis ; nemus suum de Buigni[11], quod nemus, quotienscumque voluerint et quibuscumque personis, et omnia alia nemora sua, sine contradictione, impedimento et bagnitione[12] possunt vendere ; pomos et esculos scindere, et ad culturam, si voluerint,

1. Bonnance, commune de Port, canton de Nouvion, V. *Hist. de Cinq Villes*, t. VI pp. 133 et 508.

2. Cantâtre (bois de), commune de Sailly-le-Sec, canton de Nouvion. — *Ibid*, p. 144.

3. Le village de la Barre, mentionné par dom Grenier fait aujourd'hui partie indistincte du village de Machy (canton de Rue). — *Hist. de Cinq Villes, t. II, p. 330*. — La Maye, non encore très lointaine de sa source, faisait tourner les aubes du moulin de la Barre qui, suivant cette charte, dépendait de la « grange » de Crécy, ainsi qu'un vivier voisin. Un bois attenant à la forêt de Crécy est dit encore bois de la Barre.

4. Tilloy. — Nous avons déjà rencontré ce lieu en 1214. Il devait être voisin de Vilonchiaus, c'est à dire de Vironchaux. V. plus haut dans la charte de 1214, p. 83, et dans celle de décembre 1237, p. 164. Tilloy, dit seulement M. Garnier, ferme dépendant de Valloires. — *Dictionnaire topographique de la Somme*.

5. Vironchaux, canton de Rue.

6. Mesoutre, ferme, annexe de Vironchaux, canton de Rue.

7. Ponches, canton de Crécy.

8. Maurepas ou « Malrepas » est un groupe de deux ou trois maisons en la commune d'Argoules (canton de Rue), du côté de Valloires. — *Hist. de Cinq Villes*, t. II, p. 304.

9. Langre ?

10. La grange des Dunes ? Dans le Marquenterre sans doute.

11. Ce bois devait venir des comtes de Ponthieu. Le comte Guillaume nomme un bois de Buigny dans une charte de 1210 : *in nemore meo de Buigni*. — Dom Grenier, paquet 9, art. 3 B. — *Hist. de Cinq Villes*, t. VI, p. 104.

12. Du Cange ne donne aucun mot se rapprochant de *bagnitio*.

redigere. Item confirmamus predictis fratribus x libras parisienses quas habent annuatim ex dono Willelmi, quondam comitis Pontivi, et LX solidos parisienses pro illustri Johanna Castelle regina, in festivitate sancti Remigii annuatim capiendos ad vicecomitatum nostrum de Crotoy; decem et septem libras parisienses pro bone memorie Simone, quondam comite Pontivi, pro capellania et anniversario ejus faciendo in festivitate sancti Remigii singulis annis, ad vicecomitatum nostrum de Abbatisvilla capiendos. Volumus et approbamus, sicut constituerat bone memorie Willelmus, quondam comes Pontivi, ut fratres de Valoliis, in festivitate Omnium Sanctorum, accipiant ad vicecomitatum nostrum de Rua unum dolium trium modiorum boni vini albi et idonei ad missas cantandas et communicandos conversos, usque in Pascha, singulis annis, de meliori quod apud Ruam poterit inveniri¹. Quod si forsitan apud Ruam inveniri non poterit tantum numerorum² ad eumdem vicecomitatum et eumdem terminum, accipient quibus tantum³ vini et tam boni alibi comparetur, et in Pascha unum dolium ad vicecomitatum dictum trium modiorum de Rupella boni vini rubei et idonei ad missas cantandas et conversos communicandos⁴ usque in festivitate Omnium Sanctorum; et tunc quiti erimus a vino quod accipere solebant predicti fratres quali septimana ad vicecomitatum nostrum de Rua pro missis celebrandis et conversis communicandis. Si vero conventus multiplicatus fuerit et plus necesse habuerit, nos et heredes nostri sufficienter dabimus. Tenemur etiam jam supra nominatis fratribus reddere ad sepe nominatum vicecomitatum nostrum de Rua, octo diebus ante vigiliam Assumptionis beate Marie virginis, duos modios boni vini de Rupella et xxx solidos ad emendos pisces ad refectionem fratrum predictorum; nec pretermittendum quod, in festivitate beati Remigii, tenemur predictis fratribus, singulis annis, reddere XXVII solidos parisienses, ex elemosina Mathei piscatoris, et quatuor sextarios boni frumenti et bene purgati ad hostias faciendas, ad vicecomitatum nostrum

---

1. Les navires approchaient encore de Rue; ils y débarquaient sans doute des vins de Bordeaux ou de la Rochelle.
2. *Tantum numerorum ??*
3. *Quibus tantum.* Quelle est cette forme ?
4. Les convers n'avaient pas à se plaindre.

de Rua capiendos. Nichilhominus confirmamus eisdem fratribus sequelam [1] nemoris sui de Tilloi et omnium aliorum nemorum suorum quam dicti fratres habent in Pontivo, quam sequelam Johannes, quondam comes Pontivi, eisdem liberam donavit et concessit; videlicet quod, si aliquis homo de nostra potestate de dictis nemoribus aliquid furto vel vi abstulit aut violentiam vel injuriam fratribus prefatis vel servientibus intulit, quod testimonio ancilli conversi sive monachi adjurati per ordinem, vel fide unius de servientibus eorum, poterit probari, nos, pro lege forefacti, ab injuriatore quinque solidos parisienses accipiemus dampnumque ad integrum fratribus restituerimus et injuriam ad arbitrium eorum faciemus emendari. Hec autem omnia sicut superius sunt expressa, tanquam fideles advocati et deffensores ecclesie beate Marie de Valoliis contra omnes. . . . . tenemur garandire, et ad hoc ipsum faciendum firmiter et tenendum, nos et nostros obligamus heredes. In cujus rei testimonium presentes litteras eisdem fratribus de Valoliis tradidimus, sigillorum nostrorum munimine roboratas. Actum anno Domini millesimo ducentesimo quadragesimo octavo, mense julio.

Fol. 235 verso.

Incertain de ma lecture de quelques mots sur le terrier, j'ai eu recours au ms. 217 de la bibliothèque d'Abbeville et à une copie demandée par le marquis Le Ver au cartulaire même de Valoires, mais malheureusement cette copie, prise dans un cartulaire qui est déjà une copie, n'est pas de la main du marquis, et on ne peut s'y fier. C'est en hésitant un peu que j'ai donné le bon à tirer pour cet acte.

---

1. On ne peut expliquer ce mot qu'en se reportant à du Cange, aux mots *secta* et *sequela uthesii*. La poursuite des délinquants et sans doute aussi le droit de les condamner.

CLV

ABBEVILLE

I

Lettres de quarante sols parisis donné par li sires de Moroïl a Godefroy Lengles et a sa femme chascun an. — *1249, juillet.*

Je Bernars, sires de Moroil, fais savoir à tous que je ai donné à Godefroy Lengles et à Lierart, sa femme, xl sols de parisis, chascun an, comme il viveront, et, se ma femme en estoit encontre ou ele i clamoit douaire, mes hoir seroient tenus à assener chelui Godefroy et se femme, etc..... en quele chose de tesmoign........ jou ai ches lettres seelees par mon seel. Che fu fait en l'an del incarnation mil cc xlix, el mois de juil [1].

Fol. 140 recto et fol. 295 recto.

II

Lettres de le comtesse de Pontieu de la confirmation du don dessus dit. — *1249, juillet.*

Ego Maria, comitissa Pontivi et Monstreoli, notum facio universis presentes litteras inspecturis quod ego donum illud quod dominus Bernardus, dominus

---

[1]. Les actes en français commencent à apparaître ainsi dans le cartulaire au milieu du treizième siècle.

de Morolio[1], miles et homo meus, fecit Godefrido Anglico et Lierardi uxori sue, de Abbatisvilla, scilicet de XL solidis parisiensibus censualibus quos dedit eis, per totam vitam ipsorum Godefridi et Lierardis, recipiendas et habendas, scilicet XXX solidos ad traversum de Vilers et X solidos ad Johannem le Tieulier, sicut convenientur *(sic)* in litteris dicti Bernardi super hoc confectis, quas dicta Lierardis habet, volui [et] concessi, tanquam domina, et tenore presentium confirmavi. In cujus rei testimonium presentes litteras sigillo meo roboravi. Actum anno Domini M° CC° XL° nono, mense julii.

- *Fol. 140 recto et fol. 295 recto.*

Cette lettre, on le voit, a été donnée par Marie seule. La comtesse allait être veuve de nouveau mais ne l'était pas encore, Mathieu ne devant mourir qu'en 1250.

CLVI

HIERMONT

LETTRES COMMENT ROBERT DE NOYELLETTE VENDI A JEHAN DE BAIARDES CINQ JOURNEULX DE TERRE A HIERMONT. — *1250, juin.*

Ego Maria, comitissa, etc..... quod Robertus de Nigellula, homo meus, in nostra constitutus presentia, recognovit se vendidisse et penitus werpiisse[2], de

---

1. Je lis bien *Morolio* et un sommaire a traduit *Moroïl* à peu près comme Bernard lui-même a écrit *Moroil* (Moreuil), mais la comtesse déclare Bernard son homme. Ce chevalier est donc du Ponthieu. On se trouve déjà amené à identifier ce Moreuil et notre Mareuil. Mais le travers « de Vilers » indique bien un voisinage du Mareuil-sous-Caubert ; plus de doute. — Quant à Langlès, ou plutôt Langlois, d'Abbeville, il avait tous les droits de bourgeoisie selon toute évidence. On se rappelle les maïeurs de son nom, Allard Langlois en 1207 et Gilles Langlois en 1273.

2. *Guerpire, gurpire, werpire, possessionem rei alicujus dimittere.* — Du Cange.

assensu et creanta[tione] Marie, uxoris sue, et hereditorum suorum, Johanni de Baiardes et heredibus suis, vᵃ (quinta pour quinque) jornalia terre, paulo plus paulo minus, sita in territorio de Huiermont[1], in una pecia, via.....[2] que ducit de Huiermont apud Maisons[3]. Dictam et terram idem Robertus in manu mea resignavit et ego de dicta terra ipsum Johannem, ad petitionem ipsius Roberti, saisivi; ita quod idem et heredes sui predictam terram de me et heredibus meis tenebunt libere, ...[4], pro VI denariis parisiensibus de servicio, singulis annis, in festo Pentecostes reddendis et pro totidem de relevamine et totidem de rectis auxiliis quum acciderint. Juraverunt etc. coram me dictus Robertus et dicta Maria et heredes sui quod nunquam etc..... Hanc autem venditionem volui et concessi et teneor garandire, tanquam domina, dicto Johanni et heredibus suis, erga omnes etc..... et ad hoc meos obligavi heredes. In cujus etc..... Actum anno Domini Mº CCº quinquagesimo, mense junio.

Fol. 110 verso.

Marie donne seule l'acte. Cette fois elle est veuve sans doute.

CLVII

QUESTION DE COMMERCE DE MER

Lettres touchant le commerce de mer. — *1250, samedi dans les octaves de l'Assomption, août.*

Cette lettre est adressée d'Angleterre à la comtesse Marie par les barons des Cinq Ports. Elle répond à des réclamations de la comtesse pour un cas particulier.

1. Hiermont, canton de Crécy.
2. Deux abréviations que je n'ose interpréter.
3. Maison-Ponthieu, canton de Crécy.
4. Quatre mots que je lis seulement : *de quoque loco voluerit*, et je ne dois pas bien lire.

........¹ reverentissime et discrete domine Marie, de Pontivo et Monstreolo comitisse, domini regis Anglie, barones Quinque Portuum, salutem et honorem. Cum litteras vestras, domina reverendissima, receperimus precatorias, quas ipsas tanta diligencia inspiceremus quam, ipsis inspectis, vobis literatorie constare faceremus de lite in dictis vestris litteris continente certum judicium². Ob vestri reverenciam et honorem, de predictis tractavimus in singulis villis Quinque Portuum sigillat..., et postea communiter unum consideramus : de prima venditione, ubi magister navis et sui connaute³ petunt frectum⁴ de mercatore suo pro vinis, in alleviatione de predictis antequam ad portum in conventione inter ipsos habita devenirent, et mercator de eodem magistro petit de dampno suo recepto restitutionem ; quod, secundum consuetudines nostras antiquas et approbatas, et hucusque usutatas, neuter illorum ab alio aliquid exigere potest. Immo pro judicio habemus quod, de vinis hujus modi de predictis⁵, mercator nullam valet habere actionem in magistrum vel in suis connautis nec magister vel sui connaute⁶ valet aliquid frecti recuperare in mercatorem. De secunda vero venditione ubi lis est orta inter mercatores, pro ut plenius continetur in vestris litteris, consideramus et pro judicio habemus quod, cum contigerit plures mercatores in una navi vina habere et eadem navis sit intrata ad portum conventione nominatum ad discarcandum⁷, et de eadem fuerint vina extracta nomine allevationis ut securius valeat navis ad nominatum portum advenire ubi deliberare tenentur, et ipsa vina periclitarentur, mercator ipsorum vinorum periclitatorum obtinebit restitutionem dampni sui in vinis in dicta navis⁸,

1. Un premier mot très abrégé qui doit être une épithète respectueuse.

2. Je copie exactement, je crois ; mais je ne comprends qu'à demi. Le copiste du quinzième siècle a-t-il bien transcrit ?

3. Ce mot que je crois bien lire signifierait compagnons de navire.

4. Sans doute pour *fretum, naulum*, fret. — Dom Carpentier — , ou pour *frectagium, naulum*, le fret. — Du Cange. — pretium pro vectura in navi solutum. Du Cange a choisi justement un exemple de cette signification dans les Actes, pour la plupart anglais, de Rymer.

5. *De predictis*. Je ne peux lire que cela, mais je doute de l'exactitude de la transcription ancienne.

6. Il est possible que le copiste ait écrit *connauti*.

7. Pour se décharger. On parlait alors aussi bien latin que français en Angleterre.

8. *Navis* pour *navi*. Je lis bien.

salvatis computatis proporcioniter omnibus doliis salvatis et periclitatione cum necesse (?) erit alleviare, nec de illis vinis que continebantur inferiori parte navis potuit esse ipsa allevatio ; immo de ipsis que in superiori parte existabant. Ad instanciam vestram, domina reverenda, presentibus litteris sigilla nostra dignum duximus apponere. Datum anno Domini M° CC° L°, sabbato infra octabbas assumptionis beate Marie. Valete in Domino.

Fol. 306 verso.

Cette lettre missive exposait ainsi les coutumes anciennes, consuetudines antiquas, *qui réglaient dans les ports d'Angleterre le commerce et le déchargement des vins. Est-elle parfaitement claire ?*

CLVIII

PORT ET NOYELLES

LETTRES COMMENT LA COMTESSE D'EU DONNA A EMELINE DE FONTAINES LE FIEF QUI FU JEHAN DE WISQUENI [1], LEQUEL FIEF SIET OU TERROIR DE PORT ET DE NOYELLE, ET LE TENOIT LEDIT JEHAN DE WISQUENI DE LADITE COMTESSE PAR UNE PAIRE DE WANS (gants) CASCUN AN AU JOUR DE PASQUES, ET SI ESTOIT LEDIT FIEF TENU DE L'ABBÉ DE SAINT CORNELLE DE COMPIENGNE. — *Juillet, 1251.*

Nos Philippa, quondam comitissa Augi et domina Couciaci [2], notum facimus etc.... M° CC° quinquagesimo primo, mense julio.

Fol. 121 recto et fol. 248 recto.

1. Wiquigny (?) — Un bois dit de Wiquigny faisait face au bois du Rondel, de l'autre côté de la route d'Abbeville à Saint-Omer, sur le territoire d'Agenvillers. On le défrichait vers 1868. Il n'existe plus.
2. Coucy.

CLIX

HESDIMONT

Lettres touchant les bois de Hesdimont, l'an 1253, octobre

Ego Symon de Haidimont[1] omnibus presentes litteras audituris notum facio quod, cum villa de Harenis et universi omnes ejusdem ville jurati communes usus suos habeant in toto nemore de Haydimont[2], et propter hoc mihi deberent tourtellos[4] aliquot censuales etc..... *(La lettre constate l'accord qui a réglé un léger différend.)* Anno Domini M° CC° quinquagesimo tercio, mense octobri.

Fol. 345 recto.

Simon a reconnu les droits d'usage des habitants d'Airaines dans le bois en question. Il leur remet la redevance des tourteaux moyennant une rente en argent ; il reconnaît leurs droits sur tous les arbres, excepté sur quatre espèces : exceptis..... videlicet quercu, fago, pomo et housso, etc.....

Voir le reste de l'acte dans le Recueil *de M. de Beauvillé qui possédait le parchemin original.*

---

1. Le sommaire, qui ne fait pas autorité, donne Hesdimont, le texte du terrier donne Haidimont. M. de Beauvillé qui a publié l'acte intégralement d'après l'original donne Hardimont. — *Recueil de documents inédits, seconde partie, p. 40.*

2. Ce bois n'était pas éloigné d'Airaines évidemment.

3. *Tourtellus* et *tortellus*, sorte de gâteau. Sacy traduit par tourteau le mot appétissant *crustula*, représentant dans la Bible latine une pâtisserie séductrice. *Rois III, chap. XIV, 3.* — Du Cange au mot *tourtellus* renvoie à *torta*, tourte, qui donne dans ses diminutifs ou dérivés, *tortellus* et *tourtellus*, tourteau. Rabelais traduirait peut-être *fouace*.

CLX

ABBEVILLE — CRÉCY

DON DE CENT JOURNAUX DE LA FORÊT DE CRÉCY AU CHAPITRE DE SAINT-VULFRAN

Lettres comment le comte (c'est-à-dire la comtesse) de Pontieu donna aux doyen et capitle de saint Wlfran cent journeulx de bos en le forest de Cressy emprès le maison du Temple que on nomme le Forest[1] d'un costé, et de l'aultre costé jusques aux bos W. de Bouberch et que on nomme Rondel (ad usus proprios eorumdem) par condition que ce soit aux canoines residens sur le lieu[2] et, s'il avient que deux ou trois canoines demeurent ensemble[3], ils ne prendront que tant seullement pour ung seul; et seront tenus les warde de le forest de faire serment auxd. doyen et capitle qu'ils garderont led. bois; et, si aucune amende avient audit bois, l'amende appartient, c'est assavoir moitié au comte de Pontieu et l'autre aud. capitle. — *1255, au mois d'août.*

Johanna, Dei gratia Castelle etc... Noverit universitas vestra quod nos, pro remedio animarum patris et matris nostrorum et bone memorie illustris regis Castelle et Legionis, quondam mariti nostri, nec non et remedio anime nostre et Fernandi (ou Ferrandi), dilecti filii nostri primogeniti, et heredis nostri, decano et capitulo Sancti Wlfranni in Abbatisvilla, etc... Datum anno Domini M° CC° L° V°, mense augusto[4].

Fol. 103 verso, 222 recto et 231 verso.

1. C'est-à-dire Forest-l'Abbaye ou plutôt Forest-l'Habit, de l'habit blanc des Templiers.
2. C'est-à-dire à Abbeville suivant le texte *in Abbatisvilla*.
3. Dans la même maison, *in uno et simul maneant hospitio*.
4. Cette date est celle que donne le fol. 222.

Le P. Ignace (Jacques-Sanson) a publié cette lettre (Histoire ecclésiastique, p. 91), *avec cette date d'août 1255. Les copies du terrier varient; celle du fol. 103 ne donne que* M° CC° L°, *mense augusto; celle du fol. 222 donne* M° CC° L° V°; *mais la dernière (fol. 231) ne donne plus que* M° CC° L°, *toujours mense augusto, Jeanne étant veuve depuis le 30 mai 1252, il est évident que la vraie date de cette lettre est donnée par le fol. 222 et par le P. Ignace.*

CLXI

PONT-REMY ET DUN[1]

Lettres comment ceulx de Dun ont le pasturage ès marès de Pont de Remy de toutes les bestes, exceptés brebis et pourcquaulx, et doibt cascun homme qui a bestes aud. marès, cascun an, a le Saint Remy, au comte de Pontieu une livre de chire. — *Ce sommaire est celui de la première copie; celui de la seconde est :* « Lettres comment le comte de Pontieu acorda a Jehan de Tofflet[2] et a ses hommes de Dun, demourans en le ville de Dun et a leurs hoirs l'usage de pasture a toutes leurs bestes, exceptés brebis et pourceaulx ès prés ès marès de Pont de Remi, que le vicomte du Pont de Remi tient dudit comte, exceptés ès marès qui se peuvent mettre a pré et exceptés les manages de lès le cauchie... Cascun homme de Dun, pour ses dittes bestes doibt cascun an, au jour Saint Remi aud. comte, une livre de chire. — *Janvier, 1255* (1256.)

Johanna, Dei gratia Castelle et Legionis regina, Pontivi et Monstreoli (Monstroli dans la seconde copie) comitissa, omnibus ad quos presentes littere pervenerunt salutem. Noverint universi quod nos Johanni de Tofflet et hominibus suis apud Dun manentibus et eorum heredibus imperpetuum concessimus, ad usum pascendi omnia animalia, videlicet equos, vaccas, vitulos, et alia animalia, exceptis ovibus et porcis, scilicet in omnibus pratis et marescis de

---

1. Dun, de la commune de Liercourt, canton d'Hallencourt.
2. Ce nom doit venir de Tofflet près de Laviers. Je ne connais pas d'autre Tofflet.

Ponte Remigii que vicecomes de Ponte Remigii de nobis tenet, exceptis illis mariscis qui tenati sunt de jure vel teneri possunt ad pratum vel ad managium juxta calceiam qua itur a Ponte Remigii ad Dun [1], et dicta pascua dicto Johanni et hominibus suis et heredibus supradictis, ut predictum est, tenemur imperpetuum garandire, et, propter hoc, quilibet dictorum hominum dicti Johannis nobis et heredibus nostris tenetur in una libra cere in festo beati Remigii, quolibet anno persolvenda, et illos de supra dictis hominibus qui nobis, pro dictis pascuis in avena tenebantur, de dicta avena quitavimus imperpetuum in excambium dicte cere persolvende. Hec autem omnia supradicta, secundum usum perhabitum, et quicquid juris ad dictos homines quantum ad dicta pascua permanebit, teneor garandire, salvo jure dicti Johannis a quo tenent terram suam. In cujus rei testimonium presentibus litteris sigillum meum apposui. Actum anno Domini M° CC° LV°, mense januario.

Fol. 119 verso et fol. 246 recto.

CLXII

AIRAINES

DROITS DE TRAVERS

Lettres comment le segneur de Araines avoit vendu pour quatre ans son travers de ladite ville de Araines a deux bourgeois d'Abbeville. — *1255, janvier* (1256.)

Ego Henricus de Arenis, miles, notum facio etc................ Anno Domini M° CC° LV°, mense januarii.

Fol. 217 recto.

Les deux bourgeois d'Abbeville s'appelaient Rogerus Hinnart et Jacobus Carbonarius *(Hinnart et Le Carbonier).*

---

3. Constatation de l'existence d'une chaussée, en 1256, de Pont-de-Remy à Dun. Cette chaussée serait-elle un souvenir romain comme le camp qui domine Dun?

CLXIII

LE CROTOY

DON VIAGER A UN CHAPELAIN

Lettres comment le royne de Castille, comtesse de Pontieu, donna a M^{ss} Jehan Berton, prestre, capellain du Crotoy, douze livres parisis, le vie dudit Berton durant et non plus. — 1256, au mois d'aoust, le vigille saint Bartholomé apotre.

Nos Johanna, Dei gratia regina Castelle et Legionis, Pontivi et Monstreoli comitissa, notum facimus etc... quod nos concedimus domino Johanni le Berton, sacerdoti, capellaniam du Crotoy, ab ipso, quamdiu vixerit, tenendam pacifice et quiete, pro qua assignavimus eidem domino Johanni duodecim libras parisienses, annuatim capiendas ad vicecomitatum meum de Rua etc.... Datum anno Domini M° CC° quinquagesimo sexto, mense augusto, in vigilia beati Bartholomei apostoli.

Fol. 289 recto.

CLXIV

ÉCHANGE ENTRE L'ABBÉ DE FORÊTMONTIERS ET LE COMTE DE PONTHIEU

TOURMONT — MACHIEL

Lettres comment le comte de Pontieu et l'abbé de Forest Montier cangèrent de le ville de Tormont a Machiel et aultres pluseurs coses. — *Mars, 1256 (1257.)*

Ces lettres sont de Waultier, abbé de Forest Montiers, identiques à celles de l'évêque d'Amiens qui se trouvent au folio 176 recto. — Les lettres de l'évêque d'Amiens sont datées de 1257; celles de l'abbé de Forest Montiers sont datées 1256 mois de mars et sont au folio 332 verso. — Les lettres de l'évêque d'Amiens se trouvent aussi, très en abrégé, au folio 333 verso.

Lettres de l'abbé de Forêtmontiers :

Omnibus etc..... Walterus, Dei permissione ecclesie Forestensis Monasterii abbas humilis, totusque ejusdem loci conventus eternam in Deo salutem. Ad universitatis vestre noticiam volumus pervenire quod, cum nos cum venerabili et illustri domina Johanna, Dei gracia Castelle et Legionis regina, Pontivi et Monstreoli comitissa, super quibusdam possessionibus aliquantulum a nostro monasterio remotis, permutandis cum aliis nostro monasterio vicinioribus, tractatum longum habuissemus, tandem inter nos etc..... Actum anno Domini M° ducentesimo quinquagesimo sexto, mense marcii.

Fol. 332 verso.

Voir plus loin, mars 1257 (1258), les lettres de vidimus de l'évêque d'Amiens.

CLXV

HESDIMONT

Lettres touchant le bois de Hesdimont [1]. — *1257, au mois de novembre.*

Ego Droco dictus Glave (ou Glane) notum facio presentibus et futuris quod, cum inter me et heredes meos, ex una parte, et maiorem et scabinos, villam et communitatem de Harenis, ex altera, super nemore de Haidimont centum et sex jornalia vel circiter continente, etc..... *Les bourgeois d'Airaines prétendaient dans ce bois à des usages contestés. Il y eut arrangement.* — Actum anno Domini M° CC° quinquagesimo septimo, mense novembri.

Fol. 344 recto.

CLXVI

FORÊTMONTIERS

I

Lettres d'acort du comte de Pontieu et des religieux de Forest Montier. — *1257, janvier (1258.)*

Ces lettres de Jeanne, comtesse de Ponthieu, rappellent et reproduisent des lettres du comte Guillaume, son aïeul, du mois de septembre 1210. La comtesse les confirme :

1. Voir plus haut CLIX, Hesdimont.

In nomine sancte et individue Trinitatis, nos Johanna, Dei gracia Castelle et Legionis regina, etc..... litteras bone memorie domini Willelmi, quondam avi nostri, Pontivi et Monsteroli comitis, ecclesie beate Marie Forestensis monasterii, abbati et conventui ejusdem ecclesie, concessas vidimus..... fide legimus et inspeximus in hec verba : Ego Willelmus, comes Pontivi et Monsteroli, omnibus sancte matris ecclesie filiis presentes litteras visuris et audituris salutem in domino. Noveritis quod, cum querimonia aliquando fieret ad nos de baillivis et servientibus nostris a viro religioso domino Almarico, tunc temporis abbate Forestensis monasterii existente, etc..... Actum anno Verbi incarnati M° CC° X° mense sept..... Nos vero, attendentes devotionem quam abbas etc.... in cujus rei robur, testimonium et munimen, et ad perpetuam dicte ecclesie securitatem, presentes litteras abbati et conventui sigilli nostri munimine tradidimus roboratas. Datum anno Domini M° CC° L° VII° mense januario.

Fol. 144 recto et fol. 329 recto.

II

Ces lettres sont immédiatement suivies dans le cartulaire de nouvelles lettres de confirmation postérieures de dix ans (octobre 1268.)

Nos Johannes de Nigella, comes Pontivi et Monsteroli et Albemallie, et Johanna, Dei gracia etc...., uxor nostra, notum facimus etc..... Datum anno Domini M° CC° L° X° octavo, mense octobri.

Fol. 144 verso.

CLXVII

LE TRANSLAY

Lettres comment le segneur de Framicourt, en Vimeu, vendi au comte et a le comtesse de Guelles douze journeulx de terre au Transleel qu'il tenoit de mons' Jehan de Ascheu et comment a se requeste le comte de Pontieu en saisit lesd. comte et comtesse de Guelles. — *1257, janvier (1258.)*

Ego Bartholomeus, dominus de Framicourt, notum facio etc...... quod ego vendidi nobili viro C., comiti Guellie[1], et Philippe, uxori ejus, comitisse, duodecim jornalia etc..... anno Domini millesimo CC° L° septimo, mense januario.

Fol. 162 verso, 238 verso, 239 verso.

CLXVIII

LAVIERS

Lettre du segneur de Laviers. — *1257, janvier (1258.)*

Ego Robertus, dominus de Laviers[2], miles, notum facio etc..... quod, cum ego tradiderim etc..... M° CC° L° septimo, mense januario.

Fol. 74 recto et fol. 379 verso.

---

1. Gueldre? Mais le Translay est bien loin des Pays-Bas.
2. Laviers, canton Nord d'Abbeville.

Robert a livré à Jehan bourgeois d'Abbeville et à Firmin de Hedin autre bourgeois d'Abbeville et à leurs héritiers quamdam piechiam terre sitam inter *Laviers et le flos de Cambron, contenant cinquante journaux de terre,* parum plus vel minus, *pour cent et dix sols parisis de cens annuel que les acquéreurs ou leurs héritiers devront lui payer à Laviers en deux termes.*

CLXIX

LE TRANSLAY

Lettre comment le segneur d'Acheu confesse que tout le droit de segneurie qu'il avoit en douze journeulx de terre séans au Transleel, lesquels le segneur de Framicourt avoit vendu au comte de Guelles, il resigna en le main du comte de Pontieu et de le comtesse. — *1257, janvier* (1258.)

Ego Johannes, dominus de Assieu[1], miles, notum facio omnibus presentes litteras inspecturis quod, cum Bartholomeus, dominus de Framicourt, homo meus, vendiderit hereditarie nobili viro domino C., comiti Guellie, et Philippe, uxori ejus, comitisse, duodecim jornalia terre sita apud Tranletum contigue, que de me tenebat, et dictam terram in manu mea resignaverit, et ego, ad instanciam et peticionem ipsius Bartholomei, dictam terram in manu domine regine Castelle et Legionis, Pontivi et Monstreoli comitisse, et quicquid juris et dominii in illa terra habebam, resignaverim ad opus dictorum comitis et comitisse et eorum heredum, ipsa domina regina, ad instanciam et peticionem meam, dictos comitem et comitissam de dicta terra saisivit et in corporalem misit possessionem. In cujus rei testimonium presentes litteras sigillo meo roboravi. Actum anno Domini M° CC° L° VII°, mense januario.

Fol. 162 recto et fol. 239 verso.

1. Asseu dans la seconde copie, Acheu, canton de Moyenneville.
2. Framicourt dans le canton de Gamaches.

CLXX

MAREUIL

CHARTE DE GUILLAUME TYREL

Lettres faisans mention comment le segneur de Pois debvoit a M^{eus} Mahieu de Trie, segneur dudit lieu et de Monchy, trois mille livres parisis, lequel segneur de Pois les assigna aud. sieur Mahieu sur le terre de Mareul a quatre chens livrées de terre sur led. terre de Maroeul et sur le fortresse a recepvoir jusques a tant qu'il en soit récompensés. — *1257, le lundi devant le Chandeleur* (1258.)

I

Je Guillaume Tiraus, chevaliers et sires de Pois, et je Marguerite, femme d'icelui Guillaume, dame de Pois, faisons savoir etc.....

« Nous l'avons asséné[1] à IIII cens livrées de terre séans à Mareuil[2] et as appartenances et a la forteresce de Mareuil qu'il doit tenir sans pris dusque à tant qu'il, ou son commandement, ait receu les trois mile livres devant dites... Ce fu fait en l'an de l'incarnation mil CC LVII ans, le lundi devant la Chandeleur[3] ».

Fol. 217 verso.

---

1. Monseigneur Mathieu de Trie, chevalier, seigneur de Trie et de Monchy.
2. La lettre porte bien Mareuil et non Morueil.
3. La Chandeleur étant le 2 février, nous sommes rejetés en janvier.

La « royne de Castele et de Lihon, contesse de Pontieu et de Monsterel » est intervenue dans la délivrance de ces lettres à la requête de Guillaume Tirel et de Marguerite, sa femme, comme en fait foi cet autre extrait :

II

Je Guillaume Tiraus etc... et je Marguerite etc... faisons savoir etc... que nostre dame la royne de Castele et de Lihon, de Pontieu et de Monsterel contesse, à nostre requeste, a donné à monseigneur Mahieu de Trie, chevalier, seigneur de Trie et de Monchy, ces lettres qui s'en siuent seelees de son seel. Ce fut fait l'an de l'incarnation mil CC LVII, le lundi devant le Chandeleur.

Fol. 217 verso.

CLXXI

HIERMONT

LES RELIGIEUSES DE WILLENCOURT

Lettres comment Jehanne, royne de Castille et comtesse de Pontieu, conferme aux religieuses de Willencourt deux muis d'avaine que Willaume, comte de Pontieu, leur donna a prendre, cascun an, a Hiermont pour faire cervoise pour lesdites religieuses et leur donna item ung mui d'avaine pour l'obit du comte Simon. — *1257, au mois de février,* (1258.)

Nos Johanna, Dei gratia regina Castelle et Legionis, Pontivi et Monsteroli comitissa, notum facimus tam presentibus quam futuris quod bone memorie nobilis princeps Willelmus, quondam comes Pontivi et Monsteroli, pro salute anime sue, dum adhuc viveret, pie contulit in fundatione domus de Willemcurti[1], ordinis Cisterciensis, abbatisse et conventui dicti loci, duos modios avene, ad mensuram publicam Pontivi, reddendos annui, ad festum sancti Remigii, ad census meos de Hiermont, ad faciendum cervisias[2], ad opus dictorum abbatisse et conventus, et, in ultima voluntate qua decessit, eisdem similiter legavit unum modium avene, pro anniversario suo ibidem faciendo, in eodem loco assignatum et ad dictum terminum reddendum; et pie memorie karissimus pater noster Symon, quondam comes Pontivi et Monsteroli, sanus et incolumis et bone memorie existens, volente etiam et concedente nobili muliere Maria comitissa, quondam matre nostra, dictis abbatisse et conventui similiter donavit unum modium avene ad dictam mensuram et ad dictum locum et ad dictum terminum assignatum pro....? anniversario suo ibidem faciendo, prout in litteris dictorum Guillelmi comitis et Marie comitisse matris nostre et in testamento ejusdem Guillelmi, quibus fidem plenam et credentiam adhibemus, videmus contineri. Nos vero, volentes ea que per tantos et tam bonos principes .... fuerunt, robur firmitatis habere et .... et tantorum beneficiorum volentes fieri participes, omnia et singula premissa, prout superius sunt expressa, dictis abbatisse et conventui concedimus et confirmavimus. In cujus rei testimonium et munimen presentes litteras eisdem tradidimus sigilli nostri munimine roboratas. Actum apud Gardum Rue, anno Domini M° CCLVII°, mense februarii.

Fol. 141 recto.

---

1. Willencourt, canton d'Auxi-le-Château, Pas-de-Calais.
2. Les religieuses faisaient donc de la bière avec de l'avoine.

CLXXII

ÉCHANGE ENTRE LE COMTE DE PONTHIEU ET L'ABBÉ DE FORÊTMONTIERS

TOURMONT — MACHIEL

Lettres (de l'évêque d'Amiens) comment le comte de Pontieu et l'abbé de Forest Montier cangèrent de le ville de Tormont a Machiel et aultres pluseurs coses. — *1257, mars* (1258.)

Ces lettres sont curieuses pour la vieille ville de Tormont (Saint-Quentin en Marquenterre).

G[1], Dei gracia Ambianensis episcopus, universis presentes litteras inspecturis in Domino salutem. Noveritis nos litteras virorum religiosorum, abbatis et conventus Forestensis Monasterii, vidisse in hec verba :

Omnibus sancte matris Ecclesie filiis presentes litteras visuris vel audituris, Walterus, de permissione ecclesie Forestensis Monasterii abbas tociusque *(sic)* ejusdem loci conventus eternam in Domino salutem. Ad universitatis vestre noticiam volumus pervenire quod, cum nos cum venerabili et illustri domina Johanna, Dei gracia Castelle et Legionis regina, Pontivi et Monstreoli comitissa, super quibusdam possessionibus aliquantulum a nostro monasterio remotis, permutandis cum aliis nostro monasterio vicinioribus, tractatum longum habuissemus, tandem inter nos de permutacione facienda, de proborum virorum et fide dignorum consilio, convenerit (ou plutôt convenit) in hunc modum;

---

1. Gérard de Conchy. — Les lettres de l'évêque sont de mars 1257 (1258); celles qu'il vidime et approuve sont de mars 1256 (1257). — Voir plus haut.

videlicet quod nos villam nostram de Torto Monte cum omnibus appendiciis dicte ville, tam in justicia quam in aliis proventibus ad nos, tempore permutacionis predicte, sine reclamatione cujusque (ou cujuscunque ?) spectantibus, dicte regine et heredibus suis dedimus, creantavimus, et, de assensu nostro communi, perpetuo possidenda concessimus, omne jus dominii, possessionem, justiciam et alia omnia que in dicta villa cum appendiciis habebamus, in dictam reginam et heredes suos penitus transferendo, permutationis nomine, recipientes ab eadem regina sexies vinginti jornalia nemoris et unum jornale et xxxviii virgas et dimidium (ou dimidiam) ad nemus quod dicitur Haya de Bonella[1], inter nemus scilicet domini Henrici de Novion, militis, et curallos (ou airallos)[2] de Pontosiis[3], et etiam inter Forestense Monasterium et Pincheham[4]. Recipimus etiam apud Machiel quicquid dicta domina regina habebat ibidem, alta justicia sibi et heredibus suis totaliter remanente et tallia predicte ville de Machiel, sicut eam ipsa regina et sui predecessores habere consueverunt. Recipimus etiam XLIX jornalia nemoris et IX virgas sita inter nemus de Asino[5] et forestam de Cressyaco et inter nemus hospitalis Rue et viam de Cruce[6]. Et cum nos haberemus cartas dominorum Pontivi de Torto Monte cum appendiciis, per quas dicta villa cum aliis possessionibus nostris concedebatur et confirmabatur, nos omnibus cartis dictorum dominorum et aliis litteris sive instrumentis repertis vel reperiendis, apparentibus vel non apparentibus, de Torto Monte cum appendiciis mentionem facientibus, pro nobis et nostro monasterio, penitus renunciamus; dictis cartis et instrumentis quoad alias possessiones et jura nostra, non obstante permutatione et renuntiatione

---

1. Bonnelles, commune de Ponthoile, canton de Nouvion.

2. Si la lecture de ce mot est peu sûre, le sens que je puis lui donner n'est pas moins incertain. On pourrait rapprocher *curallos* de *curalla, frutetum, dumetum, galtice brossaille, curalier*. — Du Cange. — On pourrait rechercher *airallos* dans *ayrale, airalus, area, seu locus edificio aptus quasi areale, mansura, gallice masure*. — Idem.

3. *Pontosiis*. Faut-il supposer une mauvaise lecture pour *Pontoliis*? Ponthoiles ?

4. Parmi les arrière-fiefs de la pairie de Nouvion se trouvait un fief dit de Pinchesne. Serait-il permis de l'identifier avec ce Pincheham ?

5. Le bois de l'Ane dont on n'a plus souvenir.

6. Il y a encore dans la commune de Ponthoile un lieu appelé l'*Ecce Homo*. Pourrait-on l'identifier avec le lieu nommé la Croix en 1257 ?

predictis, in suo robore et vigore sicut prius perpetuo duraturis. Et si forsan per abbuvionem [1] vel maris incrementum seu ruminacionem [2], villam de Torto Monte minorari vel penitus adnichilari contingeret, ubicumque sabulum vel dune se habuerint si villam ibi fieri contingat, vel si sabulum vel dune ... (?) villa (?) remanserint (remanderint?), vel si forsan aliis *(sic)* casu contingente, ibi naves ad portum applicaverint, omne jus quod ibidem repetere vel reclamare possemus, si dicta villa de Torto Monte in dominio nostro cum appendiciis remansisset, dicte domine regine vel heredibus suis perpetuo, quantum in nobis est, concedimus habendum et possidendum. Et quia rei ecclesie permutatio vel alterius generis alienatio sine decreto et episcopali auctoritate fieri prohibetur, Reverendi patris et domini Gerardi, Dei gratia Ambianensis episcopi, qui, causa cognita, permutationem predictam ecclesie nostre utilem fore decrevit, consensus et auctoritas intervenit, sicut in litteris dicti venerabilis patris, penes dictam dominam reginam et nos residentibus, plenius et expressius continetur. Promisimus insuper, ad quamcumque ubertatem proventus de Torto Monte cum appendiciis perveniant et ad quamcumque sterilitatem casu aliquo pervenerint possessiones nomine permutationis a nobis recepte, per beneficium restitutionis in integrum, per auxilium alicujus juris ordinarii vel extraordinarii, per supplicationem domino pape vel alii faciendam, vel aliqua alia via, dictam permutationem nec rescindi procurabimus nec etiam permittemus, et quod non queremus causam, artem, materiam vel ingenium, per appellationem, vel alio modo, contra premissa aliquo tempore veniendo, omnibus litteris impetratis et impetrandis ut dicta permutatio retractetur renuntiantes expresse. Et ad omnia premissa et singula firmiter et fideliter perpetuo observanda nos Walterus abbas, pro nobis, et dominus Adam, pro se et pro toto conventu, et .... (?) eorumdem habens super hoc litteras sub sigillo conventus, de speciali potestate eidem in jurando (?) attributa, corporale prestitimus juramentum. Poterunt autem dicta domina regina et heredes sui perpetuo de dicta villa de Torto Monte, sicut de alia sua hereditate, facere et disponere pro sue libito voluntatis. In cujus rei robur et testimonium et ad perpetuam dicte regine et heredum

---

1. Je lis bien *abbuvionem* ou tout au moins *albuvionem*, mais ce doit être *alluvionem*.
2. Ou *ruminationem*.

suorum securitatem, nos abbas et conventus predicti presenti carte, in annotatione cyrographi supra incisi (?), sigilla nostra apposuimus. Actum anno Domini M° CC° L° sexto, mense marcii.

Nos vero, permutationem factam inter predictas partes de villa de Torto Monte cum appendiciis et rebus aliis, prout in litteris supradictis plenius continetur, pensata et diligentur considerata utilitate monasterii prenotati, volumus, laudamus et approbamus, et auctoritate pontificali confirmamus. In cujus rei testimonium et munimen, presens decretum sigilli nostri munimine duximus roborandum. Actum anno Domini M° CC° L° VII°, mense marcio.

Fol. 176 recto.

CLXXIII

AIRAINES

LE FIEF PIGNON

Lettres comment la comtesse Jehanne donna a Riquard le mareschal un fief Pignon et comment depuis la comtesse assigna audit Maressal sept livres treize sols parisis a prendre au Crotoy[1] pour la recompensation dud. fief. — 1257, au mois de mars, le jour de la feste de saint Grégoire (c'est-à-dire le 12 mars) [1258.]

Jehane, par la grace de Dieu royne de Castele et de Lyon, comtesse de Pontieu et de Monstruel, etc... faisons assavoir à tous que, comme hons nobles Symons, jadis cuens de Pontieu etc...., nostre pères, eust donné à Ricard le

---

1. A nostre vicomté du Crotoy.

Mareschal etc.....[1]. Che fu fait au Gart d'en costé Rue, en lan del incarnation nostre seigneur M. CC. LVII, el mois de march, le jour de le feste saint Grégore. *Fol. 132 recto et fol. 309 recto et fol. 312 recto.*

CLXXIV

SAINT-QUENTIN EN MARQUENTERRE

LETTRES DE TORMONT. — *1257, avril* (1258).

La comtesse Jeanne « donne à son cher et fidèle parent, Eudes de Ranqueroles, le domaine qu'elle avait à Tormont et ce qu'elle y avait par l'échange fait avec l'abbé et couvent de Forestmontier, se réservant la haute justice, tout le lagan[a]*, la dixme du onzième, la garenne, la baleine et tout autre poisson royal. — Elle lui donne de plus quarante livres de rente héréditaire à prendre sur sa vicomté d'Abbeville. — La donation est faite pour les services que lui a rendus Eudes de Ranqueroles, à la charge par ledit Eudes d'un seul hommage pour les deux donations qu'elle fait en son nom et au nom de son fils Ferrand, fils de feu Ferrand roi de Castille et de Léon. » — Sommaire de la pièce par le marquis Le Ver.*

1. La comtesse a fait estimer le fief Pignon qui s'est trouvé de la valeur de sept livres 13 sols parisis. En dédommagement de ce fief qu'elle a repris, elle a assigné audit Richart les 7 livres 13 sols à prendre sur la vicomté du Crotoy, héritablement, pour lui et les hoirs de sa chair, et s'il n'en a pas, les 7 livres 13 sols retourneront à ladite comtesse ; et de plus elle a affranchi de toutes marchandises icelui Richard par toute la terre de Pontieu, lui et ses hoirs, pour les services qu'il a rendus audit feu comte Simon et à ladite reine. Les 7 livres 13 sols sont tenus en fief et en un seul hommage. — Analyse de la pièce par le marquis Le Ver qui en a retrouvé le parchemin original au Trésor des Chartes. — Cette charte, remarque-t-il, prouve que les roturiers possédaient des fiefs.

2. Le droit de lagan, de bris, d'épaves, existait donc encore en 1257.

... La comtesse Jeanne ne pouvait donner à son cousin ce qu'elle possédait à Tormont avant de l'avoir obtenu par échange de l'abbaye de Forêtmontiers ni avant l'approbation donnée à cet échange par l'évêque d'Amiens, mars 1257 (1258). — Voir plus haut CLXXII. — Le don à Eudes de Ranqueroles a donc été fait en 1258 mais dans la première semaine d'avril qui appartenait encore, dans le style du temps, à l'année 1257, Pâques tombant en cette année le 8 avril.

Johanna, Dei gratia Castelle et Legionis regina, Pontivi et Monstreoli comitissa, omnibus Christi fidelibus presentes litteras visuris vel audituris eternam in Domino salutem. Ad universitatis vestre notitiam volumus pervenire quod nos, de assensu Ferrandi, primogeniti nostri, illustrissimi Ferrandi bone memorie, regis Castelle, filii, dedimus et concessimus dilecto et fideli consanguineo nostro domino Odoni de Ranqueroles, militi, pro serviciis que nobis et terre nostre fideliter impendebat, villam de Torto Monte et quicquid ibidem habemus, tam de nostro dominio quam de hiis que nobis evenerant ratione permutationis cujusdam facte a nobis, abbate et conventu Forestensis Monasterii tenendum, et heredes et heredibus[1] et perpetuo possidendum, esclusis et retentis nobis alta justicia, omni lagano unde..... proveniente, dima nostra et warenna, cum balena et omni alio regio pisce, et sede navium terrarum alenarum[2] . . . . et cum nos, de assensu karissimi Ferrandi filii nostri, alias dedissemus prefato consanguineo nostro XL^a libras annui redditus et heredibus suis, ad vicecomitatum nostrum de Abbatisvilla perpetuo possidendas, volumus, consentimus, nos et dictus Ferrandus filius noster, quod idem dominus Odo, consanguineus noster, villam de Torto Monte cum redditu predicto de vicecomitatu abbatisville teneant et habeant ipse et heredes sui ad unum homagium et servicium, sine aliqua exactione. Nos autem prefata Johanna regina et Ferrandus, filius noster, dictas donationes et concessiones, sicut superius sunt expresse, dicto domino Odoni, militi, consanguineo nostro, et heredibus suis, erga omnes, juri et legi parere volentes, bona fide warandicare tenemur et presenti scripto nos obligamus.

1. *Et heredes et heredibus*, j'avoue mal comprendre cette incidence.
2. *Alienarum.*

In cujus rei testimonium et robur, nos regina predicta [et] Ferrandus, filius noster, carte presenti sigilla nostra apposuimus. Datum M° CC° L° VII°, mense aprilis.

Fol. 61 recto.

CLXXV

VICOMTÉS ET SEIGNEURIES EN VIMEU

Lettres de compromis en arbitrage de Madame le comtesse de Dreues de Braine et de Saint Wallery et le comtesse de Pontieu touchant certaines questions a cause de leurs vicomtés et seigneuries et autrement en Vimeu et ailleurs. — *1258, au mois de juin.*

Nous Marie, contesse de Dreues, dame de Braine et de Saint-Valery, faisons savoir à tous ceux[1] qui ces presentes lettres verront et orront que, comme pluseurs[2] contens fussent meus[3] entre nous et nos gens, dune part, et noble dame Jhoane (Jehane dans la seconde copie), par la grace de dieu royne de Castele et de Lions, contesse de Pontieu et de Monsteruel[4], et sa gent, dautre partie[5], nous, à la parfin, par le conseil de nos amis et de bonnes[6] gens, nous sommes mis si comme en arbitres ; nous, pour nostre partie, en monseigneur Jehan de Biauchien (Bauchien dans la seconde copie), chevalier, et la devant dite royne, pour sa partie, en monseigneur Godard[7] de Cambron[8], chevalier ; et doivent cil[9] dui[10] chevalier enquerre en bone[11] foy par bone[12] gent créable des forfais qui sont entre nous et nostre gent, d une part, et la devant dite royne et ses gens[13], dautre partie[14], dusques au mardi prochain apres les octaves de la chaere (chaiere dans la seconde copie) saint Pierre, si comme[15] de maniemens, et quant[16] cil[17] dui[18] chevalier devant dit aront enquis de tous ces[19] forfes[20] devant dis, tant comme a maniement[21] apartient, il doivent chascune[22] partie mettre en son maniement et doivent les parties demourer en leur maniemens[23] (maniement, *suivant D. Carpentier,* manience, possession, jouissance), dusques a laage de loir (del hoir dans la seconde copie) de Saint Valeri et doivent cil[24] chevalier devant dit rendre ce[25] quil[26] aront enquis[27] et dont il seront acordables[28] des devant dis forfais dedens les octaves de la nativité saint Jehan Baptiste prochaine avenir par leur feautes[29] et les autres choses[30] dont il seront descordable[31]. Se aucune en y a[32] dont il ne se peussent[33] accorder, il le doivent à ce[34] devant dit jour dire as[35] amis de lune partie et de lautre, et li ami en doivent ouvrer pour bien de pais (paix) si comme il verront que bien soit, et se aucuns debas avenoit entre nous et nos gens et la devant dite[36] royne et ses gens des ore en avant dusques au terme devant dit de rendre lenqueste[37], li devant dit chevalier doivent prendre les debas en leur main et enquerre des debas aussi[38] comme des autres choses[39] ; et pour ce[40] que ce[41] soit ferme chose[42] et estable, nous avons ces[43] presentes lettres seelees et confermees[44] de nostre seel. Ces[45] lettres furent donnees en lan de lincarnation[46] nostre seigneur M.CC et LVIII, el mois de juyng[47].

Fol. 208 recto et fol. 400 recto.

Variantes de la seconde copie : 1 chiens. — 2 plurieus. — 3 mut. — 4 en abrégé, de sorte que je ne peux voir la forme du nom. — 5 part. — 6 boines. — 7 Godart. — 8 Godart de Camberon dans la seconde copie. — 9 chil. — 10 doi. — 11 boine. — 12 boine. — 13 et ses gens manquent. — 14 ici la deuxième copie porte et sa gent. — 15 si que me. — 16 et après quant. — 17 chil. — 18 doi. — 19 ches. — 20 ches forfais dans la seconde copie. — 21 à forfait. — 22 chascune. — 23 en leurs mainemens. — 24 chil. — 25 che. — 26 que il. — 27 trouve enquis. — 28 acordaules. — 29 par leurs franches. Ici je crois certainement la première copie plus exacte. — 30 coses. — 31 descordables. — 32 en i a. — 33 puissent. — 34 chel. — 35 ad. — 36 devante dite. — 37 le enqueste. — 38 autressi. — 39 coses. — 40 che. — 41 che. — 42 cose. 43 ches. — 44 confermees et seelees. — 45 ches. — 46 del incarnation. — 47 mil ans deus chens et chinquante et wit el mois de juing.

CLXXVI

MOREUIL

PROBABLEMENT MAREUIL

Lettres de recongnoissance d'amendise faites par le s^r de Villers. — 1258, le lundi après la saint Andrieu. *(Décembre.)*

Je Bernars de Moroil, sires de Viliers[1], fais savoir a tous que de ij entrepresures que je avoie faites a madame le royne de Castele et de Lyons, de Pontieu et de Monstr' contesse, qui hons liges je sui[2], de sen baillieu seur qui je avoie mis main et de se prison que je avoie froisié[3], je l'ai amendé a me dame a se volenté et me suis mis seur li et seur sen dit que ele dira quant il plaira en tele maniere que, se je ne tenoie sen dit, je serois tenus à rendre a lui cc lib' de par' de quoi, e li abandonne tout men fief que je tieng de lui que ele y puist assener sans lui meffaire et tant tenir que ele en aroit levé les cc libr' devant dis et je seroie quites des ij amendes devant dites par les cc lib' se ele les prenoit, et si len ai livré pleiges monseigneur Bernard de Moreuil, men frere, et monseigneur Willaume de Pois et monseigneur de le Ferté. Et el tesmongnage etc. faites en lan del incarnation mil cc lviii, le lundi après le saint Andrieu.

Fol. 296 recto.

---

1. Il s'agit bien de Villers et de Mareuil près de Caubert. Ce n'est pas la première fois que Bernard parait dans ces actes. V. plus haut.

2. Ne faudrait-il pas *cui*, à qui, de qui ?

3. Froissié, rompu, — ici rompue.

Les actes de ce temps sont en général plus clairs en latin qu'en français.

Ego Bernardus de Morolio, dominus de Viliers, notum facio omnibus presentes litteras inspecturis.

Cette lettre ne va pas plus loin. — Ibid., ibid.

CLXXVII

LES RELIGIEUX DE PONT HERMIER

Lettres de Jehanne, royne de Castelle et de Léon et comtesse de Pontieu, rappelant une générosité de Simon de Dommartin et de Marie sa femme, faite en perpétuelle aumosne aux chapelains d'hôtel Dieu de Pont Hermier[1]. — *1258, au mois de mars.*

Universis presentes litteras inspecturis Johanna, dei gratia Castelle etc....... M° CC° LVIII°, mense marcio.

Fol. 347 verso et fol. 352 recto.

---

[1]. Pont Hermier, où ce lieu ? Non dans la Somme certainement. M. Garnier ne l'a pas donné. Je ne l'ai trouvé dans aucun dictionnaire topographique.

CLXXVIII

HIERMONT

Lettres comment Mre Betremieulx de Rue vendi a Simon Dupuch le fief qu'il tenoit a Hiermont. — *1260, mai.*

Je Jehanne, par la grâce de dieu royne de Castele etc..., que maistre Bertremiex de Rue a recognut par devant nous avoir vendu tout le fief Closement (?) que il tenoit de mi à Hiermont en hommage par lx s. de relief et lx s. d'aieues (d'aides) quant eles eskairont et par iiij s. de serviche à rendre à le Pasches et l'a resigné en me main et en ai saisi Symon Dupuch et rechut à homme, à tenir hyretaulement à lui et ses hoirs, si comme il est par devant dit; et est assavoir que chil maistre Bertremiex et Mah[iex] ses freres ont reconnut par devant my que en cheste chose riens jamais ne porroient clamer etc... et pour che etc... Che fut fait l'an de l'incarnation m cc et lx, el mois de may.

Fol. 111 recto.

Le marquis Le Ver a fait deux remarques sur cette pièce :

« *Comme Jean de Neelle, second mari de Jeanne, ne parait pas dans cet acte, il est à croire qu'elle n'avoit pas encore convolé en secondes noces au mois de mai 1260.*

« *Cette charte fait connaître que les saisines ou les investitures de fief se faisoient par le seigneur lui-même et que le sénéchal ou le bailly ne les donnoient pas encore au nom du seigneur.* »

CLXXIX

L'ABBAYE DE BALANCES (Valloires)

DROIT DE PÊCHE ÉCHANGÉ CONTRE UNE SOMME SUR LA VICOMTÉ DE RUE

Lettres comment le comte de Pontieu donna aux religieulx de Balanches, cascun an, soixante sols parisis a prendre sur le vicomté de Rue en recompensation de l'usage qu'ils avoient de pesquier cascun an ès viviers de Rue[1]. Fait a Cressy. 1261.

Nos Johannes de Nigella, comes Pontivi et Monstreoli, et nobilis domina Johanna, dei gracia Castelle et Legionis regina, Pontivi et Monstreoli comitissa, karissima uxor nostra, notum facimus etc... quod, cum dilecti nostri abbas et conventus de Balanchiis ordinis Cisterciensis etc... presentes litteras sigillorum nostrorum munimine roboravimus. Actum apud Cressi, anno Domini M° CC° sexagesimo primo, mense julio. — La seconde copie porte junio.

Fol. 236 verso et fol. 282 recto.

---

1. Les religieux de Balanches poevent pesquier par trois jours après le saint Remy ès viviers de Rue. — *Autre sommaire.*

CLXXX

ABBEVILLE

Lettres comment nulz ne peut prester aux usures a Abbeville, ce n'est par le congié du comte et de la ville. — *29 septembre 1261.*

Nous Jehans de Neele, quens de Pontieu et de Monstroil, et Jehane ma femme, contesse des liex devant nommes, faisons savoir etc...
Fol. 6 verso.

Publié par Aug. Thierry, Documents inédits, *t. IV, p. 31, avec de légères variantes. — A. Thierry renvoie au* Livre Blanc de l'échevinage d'Abbeville, *fol. XIII recto, à la collection Moreau, vol. 184, et à dom Grenier, vol. 100, XVe paquet, n° 2, p. 314.*
« *C'est l'acte le plus ancien que j'aie vu, a écrit le marquis Le Ver, où comparaissent Jean de Neele et Jeanne sa femme.* » — *Il ajoute :* « *Dans cette charte Jeanne ne prend plus la qualification de reine de Castille et de Léon qu'elle reprendra dans les actes subséquents.* »

CLXXXI

FONTAINES — AUMALE

Lettres comment le segneur de Fontaines et de Long vendi a Jehan Silet, bourgois d'Abbeville, dix livres tournois de rentes qu'il prenoit en le prevosté de Aumalle, au jour saint Miquel, par ung homme au comte de Pontieu. — *1262, juin.*

Nous Aliaumes de Fontaines, chevaliers et sires de Long, et Marie, nostre fame, faisons savoir etc... Ce fut fait l'an de grace M. CC. LXII, el mois de juing.

Fol. 219 recto.

CLXXXII

AIRAINES

Lettre de Henri seigneur d'Airaines a son seigneur Jean de Neélle, comte de Pontieu, et a sa femme, leur demandant de confirmer, comme seigneur, au couvent de Saint-Pierre de Selincourt certaines concessions qu'il a faites. — *1262, février* (1263.)

A son chier seigneur et ami monseigneur J. de Neele, conte de Pontieu et de Monstr, et a se très chière dame et cousine, Jehane, par la grace de dieu etc... M. CC. LXij, el mois de février (1263).

Fol. 346 verso.

CLXXXIII

ÉPAGNE — AUXY

Lettres des sire et dame d'Espaigne et du sieur d'Auxy touchant certains fiefs et autres choses tenues de la seigneurie. — *1264, février* (1265.)

Jou, Mahieus de le Vaquerie, sires d'Espaigne, et je Ysabiax, dame d'Espaigne, fame chel Mahieu, faisons savoir etc....... M. CC et sessante et quatre, el mois de février.

Fol. 74 recto et fol. 379 recto.

Mathieu de la Vaquerie et sa femme reconnaissent avoir vendu au seigneur d'Aussy tout leur fief de Leures et ce qu'ils tiennent du seigneur d'Amiens.

CLXXXIV

AUXY

Lettres comment Hue d'Auxy, chevalier, segneur dudit lieu, se mist en l'appointement que le comte de Pontieu ordeneroit du débat qui estoit entre luy et Drien d'Auxy son frère. — *1er août 1265.*

Je Hues, chevaliers et sires d'Auxi, fais savoir etc....... le joesdi après le feste saint Pierre entrant aoust.

Fol. 116 verso.

CLXXXV

ABBEVILLE

Lettres comment le vicomte d'Abbeville doit faire serrement. — *Mai 1266.*

Lettres de Jehan de Neele, comte de Pontieu et de Monstroil, etc. et de Jehanne sa femme, ... Le comte veut que son vicomte (viscuens) fasse serment à la ville d'Abbeville après l'avoir fait à lui-même et que les choses enquêtables (?) de lui et de la ville soient jugées entre les murs d'Abbeville, sans aller à Amiens, Corbie et saint Quentin[1] .... el mois de may, le vendredi de le Penthecouste.
Fol. 3 verso.

CLXXXVI

MARQUENTERRE

Lettres du comte de Pontieu touchans le commune et les limites de le banlieue accordées aux maire et eschevins de Mareskieneterre. — *1266, le samedi devant le saint Martin.*

Cette charte a pour objet l'éclaircissement d'un mot de la charte communale « dusques a le mer — usque ad mare » — qui donnait lieu à des doutes.

---

1. Voir l'article de la charte d'Abbeville de 1184 : « ..... *Si forte inter me et dictos burgenses meos querela emerserit, que per hoc scriptum nequeat terminari, per communiam Sancti Quintini, vel Corbeie, vel Ambianis terminata fuerit.* — C'est cette condition que Jean de Nesle entend restreindre.

Nous, Jehans de Neelee, cuens de Pontieu de Monstr.... et de Aubermalle, et nous Jehane, par la grace de dieu royne de Castele et de Lyon, contesse de ches meismes lieus, faisons savoir a tous chiaus qui ches lettres verront et orront que, comme nostre homme (nos hommes) de Mareskiene terre eussent commugne du don des contes de Pontieu et par chartre et en chele chartre meesme eussent banllieue et devisee dusques a le banllieue de Rue, dusques au fief de Vilers, dusques a lyaue dAutie et dusques a le mer[1], et debas fust mus entre nous et les hommes devant dis, de chest mot dusques a le mer qui sembloit obscurs, nous, pour le debat oster, lesclarchissons en tele maniere (ou manere) que nous volons et otroions qu'il aient le banlieue dusques a aymer (ou aynier?)[2] là où mer rechoit et tant comme mers cueuvre et descueuvre entre Maye et Autie par le coste devers Betaucourt[3] dusques a le Maye; sauf che que nous reservons tout le cours del yaue dedens lyaue; et en toutes ches choses devant dites retenons nous toute seignourie et toute justiche aussi comme nous aviesmes pardevant; et volons et otroions que par cheste lettre ne puist estre empirie ne mahause (?)[4] leur lettre anchienne qu'il ont des seigneurs de Pontieu, ains volons que ele leur soit tenue du tout entierement et en tesmongnage de cheste chose nous leur en avons donnee cheste lettre seelee de nos seaus. Che fu fait en lan del incarnation nostre seigneur M CC et LXVI, le mardi devant le saint Martin.

Fol. 323 verso.

---

1. C'est bien là la traduction de la charte de 1199 : « ..... *usque Rue, usque ad feodum de Vilers, usque ad feodum Alteie et usque ad mare.* »

2. Aymer ? Aynier ? sont-ce là noms communs ou noms de lieux ? Je ne les ai rencontrés nulle part ailleurs que dans cette charte. Ma lecture a été incertaine. Je prie qu'on relise la copie conservée par le cartulaire.

3. Bertaucourt-sur-Mer, autrement dit Saint-Firmin de la commune du Crotoy.

4. Je ne crois pas avoir mal copié ce mot dont le sens se laisse facilement entrevoir, mais que je ne rencontre dans aucun vocabulaire.

CLXXXVII

VAUDRICOURT

Lettres comment Hue de Waudricourt, chevalier, donna se fille a mariage a Watier de Gransart, et aultres drois au traité de mariage pour paix, etc. — *1266, mars (1267.)*

Je Hues de Waudricourt, chevaliers, fais savoir etc.....
Fol. 227 recto.

On voit dans cette lettre que la « paix » a été ménagée entre Hue de Waudricourt et Drieuon de Gransart par la « contesse Jehane », reine de Castille, et par « mesires Jehans sires de Baillieul. »
Trouverions-nous dans ce Jehan le futur roi d'Écosse ou son père?

CLXXXVIII

LE BOUTEILLERIE

Lettres de vendition faite du fief de la Botilliere pour Jehan de Belloy sire de Vieullaines au comte de Pontieu Jehan de Neelle. — *2 mai 1267.*

Je Jehans de Beeloy, sires de Vieullaines, fais savoir etc. que j'ai vendu et quité hyretaulement à monseigneur J. de Neele etc. et à madame J. etc. tout le fief de le Botilliere que je avoie et demandoie à avoir en l'ostel le conte de Pontieu, avoec toutes les apartenanches de che meisme fief et l'oumage del hoir Bertaud le Boutell' (Boutellier) que je tenoie de ce meisme fief, des devant dis etc. tout par i hommage avok men autre fief par XL lb' par' dont j'ai euv¹ plain paiement en deniers contés et m'en tieng a bien paiés et cheste convenenche ai je recongnute et par men serment en droit et en plaine court en l'assise d'Abbeville et par devant les hommes de la court et par devant mes pers et m'en sui dessaisi et en ai fait saisir les devant dis conte et le royne et ai jure que encontre cheste vente et quitanche je ne..... ne..... a venir par mi ne par autrui et ai ajousté en men serment que, quant mes hoirs ara aage, je li ferai otrier et greer en bonne foy a le requeste des seigneurs de Pontieu et ai reconnut que cheste vente et cheste quitance j'ai faite pour mon plus grant pourfit. Et de cheste convenenche aemplir met je en droit, en loy et en abandon, tout men fief et tous mes biens moebles où que il puissent estre trouvé; et a cheste meisme cose oblige je mi et mes hoirs. Et ai renonchié à toutes exceptions et a toutes raisons de droit et de loy qui a moy porroient aidier et ad devant dis etc. nuire. Et en tesmoing' etc... qui furent faites en lan de grace M. CC LXVij, lendemain de le feste saint Phelippe et s¹ Jake.

Fol. 346 recto.

CLXXXIX

CONCESSION DE DROITS DE JUSTICE

Lettres comment le royne de Castelle, comtesse de Pontieu, donna a M^{ess} Drieuon d'Amiens segneur de Vinacourt, l'escat, le rapt, le murdre

1. Je lis ainsi pour j'ai eu, évidemment. Mais pourquoi le *v*? Dans le langage populaire du Ponthieu on dit j'ai *eu* et même j'ai *ieu* avec la prononciation de notre mot *jeu*. On a dit aussi *iü*. Les deux lettres *uv* ou *uu* représenteraient-elles l'*u* avec notre tréma ?

ET LARRESIN ÈS FIEF QUE LEDIT TENOIT DE LEDITE COMTESSE. — *1267, septembre.*

Je Jehane, par la grace de dieu royne de Castele et de Lyon, contesse de Pontieu et de Monstr. et d'Aubbemalle, fais savoir a tous chiaus qui ches lettres verront ou orront que j'ai donné et ottroyé à monseig^r Drieuon d'Amiens[1] et à ses hoirs, à tous jours perpétuelment, en accroissement de sen fief qu'il tient ne mi, l'escat[2], le rat (rapt) et le meurdre et larsins et toutes coses qui a chau appartiennent en ses propres viles et en ses propres domaines qu'il tient de moy par autretel serviche et par autretel homage comme il me devoit devant en tele maniere que je retieng pour moy et pour mes hoirs l'escat, le rat, le murdre, ès fies (fiefs) que si home tienent de li et que il tient de moy, s'il n'en y avoit aucun à cui mi anchiseur li conte de Pontieu l'eussent donné et otroyé par lettres; et si est assavoir que il a reconnut par devant moy et par ses lettres que j'ai, seelées de sen seel, que il tient de moy quanques il a à Labroie duske au fil de l'Autie par devers le Pontieu et tous les homages liges qui sunt reseant[3] et manant en chu fiés; ch'est assavoir mons^r Drieuon le Baile, Renier de Bouchon, Jehan de Waudricourt, Jehan Coulon, Perron de Bais, Renier Marcais, Jehan le Veel, Jehan de Gaissart, ... de Gaissart, mons^r Wille de Moufflers, Gillon de Sempi, Beket de Ray, E...... le Rat et Robert de Renauvile, et chou que il tient du devant dit mons^r Drieuon d'Amiens de cha (de ça) l'Autie par devers le Pontieu, Pierre Cochet de Brasli, Mairie? Markais, et tout chou que me sires Al. de Lonc tient de li et chou que Henri de Fontaines et Thumas d'Embrevile tiennent de li, et sen tient chou qu'il a à Fressicourt, par devers le Pontieu duskes au Ponchel, maistre Robert de le Porte, et de chu meisme Ponchel quanques il a à Fressicourt, tout contre

---

1. Les d'Amiens étaient surtout dits seigneurs de Vinacourt. On voit que Drieuon était aussi propriétaire en Ponthieu. — Vinacourt, Vignacourt du canton de Picquigny.

2. Le droit d'escas « est dû sur tous les biens meubles et cateux qui viennent et écheent de bourgeois, etc.... pour fait et cause de droit d'hoirie succession ou par autre manière », etc..... La Curne *Dictionnaire*. — Voir aussi du Cange au mot *escaeta..... prædia immobilia vel mobilia quævis, quæ ex delicto et forisfactura vassali..... cadunt in fiscum domini feudi.*

3. Vassal obligé à résidence, résident.

mont si comme l'eaue de Veue [1] le comporte parmi le Vimeu et ailleurs, droite ligne par tout contremont, et tout chou que on tient de li devers le Pontieu duskes au molin de St Ewin[2] et chou que Hues de Vilers tient de lui et le Vergelay et x muis de blé à Tigny et che que le dame d'Espaigne tient de li et chou qu'il a à St Ewin par devers Domart duskes à l'iaue de Veue[3] et sen tient le viscomte de Boufflers et chou que Hues de Branlicourt tient de lui et chou que me sires Jehans de Bailleul tient de lui à Vileroie et les marès (marais) de l'Estoile qui commenche de le cauchie de Lestoile duskes à l'yaue de la Veue et duskes as fosses des Nes (?) et tout chou que on tient de lui par devers Lonc et Loncpré et toute le seignourie de le warene de Labroie en tous fiés (fiefs) et en tous arriere fiés, si comme ele s'estent par devers le Pontieu, et toutes les amendes en ichele warene (qui) porroient esqueir et l'homage mons^r Jehan de Gaissart qui est ses hons par chou que si homme ont[4] en le warene et il aussi et tout chou que li sires de St Loch[5] tient de lui; et n'est mi à oublier, se aviser se pooit, ou par lui ou par autrui, que plus tenoit de moy en quel lieu que che fust, volentiers le nous reconnisteroit et par ses lettres; et se li cuens de Pontieu et je et nostre hoir de le comté de Pontieu pooions savoir ou trouver en vérité que il eust en ses fiés plus arriere fiés qu'il ne nous a nommé chi par devant, il et si hoir seroient tenu à greer et à ottroyer (ou ottrier) à nous et à nos hoirs et par leurs lettres. Lesqueles coses, si comme il est dit par de seure, je li ai donné benignement par l'otroi et par le gréanche

---

1. Je ne trouve ce cours d'eau nommé nulle part. M. Garnier ne l'a pas connu ou ne l'a connu que sous d'autres noms, la Fieffe ou Fieffes ou la petite Nièvre qui se grossit à Fieffes d'un ruisseau descendant du bois de la Haye. Ces riviérettes sont assez voisines de Flixecourt (Fressicourt). Mais s'agit-il bien dans notre texte d'un cours d'eau ? Ne s'agirait-il pas en cette eaue de veue (vue) d'un procédé empirique de mesurage, d'appréciation ? Sans cette explication, ou toute autre meilleure, les mots qui suivent : « parmi le Vimeu et ailleurs » demeurent incompréhensibles.

2. Saint-Ouen, canton de Domart. « Devers Domart », lit-on plus loin.

3. Encore cette eaue de Veue. Et plus loin nous trouvons une eau de la Veue près de la chaussée de Lestoile. — Il est vrai que là on lirait aussi bien « l'yaue de la Rene ».

4. Ou « vont » ?

5. Saint-Lau, dépendant de Maison-Ponthieu, (canton de Crécy). M. Cocheris, cité par M. Garnier, a trouvé cette forme, Saint-Loch, dans un aveu de 1378.

de men loial compaignon monsʳ Jehan de Neele, conte de Pontieu, en accroissement de sen fief; et en tesmoignage desqueles coses je ai cheste lettre seelée et confermée de men sel, qui fu faite en l'an de grace M. CC LX VII, el moys de septembre, le samedi devant le sainte Luce.

Fol. 126 verso et fol. 254 verso.

CXC

FIEFFES

Lettres de convenches (conventions) de Enguerran de Fiefes et de Mᵉˢˢ Mahieu de Lannoy. — *1248 (avril.)* — *Probablement 1268.*

La date 1248 n'est pas possible. Jean de Nesle, qualifié comte de Ponthieu dans l'acte, n'épousa la veuve de Ferdinand de Castille qu'en 1260 et ne put prendre qu'à cette date le titre du comté appartenant à sa femme. La date de la lettre qui suit doit donc être 1268, en admettant que le copiste ne se soit trompé que d'un chiffre.

Je Enguerren, chevaliers et sires de Fiefes, fais savoir à tous chiaus qui ches lettres verront et orront que me sires Jehans de Neele, cuens de Pontieu, de Monstroeul et d'Aubbmalle, et madame Jehane etc..... ont donné à ma requeste à monseigneur Mahieu de Lausnoy leurs lettres pendans de convenenche que nous avons entre li et mi etc.....

Fol. 226 recto.

CXCI

FORÊTMONTIERS

Confirmation par le comte J. de Neelle et la comtesse Jeanne des lettres données par la comtesse en janvier 1257 (1258). — *1268, octobre.*[1]

Nos Johannes de Nigella, comes Pontivi et Monsteroli et Albemallie, et Johanna, dei gracia regina Castelle et Legionis, Pontivi et Monsteroli et Albemallie comitissa, uxor nostra, notum facimus universis etc....... quod nos viris religiosis abbati et conventui Forestensis monasterii litteras sigillis nostris sigillatas de recognitione juris quod ipsi habent in omni terra sua. Ne perturbationem in posterum inter nos et ipsos evenire contingat, recognoscimus quod de dono predecessorum nostrorum dicti religiosi habent et habere debent justiciam etc..... exceptis[2] etc..... litteras istas sigillorum nostrorum munimine duximus roborandas .... Datum anno Domini M° CC° LX° octavo, mense octobri.

Fol. 144 verso et fol. 330 recto.

1. Quoique séparée des lettres de la comtesse par beaucoup d'années, cette confirmation les suit dans le cartulaire sous ce titre : *Lettres du comte de Pontieu de la confirmation dudit accord.* — L'ordre chronologique a fait porter la pièce ici.

2. *Exceptis tribus, scilicet...* Le parchemin est en très mauvais état. On devine cependant, entre les trois exceptions, le rapt, *raptu femine*, et l'homicide. *Et ut hoc ratum et firmum... litteras, etc.*

CXCII

ÉPAGNE

Lettres touchant dix journaux de pré séant a Espaigne piéça vendu a Thumas Pullois homme de l'ospital de saint Jehan de Jerusalem. — *1268, le 6 janvier* (1269.)

Ces lettres sont du seigneur d'Épagne. Elles montrent comment, avec les seigneurs, les comtes de Ponthieu intervenaient dans les ventes, les validaient, en donnaient des actes scellés.

Je Mahiex (Mahieus dans la seconde copie) de le Vaquerie, sires d'Espaigne, et madame Ysabiax, me fame, etc..... faisons savoir a tous chiaus qui ches lettres verront que, comme Andriex d'Espaignete[1] li vaasseur, nos hons, ait vendu et deguerpi du tout en tout, par devant nous et par nostre ottoy (octroi) et par nostre assentement, à Thumas Pullois, homme de l'ospital de Ihrl'm (Jérusalem), et à ses hoirs XVIII s. à chens (cens) que chil Thumas li devoit de x jornex de pré que il tenoit de luy, qui siet en nostre fief d'Espaigne com (qu'on) apele le pré des Roques[2], aboutans au pré Willaume Carue (ou plutôt Carite) devers le malederie[3] d'Espaignete, de lès l'iaue de Somme, nous volons et otrions (octroyons) que li devant dis Thumas et si hoir tiegnent les devant dis jornex de pré du conte et de le contesse de Pontieu et des hoirs de Pontieu

---

1. Epagnette annexe d'Epagne, canton sud d'Abbeville.
2. Il y a encore au faubourg de Saint-Gilles, d'Abbeville, une voie que l'on appelle la voie des Roques.
3. Indication qui demanderait quelques éclaircissements.

et avons promis que jamais nient en ches x jornex de pré, ne seigneurie, ne justiche, ne nulle autre cose en nule manière, ne reclamerons, ne reclamer ni (n'y) ferons ; ains en lairons goir (jouir) en pais le devant dit Thumas et ses hoirs et à tenir du conte et de le contesse de Pontieu. Et li cuens et le contesse de Pontieu (ont) otrié cheste vente et ches convenenches[1] à no requeste et en ont au devant dit Thumas baillié leur lettres pendans, seelées de leur seaus, en l'an del incarnation M. CC. et LXVIII, el mois de januer, le jour de Thiephagne (l'Épiphanie).

Fol. 75 verso et fol. 379 verso.

CXCIII

NOUVION — FORÊTMONTIERS

LETTRES COMMENT LE SEGNEUR DE NOUVION A LIVRÉ A L'ABBÉ DE FOREST MONTIER IIII^{xx} JOURNEULX DE BOS POUR ESSARTER. — *1270, le jour de la saint Honoré (mai.)*

Nous Jehan, abbes de Forestmonst', et tous li couvens de ce meismes lieu faisons savoir à tous ceuls qui ces lettres verront et orront que misires Henrri, chevaliers et sires de Novion, nous a livré quatre vins jorneus de bos, peu plus peu mains, à heuer et à essarter, chascun jornel pour j sestier de ballart[2], à le mesure de Rue, quant ele sera karquiee, et quant elle sera wide XII deniers ; et doit estre le moison devant dite mesuree et rendue à Forestmonstier en no grange. Et siet le devant dit bos seur le voie qui maine de Novion à Forest-

---

1. Convenanches dans la seconde partie.
2. Baillarge, baillart et ici ballart, espèce d'orge.

monstier à senestre et est apele li bos de Leuetel[1] et cheste livranche misire li quens et madame la royne le nous ont ottroié et confermé comme sires, sauve leur droiture, en tel maniere que, si le devant dit misires Henri se meffaisoit ou entreprenoit envers monseigneur le conte et me dame le royne devant dis, par quoy il convenist mettre main au sien, li devant dit quens et la devant dite royne porroient ceste mouison et les deniers de le rente devant dite arrester et saisir ausi comme suen autre fief. El (ou En) tesmoignage de lequele chose nous avons seelé les presentes lettres de nos seaus en lan de lincarnation Jhucrist M. CC. et LXX, le jour saint Honnouré.

Fol. 177 recto et fol. 334 verso.

CXCIV

NOUVION — FORÊTMONTIERS

AUTRES LETTRES TOUCHANT LES QUATRE-VINGT JOURNEULX DE BOS DESSUS DITS. — *1270, le jour de saint Honoré (16 mai.)*

Lettres du seigneur de Nouvion :

Je Henris, chevaliers, sires de Nouvion, fais savoir à tous etc............ que le convenanche que j'ai faite à l'abbé el au couvent de Forestmonstiers, de men bos de Leukel[2] faire essarter, si comme il est devisé en la lettre que il on *(sic)*

---

1. Leuetel, Levetel ; la charte suivante donne Leukel. Ce nom ne s'est pas même perpétué parmi les lieux dits entre Nouvion et Forêtmontiers.
2. Autre forme du nom. — Voir la charte précédente.

confermée de monseigneur et de madame, que illont *(sic)* seelee à me requeste. Che fu fait en lan del incarnation nostre seigneur M. CC et LXX, le jour saint Honneré.

Fol. 334 verso.

Rien de plus dans cette insuffisante copie du terrier.

CXCV

DÉFAUT DE RELIEF — SAISIE DE TERRE

Lettres comment le comtesse de Guelle quitta le comte de Pontieu des levées qu'il avoit fait de terres[1] estans en Pontieu, appartenant a lad. comtesse, que ledit comte de Pontieu avoit prins en se main par deffault de relief. — *1270, décembre, le jour de saint Nicolas en hiver.*

Nous, Phelippe, contesse de Guelle[2] faisons savoir etc. . . . .
. . . . M. CC et LXX, el mois de décembre.

Fol. 218 verso.

---

1. L'hommage n'ayant pas été fait comme il eût dû l'être, le comte de Ponthieu, Jehan de Neele, avait « receu et levé les pourfis et les values de la terre devant dite » du jour de la saisie au jour de la signature de ces lettres.

2. Forme du nom de Gueldre.

CXCVI

ARRECH

LETTRE DE HENRI DE NOUVION

Lettres comment le segneur de Fontaines vendi aux religieulx de Forest Monstiers le moitié des terrages d'Arrech[1]. — *1270, au mois de mars (1271.)*

A noble homme et sage et discret, monseigneur le conte de Pontieu, de Monstroill et d'Aubemarle, et à madame sa fame, royne par la grace de dieu de Castele et de Lyon, contesse de Pontieu, de Monstreruell *(sic cette fois)* et d'Aubemarle, Henrris, chevaliers, sires de Noviom, salut en nostre seigneur et appareillié service. Comme nous aions entendu et veu, en la lettre monseigneur Aliaume de Fontaines, seigneur de Long, nostre homme lige, que Jehans d'Arrech et sires de Saint-Riquier ait vendu à l'abbé et au couvent de Forest-monstier la moitié des terrages d'Arrech, les quex il tenoit en fief dudit monseigneur Aliaume avec son autre fief; et mes sires Aliaumes estoit mes hons liges de ces choses meismes; nous vous faisons assavoir que la vente, ainsi comme ele est devisée en la lettre monseigneur Aliaume devant dit, nous l'avons confermée et seelée à sa requeste dont nous vous prions et requerons, en quan que nous povons et savons, que vous, à nostre requeste, le voilliez seeler et confermer, se il vous plaist. Ce fut fait en l'an de l'incarnation Ihesucrist mil cc et lxx, el mois de mars (1271).

Fol. 221 verso.

1. Arrest-en-Ponthieu.

CXCVII

L'ABBAYE DE ROYONVAL

HARENGS CONCÉDÉS SUR LA VICOMTÉ DE RUE. — VIDIMUS DU DON FAIT PAR LE COMTE SIMON ET SA FEMME (mai 1229) ET CONFIRMATION DE CE DON PAR JEANNE REINE DE CASTILLE. — JANVIER 1271 (1272.)

Lettres de l'église de Royonval [1]

Nos Johanna, dei gracia Castelle et Legionis regina, Pontivi, Monstreoli ac Albemalhe comitissa, notum etc.....

La comtesse reproduit la lettre de Simon et de Marie de mai 1229, puis par sa confirmation ajoute au premier millier de harengs saurs un autre millier : unum aliud mille alectum rufforum annuatim imperpetuum recipiendorum ad dictum vicecomitatum de Rua, ad dictum terminum etc..... M° CC° LXX° primo, mense januario.

Fol. 290 verso.

Une lettre française de Jeanne rappellera les mêmes dons en février 1274 (1275).

---

1. Voir plus haut, XCII, p. 137, la note sur Royonval.

CXCVIII

CAMBRON

ANDRIEU DE CAMBERON, CHEVALIER, CONFESSE AVOIR RECEU SA TERRE DU COMTE DE PONTIEU QUI, POUR AUCUNE CAUSE, L'AVOIT PRINT EN SA MAIN. QUITTANCE DES LEVÉES. — *1271, janvier* (1272.)

Je, Andrieux de Camberon, chevaliers, fiex et hoirs monseigneur Hue sire de Camberon, fais savoir a tous chiaus etc. que, comme monseigneur le conte de Pontieu et ma dame la royne, sa fame, eussent pris et saisi toute la terre mon seigneur mon pere devant dit, pour aucuns debas qui estoient entre aus, et levé les fruis de la terre devant dite que il tient d'aux, et je, comme procureur mon seigneur mon pere devant dit, en aie requis le saisine, et il, par leur volenté et par boin conseil, la devant dite tere me aient rendue et delivree, je, comme chelui qui ai pooir, par la lettre mon seigneur mon pere devant dit, de faire et de ordener de che qu'il a en ces parties par ma volenté, mon seigneur le conte et ma dame la royne devant devant dis, de toutes les yssues de la devant dite terre que il ont levées et fait lever, claim quitte et delivre, sans jamais rien demander ès devant dites yssues qui ont este levees jusques au jour dui, et prameth[1] en bonne foi a faire quiter et delivrer, sil avenoit que messires men pere ne autres leur en demandoit jamais riens. Et en tesmoingnage de che, ai je mis men propre seel a ches lettres qui furent faites en lan de grace M. CC. LXXI, le semmedi apres les octaves de le Thiepbagnie (donc 1272).

Fol. 74 recto ; fol. 216 verso et 378 recto.

1. Pramet dans la deuxième copie.

J'ai comparé les trois copies. La première et la troisième sont les plus semblables mais il est certain que les notaires de cette seconde moitié du treizième siècle auraient bien dû encore écrire en latin.

CXCIX

FORÊTMONTIERS

Lettres de Jehan de Neelee, comte de Pontieu, et de Jehanne sa femme faisant savoir qu'il a donné au couvent de Forest Monstier des droits dans le bois qu'ils (les religieux) ont acheté de Drieuon d'Amiens de Roye, etc. — *1272, novembre.*

Nous Jehans de Neelee, cuens de Pontieu et de Monstr' et dAubbemalle, et Jehane, par le grace de dieu royne d'Espaigne, dame et contesse des lieus devant nommés, faisons savoir a tous chiaus qui ches lettres verront ou orront que nous, pour dieu, en pur et perpetuel aumosne, donnons et otrions a labbé et au couvent de Forestmontier, desore mais en avant perpetuelment, le pumier et le meslier en leur bos que il acaterent a mons' Drieuon dAmien de Roye en quelconques lieus quil s'estendent. Et volons et otrions que il tiengnent aussi franquement et aient en toutes choses leur bos devant dis, et les teres qui furent acatees avoeques, cemme il tienent leur autres bos et leur autres teres. Et tout le droit que nous avons ou poons avoir ès bos et ès teres devant dites, par quele raison que che fust, nous leur otrions bonnement et quitons. Et volons que il fachent et puissent faire perpetuelment leur preu[1] et leur pourfit des bos et des terres devant dites et du pumier et du meslier[2]

1. Gain.
2. Néflier.

aussi en toutes les manieres que il vaurront et que il verront que che soit pourfit a aus et a leur eglise, sans nul debat que nous i puissons mettre par nous ne par autrui; sans che que nous, hyretaulement, retenons le cache à toutes bestes sauvaches, que nus ne li (l'y) ait, fors que nous, et toute la seigneurie qui a la chace appartient. Et volons, otrions que, se aucunes lettres ont esté faites ou donnees en aucun temps de mons' Mahieu de Roye, pere mons' Drieuon devant dit, ou de se fame ou de leur ancisseurs, qui soient contre chest don et contre cheste aumosne et cheste presente lettre, de riens que eles soient de nule valeur; et renonchons expressement à toute laiece [?] et a toute benefice de ches lettres tant comme a chest fait. Et est assavoir que li avant dit abbes et couvens puevent heuer[1] ès bos devant dis toutes les fois que il leur plaira et mettre y leur bestes et faire tous leur pourfis des bos et de teres, fors de cachier as bestes sauvaches. Et a toutes ches[2] tenir et poursieuir fermement et passiblement *(sic)* del abbé et du couvent devant dis, si comme il est dessus devisé, nous obligons nous et nos hoirs a tous jours, et renonchons par le teneur de ches presentes lettres generalment et especialment et expresseement a tout aide de droit et de fait par quoi nous porrions venir contre chest don et cheste aumosne, ne mettre y empechement comment que che fust. Et pour che que che soit ferme chose et estable perpetuelment, nous avons baillié a labbé et au couvent devant dis, el non (nom) de leur eglise, ches presentes lettres seelees de nos seaus. Che fut fait en lan del incarnation nostre seigneur M. CC LXXIJ, el mois de novembre.

Fol. 330 verso.

On a remarqué le soin avec lequel le comte, à deux reprises, se réserve la chasse des « bêtes sauvages ». La chasse paraît rarement dans les chartes des comtes de Ponthieu. Le droit n'avait pas, la plupart du temps, besoin d'être consigné. Il n'en était pas de même peut-être quand le bois ou la terre, comme dans le cas présent, passait d'une main qui n'était pas celle du comte dans une autre main. L'approbation de la vente réservait les droits du suzerain.

1. Fouir la terre.
2. Un mot semble ici manquer, choses probablement.

CC

FORÊTMONTIERS

Lettres de l'abbé de Forest Montier faisant savoir que Jehans de Neelee, comte de Pontieu, et sa femme ont concédé au couvent certains droits dans le bois qu'ils (les religieux) ont acheté de Dreuon de Roye. — *1272, novembre.*

Nous Jehans, par le pourveanche devine humbles abbes del eglise de nostre dame de Forestmonstier, et tous li couvens de chu meisme lieu faisons savoir etc. que, comme nobles hom Jehans de Neelee, cuens de Pontieu, etc., et noble dame Jehane, par le grace de dieu royne de Castele etc., aient donne etc., pour dieu etc., a nostre eglise de Forestmonstier, desoremais en avant, le pumier et le meslier en nostre bos, lequel bos nous acatasmes pour le pourfit de nostre eglise a noble homme monseig' Drieuon de Roye, chevalier, qui jadis fu, etc............

Cette lettre reproduit au nom de l'abbé les conventions consignées au nom du comte dans la lettre de Jehan de Neelee (de 1272 novembre) qui figure avant celle-ci (au folio 330 verso) dans le terrier de Ponthieu et que j'ai copiée entièrement).

L'abbé finit ainsi :

Et pour chou que che soit ferme cose et estaule, nous avons ches lettres seelees de nos seaus. Che fu fait en lan del incarnation nostre seigneur mil cc soissante douze, el mois de novembre.

Fol. 331 recto.

CCI

CRÉCY

VENTE DU MOULIN COKIN [1]

Je rapprocherai la lettre latine de l'official d'Amiens pour le vendeur prêtre, Cloche d'amours, et la lettre française de l'acquéreur, comte de Ponthieu.

I

LETTRES COMMENT Mre ROBERT CLOCHE D'AMOURS, PRESTRE, VENDI AU COMTE DE PONTIEU LE MOLIN COKIN SÉANT A CRESSY DESSOUBS LE MALADRERIE. — *1273, au mois d'aoust.*

Universis presentes litteras inspecturis officialis Ambianensis salutem in Domino. Noveritis quod Robertus dictus Cloche damours, presbyter, recognovit se hereditarie vendidisse nobili viro domino Johanni de Nigella, comiti Pontivi, etc....... quoddam molendinum quod vocatur Cokin, situm apud Cresciacum, subtus leprosariam dicte ville, etc..... Actum anno Domini M° CC° septuagesimo tertio (ou tercio), mense augusti.

Fol. 315 verso.

---

1. J'ai hésité quelquefois dans ma lecture entre Colrin et Cokin. J'ai dû adopter cependant Cokin.

II

Lettres comment le comte de Pontieu acata le molin Cokin a M^{ess} Robert de Valines[1], prestre, et comment l'abbé de Forest Montiers en bailla la saisine audit comte par en payant cascun an les redevances contenues en icelles lettres et comment le comte s'obligea que, ou cas que led. molin ne seroit soufisant, si seroient tousdis paiés lesd. religieulx de leur vente sur le domaine de le comte de Pontieu. — *Au mois de décembre 1273.*

Nous Jehans de Neelee, cuens de Pontieu, de Monstereul et d'Aubbemalle, et nous Jehane, par la grace de dieu royne de Castele et de Lyon, contesse des lieus devant dis, se fame, faisons savoir, a tous chiaus qui ches lettres verront et orront que comme honeste homme et religieux li abbes et li couvens de Forestmonstier nous aient ravestu et mis en tenanche du molin Cokin lequel nous avons acaté perpetuelment a monseigneur Robert de Valines prestre qui le moulin devant dit tenoit des devant dis abbes et du couvent de Forestmonstier en fief et par vij sestiers de grain, iiij sestiers de soile (seigle) et iij sestiers de baillart (orge[2]), rendus, cascun an, a le saint Remi, et par un c d anguilles rendues, cascun an au Noel, teles comme eles eskerront a l avalison[3] et..... ? li devant dis me sires Robers et li devant dis abbes et li couvens nous en aient mis en possession et..... (?), nous les vij sestiers de ble, chest assavoir

---

[1]. Comment le nom Cloche d'amours est-il devenu de Valines? L'official d'Amiens n'avait pas hésité devant le premier. Cloche d'amours n'était-il qu'un surnom mérité par le prêtre Robert de Valines, *dictus* Cloche d'amours?

[2]. Baillart, espèce d'orge. — Dom Carpentier, *Glossaire françois*, et dans son *Glossaire latin* : *Bailhargia, hordei species, nostris* baillarge *et* baillart.

[3]. Avalage et avalison, « le droit de mettre des nasses pour prendre anguilles et autres poissons. » — *Id.*, *Glossaire françois* et dans son *Glossaire latin* : *Avalagium præstatio ex anguillis et piscibus, qui in gurgitem vel nassam descendunt, vel ipsa eorumdem captio,* Gall. avalage et avalison.

les iiij sestiers de soile et les vij sestiers de baillart et le chent anguilles cascun an promettons a rendre a l'abbe et au couvent de Forestmonstier, as termes et en le maniere que par desseure sunt expresse, et les doivent reprendre cascun an li devant dis abbes et li couvens seür le devant dit moulin; et, s il avenoit que li molins ne fust souffisans pour paier le ble et les anguilles devant dites cascun an, as termes qui mis y sont, nous obligions nous et nos hoirs de le conté de Pontieu et tous nos biens de le conté de Pontieu a faire le chense devant dite souffisant; et pour che que che soit ferme cose et establie, nous avons cheste lettre seelee de nos seaus, qui fu faite en lan de grace M. CC LXXXIII, u mois de décembre.

Fol. 133 recto.

CCII

AUMALE

Lettre de l'abbé de saint Martin d'Aumale. — *1273, dans le jour des Quatre Couronnés.*

Universis presentes litteras inspecturis frater Guillelmus, humilis abbas monasterii sancti Martini de Albamalla, totusque ejusdem loci conventus salutem in Domino sempiternam..... *Il est question dans cette lettre de XX sols parisis de rente.....* Datum anno Domini M° CC° septuagesimo tercio, in die quatuor coronatorum. *(8 novembre.)*

Fol. 346 verso.

CCIII

RUE

Lettres d'acord du comte de Pontieu et de le ville de Rue pour le fait du mesurage des grains. — *Janvier 1273 (1274.)*

Ou :

Lettres comment le vicomte de Rue doibt mettre a Rue mesureurs de blé et aultres drois touchans le mesurage. *Sommaire de la première copie.*

La lettre est de l'échevinage. — La copie conservée par le cartulaire m'a paru très bonne. J'entends par là que l'orthographe du XIIIe siècle y a été exactement reproduite.

La place s'offre ici pour une remarque générale sur le cartulaire et sur mes transcriptions.

Suivant l'usage du temps, les voyelles dans ce cartulaire ne sont jamais accentuées ; les apostrophes manquent également. Le cartulaire est en cela fidèle aux originaux. Deux méthodes sont suivies dans la publication des anciens textes français. M. Thierry, et ses collaborateurs, MM. Félix Bourquelot et Charles Louandre, ont semé d'accents les Monuments *en langue vulgaire de l'Histoire du Tiers-État. Un procédé plus strict s'abstient de ces additions. Comme on l'a pu déjà voir, je me suis exposé à quelque blâme de la part des intransigeants. J'ai accentué en certaines pièces, en d'autres non. Le plus souvent j'ai posé simplement les signes d'usage actuel sur quelques catégories de mots, sur les prépositions, par exemple. Ai-je eu tort de ne pas prendre délibérement parti entre les deux modes ? Il se peut. Dans tous les cas, le lecteur retrouvera toujours sans hésitation, sous l'artifice typographique, la simplicité de l'écriture ancienne.*

Dans la lettre de l'échevinage de Rue dont le texte me paraît très sûr, je me suis interdit l'introduction de tout signe d'emploi moderne.

Nous maires et esquevin de la vile de Rue et toute le communautes[1] de cele meisme vile faisons savoir a tous ceuls qui ces lettres verront ou orront que, comme controversie fust et debat mut entre nous, d une part, et no chier seigneur Jehan et no chiere dame J., conte et contesse de Pontieu et de Monstroil, d autre part, seur ce que il voloient que li visquens de Rue mesist hommes au ble mesurer a sa volente et que, se le ble venist au marchie enboukies[2], que l amende fust au visconte entierement, tele concorde en est faite que nous assentons que li visquens de Rue praigne et ellise mesureurs et les amaint en plain eskevinage a Rue avant que il soient en possession de mesurer et les devons faire jurer leur sains que bien et loiaulment a chascun il mesurront, ne pour don, ne pour pramesse, ne pour amour, ne pour haine, ne si mefferont, et que de chascun sestier de ble que il mesurront, plus que une poitevine, ce est le quart d un paresi, ne prendront; et, par mi toutes les choses dessus dites, nostre chier seigneur et dame dessus dit veulent, greent et ottrient, et nous ensement nous y[3] assentons, que chascuns vendeurs de ble ait les mesureurs nostre chier seigneur et dame devant dis delivrement[4] pour ablai mesurer et que il le mesurt (mesure) de sa main se il li plaist par mi les louchies[5] rendant au visconte sans don et sans autre loier donner ent. Et, s il avenoit que nous puissons savoir et aperchevoir que aucuns des mesureurs, ques que il fust, fust attains de sen serement parjurer ou soupchonnes d autre malvaistie par quoi il ne deust mie estre en l office du mesurage, nous le devons monstrer au visconte et li visquens le doit mettre hors du mesurage sans prolongment[6],

1. communites dans la seconde copie.
2. embouquié, corrompu, gâté. — Roquefort.
3. nous assentons dans la seconde copie.
4. librement.
5. Louche, droit domanial levé sur les grains. — Dom Carpentier, renvoyant de son Glossaire français à son Glossaire latin : *lochea..... præstatio ex bladis venum expositis, quæ forte cochleari percipiebatur, unde* louche *appellata.* — Roquefort, *Supplément,* donne louchie, contenance d'une louche.
6. Pourlongement dans la première copie.

et se il veoit autrui mettre el lieu de ce li qui ostes en sera il le doit amener en nostre eskevinage pour faire le serement si comme desseure est expresse, et del[1] accusement nous devons estre creu par les seremens que nous avons a nos chiers seigneur devant nommes. Et se (si) bles enboukiés venoit el markie, nous devons jugier l amende du meffait a nostre volente, et nostre chier sires et dame devant nommes nous ont otroie la moitie de l amende tele comme levee en sera ; et par ceste ordenanche desseure dite ne veulent il mie que les poins de nos chartres que nous avons seelees des seaus des anceseurs de Pontieu soient empire ne quasse. Toutes ces convenanches en la maniere que eles sont ci desseure expressees nous les volons, greons et ottrions pour nous et pour no commun dessus dit et pour nos successeurs a tenir perpetuelment, sans aler encontre en riens, par l obligacion de tous nos biens[2] et de nos successeurs et de leur biens. Et pour ce que ce soit ferme chose et estable nous avons seelee ces lettres du seel de no communete de Rue, faites en l an de grace mil CC LXXIII, el mois de jenvier[3]. — 1274.

Fol. 159 recto et fol. 268 recto.

J'ai surtout suivi la seconde copie.
Cette lettre nous donne la langue de Rue dans le troisième tiers du treizième siècle.

1. de cel dans la première copie.
2. de nous et de tous nos biens dans la première copie.
3. Au dessous de cette lettre je lis (dans la seconde copie, folio 269 recto) :
« Et est assavoir que li maires et li eskevin de Rue ont unes lettres du conte et de le contesse dessus diz, parlans du tout en la maniere (ou manere, il y a une abréviation) que la lettre dessus escripte parole, les nons (noms) des personnes tant seulement changies. » C'est-à-dire intervertis : Nous... cuens de Pontieu, par exemple, au lieu de : Nous maires.

CCIV

LONG

LETTRES DU SEIGNEUR DE LONG

Trois copies de ces lettres que les sommaires résument ainsi :

Sommaire des deux premières copies : LETTRES COMMENT LE SIRE DE LONC A LA BASSE JUSTICE NON LA HAUTE.

Sommaire de la troisième : LETTRES COMMENT UNG NOMMÉ COLIN D'AILLIEL FIST UNG MEFFAIT TOUCHANT HAULTE JUSTICE ET LI SEGNEUR DE LONG FIST SAISIR UNE MAISON QUE LEDIT COLIN AVOIT A LONG, MAIS LEDIT SEGNEUR DE LONG CONFESSE PAR CES PRESENTES QUE CE NE FUST PAR AUCUNE RAISON DE HAULTE JUSTICE MAIS SIMPLEMENT POUR UNE AMENDE DE VINGT SOLS PARISIS QUI AVISÉE ? (ASSIGNÉE ?) LUI AVOIT ESTÉ PAR ESQUEVINS POUR AULTRE RAISON QUE POUR MEFFAIT DE HAULTE JUSTICE. — *1273, février* (1274.)

J'ai comparé les trois copies et rapproché quelques variantes orthographiques. Les deux copies les plus semblables sont la première et la troisième. — Je mets par des parenthèses quelques variantes en présence.

Je Alyaumes de Fontaines, chevaliers, fais savoir a tous etc., que, comme Colins d'Alliel eust fait j meffait, si comme on dist, li ques meffais appartient a haute justiche, pour lequel meffait une maison deust estre justichie que chis (cil dans une autre copie) Colins avoit a Long, de coste le fontaine, entre le maison Alyaume le Sueur, d'une part, et le maison Bernard (ou Bernart) Fourre, d'autre part, et debas et contens fuissent mut entre mon chier seigneur Jehan de Neele, comte de Pontieu, de Monstr' et d'Aulb' (de Monsteroil et d'Aubemarle) et ma chiere dame Jehane, par le (la) grace de dieu royne de Castele et de Lyon, contesse des liex devant dis, sa fame, d'une part, et moy, d'autre part, pour le (la) raison de che que iou ou mes commans avions saisie et levee le (la) maison devant dite, sachent tout (tuit) present et futur que le (la) maison devant dite je ne saisi ne levai, ne ne fis saisir ne lever en nule maniere pour raison de haute justiche (joustiche), mais simplement pour une amende de xx souls de parisis qui avigiee (?) ma esté par eskevins (esquevins) pour autre raison que pour meffait (meffet) de haute justiche (justice). En tesmoignage (tesmoingnage) de la quele chose j ai ceste lettre lettre seelee de mon seel, qui fu faite en l an de grace M. CC LXXIII, el moys de fevrier.

Fol. 73 recto; 119 verso et 377 recto.

CCV

LE TRANSLAY ET MAIGNEVILLE

Lettres comment Alfons de Rouvroy, escuier, vendi a Phelippe le comtesse de Guelle toutes les choses qu'il tenoit au Transleel et a Maigneville [1]. *1273, mars* (1274.)

Je Alfons, esquiers, fiex mon seigneur J. de Rouvroy, chevalier, seigneur de Trietot (ou Triecot[2]), fais savoir que, comme iou aie vendu bien et loiaument a toujours a noble dame Phelippe, contesse de Guelle, toutes les choses que je tenoie en le vile des Tranliax et apartenanches de chele vile et a Maigneville,

1. Maigneville, commune de Frettemeule, canton de Gamaches. — Voir *Histoire de Cinq Villes*, IV, p. *329-331 et p. 425.*

2. Évidemment Tricot, commune du canton de Maignelay, arrondissement de Clermont (Oise).

lesqueles coses je tenoie de mon seigneur J. de Neele, conte de Pontieu, de Monst' et d'Aubm', et de madame, etc., en fief et en homage, etc... En tesmoignage de lequele cose j'ai seelees et confermees ces presentes lettres de mon seel, et furent faites en l'an de grace M. CC. LXXIII, le premier semedi de march.

Fol. 161 recto et fol. 238 recto.

CCVI

L'ABBAYE DE ROYONVAL[1]

LES HARENGS DE LA VICOMTÉ DE RUE

Lettres comment Jehane, royne de Castelle, contesse de Pontieu, donna a l'abbaye de Royonval ung millier de herenc a prendre cascun an, au jour de le Candelier, sur le vicomté de Rue avec ung aultre millier que Simon, pere de ledite royne, avoit donné a ledite abbeye ; ainsi sont deux milliers de herenc cascun an. — *1274, février* (1275.)

Je Jehane, par la grace de dieu royne de Castele et de Lion, contesse de Pontieu, de Monstreul et d Aubbemalle, fais savoir a tous chiaus qui ches lettres verront ou orront que, comme nobles hons Symon, quens de Pontieu, jadis mes peres, et noble dame Marie, jadis contesse de Pontieu, se fame, me mere, par quemun assentement eussent donné en amosne a labeie de Royonval, chascuns, j millier de harench a prendre cascun an en nostre visconté de Rue, et nous, en acroissement de ceste aumosne, leur en avions donné j autre mill' a prendre cascun an, les ij mill' en nostre visconté devant dite, au terme de le

---

1. Voir plus haut XCII, p. 137, et CXCVII, p. 257.

candelier[1] ; et nous vooillons faire grace a l abbeie devant dite, nous volons que, s il avient ainsi que il attendent a requerre ceste aumosne devant dite, soit dusques a iiij ans ou a v ans ou dusques a x ans, que tout che que on leur devera des annees passees soit paié et delivré au porteur de cheste lettre aussi entierement comme s il les requeroient chascun an. Et pour che que che soit ferme cose et estable, nous avons cheste lettre seelee de nostre seel. Donnée en l an de grace M. CC et LXXIIIJ, u mois de fevrier.

Fol. 291 recto.

CCVII

SAILLY-LE-SEC

Lettre du fief qui fu Thumas le Prevost a Sailly. *Ou :* Lettres de Wistace de Fontaines, sire de Long pour une convention entre lui et un de ses hommes de fief, Thomas le Prevost, pour un fief a Sailly-le-Secq. — *1275, mai.*

Je Wistasses[2] de Fontaines, sires de Long, fais savoir a tous ceus qui ces lettres verront ou orront que tiele convenenche est entre mi et Thomas le Prevost de Sailli le sek[3], comme de fief lige, le quel il tient de mi au Tristre ; et est a savoir que en chu fief a XL jornex de tere et j manoir seans, c est a savoir, le tere en Seri en II pieches etc. ; et si n est mie a tres passer que li dis Thomas doit tenir de mi et de mes hoirs le devant dit fief par plain

1. Chandeleur.
2. Wistaces eans une des copies.
3. Sailly-le-Sec, canton de Nouvion.

serviche a ronci, par LX s de relief, par LX s de droites aieues[1] quant eles escarront, et doit venir a mes plais et aider a defendre men cors et me tere, se mestiers en est aussi, comme mi (mes) autre homme lige du Tristre, et je lui sui tenus a warandir le dit fief comme sires. Et por ce que ce soit ferme cose et estable, etc. Che fu fait en l an de grace mil CC et soissante xv, el mois de may.

Fol. 94 verso et fol. 392 verso.

CCVIII

ABBEVILLE

LETTRE DE LE FRANQUE FESTE SAINTE CROIS EN ABBEVILLE. — *Juin 1275.*

Je Pierres Faffelins, maires d'Abbeville, et nous esquevin de meismes le lieu, faisons savoir a tous ceuls qui ce cyrograffe verront ou orront que, comme Reniers Basins et Robers ses freres et doi (deux) autre homme eussent navré à mort Bernart le filz Robert le Feure qui fut voier de la franche feste Sainte Crois, et, après la franchise de la dite feste passee, cil Bernars fust trespasses de cest siecle par ce fait ; et li prestres curés de nostre Dame de Castel, sires de la franchise de ceste feste tant comme ele dure, (c est assavoir de la nuit Sainte Crois, nonne sonnant, et lendemain toute jour et toute la nuit, dessi a lendemain sollail levant), demandast tous les biens mobles et immobles des avant dis Renier et Robert et des autres, par la raison de la droiture de la franchise de la feste qui a li appartenoit, si comme il disoit, pour ce que Bernars y avoit esté navrez ; et no sires li quens de Pontieu demandast ensement ces meismes biens

---

1. Aides.

pour ce que il avoit esté mors puis la franchise de cele feste, el temps que il avoit la haute joustice; et en pledierent li devant dis prestres et no sires li quens par devant nous qui avons a jugier teles quereles; et eussent nostre sires li quens et no dame bailliees lor lettres seelees de leur seaus, et li prestres lettres seelees du seel no seignor levesque d'Amiens et lettres seelees du chapitre Saint Offran en Abbeville, que a ce que nous en dirions pour droit il tenrroient ne encontre n'iroient ne ne venrroient; après tous contens, par le conseil de bones gens, il se sont accordé en ceste maniere qui s'ensuit et que ainsi le tenroient dore en avant a tous jours : Se aucune chose avient du commencement de la franque feste dessi en la fin, occisions, rapt, mellée, bulfe donner, coup ferir, vilanie di.e ou faire, et toutes autres choses qui puent estre determinees dedens les metes de la feste devant dite, le justice, les pourfis et tous les emolumens seront au prestre et a ses successeurs; et, se aucuns homme ou fame iert ferus qui vive puis la franche feste, tout ce qui eschair en porra iert au conte, et li prestres ara xx s pour la mellee, se tant pouet on trouver des biens celi qui ara fait le fait, et le mains de xx s ausi. Et se aucuns ara este navres devant[1] la franche feste qui meure dedens la franchise de la franque feste, li prestres ni (n'y) porra riens demander, ains sera tout au conte. Et, se debas mouvoit entre no seigneur le conte et le prestre ou leur successeurs, par le jugement du maieur et des esquevins d'Abbeville, qui adonques seront, sera et doit estre déterminé. De ceste chose nous avons fait faire une cirograffe, dont no sires li quens de Pontieu en a une partie et nous l'autre et li prestres la tierce. L'an de grace mil CC LXXV, el mois de juingn.

Fol. 7 recto.

1. Avant. — La juridiction sera déterminée par la date du fait, non pas celle des suites mortelles.

CCIX

SAINT-RIQUIER. — VINACOURT, Etc.

Lettres de l'abbé et couvent de Saint-Riquier touchant certains dons a eulx faits par le sire de Vinacourt, de fiefs et hommage séant en le rivière d'Authie et le cauchie Brunehault et également touchant aucune garenne sur lesdits fiefs mouvans.......... du comte de Pontieu. — *1275, aoust.*

Nous Gilles, par la grace de Dieu humbles abbes de Saint Rikier, etc....... faisons savoir que me sires Driex d'Amiens, chevaliers, sires de Vinacourt, etc....
(Driex d'Amiens a, par lettres de mars 1274, donné à l'abbé de Saint Riquier les fiefs et arrière-fiefs de Jehan de Gaisart, Colart le Grant, Thomas de Bours, demisele Maroie de Mannes, jadis suer (sœur) Maillard de Gaisart, Jehan de Fammechon, demisele Eve de Lannoy et Huon de le Gove.)
L'an de grace M. CC. LXXV, el mois d'aoust.
Fol. 178 recto et fol. 317 verso.

CCX

SAINT-RIQUIER

ACCORD DE L'ABBÉ ET DU COMTE DE PONTHIEU

Lettres d'un acord de l'abbé et couvent de Saint-Riquier et du comte de Pontieu pour deux hommages, c'est assavoir de demisele Eve de Lannoy

ET DE Mre JEHAN DE GAISSART, LESQUELS HOMMAGES SONT TENUS DU COMTE DE PONTIEU. — *1275, aoust.*

Nous Gilles, par la grace de dieu humbles abbés de St Rikier, etc........ en l'an de grace M. CC. LXXV, el mois d'aoust.
Fol. 178 recto et fol. 317 verso.

CCXI

RUE

PROJET DE DÉRIVATION DE L'AUTHIE VERS RUE

En 1277, au mois de mai, le comte de Ponthieu accorda à ceulx de Rue la permission de faire venir le cours de la rivière d'Authie dans leur ville. Les lettres du comte données à cette occasion sont dans notre cartulaire de Ponthieu, folio 157 recto et folio 266 recto. *Je ne les ai pas copiées parce que M. Thierry les a publiées dans ses* Documents inédits, t. IV, p. 665.

Dans le même mois, le comte de Ponthieu donna aux habitants d'autres lettres :

LETTRES COMMENT LE COMTE DE PONTIEU ACCORDE A CEULX DE RUE QUI (qu'ils) SOIENT QUITTES DE L'OBLIGATION EN QUOY ILS SONT OBLIGIÉS POUR L'ACORD QUI (qu'il) LEUR A FAIT DE FAIRE VENIR LE COURS DE LE RIVIÈRE D'AUTIE A RUE, OU CAS QUE LEDIT COURS NE PORROIENT FAIRE. (OU CAS QUE CE FAIRE NE PORROIENT, suivant le titre de la seconde copie).

Ces lettres n'ayant pas été publiées par M. Thierry, les voici[1] :

---

1. J'ai suivi la seconde copie. J'inscrirai ci dessous les variantes fournies par la première copie, s'il y a lieu.

Nous Jehans de Neelee, quens de Pontieu, et Jehane, etc., contesse de meismes chu lieu, faisons savoir a tous ceuls qui ces lettres verront ou orront que, comme nous aions donne, otrie et conferme par nos lettres, a tous jours perpetuelment, au maieur et as esquevins[1] et a toute la communaute de Rue le cours del Autie a faire venir entierement a Rue et de Rue faire le chair en la mer et oblige[2] si (s'y) soient par devers nous, et leur lettres nous en ont donnees, seelees du seel de leur commune, nous volons, greons et otrions[3] que, sil (s'il) est ainsi que Dieu ne voille que la vile de Rue devant dite et la communaute de meismes cele vile ne puissent le cours de liaue (l'iaue, l'eau) entierement en nule maniere faire venir a Rue, que il (ils) soient quite et delivre du faire a tous jours mais, en tele maniere que nous leur pardonnons et delaissons toute[4] l obliganche que (ils) ont faite envers nous et envers les hoirs de Pontieu, si comme il est contenu ès lettres que nous leur en avons donnees et il (eux) a nous qui du don del Autie parolent; et le porrons (et nous le pourrons) d'ileuk[5] en avant tourner[6] la où nous vaurons[7] (voudrons) et faire ent[8] du tout en tout nostre volente en toutes guisses[9]; et a ce nous obligons nous et nos hoirs de le conté de Pontieu. Et pour ce que ce soit ferme chose et estable, nous avons seelees[10] ces lettres de nos seeaus[11]. Ce fu fait en l an de grace mil CC LXXVII, el mois de may.

Fol. 158 verso et fol. 268 recto.

1. aus esquevins.
2. obligie.
3. ottroions.
4. toute lobliganche. La première copie porte : entierement lobliganche.
5. dilek.
6. torner.
7. vaurrons.
8. *Sic* dans les deux copies. Ent n'est pas ici une abréviation du mot *entièrement* déjà employé deux fois plus haut, mais, avec un t étymologique, le pronom *en* dérivé de *inde*. Il faut comprendre : en faire du tout notre volonté.
9. guises.
10. seele.
11. seaus.

CCXII

DOMMARTIN[1] — WABEN[2]

Lettres comment Marie de Cayeu et Anseaus son fils donnèrent aux religieulx de l'église de Dommartin tout le terrage qu'ils prendoient ès terres de ladite église que on tenoit de eulx au terroir de Waben et une mine de fourment et deux cappons que le maison de Bannières de lès Waben leur rendoit et ce pour l'obit de feu Ansel de Cayeu. — *1277, juin.*

Nous Marie de Kaieu, jadis fame monseigneur Ansel de Kaieu, grant baron et camberlenc de l'empiere de Costantinoble, et Anseaus, leur fils, faisons savoir....... l'an de l'incarnation nostre seigneur mil CC LXXVII, el mois de juing.

Fol. 190 verso.

---

1. Voir plus haut pour cette abbaye, qui serait aujourd'hui dans le canton d'Hesdin (Pas-de-Calais).

2. Waben, du canton de Montreuil-sur-Mer, lieu déjà rencontré plusieurs fois et bien connu par sa charte de 1199.

CCXIII

DOMMARTIN — NAMPONT

Lettres comment Marie de Cayeu et Ansel, son fils, donnèrent aux religieulx de Dommartin[1] toutes les terres Waignables, tous les cens, tous les cappons toutes les rentes de blé et d'avaine que ils avoient en le ville de Nempont et six sextiers de grain moitié de soile et moitié baillart, et aultres choses. — *Juin 1277.*

Nous Marie de Kaieu, jadis fame mon sire Ansel de Kaieu, chevalier, grant baron et camberlenc de l'empiere de Constantinoble et boutillier de selles[2], et Anseax de Kaieu, leur fils, ... faisons savoir, etc....... l an de grace mil CC LXXVII, el mois de juing, lendemain du jour saint Barnabe l apostre.

Fol. 190 recto.

---

1. Ou Saint-Josse-au-Bois, Saint Giosse el bois.
2. Le copiste n'eût-il pas dû transcrire celles ? — « Celle vineresse, pour cave ou autre bâtiment à mettre le vin, que nous appelons cellier. » — La Curne, d'après un sermon de S. Bernard, — « *cella vinaria.* »

CCXIV

MARQUENTERRE

DROITS RESPECTIFS DE L'ABBAYE DE DOMMARTIN ET DU COMTE DE PONTHIEU SUR UN MOULIN A VENT EN MARQUENTERRE

Lettres comment l'abbé et couvent de Dompmartin ont les deux parts ou [au] molin a vent qui est en Marquenterre et le comte de Pontieu le tierce partie et aultres drois du molin. — *Juillet 1277*.

Nous Jehans de Neele, cuens de Pontieu et de Monstroil et d'Aubemalle, et Jehane, par la grace de dieu royne de Castelle et de Lion, contesse, etc..... que nous et li abbés et li couvens de Dommartin, etc..... Ce fut fait l an de grace mil CC LXXVII, el mois de juil.

Fol. 192 verso.

CCXV

LE TRANSLAY

Lettres de le fondation de la capellerie du Transleel que le comtesse de Guelles[1] fonda l'an 1277 au mois d'aoust.

Je Phelippe, contesse de Guelle, etc... que je, en l'honneur de Dieu, etc... ai estoré une cappellerie en mon manoir des Transliaus, etc... et ai requis à

---

1. Gueldre. — Suivant le marquis Le Ver cette comtesse était la troisième fille de Simon de Dammartin et de Marie comtesse de Ponthieu. Elle avait épousé 1º Raoul, comte d'Eu ; 2º Raoul, seigneur de Coucy, mort en 1250; 3º Othon III, comte de Gueldre, mort en 1271.

mon très chier seigneur Jehan de Neele, conte de Pontieu, et a ma très chiere dame et sereur, par la grace de dieu royne, etc... que a che don et a cheste aumosne se voilent assentir et que il voellent leur seaus mettre, etc... Che fu fait en l an de grace M. CC. LXXVII, el mois d'aoust, le dimenche devant le saint Leurens.

Fol. 161 verso et 239 recto.

CXCVI

VILLEROY

LETTRES COMMENT LUCE DE VILLEROYE VENDI AUX MAIEUR ET ESQUEVINS DE VILLEROYE TREIZE JOURNEULX DE TERRE OUDIT TERROIR. — *1278, juillet.*

Jou Jehans, sires de Vileroye, eskuiers, fais savoir a tous chiaus qui ches presentes lettres verront et orront que, comme demisele Luce, me seur, soit venue par devant moy et me presence et par devant mes hommes liges, et ait requenut que ele ait vendu et deguerpi a tous jours perpetuelment, et par le gre et lotroy de Huon sen baron, et de moy meesmes qui ses hoirs sui, au maieur et as eskevins de Vileroie, pour une somme d'argent dont ele se tient plainement a paiie, treize jornex de tere, peu plus peu mains, et tout che qu ele avoit ou pooit avoir es liex et es teres qui nomme sunt es lettres que je nai (j'en ai) baillies as devant dis maieurs et eskevins, (lequele tere et les queus coses le devant dite Luce me seur[1] tenoit de moy, et les quex coses je tenoie avoeques men autre fief de monseigneur Jehan de Neele, conte de Pontieu, et de ma chiere dame Jehane, par la grace de dieu royne de Castele

---

1. Le copiste a transcrit sur le registre par distraction *me sires,* si même il n'y a pas une surcharge ancienne mais maladroite du mot.

et de Lyon et contesse du lieu devant dit, se femme), jou, par le dessaisine que j ai rechut en me main prie et ai prié a mon chier seigneur et a me chiere dame devant dis que il a le vente devant dite se voellent assentir, et en poursieuvant cheste requeste j ai seelees ches lettres de men seel. Faites en l an de grace mil cc LXXVIII, u mois de juil (juillet).

Fol. 226 recto.

CCXVII

NAMPONT

LETTRES COMMENT LE COMTE DE PONTIEU NE POEUT FAIRE ESCLUSES DE EAUES (eaux) ÈS MARÈS (marais) QUI SONT ENTRE NEMPONT DEVERS MONSTROEUL ET ROUSSEN, LESQUELLES EAUES COURANS PAR YCEULX MARÈS APPARTIENNENT AUX RELIGIEULX DE DOMMARTIN. — *1278, septembre.*

Nous Jehan de Neele, cuens de Pontieu et de Monstroil, et nous Jehane, par la grace de dieu royne de Castele, etc..... en l an de grace mil CC LXXVIII el mois de septembre.

Fol. 189 verso.

Cette charte est, chronologiquement du moins, la dernière de Jean de Nesle et de Jeanne dans le terrier. Jeanne mourut en mars 1279 et sa fille Éléonore, héritière du comté, en partagea les titres et les droits avec son mari, Édouard Ier, roi d'Angleterre. Éléonore était reine d'Angleterre; Édouard fut comte de Ponthieu. Après quelques négociations avec le roi de France et quelques formalités d'hommage, il prit possession du comté en juin et pendant longtemps nous verrons les principales chartes du terrier données par des princes s'intitulant roi d'Angleterre, seigneurs d'Irlande, ducs d'Aqui-

taine, comtes de Ponthieu et de Montreuil. C'est avec ces qualités qu'*Édouard donnait à Abbeville, le 6 juin, des lettres de non préjudice pour un serment qu'il prêtait par procureur, et que, le même mois, étant au Gard-lès-Rue, le samedi avant la fête de saint Barnabé apôtre, il donnait les mêmes garanties en d'autres lettres aux habitants de Rue, pour l'observation de leur loi.*

Comme Jean de Nesle, Édouard donnera ses chartes presque toujours en français.

CCXVIII

ABBEVILLE

LETTRES COMMENT CEULX D'ABBEVILLE VOLOIENT AVOIR SERREMENT DU COMTE DE PONTIEU. — *1279, .. juin.*

Le P. Ignace (Jacques Sanson) a donné le texte même du serment prêté à la loi d'Abbeville, au nom du roi d'Angleterre, par Thomas de Sandwich, le nouveau sénéchal anglais du Pontieu. — Histoire des Mayeurs d'Abbeville, *p. 211.* — Eduvardus, etc.

Pour cette charte latine le marquis Le Ver renvoie à Rymer, t. Ier, p. 181. — *Manuscrit de la bibliothèque d'Abbeville, n° 217.*

Il y a évidemment erreur des copistes dans la lettre reproduite ci-dessous. Comment Édouard aurait-il pu donner le IV juin, même le VI, si les chiffres sont transposés, la traduction française (approximative) de la charte datée du six même à Abbeville ? A cette dernière date d'ailleurs, Édouard et sa femme assistaient à Abbeville à la prestation du serment prononcé par leur procureur : nobis præsentibus personaliter.

Le P. Ignace a vu la lettre latine avec ses différents sceaux qu'il décrit. — Histoire des Mayeurs, *p. 212.* — *Elle doit être aux archives de la ville, série AA, n° 11, suivant l'inventaire.*

Edward, par la grace de dieu roys d'Engleterre, sires d'Yrlande, ducs d'Aquitaigne, conte de Pontieu et de Monstroil, et Alianor, par meisme cele grace royne, dame, duchesse et contesse des liex devant nommez, sa compaigne, a tous ceuls qui ces lettres verront ou orront salut. Comme par le deches de nostre chiere mere noble dame Jehane, par la grace de dieu royne de Castele et de Lyons, contesse de Pontieu et de Monstroil, l'onneur et le conté de Pontieu nous fussent heritablement esqueu ; par quoi li maires et li esquevin d'Abbeville nous demandassent serement de leur chartres et de leur usages donnes des seignors de Pontieu nos ancesours tenir si comme il disoient ; et li avant dit maires et esquevin et communautes de la dite vile, pour la reverence de nostre royau maieste, ce serement ont pris de nostre loial procureur ; par quoy ils nous ont fait serement et.....[1] de estre a nous obeissant de vie et de menbre[2] et de terrien honnour comme a leur droit seigneur et a nos lieu tenans ; et pour ce que nous ne voulons mie que le serement que fait leur est par nostre procureur leur puist torner a préjudice, voulons et créancons que par ce serement ne soient destourbe ne de leur droit alonge que nos hoirs contes de Pontieu, qui ne seront roy enoint[3], ne facent le serement selonc les usages de la vile d'Abbeville en la maniere que nostre ancesour l'ont fait. En tesmoing de laquele chose nous avons scele ces lettres de nos seaus. Donné à Monstroil, le IV jour de juing, en l'an de grace mil CC LXXIX.

Fol. 6 recto.

A noter dans cet acte les attestations consenties par Édouard, comme roi d'Angleterre et comme comte de Ponthieu. Il a profité de sa qualité de roi pour ne prêter que par procureur le serment réclamé par les bourgeois. Ceux-ci, pour la révérence de sa royale majesté, ont accepté cette dérogation aux us ; puis ils ont juré obéissance au comte. Enfin, Édouard rassure l'ombrageux esprit communal. La manière dont il a prêté serment ne portera pas préjudice aux droits anciens et ceux de ses héritiers qui seront comtes sans être rois prêteront le serment en la forme tradition-

---

1. Ce doit être feuté.
2. De menbre ? Y a-t-il là une expression anglaise ? La charte latine aide peu à l'expliquer. *Pro hommagiis nostris,* y est-il dit, *et juramentis fidelitatis.* — S. Ignace.
3. *inuncti* dans la charte latine.

nelle « selonc les usages de le vile, » *en la manière de ces prédécesseurs simplement comtes de Ponthieu.*

Est-il nécessaire de faire remarquer la langue de cette charte? Le parler du Ponthieu y accepte des formes et des sons qui ont passé la mer.

CCXIX

NOUVION — COQUEREL — NOYELLE — NOLLETTE — SAILLY-BRAI — BONNELLE — HURT — FAVIÈRES

LETTRES COMMENT MESS. JEHAN DOLEHAIM VENDI AU COMTE DE PONTIEU (ce comte était alors le roi d'Angleterre) TOUS LES DROITS CONTENUS ÈS LETTRES PRÉCÉDENTES[1]. — *1279, juin.*

Ego Johannes, dominus Dolehaim, miles, notum facio omnibus tam presentibus futuris quod ego, nimia necessitate urgente, vendidi bene et legitime excellentisimo principi domino Edowardo, dei gratia regi Anglie, etc., et excellentissime domine Alienore, eadem gratia regine Anglie, etc., pro quadam pecunie summa michi ad plenum persoluta, omnem feodum quem habebam, possidebam et tenebam a comite Pontivi apud Nouvion, Coquerel, Nigellam, Sailli le brai, Bonnele, et apud Hurt, et duos modios avene reddituros apud Favieres, et omnia alia que in predictis locis habebam, tenebam, possidebam, vel de jure acquismille[2] poteram, hereditarie ac perhenniter habendam et possidendam[3], et dictum feodum, cum omnibus ejusdem feodi pertinenciis, in

---

1. Ces lettres précédentes, transcrites dans le terrier de Ponthieu au folio 278 recto, sont celles par lesquelles le comte de Ponthieu Guillaume avait, en 1208, concédé ces droits à Hue Dolehaim. — V. plus haut p. 50.

2. Mot évidemment mal écrit. *Acquirere* suffirait. — *Poteram* pour *potueram* sans doute.

3. Tout cela est incorrect ou mal transcrit ou tronqué.

manu Petri dicti Alatus, ex parte dictorum regis et regine, sine fraude et dolo penitus resignavi . . . .
Cui venditioni et resignationi predictis Hugo, frater meus et heres, bona voluntate sua, suum prebuit assensum, promittens sub fide sua, corporaliter prestita, quod in dicto feodo et in omnibus dicti feodi pertinenciis nichil de cetero reclamabit. Et ad hoc firmiter observandum ego predictus Johannes, miles, me, heredes meos et omnia bona mea presentia et futura obligam[1], sine aliqua reclamatione de me et heredibus meis amodo permovenda. Et ad dictam resignationem faciendam fuerunt evocati homines ligii, etc., et scabiui, etc. Et ad maiorem , etc. Actum est hoc anno Domini M° CC° septuagesimo nono, mense junio.

Fol. 278 verso.

CCXX

VINACOURT — FONTAINE — EMBREVILLE, Etc.

En 1279 Drieu d'Amiens, seigneur de Vincourt, abandonna beaucoup de droits, d'abord au comte de Ponthieu roi d'Angleterre, puis à son propre cousin Pierron d'Amiens. Je rapprocherai les defférentes lettres concernant les cessions.

I

Lettres comment le segneur de Vinacourt donna et otroya a Édouard roy d'Engleterre et comte de Pontieu tous les drois des hommage que la

---

1. Pour *obligo*, ou plutôt, en supposant une abréviation, pour *obligamus*. Il est impossible d'imaginer le futur d'un verbe *obligere*.

DAME DE FONTAINES-SUR-SOMME ET THUMAS D'EMBREVILLE TENOIENT DE LUY. — 1279 APRÈS LES OCTAVES SAINT MARTIN EN HIVER. — *La Saint-Martin en hiver est le 11 novembre.*

Je Driex d'Amiens, chevaliers, sires de Vinacourt, fais savoir, etc............
M. CC. LXXIX, le lundi après les octaves saint Martin en yver.
Fol. 125 recto et 253 recto.

II

Drieu avise la dame de Fontaines du transport de l'hommage.

LETTRES COMMENT LE SEGNEUR DE VINACOURT MANDA A LA DAME DE FONTAINES QUE DU FIEF QU'ELLE TENOIT DE LUY ELLE EN FESIST HOMMAGE AU ROY D'ENGLETERRE COMTE DE PONTIEU. — *1279, le lundi après les octaves, etc.*

Je Driex d'Amiens, sires de Vinaucourt à Jehane, demisele et dame de Fontaines, sen homme lige, salut..... l'an de grace mil CC et LXXIX, le lundi après les octaves saint Martin en yver.
Fol. 125 verso et fol. 253 verso.

III

Puis il écrit à Thomas d'Embreville.

LETTRES COMMENT LE SEIGNEUR DE VINACOURT MANDA A THUMAS D'EMBREVILLE QU'IL FESIT HOMMAGE ET SERVICE DU FIEF ET ARRIÈRE FIEF QU'IL TENOIT DE LUY AU COMTE DE PONTIEU COMME A LUY MESME. — *Même date.*

Je Driex d'Amiens, chevaliers, sires de Vinacourt, à Thumas d'Embreville, sen homme lige, etc..... en l'an de grace M. CC et LXXIX, le lundi, etc. — Même date.

IV

Drieu d'Amiens a cédé aussi certains droits à son cousin Pierron d'Amiens.

Lettres de Drieux d'Amiens au roy et a la royne d'Engleterre faisant savoir qu'il a donné a Pierron d'Amiens, seigneur de Canaples[1], différens drois. — *1279, novembre.*

Ces lettres sont complétées par les suivantes :

V

Lettres comment mons Driex d'Amiens, seigneur de Vinacort, donna a mons. Pierron d'Amiens, sen cousin, tout l'hommage que maistre Robert de le Porte tenoit de luy et toutes aultres coses que ledit maitre Robert tenoit de luy ès fiefs de Pontieu. — *1279, novembre.*

Je Driex d'Amiens, chevaliers, sires de Vinacourt, fais savoir..... que j'ai donné à men chier cousin et men chier ami Pierron d'Amiens, chevalier, seigneur de Canapes, etc..... M. CC et soissante et dis et neuf, el mois de novembre.

Fol. 128 recto et fol. 256 recto.

Le seigneur de Canaples fait à son tour la déclaration suivante :

---

1. Canaples, maintenant du canton de Domart, arrondissement de Doullens.

VI

LETTRES COMMENT MONS. PIERRE D'AMIENS, CHEVALIER, FAIT SAVOIR QUE SE (si) ÈS DONS QUE LUI A FAIT MONS. DRIEU D'AMIENS, SEGNEUR DE VINACOURT, AVOIT (il y avait) AUCUNE COSE QUI APPARTENIST A LE VENTE QUE LI SIRES D'AMIENS A FAIT AU VIDAME DE PINQUEGNI (Picquigny), NE (cela ne) PUIST TOURNER A PRÉJUDICE AU COMTE DE PONTIEU ET LE SAISINE QU'IL AVOIT RECHUPT DUDIT DON IL LE MET DU TOUT AU NÉANT. — *1279, novembre.*

Je Pierres d Amiens, chevaliers, sires de Canapes, fais savoir a tous chiaus, etc..... M. CC LXXIX, el mois de novembre, le lundi prochain après le saint Climent.

Fol. 129 recto et fol. 257 verso.

CCXXI

AIRAINES

LE FIEF PIGNON

LETTRES (des maire et échevins d'Airaines) DE LA VENTE DU FIEF PIGNON SÉANT A AREINES FAITE AU COMTE DE PONTIEU ÉDOUARD, ROY D'ANGLETERRE, PAR ANTIAUME..... — *1279 au mois de novembre, le vigile saint Andrieu.*

A tous chiaus qui ches lettres verront, etc....... nous Enger....... Doelins, adonc maires de le vile d'Araines, et li eskevin de chu meeme lieu faisons savoir que Antiaumes dis Pignom est venu par devant nous et a reconnut que il, del assentement et de le bonne volente Aelis, se femme, et de Pierron leur fil et leur hoir, et par XLV livres de parisis dont chil Antiaumes a rechut plain paiement par devant nous, a vendu par grant necessité a très noble homme, etc... mons... Edouart, par la grace de dieu roy d'Engleterre et conte de Pontieu, et a tres noble dame, etc... Alienor, etc..., se compagne, tout le fief qui est dit le fief Pignom, etc... lequel fief est tenu desdits seigneurs de Pontieu, etc... Nous avons ches lettres seeles de nostre seel de nostre commugne, faites en l'an de grace mil CC LXXXIX, u mois de novembre, le vigille saint Andrieu. — *La sainte André est le 30 novembre.*

Fol. 341 recto.

CCXXII

CRÉCY

LE MARCHÉ DU LUNDI

Lettres comment Édouard, roy d'Engleterre, et Aliénor, sa femme, comtesse de Pontieu, accordèrent aux bourgois et communauté de Cressy que le marquié du Lundy a Cressy soit franc de tonelieu en vendant et en acatant, par en paiant, cascun an, a le saint Jehan Baptiste, a le vicomte dudit lieu, dix livres tournois, salve les forages des vins vendus yceluy jour, et aussi que nuls banis, a l'occasion dudit marquié, puissent venir en icelle ville led. jour de marquié. Fait a Westminster, le 4 novembre, la septième année du regne du roy Édouard *(donc 1279).*

Edowardus, dei gratia rex Anglie, dominus Hibernie et dux Acquitanie, et Alienora, eadem gratia regina Anglie, domina Hibernie, duxissa Acquitanie et

comitissa Pontivi, consors sua, archiepiscopis, episcopis, abbatibus, prioribus, comitibus, baronibus, militibus, vicecomitibus, prepositis, ministris, et omnibus bailliviis et fidelibus suis, salutem. Sciatis nos ad emendationem ville nostre de Crescy, et pro decem libris turonensibus nobis et heredibus nostris annuatim, in termino sancti Johannis baptiste, per manus vicecomitis nostri ejusdem loci reddendis, concessisse et hac carta confirmavisse burgensibus nostris et toti communitati ejusdem ville, quod mercatrum [1] suum in eadem villa, per diem lune in perpetuum, sit liberum de theloniis pro universis et singulis in eodem mercato [2] negotiantibus, emendo vel vendendo, de mercandisis quibusque (pour quibuscunque) ; salvis nobis et heredibus nostris foragiis vinorum die illo venditorum ibidem, necnon clamoribus et arestationibus ac warda et officio omni aliorum ad justiciam vicecomitis in eisdem partibus ad jus et potestatem nostram spectantibus ; et statuimus quod, ratione predicti liberi mercati, banici de terra nostra seu villis nostris aut aliunde, pro transgressione seu forisfacto quoque, ingredi possint eamdem villam nostram liberi et quieti predicto die lune, quum alioquin [3] fiat de eis justicia die illo, sicut aliis diebus cum ibidem venerint sicut dictum est. Hiis venerabilibus presentibus............
Suivent des noms de témoins pour la plupart anglais. Datum apud Westmenst', quarto die novembris, anno regni nostri septimo.

Fol. 134 recto.

1. Marché. On trouve dans du Cange les deux formes *mercatum* et *mercatorium*. Cette dernière paraît être anglaise, exemple justement dans une charte du roi d'Angleterre de 1300. Ici nous avons une forme intermédiaire *mercatrum*. — Il est vrai que plus loin nous trouvons *mercati* et *mercato*.

2. *Sic* cette fois.

3. Je ne suis pas très sûr de la lecture de ces trois mots.

CCXXIII

DREUIL

Lettres touchant la reconnoissance des drois et coutume dans lesquels le seigneur de Dreuil doit tenir ses hommes audit lieu de Dreuil. — *1279, décembre.*

Je Thiebaus du Pont de Remi, chevaliers, fais savoir à tous, etc..... que je reconois à tous qui sont manant el tenement de la vile de Drueul dessous Araines, que je les doi tenir aus (eux) et leur hoirs as us et as coustumes que li anciseur et li devanchier qui ont esté par devant mi les ont tenus. Premierement, etc..... *(La lettre est assez longue.)* Che fu fait en l'an de l'incarnation nostre seigneur Jhu Crist mil cc. lxxix, el mois de décembre.

Fol. 350 recto.

CCXXIV

ABBEVILLE

RENTE SUR LA VICOMTÉ

Lettres de rente a prendre sur le vicomté d'Abbeville. — *Décembre 1279.*

Cette lettre est un certificat de Mathieu de Roye, chevalier, seigneur de la Ferté (lès Saint-Riquier), attestant que Jehan de Rankeroles et ses devanciers ont toujours touché à la Toussaint, sur la vicomté de Ponthieu, trente livres parisis que le seigneur leur devait à cette date. Mil CC LXXIX, el mois de decembre.

Fol. 61 verso.

CCXXV

FONTAINE-SUR-SOMME

Lettres pour le ville de Fontaines-sur-Somme

Edwards par la grace de dieu, etc.....
Fol. 80 recto.

Sans date, mais du temps du sénéchal Thomas de Sandwich, c'est-à-dire de 1279 à 1288.

Ces lettres, fort longues, ont été publiées par A. Thierry. — Documents inédits, t. IV, p. 765 — d'après bibl. impériale fonds des cartulaires, n° 65, fol. 84 recto, et dom Grenier volume 57 bis, etc. — V. A Thierry.

CCXXVI

ABBEVILLE

Lettres du tenement du sauvoir. — *1279 au mois de février* (1280).

Ce tènement a été acheté pour le comte qui le donne à cens.

Je Jehans de Neele, sires de Falvi, fais savoir à tous ceus qui ces lettres verront ou orront que, comme jou, en la compaignie Jehane, par la grace de dieu roine de Castele et de Lions, contesse de Pontieu et de Monstroil, me fame qui jadis fu¹, eusse acquis le tenement du Sauvoir² et les cortiex (courtils) ensi comme il s'estendent en lonc et en lé (large), jou, le tenement et les cortiex devant dis ai baillié à chens (cens) à Nichole Poiher, canone (chanoine) d'Abbevile; c'est à savoir cele droiture que je i puis avoir, tant par raison d'aqueste comme d'irerage, pour IIII livres de parisis, chascun an de chens, à paier à III termes, as us et as coustumes de la vile d'Abbeville. En tesmoingnage de la quele chose, nous avons seele ces lettres de no seel. Ce fu fait lan de grace mil CC LXXIX, el mois de février.

Fol. 33 recto.

CCXXVII

MACHY

En 1279 (1280) Firmin de Machy³ vendit des rentes et des hommages au roi d'Angleterre comte de Ponthieu. — Je rapprocherai les lettres suivantes :

1. Jean de Nesle était veuf de Jeanne depuis près d'un an. Il avait, bien entendu, perdu avec elle son titre de comte de Ponthieu.
2. Ce tenement devait être situé dans la ville, tout au plus dans la banlieue. Où ?
3. Machy, canton de Rue, village resserré entre la Maye et la forêt de Crécy à laquelle il touche.

I

Lettres comment Fremin de Machy, escuyer, vendi au comte de Pontieu toutes les rentes qu'il avoit a Cressy. — 1279 mars, le vendredi devant le bouhourdich. *(Le bouhourdich était le premier dimanche de carême.)*

Je Fremins de Machi, eskuiers, fais savoir à tous chiaus, etc.... que je, par grant nécessité, ai vendu.... à très haut et très noble prinche et mon chier seigneur Edowart, par la grace de dieu, etc.....

Les rentes sont peu importantes d'ailleurs : un muid d'avoine, VIII sols de cens pris sur un vivier le Comte et XVI chappons. Firmin de Machy s'est dessaisi en la main de Thumas de Sandwis, chevalier, senescal et garde de le terre de Pontieu, etc........ En confermement de chu, j'ai seelees ches lettres de men seel, faites en l'an de grace mil CC. LXXIX, u mois de march, le venredi devant le bouhourdich.
Fol. 136 recto.

II

Lettres comment Fremin de Machy, escuyer, vendi au comte de Pontieu le hommage que Bernard de Moreul, chevalier, segneur de Villers[1], tenoit de luy. — Abbeville, au mois de mars lendemain du Bouhourdih.

Je Fremins de Machi, eskuiers, fais savoir à tous chiaus qui ches presentes lettres verront, etc... que je à homme très excellent, très noble prinche, mon

---

1. Vil'ers dans la lettre. — Il s'agit ici de Villers près de Mareuil. — V. plus haut CLXXVI, p. 237.

chier seigneur Edowart, roy d'Engleterre, etc.... et très noble dame et poissante et me chiere dame Alienor, royne d'Engleterre, contesse de Pontieu, se compagne, ai vendu par grant nécessité l ommage que me sires Bernars de Moreuil, chevaliers, sires de Viliers, li joules, tenoit de mi en fief et en arriere fief, chest assavoir un homme lige con (qu'on) apele mesires Wy d'Anconnay [1], lx journeux de bos séant entre le Wasque [2] du hamel de Verron [3], d'une part, et le bos Jehan de Hemencourt, d'autre, duquel hommage je me sui dessaisis en le main mon seigneur Thumas de Sandwis, chevalier, senescal et garde de le tere de Pontieu, etc..... j'ai ches lettres seelées de men seel, faites en l'an de grace mil cc et lxxix, u mois de de march, lendemain du bouhourdich.

Fol. 134 verso.

III

LETTRES COMMENT L'OFFICIAL D'AMIENS MANDE AU DOYEN DE RUE QUE LES CONVENTIONS FAITES ENTRE LE ROY D'ENGLETERRE ET FREMIN DE MACHY ET DEMISELE MEHAUD (Mathilde), SE FEMME, QU'IL LES OYE ET QUI (qu'il) LES Y (sic pour lui) ENVOYE. — *1279, au mois de mars (1280).*

Officialis Ambianensis decano de Rua salutem, etc... Datum anno Domini M° CC° LXX°, nono, in crastino..... ?, mense marcio.

Fol. 136 verso.

---

1. Anconnay, commune du Boisle, canton de Crécy.

2. Je ne trouve dans le *Glossaire français* de D. Carpentier que Waschie, Waskie, Wasquie, commune, pâturage entouré de fossés. Le *Glossaire français* renvoie au *Glossaire latin* où le mot *waschium idem videtur quod waria*, et le mot *waria* retraduit à son tour le français : *pascuum commune, ut videtur, fossis circumcinctum*. — Je n'ose qu'à demi expliquer par ces synonymes *le wasque* de Vron.

3. Vron, canton de Rue.

IV

Lettres comment le doyen de Rue envoya a l'official d'Amiens lesdites auditions. — *Sans date, mais la réponse du doyen dut suivre de près la demande de l'official.*

Viro venerabili et discreto officiali Ambianensi magister R....., decanus de Rua, salutem et obedientiam. Noverit vestra discretio quod nos, ad mandatum vestrum, conventiones habitas inter dominum regem Anglie, etc..... et ejus uxorem, ex una parte, et Firminum de Machi et domicellam Mathildim, ejus uxorem, Ambianensis diocesis, ex altera, etc.....

Fol. 136 verso.

CCXXVIII

MACHY

I

Lettres comment Henry de Wascoigne vendi au comte de Pontieu (roi d'Angleterre) dix journeulx de bos séant desseure Machy (deseur Machy dans la lettre). — *Au mois de juin 1280.*

Je Henris de Vascoigne, esquiers, fais savoir, etc.....
Fol. 114 recto.

Le parchemin est un peu troué à plusieurs places.

1. Vascoigne ou Wacogne ou Vacoigne, en la commune de Regnière-Écluse, canton de Rue. Wacogne donnait son nom à l'ancien château, soupçonné, sur quelques indices, fortifié, qui a précédé le château actuel de Regnière-Écluse. — V. *Histoire de Cinq villes*, t. II, p. *312 et 470.* — Mais comment une habitation aurait-elle été fortifiée si près de celle du comte qui ne l'était pas, au Gard-lès-Rue.

II

Lettres comme Henry de Wascoigne et demiselle Jehanne, se femme, recongnurent devant l'official d'Amiens le vente des dix journeulx de bos dessus dits. — *La date manque.*

Universis, etc..... officialis Ambian....., etc..... Noveritis quod Henricus de Wascoigne et domicella Johanna, ejus uxor, recognoverunt se vendidisse, etc... *Fol. 114 recto.*

CCXXIX

LE CROTOY

Lettres d'aucuns marchans confessant que le seneschal de Pontieu leur avoit donné un cheval sur quoy avoit esté noyé un homme audit Crotoy. — L'an 1280 le vendredi devant le Saint Martin en hiver. — *C'est-à-dire avant le 11 novembre.*

A tous chiaus qui ches lettres verront ou orront Aubris Gais[1] li caretiers, Bernars Corugue, Ernaut de Talmont, Giraud de Ceruvel, Pierres de le Roke, Nicholas Rebretin, Pohn [?] Parre, Esteule de le Porte, Ylaire Ernaut, Jehans Baudet, Marcheant de Crotoy, salut. Tout aient connut que, a nostre requeste, Thumas de Sandwich, chevaliers, adont (ou adonc) senescaus de Pontieu, nous

---

1. En enlevant les s du nominatif nous avons Aubri ou Aubry, Gai ou Gay.

a donne j queval qui fu Nicholes Rebretin, sus lequel ses walles (son valet) fu noies en l yaue, par quoi nous certifions a tous que nous le cheval ne avons ne ne demandons pour droit ne pour usage ne coustume que nous y aions, fors que du don et de le volenté du dessus dit senescal. En tesmoingnage de quele cose nous avons baillie au dessus dit senescal cheste lettre ouverte seelee de nos seaus, faite en l an de grace mil CC et quatrevins, le venredi devant le saint Martin en yver.

Fol. 309 recto.

Les causes de cette déclaration veulent être cherchées. Elles impliquent une question de justice. Le sénéchal a donné aux bourgeois du Crotoy, — abandonné plutôt à leur justice, — un cheval qui a noyé un valet, c'est-à-dire un jeune homme, le fils de Nicolas Rebretin. Les bourgeois n'ont pas réclamé l'animal en vertu d'un droit qu'ils tiendraient de leur coutume. Ils reconnaissent l'avoir reçu du don et de la bonne volonté du sénéchal. Il est probable qu'ils estiment le cheval criminel et passible d'une peine, de la mort qu'ils lui infligeront avec des raffinement de supplice. Les bourgeois d'Abbeville exécutaient ainsi les pourceaux meurtriers.

CCXXX

L'ABBAYE DE DOMMARTIN — MÉTIGNY

Lettres de vidimus comment l'évesque d'Amiens dist avoir veu des lettres de la royne de Castille faisans mention comment Marie contesse de Pontieu, mère de laditte royne, avoit donné aux religieulx de Dompmartin ce que elle possessoit a Metigny sur Autie[1] ; c'est assavoir les

---

1. Métigny-sur-Autie, évidemment Montigny-sur-Authie, hameau de la commune de Nampont-Saint-Martin, cantou de Rue. — Montigny avait une chapelle. — V. *Histoire de Cinq Villes*, t. II, p. 257 et 450.

TROIS PARTIES DU MARÈS, LE JUSTICE HAULTE ET BASSE, TOUS DROIS DE CENS, RENTES DE YAUES (eaux), DE PESQUERIES, ET TOUS AULTRES DROIS PLUSEURS, CONTENUS EN CES PRÉSENTES EN RECOMPENSATION DE PLUSEURS TORS QU'ELLE LEUR AVOIT FAIT. — 1280, JOUR DE SAINT MARTIN D'HIVER. — *(Martin de Tours, 11 novembre.)*

Les lettres vues par l'évêque étaient de l'an 1254, janvier.

Universis presentes litteras inspecturis G.[1], divina permissione Ambianensis episcopus salutem in Domino, etc..... anno domini millesimo ducentesimo octogesimo, in die beati Martini hyemalis.

Fol. 186 recto et fol. 223 verso.

CCXXXI

HESDIMONT

VENTE DU BOIS AU COMTE ROI D'ANGLETERRE

LETTRES DE VENDITION DU BOS DE HESDIMONT FAITE PAR RAOUL, SEIGNEUR DE BOUGAINVILLE, AU COMTE DE PONTIEU. — *1280, novembre.*

Je Raous, esquiers, sires de Bougainvile en partie[2], fais savoir, etc... que je, de me bonne volenté et par l'assentement de mes hoirs et pour une somme d'argent, ai vendu hyretaulement, etc... à noble homme et puissant, monsei-

---

1. Guillaume de Macon.
2. Bougainville, canton de Molliens-Vidame.

gneur Edouart, par la grace de dieu roy d'Engleterre, etc..... et à me dame Alienor, se compaigne, tout che que jou avoie ou pooie avoir et reclamer el bos con (qu'on) dist Haidimont [1], etc..... M. CC. IIII^{xx}, el mois de novembre, le vegille saint Andrieu (c'est-à-dire le 29 novembre.)

Fol. 341 verso.

CCXXXII

ABBAYE DE DOMMARTIN OU DE SAINT-JOSSE-AU-BOIS — FORÊT DE CRÉCY

L'abbaye avait, particulièrement dans la forêt de Crécy, des droits que lui avaient concédés les comtes de Ponthieu et que Jeanne et Jean de Nesle avaient confirmés. Ces droits se retrouvent constatés en 1280 en trois lettres, chacune de copie double dans le cartulaire.

Ces lettres sont des vidimus *attestant l'existence et rappelant le texte d'actes nécessairement de date antérieure.*

I

Lettre de vidimus comment l'évesque d'Amiens dist avoir veu les lettres de Jehanne, royne de Castille et contesse de Pontieu, faisans mention

---

[1]. Sur ce nom voir plus haut, CLIX, p. 216.

DES DROITS ET USAGES QUE LES RELIGIEULX DE SAINT GIOSSE OU BOIS ONT EN LE FOREST DE CRESSY. — *1280, novembre.*

Les lettres de la comtesse avaient été données en mai 1259.

Universis presentes litteras inspecturis G.[1], divina permissione Ambianensis episcopus, salutem in Domino, etc..... anno Domini Mº CCº octogesimo, mense novembri, dominica post octavas Omnium Sanctorum.
Fol. 185 recto et fol. 223 recto.

II

LITTERA ABBATIS ET CONVENTUS DOMNI MARTINI DE CONFIRMATIONE FACTA A NOBILI DOMINA JOHANNA, DEI GRACIA REGINA CASTELLE ET LEGIONIS, PONTIVI ET MONSTREOLI COMITISSA, DE LITTERIS MATRIS SUE PREDICTIS ABBATI ET CONVENTUI DONATIS DE QUIBUSDAM LIBERTATIBUS.

Universis presentes litteras inspecturis G., divina permissione Ambianensis episcopus, salutem in Domino..... Datum anno Domini Mº CCº octogesimo in die beati Martini hyemalis.
Fol. 186 recto et fol. 223 verso.

II

LETTRES TOUCHANT L'ABBÉ ET COUVENT DE SAINT-JOSSE FAISANT MENTION DE DE CERTAINS USAGES EN LA FORÊT DE CRESSY. — 1280, LE DIMANCHE APRÈS L'OCTAVE DE TOUS LES SAINTS — *ou suivant le titre latin (et en rouge) du*

---

1. L'évêque d'Amiens était alors Guillaume de Mâcon.

double : LITTERA ABBATIS ET CONVENTUS SANCTI JUDOCI IN NEMORE DE RESAI-SICIONE USAGIUM SUORUM IN FORESTA DE CRESCIACO FACTA A DOMINO J. DE NIGELLA COMITE PONTIVI.

Universis presentes litteras, etc..... G., divina permissione Ambianensis episcopus, etc..... Datum anno Domini M° CC° octogesimo, dominica post oct. Omnium Sanctorum.
Fol. 187 recto et fol. 224 recto.

CCXXXIII

CRÉCY

LETTRES DE VIDIMUS DE L'EVESQUE D'AMIENS COMMENT LE COMTE DE PONTIEU DIST PAR SES LETTRES QUE LES ARBRES QUE LES CARPENTIERS AVAIENT COPPÉ EN LE FOREST DE CRESSY EN L'ASSIGNATION DE DOMPMARTIN POUR LEUR USAGE IL ACCORDE ET RESSAISIT DE NOUVEL LESD. RELIGIEULX DUDIT USAGE. — *1280, novembre.*

Universis presentes litteras inspecturis G., divina permissione Ambianensis episcopus, salutem in Domino, etc..... anno Domini millesimo ducentesimo octogesimo dominica post octabas Omnium Sanctorum.
Fol. 187 recto. et fol. 224 verso

CCXXXIV

L'ABBAYE DE DOMMARTIN (Saint-Josse-au-Bois)

Lettres comment l'abbé et le couvent de Dompmartin vendirent au roy Édouard le aumosne que Ansel de Cayeu leur avoit donné et en reçurent cent livres tournois. — *Janvier 1280 (1281)*.

Nos Willermus, dei paciencia abbas Sancti Judoci in nemore Premonstracensis ordinis, totusque ejusdem loci conventus notum facimus, etc... legitime guerpivimus viro nobilissimo et potenti domino Edwardo, dei gratia regi Anglie, et illustrissime domine Alienori, uxori sue, quamdam elemosinam quam nobilis vir dominus Anselmus de Kaioco, miles, camerarius imperii Constantinopolis, de assensu et voluntate domine Marie matris sue, etc....[1] Datum anno Domini millesimo ducentesima octogesimo, mense januario.

Fol. 191 recto.

CCXXXV

RENTE RACHETÉE PAR LE ROI D'ANGLETERRE COMTE DE PONTHIEU

Une rente avait été donnée en octobre 1237 par Simon comte de Ponthieu à Guiffroy de la Chapelle. Le roi Édouard la rachète en 1280. — *Cette rente était de trente livres tournois.* — *Voir plus haut CXXIII.*

1. Voir plus haut CCXII, p. 277.

I

LETTRES DE LA RENTE RACATÉE PAR ÉDOUARD ROY D'ENGLETERRE. — *1280, avril* (1281).

Je Guiffrois, chevaliers, sires de le Capele, fais savoir, etc.... (Il a remis à très noble homme et poissant monseigneur Edward, par la grace de dieu roy d'Engleterre, et à me dame Alienor, par cele meisme grace royne d'Engleterre, se compaigne, seigneurs de Pontieu, et à leur hoirs, la rente qu'il touchait sur la vicomté d'Abbeville)... en l'an de grace mil cc et iiii^{xx}, el mois d'avril (1281).
Fol. 117 recto et fol. 243 recto.

II

LETTRES COMMENT L'OFFICIAL D'AMIENS MANDE AU DOYEN D'ABBEVILLE QU'IL OYE LES CONVENTIONS FAITES DU ROY D'ENGLETERRE COMTE DE PONTIEU ET DE LE COMTESSE ET DE MESSIRE GUIFFROY DE LE CAPELLE ET QUE ICELLES CONVENTIONS IL ENVOIE DEVERS LUY. — 1280, LE CINQUIÈME JOUR APRÈS LETARE, JÉRUSALEM (1281).

Officialis Ambianensis decano Christianitatis Abbatisville salutem, etc....... M° CC° octuagesimo feria quinta post Letare Jherusalem.
Fol. 118 recto et fol. 244 recto.

III

LETTRES COMMENT LE DOYEN D'ABBEVILLE ENVOYA A L'OFFICIAL D'AMIENS LES CONVENTIONS DESSUS DITTES. *(Lettres se rapportant aux lettres de 1280 cinquième jour après letare.)*

Viro venerabili et discreto officiali Ambianensi, etc..... sans date, la lettre ne finissant pas.
Fol. 118 recto et fol. 244 verso.

IV

LETTRES SUR CE DE L'OFFICIAL D'AMIENS SE RAPPORTANT AUX LETTRES DE 1280 CINQUIÈME JOUR APRÈS LETARE. — *Abrégé de quatre lignes sans date :*

Universis presentes litteras inspecturis, etc.....
Fol. 118 verso et fol. 244 verso.

CCXXXVI

ABBEVILLE

LE MAIRE ET LES ÉCHEVINS REMETTENT MICHEL CATINE AU SÉNÉCHAL DE PONTHIEU, ETC.

Lettres du rapotissement Miquiel Catine le mardi avant Paques fleuries. — 1280 (1281).

Ramembrance que le mardi prochain devant Paskes flories, en l'an de grace mil cc iiii^{xx}, Jacques Au Costé, adonc maires d'Abbeville, et li esquevin rapostirent le cors Mikiel Catine à monseigneur Thomas de Sandwiz, adonc senescal de Pontieu, al hospital Saint-Nichol' d'Abbeville où li dis maires et li esquevin le dit Mikiel rescourrent des mains Huon de Famechon, adonc bailli d'Abbevile, qui pris l'avoit par le commandement le dit senescal et par le defaute du dit maieur; Et après celui [?] rapotissement, lis dis maires, pour lui et pour sa commune, amenda conissaument[1] la rescousse à gage ploié au senescal à sa volenté, en le présence Guillē de Mascons, adonc eveske d'Amiens, et autres pluseurs en la capele du dit hospital.

Fol. 33 recto.

---

1. On trouve dans La Curne ccngnoissaument, en connaissance de cause. — Ploié pour plévi, cautionné.

CCXXXVII

ABBEVILLE

L'ABBAYE D'ÉPAGNE — LE PONT-AUX-POISSONS (pons spiscium) A ABBEVILLE

Lettres pour Espaigne. — *1281, avril.*

Il s'agit de la vente au roi d'Angleterre, comte de Ponthieu, par le couvent d'Épagne, de six livres de cens qu'une religieuse d'Épagne, Margarete de Loorraine, percevait sur un tènement du Pont-aux-Poissons (spiscium) *près de la maison de Gilles de Senarpont.*

Omnibus presentibus, etc..... humilis abbatissa Hyspanie juxta Abbatisvillam, etc..... Noveritis quod nos guervipicimus *(sic)* et penitus quietum clamavimus, pro nobis et successoribus nostris, magnifico principi et domino nostro Edouwardo, Dei gracia regi Anglie, illustri comiti Pontivi et Monstrolii, et karissime domine nostre Alyanori, ejusdem[1] gracia illustri regine Anglie et dictorum locorum comitisse, VI libras parisienses, censuales, quas Margareta de Loorraine sanctimonialis u..... [?] percipere solebat annuatim, de dono elemosinario domini Petri de Loorraine, quondam canonici beati Wlfranni in Abbatisvilla, de quodam tenemento sito super pontem Spiscium *(sic)* in Abbatisvilla, juxta domum Egidii de Senarpont[2], etc..... Datum anno Domini M° CC° octuagesimo primo, mense aprili.

Fol. 101 verso et fol. 403.

1. N'eût-il pas fallu *eadem ?* si *ejusdem* remplace *dei,* la forme est peu révérencieuse.
2. Des Gilles de Senarpont, bourgeois notables sans doute, avaient été maïeurs d'Abbeville en 1239, 1253 et 1255.

CCXXXVIII

L'ABBAYE DE DOMMARTIN — LA FORÊT DE CRÉCY

ÉCHANGE D'UN USAGE DANS LA FORÊT DE CRÉCY CONTRE CENT SOIXANTE JOURNAUX DE BOIS

I

Lettres comment l'abbé et couvent de Dommartin cangèrent l'usage qu'il avoient en le forest de Cressy au comte de Pontieu [1], et, en recompensation de ce, il ont cent et soixante journeulx de bos en une pièche séant entre Campmartin et les haies Eslain [2], et a oudit bos le comte de Pontieu haulte et basse justice et le cache (la chasse) et le viage, et si le poevent vendre lesd. religieulx tout ou partie desd. bois, et, se amende esqueoit oudit bois, ce seroit ausd. religieulx, et si poevent lesd. religieulx clorre quatre journeulx dudit bois pour faire ung manage, et pluseurs aultres coses contenues ès dites lettres; mais, se lesd. religieulx vendoient lesd. bos par leurs mains et si le quariessent (et s'ils le charriaient), il seroient quittes dudit viage. — *Juin, 1281.*

---

1. C'est-à-dire abandonnèrent ou remirent au comte de Ponthieu.
2. *Inter Campmartin et haias Eslain, juxta terras domini Henrici de Navion* (Nouvion dans la seconde copie), *militis.*

Ou titre latin de la seconde copie :

LITTERA ABBATIS ET CONVENTUS DE DOMNO MARTINO DE EXCAMBIO FACTO PROPTER USAGIUM QUOD IPSI HABEBANT IN FORESTA DE CRESCIACO.

Omnibus Christi fidelibus presentes litteras inspecturis frater Guillelmus, Dei paciencia abbas sancti Judoci in nemore, etc..... anno Domini millesimo ducentesimo octuagesimo primo, mense junio, feria quinta ante festum beati Barnabe apostoli.

Fol. 187 recto et 224 verso.

L'abbé de Prémontré approuve dans le même mois cet échange.

II

LETTRES DE L'ABBÉ DE PREMONSTRÉ COMMENT IL ACORDE L'ESCANGE FAITE DE L'USAGE QUE LES RELIGIEULX DE DOMMARTIN AVOIENT EN LE FOREST DE CRESSY A CENT ET SOIXANTE JOURNEULX DE BOS QUE LESDITS RELIGIEULX ONT EN RECOMPENSATION. — *Juin 1281.*

..... Dei paciencia Premonstracensis abbas universis presentes litteras inspecturis, etc..... anno Domini M° CC° octogesimo primo, mense junio.

Fol. 189 recto.

CCXXXIX

ABBEVILLE

L'AUTORITÉ DU COMTE TENUE HAUTE SUR LES BOURGEOIS

Lettres comment Hue de Famechon, adonc bailly d'Abbeville, fu remis en la ville d'Abbeville, nonobstant qu'il fust bannis et comment le maire et eschevins ne pevent congnoistre du senescal de Pontieu ne des baillifs. — *6 juin 1282.*
Fol. 5 recto.

Cette lettre a été publiée par Aug. Thierry, Documents inédits, t. IV, p. 43.

CCXL

ABBEVILLE

LE MOULIN LE COMTE

Lettres de VI livres de rente acatée sur le molin le Comte que Robert le Cordellier doit. — *1283, mai.*

Ce sommaire du terrier répond mal au contenu des lettres suivantes qu'il convient de présenter ainsi :

Rente de six livres sur le moulin le Comte vendue par Jean Alegrin au roi d'Angleterre, comte de Ponthieu.

L'acte est dressé par les maire et échevins d'Abbeville. Le maïeur Renierus (Renier) Boisshet est celui que Waignart, le P. Ignace et M. Louandre ont appelé Renaud Boisset.

Plusieurs lettres, dont une en français, constatent la vente de J. Alegrin l'aîné.

I

Ego Renierus dictus Boisshet, maior, et scabini Abbatisville notum facimus universis presens cyrographum inspecturis vel audituris quod Johannes dictus Alegrins senior, in nostra constitutus presencia, recognovit se hereditarie, vendidisse, necessitate urgente, de assensu et voluntate Honestasie, filie et heredis sue, illustrissimo viro domino Edwardo, Dei gracia regi Anglie, domino Hibernie, duci Aquitanie, comiti Pontivi et Monstreoli, et illustrissime domine Alianordi, ejus consorti, eadem gracia regine, domine et comitisse locorum predictorum, pro quadam peccunie summa sibi ad plenum persoluta, sex libras par. censuales capiendas, recipiendas et habendas, singulis annis, ad terminos ville Abbatisville statutos, supra totum redditum quem predictus Johannes Alegrins habet, et possidet hereditarie ad molendinum Comitis, situm apud Abbatisvillam, juxta domum Mathei dicti Anglici et ante domum Johannis dicti de Ambianis; Et juraverunt coram nobis dicti Johannes Alegrins et Honestasia, filia et heres sua, se in dictis sex libris par. censualibus venditis, ut dictum est, nomine hereditatis, victus, acquestus, elemosine seu aliocunque nomine nichil de cetero reclamaturos et quod memoratis domino regi et domine regine ejus consorti et eorum heredibus seu successoribus contra omnes juri et parere volentes rectam super hoc, ad arbitrium ville Abbatisville, prestabunt garantiam. In cujus rei testimonium presens cyrographum duximus annotandum, alteram partem penes nos retinentes. Actum est hoc anno Domini M° CC°

octuagesimo tercio, mense mayo, feria v⁴ ante ascensionem Domini, per manum Ingerami (ou Ingeranni).

Fol. 16 verso et fol. 167 recto.

II

Jean Alegrin confirme lui-même en français la déclaration des maire et échevins.

Autres lettres des vi livres de rente dessus diz

Je, Jehans Alegrins li ainsnez, fais savoir a tous ceulz qui ces presentes lettres verront ou orront que je, de la volente et de l'assentement Honestasse, ma fillie et men hoir, et par grant nécessité que a ce me contraingnoit, ai vendu heritablement et déguerpi du tout en tout, por une somme d'argent dont je me tieng pour bien paiez, a tres noble prince monseigneur Edward, par la grace de dieu roy d'Engleterre, seignor d'Yrlande et duc d'Acquitaine, conte de Pontieu et de Monstroil, et a tres noble dame Alienor, royne, dame, duchesse et contesse des liex devant diz, sa compaigne, et a leur hoirs, sis livres de p̄r. de cens a prendre et a recevoir chascun an hyretaulement as termes de la ville d'Abbeville, c'est assavoir au Noel, Pasques et saint Jehan, seur tout ce que je puis avoir seur le moulin le Conte et les appartenances qui siet en Abbeville, d'en costé le maison Mahieu Lengles, d'une part, et par devant la maison Jehan d'Amiens, d'autre. Ceste vente devant dite je Jehans devant diz sui tenus de warandir as devant diz monseigneur le roy et madame la royne, sa compaigne, et a leur hoirs, mes tres chiers seigneurs liges, contre tous, et, se je ne le faisoie et il ou leur commans avoient couz (coûts) ou domage en quelcunque maniere que ce fust par la deffaute de warandison de me vente devant dite, je leur seroie tenus de rendre et restorer tous couz et tous dommages, avec le principal, par l'abandon de tous mes bien presens et a venir, mobles et non mobles, où que il seroient ou porroient estre trouvé. Et a ce tenir je oblige moy et mes hoirs. Et pour ce que ce soit ferme chose et estable je ai seelé ces lettres de men seel; qui furent faites en l an de grace mil cc IIII^{xx} et trois, el moys de mai.

Fol. 17 recto et fol. 167 recto.

III

Suivent deux autres lettres en latin (relatives aux mêmes six livres de rente) de l'official d'Amiens dont l'une est adressée au doyen de chrétienté d'Abbeville, l'autre à tous : universis.

Fol. 17 verso, 18 recto, 167 verso et 168 recto.

CCXLI

CORBIE — MAISNIÈRES

LETTRES DE CORBIE CONTRE MAIGNIERES. — *1283, mai.*

Très longue lettre en français de l'abbé de Corbie :

Hues par la grace de Dieu abbés de Corbie, etc.....
Fol. 70 verso.

C'est un nouvel accord pour de nouveaux débats avec un seigneur de Mainières du nom de Jehan.

CCXLII

OBLIGATIONS DU COMTE D'EU ENVERS LE COMTE DE PONTHIEU

Et est a savoir que li cuens d Eu doit au comte de Pontieu le service de iij chevaliers toutes les fois que li dis cuens de Pontieu va en l ost le roy de France par semonce au coust du dit conte, ou avok le dit conte de Pontieu quant il va en ost pour sa propre besoigne ; et de ce est li cuens de Pontieu en bone saisine si comme il pert (appert) ci après.

A tous ceus, etc. Jehan, conte d Eu, salut. Sachiez que nous avons establi Reimont Passemer nostre baillif d Eu, etc. toute la forme (fourme *dans la seconde copie*) de procuration general faites le samedi apres les octaves de le Nativité saint Jehan Baptiste en l an de grace mil cc iiij^{xx} et iii. *(La saint Jean-Baptiste est le 24 juin.)*

Par ceste procuration presenta li cuens d Eu par devant mons. Thomas (ou Thumas) de Sandwiz, adonc seneschal de Pontieu en l an dessus dit, en l assise à Abbevile, le serviche (service *dans la seconde copie*) de iij chevaliers et furent les iij chevaliers mons. Pierre de Saint Remi, mons. Pierre de Pierremont et mons. H. de Grancort (de Grancourt *dans la seconde copie*), si comme contenu est ès roulles de ladite jornee (journée *dans la seconde copie*).

Fol. *121 verso et 248 verso.*

CCXLIII

BERTAUCOURT

Lettres par lesquelles Guillaume abbé de Balances fait savoir comment Wuillaume comte de Pontieu a légué a l'abbaye de Bertaucourt chincq muids de sel a Rue pour son anniversaire. — *Année 1283.*

Cette date, bien entendu, est celle de l'attestation de l'abbé de Balances ou de Valloires.

Universis sancte matris Ecclesie filiis presentes litteras inspecturis frater Willelmus[1], dictus abbas de Balanciis, salutem in Domino sempiternam. In legatis domini Willermi Comitis Pontivi, cujus anime propicietur Dominus, noveritis contineri ipsum legasse abbacie de Bertaucourt quinque modios salis apud Ruam capiendos, pro anniversario faciendo. In cujus rei testimonium fieri fecimus presens scriptum sigilli nostri munimine roboratum, anno Domini M° CC° LXXXIII°.

Fol. 280 verso.

---

1. Sur cette attestation, le marquis Le Ver a fait cette remarque : Je crois qu'il y a erreur de date. Le *Gallia christiana* ne donne pas de *Willelmus* abbé vers ce temps.

CCXLIV

LE CROTOY — MAIOC

Lettres touchant aucunement de le petite viscomté de Crotoy et de Mayock. — *1284, may*.

« *Ces lettres (cette remarque est consignée sur le* Terrier) *sont données par les maire et échevins d'Abbeville qui ont été choisis pour arbitres entre Thumas de Sandwich, sénéchal de Ponthieu, et les maïeur et eschevins de Maioch.* »

A tous chiaus qui ches lettres verront ou orront li maires et li eskevin d'Abbevile salut. Nous faisons savoir a tous que nous avons veues et rechutes les lettres monseigneur Thumas de Sandwich, chevalier, senescal et garde de la tere de Pontieu, en ches paroles qui chi apres sensievent : Sachent tout chil qui chest escrit verront ou orront que, comme debas fust entre noble homme monseigneur Thumas de Sandwich, chevalier, seneschal et garde de la tere de Ponthieu, d'une part, le maieur, les eskevins et le communités de Maioch, d'autre, seur chou que li dis maires et li eskevin et le communités du Crotoy et de Maioch dissoient qu'il fussent franc et quitte de tout che qu'il acateroient ou venderoient, en tant comme li viscontés du Crotoy et du *(sic)* Maioch s'estent par le vertu de leur lettre, hors mises le visconté des vins et des forages ; en le quele lettre il est contenu que li dis maires et li eskevin et le dite communités doivent au seigneur de Ponthieu xl sol. de par. pour le petite visconté ; et li seneschal soit en doute en queles coses petite visconté s'estent et ne leur vaut mie otrier chou que il demandent ; a le partfin, li dis senescaus, pour se conscience sauver et par l'assentement de sen conseil, et li dis maires et li eskevin et le devant dite communités se sont acordé boinnement a chou que il tout chou que li maires et li eskevin et le consans (ou plutôt consaus, conseil) de la boine ville d'Abbeville diront pour le mix (miex ou mieux) que il saront, que chil mot petite visconté senefieront et emporteront, tenront et aront ferme et estable, sans aler jamais encontre, et seront tenu li dis maires et li eskevin et le dite communités de confermer du seel de leur communité de Maioch le dit et l'ordenanche du maieur et des eskevins et du conseil d'Abbevile, d'endroit les coses qui apartenront a le petite visconté dessus dite. Et, pour que che soit ferme cose et estaule, nous Thumas de Sandwich, chevaliers, devant dis, avons mis a chest present escript le seel establi pour le tere de Pontieu, en lan de grace M. CC. IIII^{xx} et II[1], el mois de may, le jour de le feste Sainte Crois, et chertefions nous a tous à cui il apartient ou puet apartenir par le teneur de ces lettres seelees de nos seaus, faites en lan de grace M. CC. quatrevins et quatre, èl mois de may, le mardi après le jour del Ascencion nostre seigneur.

Fol. 300 verso.

CCXLV

AUTRES LETTRES TOUCHANT LA PETITE VISCONTÉ DU CROTOY ET DE MAIOCH. — 1284, JUIN[2]

A tous chiaus qui ches présentes lettres verront ou orront li maires et li eskevin d'Abbeville salut en nostre seigneur. Comme débas pour nostre chier seigneur le roy d'Engleterre et nostre chière dame le royne, se compaigne, fust

---

1. IIII évidemment. La fête de l'Invention de la Crois précède de quelques jours celle de l'Ascension et les maire et échevins d'Abbeville n'ont pas dû tarder à donner leur lettre.
2. Voir la lettre qui précède.

mut entre sage homme et discret Thumas de Sandwich, chevalier, seneschal et garde de la tere de Pontieu, d'une part, et le maieur et les eskevins de Crotoy pour toute le communité de chu meismes lieu, d'autre part, de che que chist mot *petite visconté* puevent porter de pourfit avoir ; et de chou, par compromis, les dites parties se mirent en nostre resort et nostre jujement (jugement); rewardé le dit compromis et les paroles seur nous chargies, ne savons esclarchir que chist mot petite visconté senefient, se les parties ne disoient par devant nous autre cose. En tesmoing de cheste chose, à la requeste du dit seneschal, avons ches lettres seelées de no seel. Données à Abbevile, le vigille de la Trinité, en l'an de grace M. CC. IIII^{xx} et IIII, le tier jour du mois de juing.

Fol. 301.

La réponse évasive de l'échevinage d'Abbeville ne s'était pas fait attendre.

Voir plus loin les lettres du roi d'Angleterre du 8 juin 1285 qui mettent fin à la question.

CCXLVI

L'ABBAYE DE DOMMARTIN (SAINT-JOSSE-AU-BOIS) — CRÉCY

Lettres comment l'abbé de saint Giosse ou bois a quittié au comte de Pontieu le pesquerie qu'il avoit cascun an pour ung jour ès viviers de Rue et que led. abbé et couvent en recebvent, cascun an, quarante sols parisis a prendre au jour saint Remy sur le viconté de Cressy. — *Octobre 1284.*

Nous, Willaumes, par la souffrance de Dieu abbés de Saint Giosse ou bois, et tous li couvens de ce meisme lieu faisons savoir a tous etc..... Ce fu donné l an de grace mil CC. IIII^{xx} et quatre, el mois de octobre.

Fol. 182 verso.

CCXLVII

DOMMARTIN (SAINT-JOSSE-AU-BOIS)

Lettres d'un accord du comte de Pontieu et de l'abbé et couvent de Dompmartin de pluseurs coses contenues en ces présentes, tant pour le justice du comte comme pour aultres choses. — *1284, octobre.*

Nous, Willaumes, par la souffrance de Dieu abbés de Saint Giosse el' bos, etc..... et nous freres Gius, par la souffrance de Dieu abbés de Premonstré, a le requeste de nos chiers fils en Dieu, l'abbé et le couvent devant dit, octroions, gréons et approuvons etc..... Ce fu fait en l an de grace mil cc. IIII^{xx} et quatre, el mois de octembre.

Fol. 191 verso.

CCXLVIII

ABBEVILLE

Vente par Pierre et Jean de Famechon, Mabille leur sœur, et Hawede (ou Hawide) de le Verche, veuve, au comte et à la comtesse de Pontieu (le roi et la reine d'Angleterre) d'une habitation et d'un jardin près des murs de la ville et du château du comte (la Cour Ponthieu), en vn lieu dit la Prairie. Je rapprocherai les actes de cette cession qui fournit quelques détails intéressants pour la topographie de la ville au treizième siècle.

I

LETTRES DE L'OFFICIAL D'AMIENS COMMENT IL MANDE AU DOYEN D'ABBEVILLE QUE LES CONVENTIONS FAITES ENTRE PIERRE ET JEHAN DE FAMECHON, MABILLE LEUR SEREUR, ET HAWEDE DE LE WERCHE (le Verche) ET LE COMTE DE PONTIEU IL LES ENVOIE DEDENS UNG MOIS DEVERS LUY. — *1284, le sixième jours après les Cendres (1285.) — C'est-à-dire après le premier jour de Carême.*

Officialis Ambianensis decano christianitatis Abhatisville salutem, etc..... Datum anno Domini millesimo ducentesimo octogesimo quarto, feria sexta post Cineres.

Fol. 215 verso.

II

LETTRES COMMENT LE DOYEN D'ABBEVILLE ENVOIA AUDIT OFFICIAL LES CONVENTIONS DESSUS DITES. — *Le lundi après le premier dimanche de Carême.*

Viro venerabili et discreto officiali Ambianensi decanus (christianitatis) Abbatisville salutem et obedientiam. Noveritis quod nos, ad mandatum vestrum, conventiones habitas inter Petrum dictum de Faumechon, Johannem dictum de Faumechon, ejus fratrem et heredem, Mabiliam, sororem eorum, Hawedim de le Verche, relictam Gonteri quondam dicti de Faumechon, ex parte una, nobilem virum ac illustrissimum dominum Edwardum regem Anglie, Dominum Hibernie, et illustrissimam dominam Alienoram reginam, ejus sociam, ex altera, loco nostri [1] audivimus et eas [2] cum omnibus circumstanciis earundem vobis sub sigillo nostro remittimus appertas que tales sunt. Dicti vero Petrus et Johannes, ejus frater, in nostra presencia personaliter constituti, recognoverunt se, nimia necessitate evidenter urgente, de voluntate et assensu dicte Mabilie, sororis sue, hereditarie vendidisse predictis illustrissimo regi domino Edwardo et domine Alienore regine, ejus socie, pro XLIII libris parisiensibus sibi ad plenum persolutis in sicca pecunia et bene numerata, sicut ipsi coram nobis recognoverunt, quoddam managium suum cum omnibus appenditiis seu pertinentiis ejusdem, prout undicunque protenditur in longum et in latum, ante et retro, situm juxta muros ville Abbatisville, in quodam loco qui dicitur la Praierie, abotans retro managium domini comitis Pontivi et managium magistri Hardecesi phisici [3]. Huic vero venditioni dicta Havydis [4] de le Verche suum, coram nobis, benignum prebuit assensum, dicens et asserens se in dicto managio vendito dotalicium habere; et quicquid in eodem habebat, habere seu reclamare poterat, in manu nostra, ad opus dictorum illustrissimi regis et regine ac eorum heredum, spontanea non coacta, resignavit et penitus quitavit, recognoscens quod de dicto dotalicio sufficiens excambium a dictis Petro et Johanne ejus fratre receperat, et quod ei, coram nobis, dederunt, videlicet IIII libras [5] parisienses de pecunia supra dicta; quod excambium dicta Havydis gratanter recepit, laudavit et approbavit; et promiserunt dicti Petrus, Johannes ejus frater, Mabilia eorum soror, et Havydis, sub juramentis suis coram nobis corporaliter prestitis, quod contra predictas conventiones et venditiones non venient in futurum nec aliquid in dicto managio vendito et appenditiis ejusdem, ratione hereditatis, dotalicii, victus, vestimentus, necessitatis, elemosine, ex inde assignamenti aut aliquo alio nomine titulo sive modo aliquatenus, reclamabunt, nec per se nec per alium reclamari procurabunt, sed

1. *Loco nostri?*
2. *Litteras.*
3. Médecin, mais quel nom en langue vulgaire pourrait-on tirer de Hardecesus ? J'ai lu plus loin, p. 322, Harditionis.
4. Chaque fois que l'orthographe d'un mot varie je copie exactement la variante.
5. *IIII libras,* je ne peux lire autrement.

predictum managium venditum dictis illustrissimo regi et regine et eorum heredibus, et mandato contra omnes juri et legi parere volentes ad usus et consuetudines... (*un mot que je ne peux lire mais qui pourrait être encore* parere) bene et legitime garantizabunt, renuntiantes specialiter et expresse dicti Petrus et Johannes et Mabilia ,quoad premissa firmiter tenendi, omni auxilio juris canonici et civilis, omni exceptioni doli, mali fori, fraudis, peccunie non solute, non tradite et non deliberate, et omnibus aliis exceptionibus et rationibus juris et facti qui contra presentes litteras obici possent seu proponi. Datum anno Domini M° CC° octogesimo quarto, die lune post brandones.

Fol. 215 verso.

III

Lettres du tènement et gardin qui est devant Faumechon que Édouard roy d'Angleterre acata a Pierre de Famechon et a Jehan son frère.

L'official d'Amiens fait savoir universis que Pierre et Jean de Famechon : quod Petrus de Famechon et Johannes dictus de Famechon, ejus frater et heres, recognoverunt se, nimia necessitate evidenter urgente, de assensu et voluntate Mabille sororis eorumdem, hereditarie vendidisse nobili viro ac illustrissimo domino Edwardo regi Anglie, domino Hibernie, ac illustrissime domine Alienore ejus socie, pro quadraginta tribus libris par. sibi ad plenum persolutis in sicca peccunia bene numerata, sicuti ipsi recognoverunt, quoddam managium suum cum omnibus appendenciis seu pertinenciis ejusdem, pro ut undique protenditur in longum et in latum, ante et retro, situm juxta muros ville Abbatisville, in quodam loco qui dicitur le Praierie, abotans retro managio dicti comitis Pontivi et managio magistri Harditionis phisici. Huic autem venditioni Hawidis de le Verche, relicta Gonteri quondam domini de Famechon, suum benignum prebuit assensum et consensum, asserens et dicens se in dicto managio vendito dotalicium habere et quicquid in eodem habebat, habere seu reclamare poterat, ad opus dictorum illustrium regis et regine ac eorum

heredum, spontanea non coacta, resignavit et penitus quittavit, recognoscens quod de dicto dotalicio sufficiens excambium a dictis Petro et Johanne ejus fratre receperat etc., etc. Datum anno Domini M° CC° octuagesimo quarto, sabbato post brandones. — Le samedi après le premier dimanche du Carême (1285.)
Fol. 18 recto et 68 verso.

CCXLIX

LE CROTOY

Lettres touchant un moulin a vent d'en costé le Crotoy piéça baillié moyennant certaine close (clause) par XX livres l'an, au roy et a le royne d'Engleterre, par Jehan de Neele sire de Fallin [1]. — *1284, mars (1285).*

Je, Jehans de Neele, chevaliers, sires de Fallin [2], fait savoir etc... que jou, par le conseil de boine gent et pour men pourfit pour moy et pour mes hoirs, ai baillié et livré a ferme et a chense, a tous jours perpetuelment, a tres excellent prinche mon chier seigneur Edoward, par le grace de Dieu roy d'Engleterre etc., et a tres haute dame, ma dame Alienor etc. j moulin a vent séant d'en costé le Crotoy, pour xx lib' de par., chascun an, de rente, tant comme je viverai, en tele maniere que je Jehans devant dis, sires de Fallin [3], quite et ai quité au devant dit roy d'Engleterre et a le devant dite royne et a leur hoirs, pour moi et pour mes hoirs, perpetuelment, toute le droiture et le

---

1. Il s'agit de Jean de Nesle, seigneur de Falvy, mais je ne peux lire que Fallin.
2. Même remarque.
3. Même remarque encore.

seigneurie que je et mi hoir avions ou poesmes avoir el devant dit moulin par raison de conqueste ou d'iretage ou d'autre chose, en tele maniere que li devant dis roys et li devant dite royne d'Engleterre ou leur hoir sont tenu a rendre ou a paier a moy les devant dites xx lib' de par. chascun an, de rente, tant comme je viverai, as termes chi dessous nommés, chest assavoir etc. Et apres le cours de me vie je quite et ai quité le devant dit moulin, a tous jours perpetuelment et hyretablement, pour moi et pour mes hoirs, au roy et a le royne d'Engleterre devant nommés et a leur hoirs ; ne jou ne mi hoir n'i poons rien demander pour raison d'iretage ne pour autre raison. Et a che tenir ferme et estaule ai jou obligé moy et mes hoirs et tout mon hyretage que j'ai en le conté de Pontieu, s'il estoit ainsi que jou ou mi hoir vausissons aler de riens encontre chesteste[1] convenanche. En tesmoing de toutes ches coses et que che soit ferme et estaule a tous jours perpetuelment, ai jou seelee ces presentes lettres de mon seel. Donnees en l'an de grace mil CC IIII^{xx} et IIII, el mois de march.

Folio 302 recto.

Nous retrouverons ce moulin du Crotoy en d'autres lettres de Jean de Neele sire de Fallin en 1289, le jour de saint Pierre (1er août).

CCL

LE CROTOY

Lettre d'Edouard roy d'Engleterre donnée a Westminster le 8 juin (de son règne le tressime) relativement a des difficultés entre le sénéchal

---

1. Pour cheste par erreur sans doute.

de Pontieu et les maire et échevins du Crotoy et de Maioch. — *Juin 1285.*

Tel est le titre donné par la table d'écriture moderne mais le sommaire ancien (quoique postérieur lui-même à la confection du terrier) est :

Lettre contenant que les maire et échevins du Crotoy et de Mayoch sont tenus de respondre de meuble et de Catel par devant le vicomte du Crotoy.

Ce que les sommaires ne disent pas c'est que le roi comte exempte à l'avenir la commune du Crotoy de la redevance de quarante sols à laquelle elle était assujétie pour la petite vicomté en discussion. (Voir plus haut la lettre des maïeur et échevins du 3 juin 1284.)

Edowart etc..... Comme debas fust meus entre nostre feel et leel Thumas de Sandwich, adonc nostre senescal en Pontieu, et le maieur et les eskevins du Crotoy et de Maioch qui dirent que respondre ne devoient de catel devant nostre visconte de Crotoy par le raison de xl sols, les quex il nous rendoient et paioient par an pour le petite visconté, et nostre dis senescaus redisoit que tele parole de petite visconté ne pooit ne ne devoit enfranchir le maieur, les eskevins ne les jurés, pour che que, par point de chartre, sunt tenu a respondre as us et as coustumes d'Abbeville; de laquele petite visconté li dis maires et li eskevin demandoient et requeroient le resort d'Abbevile et par leur lettre s'obligerent a prendre et a tenir che que dit leur seroit par maieur et par eskevin d'Abbeville qui prononchié ont et dit, si comme nous avons veu par leur lettre[1], que il ne pooient savoir que petite visconté est; pour quoi li dis maires et li eskevin de Maioch et de Crotoy, pour eus et pour leur commun, humblement nous prierent que ledit debat entre nostre dit sen' pour nous et pour eus p'sissons[2] seur nous a determiner et de che, par souffissant procureur devant nous et

---

1. Voir plus haut la lettre de l'échevinage d'Abbeville du 3 juin 1284.
2. Ce verbe est abrégé. Il ne peut avoir d'autre sens que *prenions*, prissions.

nostre conseil se fonderent et affermerent a tenir du haut et du bas[1] che que nous en dirions. Nous, diligentement esgardé et fait esgarder par nostre conseil la chartre que li dis maires et eskevin ont des seigneurs de Pontieu, et le dit du maieur et des eskevins d'Abbeville, disons par nostre conseil et volons que li dit maieur et eskev' et li juré de Mayoch et de Crotoy soient quite et assaus[2] a tous jours des XL sols que il nous rendoient pour le petite visconté et que des ore en avant soient respondant de claim et de toute maniere de demande de catel par devant nostre visconte de Crotoy as us et as coustumes de nostre visconté d'Abbevile. En tesmoing des coses etc. Donné a Westm......., le VIII jour de juing, l an de nostre regne tressime.

Fol. 301 verso.

Édouard a commencé à régner en novembre 1272 ; la treizième année de son règne a commencé en novembre 1284 ; donc il s'agit pour la lettre ci-dessus du mois de juin 1285.

CCLI

LE CROTOY

Lettres comment se doit faire chacun an le maire du Crotoy soit en cas de débat ou non ou.....

Ces lettres rappellent un incident qui est bien de l'histoire municipale. Quant à leur date elle est un peu incertaine. Bien que finissant par ces mots : faite l'an et

---

1. Cela semble bien du langage du Crotoy, bien que revenu de Westminster.
2. Exempts.

le jour dessusdit, *elles ne peuvent être du jour même du débat soulevé pour l'élection. Les élections municipales se faisaient en un lieu dit le Mont de Mayoch.*

En l an de grace mil CC IIII^{xx} et v, le jour Saint Remi, mut controversie et debat au Mont de Mayoch entre gens jurés demourans au Crotoy, d'une part, et chiaus de Baharmer et de Mayoch, d'autre part, seur l'élection du maieur faire a le journee ; pourquoi mesire Thumas de Sandwich, alores senescaus et garde de la tere de Pontieu prinst le debat en la main du seigneur et mist pour la communité une garde apelee Pierres de Cahours a che faire serementé tant que conseillié et ordené fust de maieur faire el dit Mont de Mayoch. A le parfin, li dis monseigneur Thumas de Sandwich, assamblés et apelés tous les maieurs et les meillieurs des eskevinages de Pontieu as ques il monstra la controversie de la dessus dite election (le longue[1] seroit par escrit raconter), retenues et aprises toutes les elections des maieurs faire des boines viles de Pontieu par les maieurs et eskevins dessus dis, et especialement par le maieur et les eskevins de le boine vile d'Abbevile, comme de chele là où leur resors est, de leur commun assentement en boine foy, prononcha et pour cose estable, a tous jours mais, confrema en lieu de seigneur li devant dis senescaus, present toute la communité de Mayoch et de Crotoy a saint Pierre[2], le diemenche prochain après la Thiephagne[3] en l an dessus dit, que au maieur faire apres le conte rendu en l'esquevinage s'asamblera la communauté au Mont de Mayoch et li maire et li eskevin de l'anée passée esliront trois personnes les plus pourfitantes que il saront par leur serment, sa[4] est assavoir j de Bertaucourt, j de Mayoch, j du Crotoy qui n'aient esté maieur ne eskevin del anée, se de la grace du seigneur ne le fachent (fassent), et de ches trois nommeront et presenteront j qui sera maires a l'anée a venir et ne mie d'aillieurs du commun, et fera li communs maieur sans debat de l'un des trois personnes preudomme et loiel.

1. J'isole un peu entre des parenthèses cette phrase incidente dont le sens, peu clair à première vue, est : qu'il serait trop long de raconter. *Le longue* est sans doute du français d'Angleterre.
2. L'église du Crotoy est sous le vocable de saint Pierre.
3. L'Épiphanie.
4. Pour cela, ça.

Et se tant estoit que debat meust entre le commun a cui ches trois seroient presenté, li maires et li eskevin qui présenté l'aront aient pooir, sans eus partir du lieu a le meisme journée là où faire le deveront, de prendre l'un de ches trois par leur seremens, le plus pourfitaule et le plus souffisant au seigneur de le tere et au commun par leur serement. Et en tesmoing et pour durableté de ches choses dessus dites, nous, Thumas dessus nommés, senescaus de Pontieu, a la requeste du maieur et eskevins et pour le bien et le pourfit du commun, avons fait cheste lettre seeler du seel de par le tres noble prinche monseigneur Edowart, par la grace de Dieu roy d'Engleterre, establi en Ponthieu, faite l an et le jour dessus dit.

Fol. 307 recto.

Cette lettre se compose de longues phrases avec inversions et incidentes. On la comprend, mais on voit qu'elle a été écrite par un sénéchal né en Angleterre.

On le voit, il y a eu, dans les circonstances rappelées, consultation par le sénéchal de tous les échevinages du Ponthieu, et le sénéchal a réglé la procédure de l'élection de l'avis de tous ces échevinages et surtout de celui d'Abbeville.

CCLII

ASSISES AU MANOIR DU COMTE A ABBEVILLE

Lettres de l'amendise (de la réparation) du seigneur de Boulaincourt en Sery. — *1205 pour 1285.*

Vers 1285 sans doute se produisirent quelques événements qui ne sont pas bien connus encore mais qui donnèrent lieu au procès-verbal qui va suivre.

Cette pièce a déjà été discutée plus haut. Quant à la date 1205, fausse évidemment, (v. p. 41) la rédaction française serait une rareté au commencement du treizième siècle, mais il y a contre l'attribution reculée d'autres preuves. Les noms qui figurent dans la pièce appartiennent, non au commencement, mais à la fin du siècle. En 1205, les comtes de Dreux n'étaient pas encore seigneurs de Saint-Valery ; les rois d'Angleterre ne devinrent comtes de Ponthieu qu'en 1279 ; quant à Thomas de Sandwich, il fut sénéchal de 1279 à 1288. Donc, pour remplacer 1205 par 1285, il est assez simple de supposer que le copiste du terrier a omis les chiffres représentant quatre-vingt avant le mot cinc.

Ramembranche que, le dymenche prochain devant le s. Thomas apostle, l an de grace M. CC cinc, vint au manoir le conte à Abbeville mon seigneur Guill... [1] de Cayeu, sire de Boullaincourt en Seri, presens noble homme mon seigneur Jehan de Pontieu, conte de Aubemarle [2], les pers (pairs), les hommes liges, tous les maieurs et eskevins de Pontieu qui venus i furent as chevax et armes [3] pour aller seur Boulaincourt et sur toute la terre le dit (du dit) seigneur de Kaieu pour cho que il avoit fait rescousse [4] à Jehan de Monchiaus alores bailleus d'Abbeville, (preus hommes liges de Pontieu [5] ove lui [6], qui en ledit chastel furent venus à prendre et à lever pour chou que li dis sires de Boullaincourt avoit obéi et servi au conte de Dreues par dessus chou que commandé li fust souffisamment par homes que audit conte ne obéist ne servist pour che que fait ne avoit quitte [?] en hommage ne en ses fiés (fiefs) monstrer au noble roy de Engleterre, alores seigneur de Pontieu, chou que faire devoit). Seur lesquelles coses [7] claim et demande de amende fait seur le dit mon seigneur Guill... par mon sire Thomas de Sandwich, alores seneschal de Pontieu, amenda le dit mon seigneur Guill... connissamment [8], à wage [9] ployé, à le volenté du

1. Je remplace par des points les signes abréviatifs.
2. Jean de Castille-Ponthieu, petit-fils du roi Ferdinand III et de Jeanne de Ponthieu.
3. Les maïeurs et échevins étaient-ils aussi armés en vraie guerre ?
4. Rébellion, résistance.
5. Ce que j'enferme ici entre parenthèses est bien peu clair, quoique transcrit exactement. C'est du français d'Angleterre écrit comme sous la dictée de Thumas de Sandwich.
6. Ove veut quelquefois dire avec.
7. Ici la pièce redevient compréhensible.
8. En connaissance de cause. — La Curne donne congnoissaument.
9. A gage, — à wage ployé, plévi, cautionné. — V. plus haut, p. 306.

noble roy sire de Pontieu dessus dit, et rechut jornée que, dedens le Penthecouste prochaine sievant, querroit (chercheroit) le noble roy dessus dit en Engleterre ou ailleurs où trouver le porroit, pour gré faire de ladite amende de haut et de bas à sa volenté, et de chou donna et trouva plegerie [1] asseurée [2], chou est assavoir le conte de Aubemarle dessus nommés, mon seigneur Guill... de Cayeu sire de Senarpont, mon seigneur Guill... sire de Menthenay, mon seigneur Huon de Caumont et mon seigneur Ansel frère au dit seigneur de Cayeu, quanques il tienent des seigneurs et des fiés de Pontieu et là meesme abandonna li dis sires de Cayeu son chastel de Boullaincourt, son manoir de Cayeu, et toutes ses autres terres que il tient du dit conte de Dreues en fiés et en demenies en Pontieu à saisir, lever et tenir, tant que ses sires dessus dis les fesist délivrer. Et avec chou rechevoit commandement de venir à le hommage et à le feuté [3] du dit seigneur de Ponthieu seur quanque meffaire se pooit de terre perdre ou de autre meffait as us et as coustumes du païs (pays), et dès la journée dessus dite et par dous (deux?) jours avoit avant li dis sires de Boullaincourt rechu les saisines du dit seigneur de Pontieu en son dit chastel et ses autres teres des fiés de Pontieu. Les noms des hommes, des maieurs et des eskevins qui à cheste cose furent présent à le dite jornée en roulle [4] des assises de chu [5] tans seront trouvés. Et avoec tout chou se offri escondire le dit sire de Boullaincourt par chevaliers, et par tant de gent que s'offrir deveroit [?] que la dite rescousse ne rescousse [6] ne avoit faite ne faire ne l'entendi en deshonnour, despit ne lait [7], au dit seigneur de Pontieu, ne de son droit empeechier, fors seulement que il ne se meffeist [8] vers le conte son seigneur dessus dit.

Fol. 83 verso.
L'amende honorable était complète.

1. Cautionnement.
2. Asseuré, mais j'hésite. Je lirais plutôt asseurte.
3. Foi, serment de fidélité.
4. Rôle.
5. De chu tans, de ce temps. Cependant une correction aussi vieille que le manuscrit a ajouté *tel* au dessus de l'*u* de *chu*, ce qui donne de chu tel tans, de ce tel temps.
6. Pourquoi cette répétition ?
7. Affront, — Roquefort.
8. Le sens doit-être : qu'il ne se nuisît à lui-même, ne donnât à mal interpréter contre lui par le comte son seigneur.

CCLIII

ABBEVILLE

LE VALOUVRECH

Lettres pour le Valouvrech contenant comment les maistre, freres et soreurs de saint Nicolay vendirent au comte de Pontieu[1] le molin de Valouvrech. — 1286, le jeudi après la fête de saint Vincent martyr *(1287 après le 22 janvier)*.

Universis etc......... magister et fratres domus hospitalis Sancti Nicholai in Abbatisvilla......... M° CC° IIII^{xx} VI°, die jovis proxima post festum beati Vincentii martyris.

Fol. 23 verso et fol. 228 verso.

CCLIV

LE TITRE

Lettre touchant aucunes terres au Tristre a cause de la vendition devant dite. — 1288, le samedi avant la Toussaint *(c'est-à-dire octobre)*.

Je, Wistasses de Fontaines, sires de Long, fais savoir etc. que, comme j'aie vendu a tres noble prinche etc.... et a leur hoirs, perpetuelment, quanque je

---

1. A Edward, roi d'Angleterre, à Aliénor, sa femme, comtesse de Ponthieu.

avoie ou avoir pooie au Tristre et ès appartenanches et en cheste vente soient contenu XVI journel et IV vergues de tere waignable assise el teroir du Tristre en III pieches, chest assavoir : el Camp de la Savelonniere XI jornex et XLIIII vergues et demi; au Camp le Conte XXIII jornex et demi et X vergues; au Camp du Park VI jornex et demi et X vergues et demi; le quele tere, avoeques che que jou avoie au Tristre et ès appartenanches jou tenoie et avoie a retenir du seigneur de Pontieu, au jour que je fis cheste vente, reconnois, voel et me oblige par cheste presente lettre a warandir a tous jours les XVI jornel et IV vergues de tere devant dite a mes chiers etc.... devant dis et a leur hoirs ou a leur commant ches lettres portant; et a deffendre a mes propres cous (coûts) devant toutes justiches saucuns (se aucuns) en aucun tans (temps) venoit avant qui s'opposast ou vausist dire que la tere devant dite, en tout ou en partie, ne fust des fiés (fiefs) de Ponthieu et tenue du conte de Pontieu. Et se warandir ou deffendre ne le pooie, jou sui tenus a rendre a mes chiers etc.... devant dis et a leur hoirs et a leur commant portant cheste lettre, les deniers d'autretant de tere que warandir ne leur porroi selonc l'estimacion et le pris de le vente que jou leur ai faite. Et se jou ensi ne le faisoie et il ou leur commans cheste lettre portans avoient cous ou damages en quelconque maniere que che fust, je leur sui tenus de rendre par l'abandon de tous mes biens moebles et non moebles, presens et a venir, a prendre et a detenir par tout sans meffait. A toutes ches coses tenir et aemplir jai obligié mi et mes hoirs. Et pour che etc... faites en lan de grace mil CC IIII^{xx} et VIII, le semmedi prochain devant le feste de Toussains.

Fol. 92 recto et fol. 390 recto.

CCLV

LE TITRE

Lettres comment Witasse de Fontaines sires de Long vendi au comte de Pontieu et a sa femme (le roi et la reine d'Angleterre) toute la terre,

JUSTICE, SEGNOURIE ET AUTRES DROITURES ET APPARTENANCES QU'IL AVOIT AU TRISTRE. — *1288, novembre, le samedi après la Toussaint.*

Je, Wistasses de Fontaines, sires de Long, fait savoir a tous etc... que jou, par necessité jurée et souffisamment prouvée, ai vendu hyretaulement a prinche tres excellent et mon chier seigneur Eddouard etc. et a tres poissant dame et ma chiere dame Alianor, par meisme cele grace royne, etc., et a leur hoirs, perpetuelement, pour une somme d'argent dont je me tiengs a bien paiés tout entierement, kanke je devoie ou avoir pooie en le vile du Tristre et ès appartenanches, en chens, en rentes, en deniers, en capons, en guelines, en avaines, en bos, en teres waignables, en manoirs, en fortereches, en hommages, en justiches, en eskaanches, en caches[1], et en toutes autres coses que jou y avoie ou avoir pooie; le quele vile du Tristre et les appartenanches, et tout che que je y avoie ou avoir pooie, je ai résigné et men sui dessaisis en le main de noble homme mon seigneur Richard de Penevese, chevalier, garde adonc de la tere de Pontieu ..... et au pourfit de mes chiers seigneurs devant dis et de leur hoirs; et ai juré par mon serment corporel que jou jamais contre cheste vente ne venrai (viendrai) ne mes chiers seigneur le roy et la royne devant dis ou leur hoirs ne molesterai ne pourcacherai art, matere ou engien par quoi molesté en soient; ains m'oblige et sui tenus jou et mi hoir envers mes chiers seigneurs le roy et la royne devant dis et envers leur hoirs contre tous de warandir bien et loiaument le vente devant dite comme loiaus venderres. Et se jou ensi ne le faisoie et mi chier seigneur li roys et la royne devant dis ou leur hoirs avoient cous (coûts) ou damages, en quelconque manière que che fust, par le deffaute de me warandison, tous cous et tous damages jou et mi hoir leur serions tenu de rendre par (ou pour) leur plain dit sans autre proeve, ou de leur commant portant ches lettres, par l'abandon de tous mes biens moebles et non moebles, où qu'il soient ou puissent estre trouvé, a prendre et a detenir par tout sans meffait. A cheste vente tenir bien et loiaument a tous jours perpetuelement, avoekes toutes les convenenches

---

1. Chasses.

devant devant dites, ai je obligié mi et mes hoirs. En tesmoignage et en confinement de le vente devant dite jou ai seelees ches lettres de men seel, faites en l'an de grace M. CC. IIII^{xx} et VIII, le semmedi prochain après le feste de Tous Sains.

Fol. 91 recto et fol. 389 recto.

CCLVI

L'ABBAYE DU GARD — SOUES

ACQUISITION DE DROITS A SOUES PAR L'ABBAYE DU GARD

Je rapprocherai quatre lettres relatives à cette acquisition ; lettres du vendeur Jean d'Oisemont approuvées par les seigneurs d'Épagne, de Dromaisnil et de Saint-Valery.

I

Lettres de vendition touchant la justice etc. et autres droits appartenant aux religieux du Gard a Soues. — *1289, avril.*

Je, Jehans de Oysemont et je, Ysabiaus, se femme, faisons savoir à tous etc..... que nous, par grant besoing etc..... avons vendu etc....... canke nous aviesmes ou poiesmes avoir en le vile de Sowes[1] etc..... chest assavoir à homme religieus dant Robert, abbé de l'église Nostre Dame du Gart, etc......... Che fu fait en l'an de grace mil CC IIII^{xx} et IX, le première semaine du mois d'avril.

Fol. 366 recto.

1. Soues du canton de Picquigny

II

Autres lettres pour lesd. religieux touchant la justice et autres droits qu'ils ont a Soues, — 1289 avril le jeudi devant la feste saint Marc évangéliste. — *(La fête de saint Marc est le 25 avril.)*

Je, Jehans, escuiers, sires d'Espaigne, fais savoir etc..... que Jehans d'Oysemont et demisel Ysabel[1], se fame, etc..... ont reconnut par devant mi que il etc..... ont vendu etc..... à l'abbé et couvent del eglise de Nostre Dame du Gart etc..... canke il tenoient ou pooient tenir de mi en le vile de Soues etc..... mil CC IIII^{xx} et IX, el mois d'avril, le joesdi devant le feste saint Marc l'éwangeliste.

Fol. 367 verso.

III

Lettres touchant les religieux du Gard en ce qu'ils ont aud. lieu de Soues. — *1289, mai.*

Nous, Jehans, cuens de Dreues et de Brayne, sires de Saint Walery, faisons savoir etc..... que dant (dom) Jehans de Saint Achuel, moine et portier de

---

1. Le marquis Le Vers, qui a poussé plus loin que moi l'analyse de cet acte, a écrit :

« ..... demisel Ysabel, se femme, seur monseigneur Aliames, jadis seigneur de Soues, ont reconnu par devant mi, etc....... C'est la reconnaissance de la vente ci-dessus mentionnée (la vente par Jean de Oisemont) ..... et cheste vente dessus dite sui je tenus de garantir comme vendeurs as dis religieus en tele manière que, se demisele Jehane, fille et hoirs monseigneur Enguerran, chevalier, jadis seigneur d'Areynes, ne voloit otrier les dites ventes dedens deux ans après che que ele sera aagée, ... que les dis religieus messissent les dites ventes hors de leurs mains, etc........ et nous Willames de Kaieu, sires de Loncviliers devant dis, et Yfame, dite dame d'Areynes, se femme, à le requeste du dit Jehan d'Espaigne, gréons, octrions la dite vente, etc ..... Che fut fait l'an de grace etc. — *Bibliothèque d'Abbeville, Ms 218.*

Nostre Dame du Gart, a acheté à Jehan d'Oysemont et demisele Ysabel, se femme, etc..... tout le fief entierement que il tenoit etc..... en le vile de Soues[3] et en tout le terroir etc..... Che fu fait l'an de grace mil CC IIII^{xx} et IX, u mois de may.

Fol. 370 recto.

IV

LETTRES POUR LES RELIGIEUX DU GARD TOUCHANT AUTRES DROITS A SOUES. — 1289, JUILLET, SECONDE SEMAINE.

A tous chiaus etc..... je, Ferrans d'Areynes, escuiers, sires de Dromaisnil, salut en nostre seigneur. Comme Jehan d'Espaigne ait vendu etc..... a dant Robert, abbé del eglise Nostre Dame du Gart, et au couvent de chu meisme lieu, canke il avoit ou pooit avoir en vile de Soues etc....., j'ai mis men seel a ches présentes lettres qui furent faites en l'an de grace mil CC IIII^{xx} et neuf, le seconde semaine du mois de juil.

Fol. 369 recto.

3. Soues du canton de Picquigny.

CCLVII

LE CROTOY

Lettres touchant le molin du Crotoy que Jehan de Neele sires de Fallin [1] acorda et confesse appartenir au roy d'Engleterre. — *1289, 1ᵉʳ août.*

Je, Jehans de Neele, sires de Fallin [2], fais savoir etc., que, comme contens et debas fust meus de moi, d'une part, et du senescal de Pontieu el nom du noble prinche mon très chier seigneur Edoward etc... et ma chière dame la royne se compaigne, seigneurs de Pontieu, d'autre part, seur che que je disoie que à moi apartenoit et devoie avoir le moulin du Crotoy à vent, pour che que je maintenoie que je l'avoie acquis et acaté durant le mariage de moy et de la royne d'Espaigne, contesse de Pontieu, que Dix (Diex) assolve, et li seneschaus disoit que, tout fust il ainsi que je eusse le moulin acaté, si avoit il paié les deniers des propres biens mon chier seigneur le roy et ma dame la royne devant dis [3]; à le parfin, par le conseil de boine gent, fu acordé en cheste manière que li moulins du Crotoy devant dis demourroit, et seroit à tous jours perpetuelment, à men chier seigneur le roy et à ma chiere dame la royne et à leur hoirs, en tele manière que pour tout le droit que je el dit moulin avoie

---

1. Pour Falvy, canton de Nesle, arrondissement de Péronne, je ne peux lire que Fallin.

2. Même remarque.

3. Ces lignes ne paraissent pas claires. Ai-je bien transcrit? Dans tous les cas, le sens doit être : Cependant ce moulin avait été payé des deniers du domaine de Ponthieu, c'est-à-dire du revenu des biens appartenant en 1289 au roi et à la reine d'Angleterre, seigneurs du Ponthieu. L'acquisition avait donc dû, non pas accroître la fortune personnelle d'un comte (précairement comte d'ailleurs pendant la durée d'un mariage), mais enrichir le domaine permanent du comté lui-même.

'ou pooie avoir pour moy et pour mes hoirs, me doit[1] faire paier tout le cours de me vie mes chiers sires li roys et ma dame la royne, par leur receveur de Pontieu, chascun an, au terme de le Toussains, vint lib'... de par. Et si tost comme trespasses de chest siècle serai, mes chiers sires li roys et ma dame la royne et leur hoir seront quite des xx lib'... devant dites, ne mi hoir, el dit moulin et es xx lib'..., ne porront riens demander. En tesmoing etc... faites en l'an de grace mil CC IIII^{xx} et IX, le jour saint Pierre entrant aoust[2].

Fol. 303 verso.

CCLVIII

DRUCAT

Lettres comment le comte de Pontieu et le comtesse tenoient en leurs mains le fief de Durcat, lequel fief il donnèrent et vendirent a Guillaume de Durcat, chevalier, par condition que le comte de Pontieu pooit reprendre ledit fief après le trespas dudit Guillaume, et en poevent et doibvent faire souffisant escange. — *1289, 16 août.*

Je, Willames, sires de Drucat, chevaliers, fais savoir, etc. . . . . M. CC. IIII^{xx} et IX, lendemain del Assomption nostre Dame (16 août).

Fol. 118 verso et fol. 244 verso.

La convention eut pour témoins un grand nombre de seigneurs, de « pers », d'hommes liges du comté, dont les familles sont éteintes.

1. Me doivent.
2. Saint Pierre aux Liens.

CCLIX

ABBEVILLE

Les ordonnances du molin le comte

Ces ordonnances ne sont pas datées, mais elles précèdent DES LETTRES COMMENT JEHAN ALEGRIN, ETC. *(v. plus loin) de janvier 1289 (1290).*

Elles sont probablement plus anciennes; je les laisse dans le voisinage, non fortuit peut-être, de la vente de Jehan Alegrin.
Les premières lignes de ces ordonnances sont en latin; le reste est en français.
On y voit que le moulin le Comte était soumis aux mouvements de la mer. Il ne pouvait fonctionner sans doute dans les marées hautes (le « flot » dans la Somme), qui refoulaient le cours du Scardon.

Hec sunt jura et consuetudines molendini Comitis sicut maior et scabini inquisierunt per testimonium proborum virorum et antiquorum et per eorum sacramenta, videlicet Willelmi de Sancto Jacobo, Petri Sagot, Vuce [?] de Reuele, Renoldi de Wawans, Roberti de Reuele, Willardi fratris ejus, Roberti Rambert, Johannis Tournevaque. — *Le reste en français :* Li cuens doit trouver les mueles et les martiaux, les fers, etc.....

Fol. 33 verso.

CCLX

ABBEVILLE

LE MOULIN LE COMTE

Lettres du molin le comte comment Jean Alegrins vendit a Pierre Alegrin son frère et a sa femme[1] le droit qu'il avoit sur ledit molin. — *janvier 1289 (1290).*

Lettre de Thomas de Belhons, sénéchal de Ponthieu :

Nous, Thomas de Belhons, chevaliers, senescaux et garde de la terre de Pontieu, faisons savoir, etc..... M. CC. quatre-vingt et IX, el mois de jenuier. *Fol. 34 verso et 35 recto et verso.*

Cette lettre est fort longue. — Le sénéchal certifie que, devant lui, Jehans Alegrins li ainsné, homme lige du roi d'Engleterre, comte de Pontieu, a fait ladite vente au profit de Pierron Alegrin, son frère, et à Typhaine, sa sœur. — Vente par nécessité jurée. — Témoins de cet acte de saisine : Wiot de Ponches, Henri de la Mote, Willaume le Feure, hommes liges de Pontieu.

---

1. Mais l'acte dit à Typhaine sa sœur.

CCLXI

AIRAINES

Lettres de cent livres de rente piéça vendue au comte de Pontieu par les maire et eschevins et communaulté d'Araines. — *1289, mars (lendemain de miquaresme) 1290.*

Ces lettres rappellent les grandes calamités d'Airaines.

Nous maires et eskevin et toute la communités de la vile d'Araines faisons savoir à tous chiaus qui ches lettres verront et orront que, pour le grant carque de debtes que nous devons dont nous estions si contraint que nous estions à fuir aussi comme hors du pais, et le vile d'Araines pres d'estre destruite ou deffaite, et pour pieur markié deffaire et eskiever, avons vendu bien et loiaument, de l'assentement et de la volenté de nous et de tout nostre quemun, pour une somme d'argent dont nous avons rechut plain paiement, tourné et converti u quemun pourfit de le vile, à nostre tres chier seigneur et prinche très excellent, Edouward, par la grace de Dieu roy d'Engleterre, seigneur d'Yrlande, duc d'Acquitaine, et à nostre chière dame Alyanor, par meesme chele grace royne d'Engleterre, dame, ducesse et contesse des lieus devant dis, sa compaigne, à leur hoirs et à leur assignés tous jours perpetuelment chent livres de rente au par. cascun an, à prendre à paier et à rechevoir à ij termes ; chest assavoir, etc......... Et pour que che soit ferme cose et estaule, à tous jours perpetuelment, nous, maires et li eskevin devant dit avons mis à ches presentes lettres le seel de le vile d'Araines, de l'assentement de tout nostre quemun ; et avons prié et requis à noble homme monseigneur Will' de Lonvilers et à noble dame madame Yffeme [?], se compaigne, adonc seigneurs d'Araines en partie comme de baill. que pour le pourfit de nous et de le vile d'Araines à cheste vente se voelent assentir et acorder et leurs seaus mettre avoeques le nostre à cheste lettre en non (nom) de confermanche. Et je Willaumes, sires de Lonvilers, et je Yffeme [?], se compaigne, seigneur adoncques d'Araines en partie, comme de baill, le devant dite vente avoeques toutes les convenenches dessus expressées volons, gréons et otrions et confermons comme seigneur. Et en non (nom) de tesmoignage et de confermement, nous, à la requeste dudit maire et les eskevins et la communité de la vile d'Araines, et pour leur pourfit, avons mis nos seaus à ches présentes lettres avoeques le seel de la vile d'Araines, qui furent faites en l'an de grace cc iiii^{xx} et ix, el moys de march, lendemain de miquaresme.

Fol. 338 recto.

CCLXII

HANGEST

Lettres touchant le droit que ont les religieux du Gard a Hangest. — *1289, avril.*

Je, Pierres de Rouvroy, vasseurs, fais savoir, etc.......... que je [1], etc......... ai vendu, etc..... à l'abbé et au couvent del eglise Nostre Dame du Gart, etc.....

---

1. Le marquis Le Ver a encore analysé plus complétement que moi cette lettre :
« Je Pierres etc..... que, par nécessité ai vendu à hommes religieux N^{re} Dame du Gart kanke j'avoie ou avoir pooie u terroir de Hangest, assavoir en le terre jehan Lochier, de Guérart le Vallet, de Will^e le Willes, canke je tenoie de Adam, castelain (châtelain) de Hangest, etc... et je Adans, castelain de Hangest devant dit, à le prière du dit Pierron, le dite vente voeil, grée, octroy, etc..... En témoignage etc..... Che fu fait ... » etc.

canke j'avoie ou avoir pooie u terroir de Hangest ; chest assavoir, etc...... Che fu fait l an de grace mil CC IIII^{xx} et nuef, le première semaine du mois d'avril.
Fol. 366 verso.

CCLXIII

L'ABBAYE DU GARD — ROUVROY-LÈS-SOUES

Lettres touchant ce que les religieux du Gard ont a Rouvroy-lez-Soues. — *1290, 14 août.*

Nous, Robers, humbles abbés de Nostre Dame du Gart, et tous li couvens de chu meisme lieu, à tous chiaus, etc..... [1], mil CC IIII^{xx} et x, u mois d'aoust, le vegille de le Nostre Dame mi aoust.
Fol. 370 verso.

---

1. « Il fait savoir que, par la contrainte que lui a faite Édouard, roy d'Engleterre et comte de Pontieu, et me dame Alyénor, se femme, à cause que les dis religieux n'avoient pas eu d'amortissement des ventes ci-dessus à eux faites, le dit roy les a contraints à vendre les dites ventes à Aubin de Beuery, eskuier... Che fu fait l an del incarnation n^{re} seigneur mil .. » etc. — *Analyse encore du marquis Le Ver.*

CCLXIV

LE CROTOY, MAYOCH, BERTAUCOURT

Lettres comment les maire, eschevins et communaulté de Mayoch, Crotoy et Bertaucourt, vendirent a Édouard roy d'Engleterre cent livres de rente moyennant mille livres parisis a prendre sur lesdittes villes. — *Octobre 1290.*

Ainsi le roi d'Angletterre prêtait à dix du cent.

Nous li maires et li eskevin et toute li communités de Mayoch, de Crotoy et de Bertaucourt, faisons savoir à tous chiaus qui ches présentes lettres verront ou orront que, pour le grant carque de debtes que nous devions dont nous estiemes forment contraint, pour nostre pourfit et pour pieur markié esquiever, avons vendu bien et loialment et hyretaulement, à perpétuité, del assentement de nous et de toute nostre communité, pour mil lib' de par., dont nous avons rechut plain paiement entier et tourné et converti entierement en commun pourfit aparaissant des viles dessus dites, et par no requeste à nostre chier seigneur et prinche tres excellent Edowart, par le grace de dieu roy d'Engletere, seigneur d'Illande, duk d'Aquitaine, et à nostre chiere dame Alienor, par meisme chele grace royne, dame, duchesse et contesse des lieux devant dis, sa compaigne, et à leur hoirs et à leur assignés perpetuelment, j chent lib' de rente au par., chascun an, à prendre, à paier et à rechevoir en le vile et en le banlieue de Mayoch, de Crotoy et de Bertaucourt, à ij termes en l'an ; chest assavoir L lib' de par. à le feste de le Nativité saint Jehan Baptiste en esté et L lib' de par. à le feste de le Puri[1] Nostre Dame Candelier; les ques deniers nous, maires, eskevin et le communités des viles de Mayoch, de Crotoy et de Bertaucourt, tout emsamble et chascun pour li, pour le tout, nous obligons, pour nous et pour nos hoirs et pour nos successeurs, à rendre et à paier à nostre chier seigneur le roy devant dit et à nostre chiere dame la royne sa compaigne et à leur hoirs et à leur assignés qui ches lettres aroit ou aporteroit, à tous perpelment, as tous les ans, as termes devant nommés, et se ainsi ne le faisons et nostres chiers sires li rois, nostre chiere dame la royne, seigneur de Pontieu, leur hoirs ou leur assignés portans ches lettres, avoient cous (coûts) ou damages par le deffaute de non paiement, en quelconque maniere (ou manere) que che fust, nous, maires, eskevin et toutes li communités devant nommée, pour nous, pour nos hoirs et pour nos successeurs, nous obligons tous emsamble et chascun à part lui pour le tout, à rendre tous cous (coûts) et tous damages regnasules[2], aveucques le principal, au devant dit nostre chier seigneur le roy et à nostre chière dame la royne, à leur hoirs, à leur assignés, portans ou aians ches lettres par leur loial voir dit, ou de l'un de aus ou de leur comant, sans plus dire encontre par l'abandon de nos cors et de tous nos biens presens et avenir et de nos hoirs et de nos successeurs, tout emsamble et chacuns à part lui, à prendre partout où que il soient trouvé dehors no banlieu sans meffait et par (ou pour) tous nos hyretages pour vendre en quelconque lieu que il seroient trouvé hors de no banlieue, tant que li devant dit principal paiés et li coust et li damage plenement rendu par leur loial voir dit ou de l'un d'aus ou de leur commant, si comme devant est dit. Et avons juré et prins par no serement et par no fianches que encontre cheste vente ne venrons ne aler ne ferons par nous ne par autrui de no part, ne par autre personne nul; ains le warandirons contre tous et envers tous et paierons bien et loialment les deniers dessus dis en le maniere devant dite, comme loial vendœurs, et avons renonchié tant comme en chest fait et renonchons encore tous emsamble, et chascuns a part lui, pour le tout, pour nous et pour nos hoirs et pour nos

---

1. *Sic*, purification.

2. *Sic*. Je ne peux lire autrement et le mot est très lisible. Il faut comprendre sans doute regnaubles, raisonnables.

successeurs, à toutes aides de droit et de fait, à tous privileges (ou previleges) de crois prise et à prendre, à toutes graces, à toutes indulgences, à tous respis donnés et à donner d'apostole, de roy ou d'autre poissant homme, à toutes bares[1] et à toutes fraudes et à toutes raisons qui porroient estre dites ou proposées contre ches lettres ou contre ches convenanches devant dites ou aucunes d'eles qui nous porroient valoir et aidier et à nostre chier seigneur le roy et à nostre chière dame la royne, à leur hoir ou à leur commant portant ches lettres, grever ou nuire. Et pour che que che soit ferme cose et estable à tous jours perpetuelment, nous li maires, li eskevin et toute li communités devant dite, avons mis à ches presentes lettres le seel des viles de Mayoch, de Crotoy et de Bertaucourt, del assentement de toute nostre communité ; qui furent faites en l an de grace mil CC IIII^{xx} et x, u mois de octembre.
Fol. 308 recto.

Pourquoi les maieur et échevins de Mayoc, du Crotoy et de Bertaucourt avaient-ils reçu une somme de mille livres d'Édouard et d'Éléonore ? En raison de quel besoin ? Les rois d'Angleterre dans tous les cas plaçaient bien leur argent. Cent livres, dix pour cent, — le taux du temps peut-être.

CCLXV

HESDIMONT

ACQUISITION PAR LE ROI D'ANGLETERRE COMTE DE PONTHIEU DU BOIS DE HESDIMONT[2]

Je rapproche les lettres relatives à cette acquisition.

1. Exceptions.
2. Pour ce nom écrit très diversement voir plus haut.

I

LETTRES TOUCHANT LE VENTE DES BOIS DE HESDIMONT FAIT PAR DEVANT LES MAIRE ET ÉCHEVINS D'AIRAINES. — *1290, novembre.*

Sachent tout chil qui chest present chirographe verront ou orront que Maihiex du Mege, vaasseurs, fiex jadis Wion de Soues, etc.....

Ce Maihiex du Mege vend au roi d'Angleterre tout ce qu'il peut avoir au bois con (qu'on) dist Haidimont...) — Che fut fait et reconnut par devant sire Andrieu Coleman maieur d'Araines, par devant Rikier le Cordier et Renier Lespissier, adonc eskevins, l'an de grace M. CCC (pour CC) IIII^{xx} et X [1], el mois de novembre.

Fol. 342 recto.

II

AUTRES LETTRES TOUCHANT LEDIT BOIS DE HESDIMONT

Sachent tout chil qui chest présent chirographe verront, etc... que Thumas dis Ponteriaus a reconnut, etc... Thumas Ponteriaus vend aussi au roi d'Engleterre tout ce qu'il peut avoir au bois con dist Haidimont). Fait, comme la

---

[1]. On remarquera cette erreur M. CCC.... distraction évidente du copiste et qui suffirait à prouver qu'il écrivait au commencement du XIVe siècle.

lettre précédente, par devant le maieur et les échevins d'Airaines, l'an de grace M. CC IIII^{xx} et dis, el mois de novembre.

Fol. 342 verso.

III

Lettres touchant ledit bois de Hesdimont fait par devant les maire et échevins d'Airaines en l'an 1290 novembre.

Sachent tout chil qui chest présent chirographe, etc..... que Willaumes dis Moriaus a reconnut par devant nous que il, etc..... a vendu hyretaument et à perpétuité à noble homme et puissant Edouart, par la grace de dieu, etc..... et à madame Alianor, sa compaigne, etc..... tout che que il avoit ou pooit avoir et réclamer el bos con dist Haidimont; etc..... Che fu fait et reconnut par devant sire Andrieu Coleman, maieur d'Airaines, et par devant Renier Lespissier et Rikier le Cordier, adonc eschevins, en l'an de grace M. CCC IIII^{xx} et x[1], el mois de novembre.

Fol. 343 recto.

IV

Lettres touchant le bois de Hesdimont *(comme plus haut)*.

Sachent tout chil, etc..... Même formule et lettre pareille aux précédentes et constatant que Robers, dis du Bos Raoul, a vendu à Edouard, roi d'Angle-

---

1. Même erreur M. CCC pour M. CC. Un lecteur moderne a d'ailleurs reconnu et noté en marge l'erreur.

terre, tout ce qu'il avoit ou pooit avoir au bos con dist de Haimont *(sic)*. Fait devant les mêmes témoins, c'est-à-dire Andrieu Coleman, maieur d'Araines, etc... en l'an de grace M. CC IIII^{xx} et x, el mois de nouembre.

Fol. 343 verso.

V

LETTRES COMMENT LES MAIRE ET ECHEVINS ET COMMUNAUTÉ D'ARAINES CONFESSÈRENT AVOIR REÇU DU COMTE DE PONTIEU DOUZE CENS LIVRES QU'IL LEUR DEVOIT PAR AVANT QU'ILS LES REÇUSSENT A CAUSE DE LA VENTE DE CENT LIVRES DE RENTE ET DES BOS DE HESDIMONT PAR EUX FAITE AUDIT COMTE DE PONTIEU. — EN 1291 LE JOUR DE LA PURIFICATION NOSTRE DAME. *(C'est-à-dire le 2 février 1292.)*

A tous chiaus qui ches présentes lettres, etc..... Nous maires et eskevin et toute le communités de le vile d'Araines, etc..... des quiex douze cens lib' de parisis devant dis, nous, maires, eskevin et toute le communités devant dite, avons rechut plain paiement de nostre chier seigneur le roy d'Engleterre devant nommé, et, en don de quitanche, nous avons baillé audit Engerran [1], recheveur de Pontieu, ches lettres ouvertes, seelees et confermées du seel de notre communité, qui furent faites l'an de grace M. CC quatre vins et onze, le jour de le purification Nostre Dame.

Fol. 339 recto.

---

1. Engerran de Hestrus, nommé plus haut dans la lettre.

CCLXVI

ABBEVILLE

Lettres contre saint Pierre d'Abbeville, du comte et de la ville d'Abbeville. 1291. — *C'est un arrêt du Parlement.*

Philippus, Dei gratia Francorum rex, etc... La page, un peu déchirée par le bas, ne permet pas de lire tout.
Fol. 8 recto et verso.

CCLXVII

ABBEVILLE (Banlieue)

LES DROITS DE JUSTICE A MAUTORT

Des lettres de l'échevinage et d'autres du sénéchal sont à rapprocher. — Il s'agit des bornes de la banlieue.

I

Lettres faisans mention de le banlieue d'Abbeville vers Mautort et comment les maire et eschevins ont leur justice dedens ledite banlieue. — *1291 mai, lendemain de l'Invention de Sainte Croix (c'est-à-dire le 4 mai).*

Nous maires et esquevin d'Abbeville faisone savoir, etc..... que, comme par devant noble homme et sage monseigneur Thomas de Belhons, chevalier, senescal, etc..... Il s'agit d'un accord fait entre la ville et Mikiel de Mautort. *Fol. 19 recto et fol. 169 verso.*

II

Lettres du seneschal de Pontieu faisans mention de l'acord des maire et eschevins d'Abbeville et du s^{gr} de Mautort pour le banlieue d'Abbeville. — *Abbeville l'an de grace 1291 au mois de mai lendemain de la translation de saint Nicolay (c'est-à-dire le 10 mai).*

Nous, Thomas de Belhons, chevaliers, senescaus et garde de le terre de Poutieu, faisons savoir a tous chiax qui ches lettres verront, etc..... — *Ces lettres résument une déclaration de Michel de Mautort.* — L'an de grace m. cc iiii^{xx} et onze el mois de may, lendemain de la translation saint Nicholay.
Fol. 20 verso et fol. 170 verso.

Pour cet accord entre le seigneur de Mautort et l'échevinage voir dans le Livre Blanc de la Ville, fol. XXI verso, la lettre de Michel de Mautort ayant pour titre :

Le lettre Mikiel de Mautort en droit les bournes qui sont mis en se terre pour. banlieue, lesquels il reconoist estre y mis à droit : Je, Mikiex de Mautort, esquiers, fais savoir, etc... — *Voir l'analyse de cette lettre dans la* Topographie historique d'Abbeville, *t. III, p. 538-541, et* Abbeville avant la Guerre de Cent Ans, *p. 224.*

CCLXVIII

LA CROIX QUI CORNE

I

Lettres comment Jehan de Durcat (Drucat) vendi a Jehan d'Espaigne, clerc, et a Aubrée sa femme deux journeulx et huict vergues de terre séans a le Croix qui Corne desseure Rouvroy[1] et comment il s'en dessaisi en le main du seneschal de Pontieu au pourfit d'iceulx Jehan et se femme. — *1293, au mois de mars* (1294.)

Je, Jehans de Durcat, fix Regnier de Durcat, de Camberon, fais savoir à tous qui ches presentes lettres verront ou orront que jou, del assentement de me femme et de mes hoirs et par grant nécessité contraignant, que je ne pooie relever en plus profitable maniere, ai vendu bien et loialment à Jehan d'Espaigne, clerc, bourgois d'Abevile, et Aubree, se femme, et à leur hoirs, hyretaulement,

---

1. La très vieille croix de pierre nommée la Croix qui Corne n'est pas sur le territoire de Rouvroy, c'est-à-dire dans la banlieue d'Abbeville, mais sur le territoire de Cambron, à sa limite vers Moyenneville. — C'est peut-être une pierre druidique taillée en croix au temps de saint Martin.

et deguerpi du tout en tout, pour une somme d'argent dont je me tieng pour bien paiés à plain, II journex et VIII vergues de tere, ou la entour, assise à le Crois de pierre u teroir de Rouvroy, en une pieche acostant d'un costé à le terre Jehan Wallande et acoste del autre au kemin qui maine de Moienneville à Abbevile et aboute à le tere Regnaut le Cordouanier, lequele tere vendue jou ai résigné en le main mons. Jehan de Brunesbek, chevalier, seneschal de la tere de Pontieu, comme en main de seigneur, et m'en sui dessaisis du tout en tout pour saisir les avant dis Jehan d'Espaigne et Aubree, se femme, et mettre en possession, etc. *Le reste encore assez long contient des conditions d'usage en ce temps, entre autres l'obligation de rendre,* cascun an, au comte de Pontieu ou à ses hoirs IIII deniers parisis de recongnoissanche, au terme de le saint Remi à Abbeville, et IIII deniers parisis de relief et autant de droites aides (droites aieues), etc.

Et pour che que che soit ferme cose et estaule, je, Jehans de Drucat dessus dis, ai baillié as devant dis Jehan d'Espaigne et aubree, se femme, ches presentes lettres seelees de mon seel, faites en l'an de grace mil CC IIII^{xx} et XIII, le jour de le Crois aourée, u mois de march. — 1294, le jour de la « Crois aourée » étant le vendredi saint.

Fol. 258 recto.

II

LETTRES COMMENT LE SENESCAL DE PONTIEU BAILLA LE SAISINE DE LE TERRE SUSDITTE A JEHAN D'ESPAIGNE ET A SE FEMME PAR EN RENDANT CASCUN AN QUATRE DENIERS DE RECONGNOISSANCE ET AUTANT DE RELIEF ET AUTANT D'AYDE. — *1293, le jour de la croix aourée* (1294).

Nous, Jehans, sires de Brunesbek, chevaliers, senesc. et garde de la terre de Pontieu, faisons savoir, etc..... que Jehans de Drucat de Rouvroy, hons liges le conte de Pontieu, a requis, etc..... ches presentes lettres le seel establi par le terre de Pontieu, faites en l'an de grace M. CC. IIII^{xx} et XIII, le jour de le Crois aourée, u mois de march. — *1294.*

Fol. 258 verso.

CCLXIX

DONQUEUR

Lettres du fief tenu de Drucat a Donqueur; comment le seigneur de Durcat l'a baillié a Jehan le Prevost de Miannay. — *1294, janvier (1295.)*

Je, Will...., chevaliers, sires de Durcat, fais savoir, etc....., que Jehans li prevos de Miannai tient de lui un manoir à Donqueurre et vingt-sept journex et vingt-cinq verges de terre franche par quatre deniers de cens, douze deniers de relief et douze deniers d'aide. M· CC IIII^{xx} XIV, el mois de jenvier.

Fol. 119 recto et fol. 245 verso.

CCLXX

DREUIL

Lettres du sieur de Dreuil au prouffit de Jehan Plichon, son homme. — *1295, janvier* (1296.)

Je, Godefrois du Pont de Remi, esquiers et sires de Drueul, fais savoir, etc... que je, de me bone volenté, etc... ai baillié de mi et de mes hoirs hiretablement et à tous jours à Jehan Plichon, men home, et à ses hoirs, toutes les choses qui ensievent à chens, assavoir, etc. L'an de grace mil cc. IIII^{xx} xv, el mois de janvier, le mardi après le Tiphaigne. Ce fu fait par devant Bernard de Saint-Helier, Robert le Pikart et Engerran de Bonnele, frans hommes, et, pour toutes les coses dessus dite sestre miex wardées, ai je prié et requis à discret home, Simon Monnekin, warde de la tere de Pontieu de par le roy de France, qu'il vausist mettre avok men seel le seel de le sénescauchie de Pontieu; et nous, Symons Monnekins dessus dis, à le prière de Godefroy devant nommé, avons pendu à cest escrit ledit seel de la dite sénescauchie de le terre de Pontieu de par nostre seigneur le roy de France, en l'an de grace dessus dit.

Fol. 351 recto.

CCLXXI

ABBEVILLE

LETTRES POUR LE DROIT DU PAIN. — JUGEMENT DE L'ÉCHEVINAGE D'ABBEVILLE

Deux copies, deux titres qui sont de petits commentaires :

LETTRES POUR LE DROIT DU PAIN QUE LE VICOMTE ET LES LUCQUES[1] PRENDROIENT SUR LES FOURNIERS.

LETTRES COMMENT LES BOULENGUIERS D'ABBEVILLE DOIBVENT AU VICOMTE DU PONT-AUX-POISSONS LE RENTE DU PAIN QU'IL VENDENT SE IL MÊLENT FÉRINE ACATÉE AU (avec) LEUR PROPRE. — *1297, le vendredi après le Tiphaigne (l'Épiphanie) donc 1298.*

Comme debaz fust meus en nostre esquevinage d'Abbeville entre le visconte d'Abbeville pour le seigneur de Pontieu et Jehan Luquet, d'une part, et les forniers et les aieues aus fours, d'autre part, seur ce que li visquens et Jehans disoient et demandoient à avoir la rente du pain que il vendoient, pour ce que il achatoient farine et melloient avele[2] leur waagne, et cil disoient que riens ne devoient ; les raisons oyes des parties, nous deismes, et par jugement, que de leur vaigne[3] simple il ne paieroient nient, mais toutes les fois que il melleroient farine achatee avec leur waaigne, il paieroient le rente, et s'il wuelent faire le

---

1. Nom de bourgeois d'Abbeville, — Luquet dans la lettre.
2. La copie du fol. 169 donne avok.
3. *Sic ;* plus haut waagne.

serment par devant le maieur que ce est de leur propre waigne, il se passeront par tant. Ce fu fait et enregistré en la maierie Renier Bosshet en l'an de grace mil cc iiii^{xx} xvii le vendredi apres la Typhaigne (1298).

Fol. 19 recto et fol. 169 recto.

La seconde copie n'est pas, pour l'orthographe, tout à fait semblable à la première. — Une troisième copie de ces lettres est dans le Livre Rouge de l'échevinage d'Abbeville, fol. 20 recto. — Voir Abbeville avant la Guerre de Cent Ans, *p. 247. — Le maire Renier Bosshet est appelé par Waignart et par le P. Ignace Renier Boisse, par M. Louandre Renaud Boisset.*

CCLXXII

ABBEVILLE

LA JUSTICE EN LA VICOMTÉ DE SAINT-PIERRE. — LA FRANCHE FÊTE DE DE SAINT-PIERRE

I

Lettres de Saint-Pierre et de le ville d'Abbeville touchant le fait de le justice de le vicomté de Saint-Pierre et de le franque feste de Saint Pierre. — *22 octobre 1298.*

In nomine Domini amen. Anno Nativitatis ejusdem m° cc° nnagesimo octavo, indictione xii, die xxii octobris, pontificatus domini Bonifacii, pape octavi, anno quarto, in presentia mei notarii et testium subscriptorum, Reverendus in Christo pater ac dominus, dominus Guillermus, Dei gracia Ambianensis episcopus, in quem, tanquam in arbitrum[1] arbitratorem seu amicabilem compositorem, religiosi viri frater Johannes, prior, et Alinus de Pomereaus[2], prepositus et procurator ecclesie Sancti Petri Abbatisville Cluniacensis ordinis, pro se totoque conventu ecclesie Sancti Petri predicte, ex una parte, et Firminus, dictus Couliard[3], major dicte ville, pro se, et Michael dictus Gewyne, procurator dictorum majoris et scabinorum ac communitatis predicte, ex altera, super quibusdam articulis factis, habitis et exortis, occasione cause seu discordie habitarum et motatum inter partes easdem usque ad penultimam diem mensis augusti ultimo preteritam, compromiserant, accedentibus ad hoc, voluntate mandato, auctoritate et assensu Reverendi patris Bertrandi [?] abbatis Cluniacensis, prout hec omnia in quodam instrumento pupplico *(sic)* super hoc confecto plenius continentur, cujus instrumenti tenor sequitur in hec verba : In nomine Domini amen. Anno nativitatis ejusdem Domini M° CC° nonagesimo octavo, indictione XI^a, die penultima mensis augusti, pontificatus domini Bonifacii pape octavi quarto, etc...

Plus loin encore se trouve le réglement daté de 1299, publié par Aug. Thierry (Documents inédits, t. IV, p. 60) :

Nos Guillelmus[4], miseratione divina, etc...

Puis :

Quo dicto, etc... dicti prior et procurator, presentes pro se totoque conventu predicto, ex una parte, et Willardus Rener, locum tenens Firmini majoris qui tunc infirmabatur, ut dicebatur, et Michael Gewyne, procurator scabinorum et communitatis ville predicte, ex altera, dictum seu arbitrium dicti Reverendi

1. Pour *arbitrorum* sans doute.
2. Un peu plus loin *de Pomereus*.
3. Firmin Coulars dans les listes des maïeurs d'Abbeville.
4. *Guillermus* dans le terrier. — Guillaume de Macon.

patris, in quantum in se erant, emologaverunt, ratificaverunt, laudaverunt ac etiam approbarunt, salvis tamen juribus Domini regis, in cujus gardia dictus prioratus existit, et comitis Pontivi a quo dicti major et scabini communiam suam habere noscitatur, quibus non intendunt nec volunt idem Reverendus pater nec partes predicte, per predictum arbitrium seu dictum, in aliquo prejudicium generari quominus iidem dominus rex et comes jura sua possint prosequi et habere et quandocumque voluerint et sibi viderint expedire. Et ad majorem firmitatem et robur omnium premissorum idem Reverendus pater omnia et singula supradicta in pupplicam *(sic)* formam redegi fecit per me Yvonem de Monte Relaxo[1], pupplicum notarium, infra scriptum sigilli sui et sigillorum dictorum prioris et conventus, majoris et scabinorum ipsiusque communitatis appensione muniri. Actum apud Abbatisvillam in aula domus magistri R. Britonis, presentibus venerabilibus viris Henrico decano, Hugone de Cansard cantore, Rogerio de Lorraine, Johanne Ferte, Johanne Clerico seniori, magistro Stephano Gorre, canonico ecclesie Sancti Walfranni Abbatisville[2] et Johanne de Cais, decano Christianitatis Abb., testibus ad predicta vocatis et rogatis.

Fol. 9 verso à 13 recto.

II

CE SONT AUCUNES DÉCLARACIONS FAITE PAR L'ÉVESQUE WILLAUME (de Macon) SUR LEDIT COMPROMIS. — *1299, le 29 mai.*

Fol. 148 verso.

Sous la date de 1299 Aug. Thierry (Documents inédits, t. IV, p. 60) a donné une lettre antérieure de l'évêque d'Amiens, celle de 1298.

---

1. De Montrelet, *Monterelaxum*. — J. Garnier, *Dictionnaire topographique de la Somme*. — Montrelet du canton de Domart-en-Ponthieu.

2. On retrouve le nom de *Gorres* au XIVe siècle dans la liste des maïeurs d'Abbeville.

CCLXXIII

BIENS CONFISQUÉS ET RENDUS APRÈS UNE CONDAMNATION INJUSTE

Lettres comment le senescal de Pontieu rendi a Jehanet Rabot le terre qui fu Adrien Rabot, son oncle, pour ce que on avoit fait morir a tort son dit oncle. — *1299, aoust.*

Je, W. (Willaumes) de Lens, chevaliers, senescaus, etc... à la requeste de Aelid, demisele de Martone, jadis femme de Jehan Rabot et mère de Jehanet Rabot, etc... mil CC IIII^{xx} XIX, el mois d'aoust.
Fol. 110 recto.

CCLXXIV

HOMMAGE DU COMTE D'EU AU COMTE DE PONTHIEU

Lettres comment le comte d'Eu fist feueté au seneschal de Pontieu. — *1300, le vigile saint Bertremieulx (23 août.)*

En l'an de grace M. CCC, le vigile saint Bertremeu, mons. Jehan, cuens d'Eu, fist se feuté (feuté, foi) par devaut mons Jehan de Banquelle, adonc senescal de

Pontieu, en tiele maniere que, se on trovast que il deust ij hommages, il le fist pour ij, et, s'il ni avoit que i hommage, il le fist pour i. Presens hommes liges et autres, c est a savoir li sires de Caiheu, Wistasses de Toeffles, Honnere de Hoquellus, Hue Burnel, Ricard Doisemont, Ad' de Hoquellus, adonc baillieu d'Abbeville.

Fol. 120 verso et fol. 247 verso.

CCLXXV

LE TITRE

LA CHAUSSÉE ET LE DROIT DE TRAVERS

I

Lettres de vente faite au comte de Pontieu de le cauchie et travers du Tristre et d'un tenement illec par avant tenu de lui. — *1300, octobre.*

Je, Hues, li baillieus de Maisnill, vaasseurs, fais savoir à tous pue je, del assentement et de le bonne volente demiselle Mehaut, me femme, par grant poverté jurée et souffisamment prouvée, par une somme d'argent dont j'ai recheu plain paiement, ai vendu bien et loiaument et hyretablement, à noble prinche mons. Edouard, etc., conte de Pontieu, et a ses hoirs, le cauchie et le travers du Tristre que je tenoie du devant dit mons. le conte, et une maison, a toutes[1] les appendanches, assise en le dite vile, si comme elle se comporte en lonc et en lé, qui acoste à le maison Robin Cul de Fer, que je tenoie du devant dit mons. le conte par IIII s et II capons de chens; de le quele cauchie et le travers dessus dit et le dite maison avoec les appendanches ensement, atout che que je ai ou puis avoir el teroir et en le vile du Tristre, je me suis dessaisis perpetuelment du tout et l'ai mis et resigné en le main de men tres chier seigneur devant dit, au pourfit et à l'usage de lui et de ses hoirs; le quele vente devant dite je suis tenus à warandir, je et mi hoir, au dit mons. le conte et à ses hoirs contre tous, comme loiaus venderres, et à che tenir et aemplir ai je obligié et oblige mi et mes hoirs. En tesmoignage etc. faites en l'an de grace M. CCC, el mois de octembre, le venredi prochain après le saint Remy (la saint Remy est le 1ᵉʳ octobre).

Fol. 92 verso et fol. 390 verso.

Après cette lettre en vient une de l'official d'Amiens attestant la vente qui précède :

II

Lettres comment Hugues, baillieus (bailly) du Maisnil, vendi au comte de Pontieu le cauchie du Tristre et le maison qu'il y avoit avec toutes les appartenances. — *1300, lendemain de la saint Martin d'hiver. (La saint Martin d'hiver est le 11 novembre.)*

Universis presentes litteras inspecturis officialis Ambianensis salutem in Domino. Noveritis quod Hugo dictus li baillieus de Maisnilio, vavassor, et domicella Mathildis, ejus uxor, recognoverunt se bene et legitime, nimia necessitate urgente, hereditarie vendidisse nobili principi domino Edwardo comiti Pontivi, filio illustris regis Anglie, et ejus heredibus, pro quadam

---

1. A toutes, avec toutes.

pecunie summa sibi ad plenum persoluta et sicca pecunia et bene numerata, omnem transitum et calceyam et quamdam domum cum ejus appendiciis et pertinenciis, sitam apud Tristiacum, etc......... Datum anno Domini millesimo trecentesimo, in crastino beati Martini hyemalis.

Fol. 93 recto, 214 verso et 391 recto.

CCLXXVI

L'ABBAYE DE FORÊTMONTIERS — LA FORÊT DE CRÉCY

Lettres de l'abbé de Forestmontiers rappelant que les comtes de Pontieu leur ont accordé un chemin allant et revenant de Cressy et de Machiel au monastère de Forestmontiers avec un sentier se dirigeant vers les bois du couvent a Bernay, etc. — *L'an 1300, novembre.*

Universis presentes litteras inspecturis vel audituris frater Regnialdus, Dei paciencia abbas humilis Forestensis Monasterii, ordinis sancti Benedicti, Ambianensis dyocesis, totusque ejusdem loci conventus salutem in Domino. Cum illustres et preclari viri bone memorie, quondam domini comites et heredes Pontivenses, nobis et utilitati ecclesie nostre compacientes, quamdam viam euntem et redeuntem de Crescyaco et de Machiel apud Forestense Monasterium cum quadam semita dirigenti ad nemora nostra de Bernay per forestam suam de Cresciaco, ad opus quadrigarum, bestiarum et totius ecclesie nostre utilitatem, intuitu pietatis, jam diu est, gracia mediante, concesserunt; et adhuc vir nobilis et clarus dominus Johannes de Baucouele, miles, ad presens senescallus et presidens toto comitatu Pontivensi, ex auctoritate et injuncto sibi officio ab illustrissimo principe Edowardo juniori .... [1] universitati vestre, tenore presencium significamus quod nos in via et semita predictis in quantum dicta foresta sua se extendere consuevit, nichil hereditatis, acquisitionis, usagii, dominii, seu habemus, nec aliud quam .... [2] reclamamus nec volumus in predictis pro longuo tempore seu concessione predicta ad instanciam nostram de gracia nocis facta nobis aliquod jus acquiri set (ou sed) in hoc ibi et alibi dominium et hereditatem pontivensem volumus fideliter, prout decet, conservari. Ne hoc autem videatur inmutari [?] in hujus rei recognitionis testimonium presentibus litteris sigilla nostra duximus apponenda. Datum anno Domini M° CCC°, mense novemb'.

Fol. 334 recto.

CCLXXVII

FORÊT DE CRÉCY ET BOIS VOISINS DE CETTE FORET

Touchant la forest de Cressy et autres bois ou pluseurs prendent droit, quels droits y ont esté qu'ils n'ont.

Sans date mais évidemment du XIIIe siècle ou du commencement du XIVe.

Li malederie de Saint-Rikier a x journex de bos en le forest en tel maniere que chil de l'ospital l'ont.

Il est asavoir que en tous les bos que li sires de Bouberch a tenans a le

---

1. Mots mal transcrits sans doute par le vieux copiste et dont je ne peux tirer aucun sens.
2. Même remarque.

forest[1] il nia ne pumier, ne mellier, ne warane de nule beste, et puet on widier le forest, se mestiers est, mi ses bos et par voies qui i sont devisées et nommées.

Li hoirs de Bernai [?] — *un pli de parchemin rend ce nom très difficile à lire et incertain*] n a en tous ses bos ne pumier, ne mellier, ne viage.

Li hospitaus de Rue a x journex de bos en le forest et n i (n'y) ont ne pumier ne mellier.

Li maladerie de Cresci a x journex de bos en le forest et n i (n'y) a ne pumier ne mellier.

Me sire Jehan de Wascoigne n a ne pumier ne mellier en tous ses bos qui tienent a le forest ne warane de nule beste.

Li hoirs Bertremieu Gaipin ne a pumier ne mellier en x journex de bos qu il a tenans a le forest ne warane de nule beste.

Il est a savoir que chil du Temple n'ont en leur bos ne pumier, ne mellier, ne warde, ne seignerie.

Ramembranche que li seigneur de Pontieu ont es bos de Nouvion v (cinq) voies d'issue pour leur bos vendre, ès queux il claime le cache as connins et as lievres et as goupieux, et de ce doit il monstrer lettres qu il en a et le pumier et mellier, et pour che creanta il que il[2] ne puet cachier a le grant beste.

Fol. 222 recto.

---

1. Il s'agit du Rondel.

2. Il paraît évident que ce *il* ne représente plus le comte de Pontieu. Le propriétaire seul du bois de Nouvion pouvait, en réclamant la chasse du lapin, du lièvre et du renard, déclarer qu'il n'avait aucune prétention sur la chasse des grosses bêtes.

NOTE POUR LA PIÈCE CCLXXVI

Page 363

J'ai peut-être été un peu trop affirmatif dans les deux notes de cette page. Voici ce que j'avais cru pouvoir lire et ce qui laisse bien au moins transparaître le sens :

. . . . illustrissimo principe Edowardo juniori, affectionem et concessionem hujusmodi predictorum nobilium, cum affectu laudabili pie cogitans, graciose persequatur.

Et un peu plus loin :

. . . . acquisitionis, usagii, dominii, seu alicujus alterius juris possidemus, seu habemus, nec aliud quam alii de . . . . . [?] reclamamus.

Ce n'est cependant encore avec beaucoup d'hésitation que je reproduis ces lignes.

QUATORZIÈME SIÈCLE

CCLXXVIII

L'ESTAGE, SERVICE FÉODAL

PROCURATION ET DÉCLARATION D'UN SEIGNEUR DE VISMES

LETTRES COMMENT LE SEGNEUR DE VISMES ESTABLI SON PROCUREUR JEHAN DE VISMES SON AISNÉ FILS POUR COMPAROIR PAR DEVANT LES GENS DU COMTE DE PONTIEU POUR RECONGNOITRE PAR DEVANT EULX QU'IL DOIBT ESTAGE[1] A ABBEVILLE EN LE MANIÈRE QUE LES PERS (pairs) DE PONTIEU LE DOIBVENT, C'EST A SAVOIR QUARANTE JOURS EN L'AN QUANT ILS EN SONT REQUIS ET SOUFFISAMMENT ADJOURNÉS. — *1304, avril.*

Je Robers, chevaliers, sires de Vime, fais savoir à tous ceulz qui ces lettres verront ou orront que je ai establi et establis Jehan de Vime men ainsné fil (filz) et men hoir men procureur par devant le senescal de Pontieu ou par devant les gens nostre chier seigneur le conte de Pontieu pour reconnoistre (recognoistre) par devant aus (eulz) que je doi l'estage à Abbeville en le (ou la) maniere que li per de Pontieu le doivent; chest assavoir XL jours en l'an se je (en) sui requis ou aiornés (ou aiourné) souffisamment; Et arai et tenrrai (tenrai) ferme et estable quant que li dis Jehans mes fiex (fix) dira ou fera autant comme se iou (je) estoie[2] presens par l'obligation de tout le mien. El

---

1. « L'estage, dit La Curne, était un des genres du service militaire dû par le vassal au suzerain. Il consistait dans la garde du manoir ou château principal... La durée du service était de trois à douze mois », etc. — Dans l'aveu ci-dessus le service n'est que de quarante jours. — La Curne renvoie à Du Cange, VI, 347 et 348.

2. Y estoie dans la seconde copie.

quel (u quel) tesmoignage j'ai baillié ches lettres seelees de men seel, faites en l'an de grace M. CCC et IIII (mil trois cens et quatre), el mois d'avril.

Fol. 73 recto, fol. 220 recto, fol. 377 recto.

J'ai comparé les trois copies et relevé la plupart des variantes orthographiquss. La première et la troisième copie sont les deux qui se ressemblent le plus.

CCLXXIX

LE TRANSLAY

I

CE SONT LES COPIES DES CHARTRES TOUCHANT A LE CHASTELERIE ET A LE VILLE DU TRANLEEL ET AUTRES LETTRES DE LA COMTESSE DE GUELLES DU DON FAIT ALLEAUME DE BIENCOURT.

Cette première charte n'est pas datée et peut être très antérieure à 1304.

Je Mar...[1] de Guelle, dame du Tranleel et de Gelle[2], fais savoir, etc....... que Alyaumes de Byencourt, eskiers, est mes hons et par homage de bouque et de mains, par x sols parisis de droites aides quant eles y eskient[3], et par trois fois venir l'an à mes plais au Tranleel à men coust quant il en est semons

---

1. Le nom est abrégé. Le marquis Le Ver pense que l'abréviation représente Marguerite et fait cette remarque : « Je crois qu'il y a faute du copiste et qu'il doit y avoir Philippe et non Margueritte » ; et il renvoie à la charte d'août 1277. — Voyez plus haut cette charte.

2. Guelle dans la seconde copie.

3. Eskerront dans la seconde copie.

souffisamment; et là[1] li dis Alyaumes monstra devant mi souffisamment que plus ne me devoit, ne autre chose je ne mi hoir ne poons demander au dit Alyaume ne à ses hoirs, pour raison de relief, ne de aide, ne de serviche, et pour che, etc..... (Sans date comme nous l'avons dit.)

Fol. 160 recto et fol. 237 recto.

II

Lettres comment le comte de Guelles vendi au comte de Saint-Pol le ville, castel et toute le segnourie du Transleel pour le prix et somme de huit mille livres, et, quant il s'en vint dessaisir en le main du comte de Pontieu duquel ledite segnourie estoit tenue, le dit comte de Pontieu le retint pour les mille[2] livres dessus dit, et par ces présentes ledit comte de Guelles accorde audit comte de Pontieu ledite terre et segnourie. — *Le 9 mars 1304 (1305.)*

Nous, Reniers, cuens de Guelles, faisons savoir à tous que, comme nous eussons vendu à noble homme le conte de Saint-Pol le manoir, la vile et le le chastel du Tranleel avok toutes les appartenances (ou appartenanches), teres gaaignables, etc....................... de quelconque seigneur que nous tenissons[6], fust de no chier seigneur Edouward, etc..., du seigneur de Senarpont, du seigneur de Toffles ou d'autrui, par l'assentement de no compaigne et no espeuse et de nostre hoir, pour VIII libvres parisis, que nous avons raporté en le main nostre seigneur le conte de Pontieu dessus dit, et no sires de Pontieu, comme sires souverains, selon le coustume du pays, l'ait retenu pour le pris devant dit, ce que nous consentons, etc..... En tesmoignage, etc..... faites en l'an de grace M. CCC et IIII, le IXe jour de march.

Fol. 160 recto et fol. 237 recto.

1. Il semble qu'il y a ici une lacune dans la transcription de la charte.

2. Il eût fallu, ce semble, VIII mille « le pris devant dit » suivant la lettre elle-même. Le comte de Pontieu dut retenir la terre pour le prix fait avec le comte de Saint-Pol.

6. Ou teinssons.

CCLXXX

VIS-SUR-AUTHIE

Lettres comment ceux de Vy sur Autie ne pouet (peuvent) faire mayeur et esquevins qui puissent estre que une année, se n'est du consentement du senescal de Pontieu. — *1306, samedi par devant le Toussaint.*

Aug. Thierry n'a rien publié (Documents inédits) *qui puisse faire croire à l'existence d'une commune de Vis. — Il est vrai qu'ici Vy représente sans doute Villeroy. — Voir Villeroy dans les* Documents Thierry, t. IV, p. 684. *— Dans tous les cas, Aug. Thierry ne paraît pas avoir connu la lettre suivante :*

A noble homme et sage no chier seigneur le seneschal de Pontieu jou li maires et li eskevin de la vile de Vy seur Autie salut....... sires [1] comme il soit ainsi que il nous conviengne faire maieur et eskevins noviax à cheste feste de Toussains et que meu [mûs] pour nécessité du lieu qui est petit, nous avons requis à vous et à vostre conseil que nous puissons, le conseil de vous aporté, lessier nostre mayeur qui doit issir à cheste Toussains que il puist estre mayeurs à cheste année qui s'ensieut ou que nous puissons prendre maieur et eskevins del année qui doit issir et que chiex (celui) qui ert (sera) maires puist prendre j eskevin ou ij ès viés [2] qui doivent issir ; nous reconnissons que nous ne poons che faire plus d'une année, que il ne conviengne que li maires et li eskevin

---

1. Les cinq mots qui précèdent sont fort difficiles à lire, le parchemin étant plissé sous une teinte sale.
2. ès vies, des vieux, des anciens.

soient tout nouvel, se n'est de le grace de vous. Et en tesmoigniage des coses dessus dites nous avons ches presentes seelees de no seel. Faites en l'an de grace M. CCC et VI, le samedi par devant le Toussains.

Fol. 112 recto.

Les habitants de Vy reconnaissent qu'ils ne peuvent réélir leurs élus sortant de charge. On peut penser que cette déclaration est donnée en échange d'une autorisation obtenue de sortir de la règle ainsi qu'ils l'ont demandé.

CCLXXXI

ABBEVILLE

LE REFUGE DE L'ABBAYE DE SAINT-VALERY

Lettres pour le maison l'abbé de Saint-Valery. — *Février 1306 (1307.)*

A tous ches presentes lettres à veir el à oir frere Jehan, par le grace de Dieu humbles abbes de Saint Walleri et tout li couvens de chu meismes lieu salut et orissons en nostre segneur. Come nous avons acquis j manoir en le vile d'Abbevile en le rue Fretelengue [1], le quel manoir fu maistres Raoul le Berton, acostant au manoir maistre Esteule Gorre, duquel manoir frere Jehan Daut, procurerres [procureur] de nostre eglise, a esté saisis u [au] nom de nous, savoir faisons à tous que nous avons donné plain pooir audit procureeur de rendre le saisine en le main des segneurs desquels li manoir est tenus pour faire saisir maistre Raoul de Waconsains de tout le droit que nous y avons et tenrons et arons ferme et estaule tout che que li dis procurerres fera ou dira

---

1. Aujourd'hui rue de l'Hôtel-Dieu. Cette maison porte maintenant le n° 15.

en chest cas, tant pour nous que contre nous, par l'obligacion de tous nos biens; ou [au] tesmoignage de le quele cose nous avons mis nos seaus à ches présentes lettres, faites l'an de grace M. CCC et VI, u mois de février.

Fol. 43 veaso.

CCLXXXII

ABBEVILLE

Lettres de rente à prendre sur la vicomté. — Le 3 avril 1307.

LETTRES DE RENAUD DE VILERS, CHEVALIER, QUI FAIT SAVOIR QU'IL A VENDU A NOBLE HOMME JEAN DE CLINTON, SÉNÉCHAL DE PONTIEU, XX LIVRES DE RENTE QU'IL AVOIT ET DEVOIT AVOIR CHASCUN AN A (sur) LE VISCONTÉ D'ABBEVILLE.

La vente à Jean de Clinton est faite, bien entendu, au profit du roi d'Angleterre, comte de Ponthieu. — Che fu fait à Abbeville, l'an de grace M. CCC et VII, le tiers jour du mois d'avril.

Fol. 62 verso.

CCLXXXIII

ABBEVILLE

Lettre du Parlement touchant le ville d'Abbeville, comment le senescal de Pontieu mist en se main, comme en le main du comte, le office et estat de le ville et comment il y mist ung gouverneur et comment il mist prisonniers les maire et eschevins et aultres choses pluseurs.

Sans date, mais 1307 ou 1308, Richard Rokesley n'ayant été sénéchal que pendant ces deux années.

Philippus, Dei gracia Francorum rex, etc... Notum facimus quod, cum Richardus de Rokelle, miles, senescallus Pontivi, nobis exposuisset quod, cum ipse, nomine comitis Pontivi, ex justis et sufficientibus causis, officium et statum majorie et scabinatus ville de Abbatisvilla ad manum suam posuisset, et, post hec, ad instantiam magistrorum ministeriorum dicte ville, posuisset administratorem in officio supra dicto, major et scabini dicte ville eisdem administratori et senescallo parere, non sine rebellionis nota, indebite contempnentes, suspensum sibi officium, asserentes se contra dictum senescallum a sua curia ad nostram curiam appellasse, de facto exercere presumpserunt, propter quod idem senescallus majorem et scabinos hujus modi ceperat et captos in sua prisonia detinebat. Et quod dicti major et scabini, pretextu dicte appellationis, per prepositum nostrum Sancti Richarii, sua seu ballii nostri amb[ianensis], auctoritate, in facto hujus modi procedentes, procuraverunt se a dicti senescalli prisonia extrahi et in majorie et scabinatus presuspensa sibi administratione reponi; et quod dictus prepositus, hiis non contentus, non nullos ipsius senescalli subditos, asserens quod in appellationis predicte prejudicium et nostre

juridictionis[1] contemptum multa commiserant, ceperat et captos detinebat ; minus juste verum burgensis quidam dicte ville in contrarium asseruerat proposita per dictum senescallum veritate carere et plura per dictum senescallum et gentes suas in contemptum nostre juridictionis et prejudicium dicte appellationis attemptata et gravamina allata quam plurima ac ipsos majorem et scabinos, et potissime Petrum de Oisemont, unum de servientibus nostris, turpiter tractatum et multis injuriis affectum fuisse ; super premissis mandavimus, secundum articulos a partibus inde tradendos, tam de meritis dicte appellationis utrum per curiam nostram admitti debeat quam injuriis violenter et rescussis[2] predictis, diligenter inquiri. Visa igitur inquesta super hoc de mandato nostro facta et diligenter examinata, per curie nostre judicium dictum fuit et pronuntiatum dictam appellationem non esse admittendam ; et quod predicti major et scabini ad locum predictum remittentur in illo statu in quo erant tempore dicte appellationis emisse. Et quia constat per dictam inquestam, etc.
— *La copie finit ainsi dans le registre (et sans date.)*
Fol. 9 recto.

Sur ces différends, assez obscurs et sans conclusion très claire, entre l'échevinage d'Abbeville et le sénéchal de Ponthieu, voir Aug. Thierry, Monuments inédits, t. IV, p. 76-100 *et* Abbeville avant la Guerre de Cent Ans, p. 271-277.

1. On a écrit prejuridictionis. Je crois que la légère rature qui couvre *pre* est moderne.
2. Rescousses.

CCLXXXIV

ABBEVILLE

MANDEMENT DU ROY ADDRECHANT AU BAILLIF D'AMIENS QUE LEDIT BAILLIF COMMETTE DEUX HOMMES NON SUSPECS A GOUVERNER LE LOY DES MAIRE ET ESCHEVINS D'ABBEVILLE. — *15 juin 1308.*

Philippus, Dei gratia Francorum rex, etc.... Datum Pictavis, xve die junii, anno Domini M° CCC° octavo.

Fol. 43 recto et fol. 199 recto.

Publié par Aug. Thierry, Documents inédits, t. IV, p. 83-84. — Suite de l'affaire entre le sénéchal et l'échevinage.

CCLXXXV

ABBEVILLE

LETTRES COMMENT LE SENESCAL DE PONTIEU MIST LE LOY DE LE VILLE D'ABBEVILLE EN LE MAIN DU ROY ET COMMENT IL Y MIST MAISTRE JEHAN LE BOULENGUIER GARDIEN DE LE VILLE. — *14 mai 1309* [1].

Nous, Jakes de Tofflet, chevaliers, sires de Dun, Hues li Clers, baillieu de Bouberch, etc..... M. III^c et nuef, le XIIIIe jour de may qui fu le merkedi après l'Ascension.

Fol. 42 verso et fol. 198 recto.

[1]. Copie double dont l'une porte : LETTRES COMMENT LE SENECHAL DE PONTIEU FIT SONNER LES CLOQUES DE L'ÉCHEVINAGE ET COMMIT GARDIEN ET GOUVERNEUR POUR GOUVERNER LA LOI DE LA VILLE D'ABBEVILLE.

Aug. Thierry a publié cette lettre : Documents inédits, t. IV, p. 84. — *Suite encore des différends entre la ville et le sénéchal.*

CCLXXXVI

ABBEVILLE

LE VALOUVRECH

LETTRES POUR LES TANNEURS BANNIERS DES MOLINS DU VALOUVRECH. — *1308, 6 mars* (1309.)

Nous, Jehan del Ausnoi[1], chevaliers, senescaus et garde de la terre de Pontieu, faisons savoir, etc...

Fol. 14 recto et fol. 149 verso.

Ces lettres constatant les conditions octroyées au nom du roi d'Angleterre aux tanneurs d'Abbeville donnent les noms de tous ces maîtres du métier[2] *:*

Jehan Maumarchié, Jehan le Caron, Gillie de Croy, Willaume Laudee, Hue Mustel, Pierre de Vaus, Raoul de Croy, Jehan Boullard, Wille Palot, Gore Douvil', Michele Dargonne, Pierre Mustel, Vinchent Catine, Jehan Herkingier, Jehan Catine, Mah. le Marie, Graud Rosselin, Engerran de Croi, Jehan Lunaut, Jehan de Biaurain le jouele, Pole Lengles, Jehan Cahin, Jehan de Franche, Flore de Flameng, Fremin Lengles, Pierre de Vaus, Nich. du Four, Jehan Le Feure, Robert Blanchart, Jaque du Four, Jehane Famient[3], Hue

---

1. De Lausnoi dans la seconde copie.
2. Je reprends ces noms dans les extraits du marquis Le Ver (bibliothèque de la Ville), ayant négligé de les relever dans le cartulaire même.
3. Probablement Fainient comme un des suivants.

Boutepois, Jehan Fainient, Robert Rollin, Fremin de Bruscamp, Bernard Sevin, Godard de Bruscamp, Jehan de Biaurain l'ainsné, Hue de le Porte, Pierre Flétel, Pierre Catine, Leurein d'Argonne[1], Wistasse le Flameng, Jehan Lengles, Pierre de Daminois, Jehan Saisse, Jehan Douvill', Jacques du Four, et Jehan Vinchent. — Quarante-neuf maîtres tanneurs[2]. On a pu remarquer parmi les noms ceux de quelques femmes.

Les lettres du comte ont été octroyées à ces maîtres et à tous leurs héritiers : à aus et à leur hoirs et à tous leur enfans qui voudront user de tanerie as moulins, etc... Enfin : Nous, Jehan del Ausnoy, chevaliers dévant nommé, avons seelé ces lettres du seel establi pour la terre de Pontieu, en l'an de grace M. CCC et VIII, le VI de mars.

CCLXXXVII

ABBEVILLE

Lettres d'une saisine d'une maison en le rue Saint-Gilles, qui fu Robert Delecourt. — *L'an 1309, aoust.*

La saisine est donnée par Jehan de Lannoy, sénéchal de Ponthieu. Robert Delacourt tenait la maison à rente du comte de Ponthieu. Il l'avait remise entre les mains du sénéchal qui en saisit maistre Raoul de Valieres, clerc, à tenir à lui et à ses successeurs. — La lettre a pour intérêt de montrer les comtes de Ponthieu encore seigneurs particuliers ou propriétaires à divers titres dans la ville, — ici de cens ou de rentes.

---

1. Ce nom est demeuré celui d'une rue d'Abbeville.

2 Il faut reconnaître que si certaines industries de la ville ont perdu depuis le quatorzième siècle les habitants ont bien changé aussi.

Nous, Jehans de Lausnoy, chevaliers, senescaus et garde de la conté de Pontieu, faisons savoir, etc....... faites en l'an dudit moys[1], l'an de grace M. CCC et IX.

Fol. 38 recto et fol. 194 recto.

La maison vendue tenait au ténement Sauwale le parmentier, joignant au ténement Oede [?] le Maignieure (une femme probablement), derrière au gardin qui fut Renier Aunor [?] et [qui] est li manoirs damiselle Marien de Baiardes. — Analyse du marquis Le Ver.

CCLXXXVIII

ABBEVILLE

LE PRÉ DE CANŌAIN (?)

LETTRE COMMENT LE FOSSÉ DU PRÉ DE CANOAIN (?) EST AU ROY. — *Ou :* LETTRE COMMENT UNG FOSSÉ QUI EST VERS CAURROY[2] EN CANŌAIN EST DU PRÉ LE COMTE. — *1309, octobre.*

La lettre et du maire et des échevins.

Je, Hues Brokete, maires, et li eskevin d'Abbeville, faisons savoir à tous chiaus qui ches presentes lettres verront ou orront que, comme uns fosses qui

---

1. Il a été question plus haut de la mi aoust passsé derrainement. — « L'an dudit moys » paraît une distraction du copiste.

2. Caurroy lieu très voisin du Valouvrech hors la porte Saint-Gilles. — V. *Topographie historique d'Abbeville*, t. Ier, p. *483-484*. — Quant au nom Canōain, je ne l'ai rencontré que dans cet acte. — Le signe abréviatif doit faire lire Canonain.

est en Kanōayn, entre le pré le Conte de Pontieu et le pré Jehan de Caurroy, dit le Prestre, et aboute à l'iaue des molins au ten[1] d'un bout, et del autre bout à l'iaue dame Thiephagne Leveresse[2], uquel fossé li devant dis Jehans demandoit à avoir partie, saichent tuit que li devant dis Jehans a juré par devant nous que el[3] devant dit fossé riens dore en avant ne reclamera ne reclamer ne fera par li ne par autrui, et que li fossés dessus dis est du pré le Conte, si comme il s'estent en lonc et en lé (large). En tesmoieng de che, nous avons mis à ches presentes lettres le seel establi ad causes de le vile d'Abbevile, en l'an de grace mil III^c et nuef, el mois de octobre, le joedi prochain après le Saint Luc l'évangeliste.

Fol. 42 recto et 198 recto.

La seconde copie, dont l'orthographe est légèrement moins vieille, donne mil CCC et IX.

CCLXXXIX

ABBEVILLE

Lettres comment le seneschal de Pontieu bailla a cens a Pierre Faffelin le jone (le jeune) vingt journeulx de terre en trois pièces et deux sextiers d'avaine que ledit Pierre tenoit du comte de Pontieu. — *1309, novembre.*

Nous Jehans de Lansnoy, chevaliers, senescaus et garde de le conté de Pontieu, faisons savoir à tous chiaus qui ches presentes lettres verront ou

---

1. au tan. — Pour ces moulins à tan du Valouvrech, voir la *Topographie historique d'Abbeville*, t. Ier, p. 483-484.
2. Nom féminisé de Le Ver.
3. C'est-à-dire au.

orront que nous, pour le pourfit de la dite conté et par l'assentement et le volente de tout nostre conseil de Pontieu, eub seur chou grant deliberation, avons livré à perpetuel chens (cens) à Pierre Faffelin le joule, borgois d'Abbeville, manant adonc devant le puch a le kayne[1] xx jornex de tere en trois pièces[2] l'une de ix jornex de tere séans dehors Abbeville à le caiere Milesent, acostans au menu bos d'Abbeville, d'une part, et à le voie qui maine d'Abbeville à Arli[3], d'autre part, etc..., la seconde de vi jornex au teroir de Mautort, entre les teres ledit Pierron Faffelin, d'une part, et d'autre, etc... et li tierche pieche de v jornex au meesme le teroir de Mautort, entre le tere Hue Clabaut, d'une part, et le tere Hue de Vaus, d'autre part, et aboute à le terre qui maine de Wionval à Mautort. — Le sénéchal baille en outre [ou remet] à perpétuel cens audit Pierron Faffelin une redevance d'avoine que ledit Faffelin rendait tous les ans au comte de Ponthieu à titre d'avouerie, pour vingt sept journaux de terre que ledit Pierre avait au terroir de Cahon « que on clame la Prée ». — Pierre Faffelin sera quitte désormais du tout pour x livres et xii sols de parisis annuel cens. P. Faffelin assigne le paiement de ces dix livres douze sols à prendre sur « les tenures chi après devisées ; chest assavoir seur le tenement Nichole de Helers assis en le rue as Teliers[4] outre le ruissel..... seur le tenement Robert de Croisetes, assis en ledite rue as Teliers derrière le four Hugot ; seur le tenement et le poulie[5] Pierron Diseu, assis en le dite rue derrière ledit four Hugot ; seur le tenement et le poulie Maroie Meleu (ou Melen), femme Hue le Flamenc, joignant de le devant dite poulie......, sur le tenement Esteule Lengles, assis en ledite rue as Teliers...., seur le maison Mehaut Lmotele, assis en le rue de Rostelu (cette maison devait déjà au comte de Ponthieu deux sols, deux capons et deux fouaches)[6], seur le maison Maroie

---

1. Le Puits à la Chaine qui donnait son nom à une partie de la rue des Lingers actuelle.
2. J'abrège maintenant et rajeunis quelquefois l'orthographe.
3. Ailly.
4. Ou des Tisserans, plus tard Médarde, aujourd'hui Pierre-Sauvage.
5. Nous tronvons ici l'origine du nom de la rue des Poulies.
6. Je vois là que « li cuens de Pontieu devoit (de son côté) cascun an, à Jehane, femme dudit Pierre Faffelin, pour un ténement et d'autres pluseurs assis en Cachecornelle, dis et noef saus (sols) ii capons et ii fouaches. » Cette redevance du comte se trouve remise ou annulée par l'arrangement consigné dans la lettre.

le Faveresse, assise au cavech[1] S. Jore, entre le maison Guilebert le Feure, d'une part, et le maison Hysabel le Faitiche, d'autre part, ..., seur le tenement Robert le pourpointier, assis el bourc de Vimeu, ..., seur le tenement Mautort de Vaus, assis à Rouvroy.................... *Ces lettres scellées par le sénéchal sont faites en* l'an de grace M. CCC et IX, el moys de novembre.

Le comte de Ponthieu était alors le roi d'Angleterre. Les Faffelin étaient importants aux XIIIe et XIVe siècles, — plusieurs maïeurs de ce nom. — Le Pierre Faffelin qui fait des échanges avec le comte de Ponthieu devait être assez riche.

Rues nommées dans cette lettre : le Puch a le kayne, *la rue* as Teliers, *l'origine probable de la rue des Poulies, la rue* Rostelu, Cachecornelle, le Cavech S. Jore *(saint Georges)*, le Bourg de Vimeu, *etc.*

Fol. 40 recto et fol. 196 recto.

CCXC

AIRAINES

Lettres du séneschal de Pontieu touchant la délivrance qu'il fist des maire et eschevins d'Araines lors occupés a cause d'aucuns meffais et entreprises. — *1309, le dernier jour de mars.*

Jehans de Lannoy, chevaliers, senescaus et garde de le terre de Pontieu, à tous chiaus, etc......... faites en l'an de grace mil CCC et nuef, le deesrain jor de march.

Fol. 349 recto.

---

1. Faudrait-il voir dans ce mot un synonyme de cavée ?

CCXCI

AIRAINES

Lettres du sénéchal de Pontieu Jehan de Lannoy comment le comte de Pontieu acorda et consenti en l'an 1309 aux maire et eschevins d'Araines pour huit ans en sievant l'assis des vins et boires et aultres choses par eulx estre levés et cueillis. — *1309, le dernier jour de mars.*

A tous chiaus qui ches lettres verront ou orront Jehans de Lannoy, chevaliers, senescaus et garde de le conté de Pontieu et de Monstereul salut. Sachent tout que, par le conseil de nostre seigneur le roy et madame la royne d'Engleterre, etc..... faites en l'an de grace mil ccc et nuef, le deesrain jour de march.

Fol. 348 verso.

CCXCII

AIRAINES

LA MALADRERIE

Contestations et accord entre le comte de Ponthieu et la commune d'Airaines. Je rapprocherai les deux lettres suivantes qui sont de la même date.

I

DÉCLARATION DES MAIRE ET ÉCHEVINS

Lettres pour le comte de Pontieu des maire et eschevins et communauté d'Araines touchant les droitures et segnourie de la Maladrerie dud. lieu. — *1309, le 1ᵉʳ avril.*

Nous, Maires et Eskevin, et toute le communités de le vile d'Araines, faisons savoir à tous que, comme contencions fust meue du senescal de Pontieu pour nostre chier seigneur le roy d'Engleterre, conte de Pontieu, en sen nom, d'une part, contre nous, d'autre part.......... faites en l'an de grace mil ccc et ix, le premier jour d'avril.

Fol. 348 recto.

II

Lettres du séneschal Jehan de Lannoy touchant le fait, prouffit et segnourie de la maladrerie d'Araines. — *1309, le 1ᵉʳ avril.*

Jehans de Lausnoy, chevaliers, senescaus, etc.......... faites en l'an de grace mil ccc et nuef, le premier jor d'avril.

Fol. 349 verso.

CCXCIII

AIRAINES

Lettres de trente deux livres de rente piéça donnée pour huit ans seulement par les maire et eschevins d'Araines a le comtesse de Pontieu. — *1309, le 8 avril.*

Lettre des maire et échevins :

Nous, maires et eskevin de la vile d'Araines, faisons savoir, etc....... que désirans faire serviche et courtoisie à madame la royne d'Engleterre en son nouvel avenement que ele a de la seignourie de Pontieu du roy nostre seigneur... li avons donné pour VIII ans seulement XXXII lib. etc......... faites en l'an de grace mil CCC et IX, le VIIIe jor du moys d'avril.

Fol. 348 recto.

CCXCIV

ABBEVILLE

RENTE SUR LA VICOMTÉ

Lettres de nantissement pour la rente a prendre sur le vicomté d'Abbeville. — *Le 6 février 1309 (1310.)*

De Jehan de Lannoy, sénéchal de Ponthieu. Il s'agit de la rente pour laquelle Mathieu de Roye, chevalier, sire de la Ferté (lès-Saint-Riquier), a donné un certificat en 1279 au mois de décembre......... devant Mgr *Will' Tiriel, seigneur de Pois et de Maroille, M*^{gr} *Jehan de Waraines, chevaliers, et autres homes liges, donnent saisine à demisele Mehaut de Rankeroles, sœur de feu Jehan de Rankeroles, jadis chevalier, et femme de Regnaut de Ponponne, sur la dessaisine qu'en fait demisele Jehane de Rankeroles, fille dudit feu Jehan, pour le fief que ledit feu Jehan tenoit du comte de Ponthieu. — Le sisime de février 1309.* — Analyse du marquis Le Ver.
Fol. 62 reoto.

CCXCV

LE CROTOY

LES DUNES. — ACQUISITION PAR LA COMMUNE DU CROTOY

Lettres des maire et eschevins et communaulté du Crotoy contenant qu'ils ont prins a cens du comte de Pontieu les dunes du Crotoy et autres plusieurs choses. — *1310, le lendemain du jour de Pâques.*

Nous, maires et eshevin et toute le communité de le vile du Crotoy, faisons savoir etc. que, pour nostre grant pourfit et de nos successeurs et de le dite commugne de le dite vile, par commun conseil et acort de nous tous ....[1] à grant délibération, nous avons prins à chens et à rente, hyretaulement à tous jours, de nostre chier seigneur Edouwart, par le grace de Dieu roy d'Engleterre et conte de Pontieu, toutes les dunes du Crotoy à lui apartenans, si avant que eles s'estendent en lonc et en lé, du castel du Crotoy dusques à le Crois de Baharmer à tenir et avoir à nous, à tous jours perpetuelment, pour xvi libr'.. de boins par.. rendus de nous au dit conte de Pontieu ou à sen commant à Abbevile, chascun an, à ij termes; chest assavoir viii lb' boins par' à commencher à l'encention (l'Ascension) ainsi que dit est prochaine venant, et viii lb'. boins par' au jour del exaltation Sainte Crois en septembre prochain après ensievans, et ainsi d'an en an et de terme en terme continuelment, tele somme d'argent que devant dit est, perpetuelment à tous jours, lequele somme d'argent, ainsi qu'il est devant devisé, nous li sommes tenu et li devons paier en le

---

1. Je ne puis lire le mot abrégé d'ailleurs.

maniere (ou manere) devant dite, seur nous et seur tout le nostre, par l'obligation de nous tous et singuliers et de tous nos biens et singulers *(sic* cette fois), où que il soient ou porroient estre trouvé, pour prendre justiche, vendre et lever, pour convertir ès paiemens devant dis plainement et à nos cous (coûts), toutes les fois que nous en serions en deffaute. Par mi chou poons nous et devons, tout chil de la dite commugnie et non autres, mener et faire mener nos bestes ès dites dunes par nos berkiers, li quel il poent et porront leur kiens mener, sauf che que che ne soient kien courant ne levrier, car nous, ne nostre berkier, ne poons ne ne devons cachier à beste de garenne, car li dis cuens a retenu et retient pour li et pour ses hoirs à tous jours le cacherie et le garenne ès dites dunes. Et n'est mie à oublier que, se nous, ou aucuus de nos serjans, trouvons aucunes autres bestes que cheles de nostre dite commugnie en le pasture des dites dunes, nous les poons par nostre serjant prendre toutes les fois que en meffait seront trouvées et en poons et porrons lever et en porter en nostre pourfit autele amende comme li contes devant dis y porroit prendre ou prenderoit. Et en tesmoing de toutes ches coses dessus dites, avons nous seelees ches lettres du seel de la communité de la dite vile du Crotoy. Faites en l'an de grace M. CCC et X, lendemain du jour de Pasques.

Fol. 306 recto.

Ainsi, moyennant une redevance annuelle de seize livres parisis, les maïeur et échevins du Crotoy avaient acquis du roi d'Angleterre la jouissance perpétuelle des dunes, du castel à la Croix de Baharmer, moins le droit de chasse.

La place du château est à peine connue aujourd'hui. Où la croix de Baharmer?

CCXCVI

ABBEVILLE

LA RUE LE DIEN

Lettres comment le senescal de Pontieu bailla a maistre Robert le Cordelier ung ténement séant en le rue Le Dyen, avecques les frocs. *1310, 1ᵉʳ mai.*

Il s'agit d'une « pièche de terre en le rue le Dyen » *que le sénéchal de Pontbieu, Jean de Lannoy, baille à cens et à rente, au nom du comte de Pontbieu à Robert le Cordelier.*

Nous, Jehans de Lausnoy, chevaliers et garde de la comté de Pontieu, faisons savoir à tous chiaus etc. . . . . l'an de grace M. CCC et X, le premier jour de may.

Fol. 39 recto et fol. 195 recto.

Cette lettre a pour intérêt de nous donner le nom de la rue Le Dien et de nous montrer le comte de Pontbieu toujours propriétaire foncier en quelques parties de la ville puisqu'il garde des rentes perpétuelles sur des fonds qu'il aliène, plus des droits de relief et d'issue.

CCXCVII

ABBEVILLE

LA FONTAINE LE COMTE

Lettres comment le senescal de Pontieu bailla a Jacques Roussel pour lui et pour ses hoirs ung tenement devant le fontaine le Comte. — *1310, le jeudi après la Pentecoste.*

Nous, Jehans de Lausnoy, chevaliers, senescaus et garde de le conté de Pontieu, faisons savoir à tous chiaus qui ches lettres verront que nous avons baillié et livré et baillons et livrons à chens (cens) et à rente à Jake Roussel, bourgois d'Abbevile, et à ses hoirs, hyretaulement à tous jours, une pieche de tere ensi comme ele s'estend en lonc et en lé (large), séans en Abbevile par devant le fontaine le Conte, acostant au tenement maistre Jehan de Friencourt, d'une part, et acostant et aboutant au tenement le dit Jake Roussel, d'un bout et d'un costé, et aboutant de l'autre bout à le rue de le fontaine le Conte devant dite, pour xx s. par. de rente par an, à païer et à rendre dudit Jake ou de ses hoirs ou de chiaus qui de lui en aront cause, au seigneur de Pontieu ou à ses hoirs ou à leur recheveur de Pontieu, el castel d'Abbeville, à ii termes cascun an, etc. . . . . Et n'est mie à oublier que ledite pièche de tere doit au seigneur de Pontieu ou à ses hoirs ou à leur recheveur de Pontieu xxxii parisis de relief et autant d'issue et d'entrée, toutes les fois que cas de droit y afferra, etc. . . . . En tesmoing de chou li avons nous baillié ches lettres seelées du seel establi pour le dite conté de Pontieu, faites l'an de grace mil ccc et x, le joisdi après Penthecouste, et fu adonc jours saint Barnabé l'apostle. — La saint Barnabé est le 11 juin.

Fol. 38 verso et fol. 194 verso.

CCXCVIII

ABBEVILLE

ROUVROY

Lettres comment Jehan de Drucat, écuier, vendi a Alleaume de Canechières environ quatre journaux de terre séant au terroir de Rouvroy, dont lui et ses hoirs doivent, chacun an, au roi deux sols au Noel. — *1310, le vendredi après le saint Jean Baptiste.*

Jehans de Lannoy, chevaliers, senescaus et garde de la conté de Pontieu, faisons savoir à tous chiaus qui ches lettres verront que, en nostre presence, par devant, nous, en le court du castel d'Abbeville et par devant mon seigneur de Vime, me sire Jehan de Ponches, Robert Cordelier, Alyaume Cacheleu et John... de Vim..., hommes liges le conte de Pontieu à chou apelés, Jehans de Durcat, esquiers, manans à Rouvroy, s'apparut et reconnut que, par grant contraignement de nécessité qui les contraingnoit et pour pieur (pire, *pejorem*), markié à eskiever, avoit vendu bien et loiaument et déguerpi du tout, pour une somme d'argent dont il se tient pour bien paiés et à plain, à Alyaume de Canechieres, bourgois d'Abbeville, pour li et pour ses hoirs, hyretaulement à tous jours, à tenir à avoir quatre jornex de terre, peu plus peu mains, séans el teroir de Rouvroy, tout en une pièche, acostans à le tere Jehan Coullette, d'une part, aboutans as teres loir[1] de Mautort, d'un bout, et de l'autre bout à le tere Hue Clabaut etc...... faites l'an de grace M. ccc et x, le venredi après le saint Jehan Baptiste en esté. — C'est-à-dire le 24 juin.

Fol. 76 recto et fol. 380 recto.

1. Pour l'hoir évidemment.

CCXCIX

CRÉCY

VENTE D'UNE RENTE AU COMTE DE PONTHIEU

I

Lettres comment Gosse le fauconnier vendi au comte de Pontieu soixante sols parisis que ledit Gosse prenoit cascun an sur le vicomté de Cressy. — 1310.

Du doyen de Rue à l'official d'Amiens :

Viro venerabili et discreto domino officiali Ambianensi decanus de Rua salutem in Domino. Noverit discretio vestraq uod nos ad mandatum vestrum conventiones habitas inter Gossonem le Fauconnier et Mariam ejus uxorem, ex parte una, et dominum comitem Pontivi, ex ultera, loco vestri audivimus etc. . . . . M° CCC° decimo, tercia feria post Mad..... (Magdalenam probablement. — La fête de Madeleine est le 22 juillet.)
Fol. 272 recto.

II

Lettres de le vendition, etc..... comme il est question ès lettres précédentes. — *1310, le lendemain de saint Pierre aux Liens (c'est-à-dire le 2 août.)*

Universis presentes litteras inspecturis officialis Ambianensis etc. . . . . M° CCC° decimo, in crastino beati Petri ad vincula.
Fol. 272 verso.

CCC

ABBEVILLE

LE VALOUVRECH — MOULINS

I

LETTRES COMMENT LES CAPELLAINS DE SAINT JEHAN DES PRÉS ONT CASCUN AN SUR LES MOLINS DE VAULOUVRECH VINGT CINQ SEXTIERS DE BLÉ A DEUX SOLS SIX DENIERS CASCUN SEXTIER, PRIS DU MEILLEUR, A PAYER AU JOUR SAINT REMY. — *juillet 1310.*

Nous, Jehans de Lausnoy, chevaliers, senescaus et garde de le conté de Pontieu, faisons savoir etc. . . . . l'an de grace M. CCC et X, le quinzime [?] jour du mois de juil.

Fol. 39 verso et fol. 195 verso.

II

LETTRES POUR LE VALOUVRECH A SAINT JEHAN DES PRÉS CONTENANT COMMENT LES CAPELLAINS DE SAINT JEHAN DES PRÉS BAILLÈRENT AU COMTE DE PONTIEU LE DROIT (qu'ils) Y AVOIENT DE PRENDRE UNE MINE DE BLED PAR CASCUNE SEPMAINE

SUR LESDITS MOLINS, EXCEPTÉ DEUX SEPMAINES EN L'AN, PARMY CE QUE LE COMTE LEUR EN DOIBT PAIER AU JOUR SAINT REMY, CASCUN AN, VINGT CINQ SEXTIERS DE BLED. — *1310, octobre.*
Fol. *25 recto.*

Ce sommaire rend inutile tout extrait. — La cession est faite par devant Henry, doyen du Chapitre, et le Chapitre de saint Vulfran, qui donnent la lettre mense octobris.

CCCI

ABBEVILLE

QUESTION D'HÉRITAGE — JUGEMENT AU PROFIT DE JEAN LESCHOPPIER

LETTRES D'APPOINTEMENT PIÈÇA FAIT ENTRE JEHAN LESCHOPPIER ET FREMINE LESCHOPPIÈRE ET JEHAN DELATTRE, SON MARY, TOUCHANT LES HÉRITAGES DE DEFFUNTS JEHANNE LESCHOPPIÈRE ET MAISTRE JACQUES LESCHOPPIER. — *1310, le 2 avril.*

L'année 1310 a commencé le 19 avril et fini le 10 avril à minuit. Il s'agit donc ici pour nous de 1311.

Jou Jehans de Lausnoy, chevaliers, senescaus et garde de le conté de Pontieu, faisons savoir à tous que, comme débas fust mus par devant nostre bailleu d'Abbeville entre Jehan dit Leschopier, d'une part, et Fremine Leschopiere et Jehan de Latre, son mari, pour tant qu'il li pooit toukier, de l'autre, seur chou que li dis Jehans li Eschopiers demandoit à avoir tous les hyretages des quels Jekane li Eschopiere, jadis se mere, et maistre Jakes li Eschopiers, jadis frere du dit Jehan Leschopier morurent saisi et en paisible possession et disoit que à lui appartenoient tout li hyretage dessus dit, comme à droit hoir, pour le succession des avant dis Jehan et maistre Jake, les avant dis Fremine Leschopiere et Jehan de Lattre, son mari, pour tant que à lui touquoit (touchoit), deffendant au contraire et disans par plusieurs raisons que à aus appartenoient li hyretage dessus dit, pour quoi demourer devoient, et à lor droit, en le saisine d'ychiaus; adechertes, les raisons des parties dessus dites mises par devers les hommes de Pontieu en jugement acordés diligentement[1]; regardées toutes coses conjectures qui par raison devoient et pooient les hommes liges movoir; les parties dessus dites requerans droit à avoir en le cause dessus dite[2]; fu rendu par jugement que li dis Jehans li Eschopiers seroit escheus as hyretages que il avoit demandé contre Fremine Leschopiere et Jehan de Latre, sen mari, et selonc se demande, li ques (quels) hyretages escaurent au dit Jean Leschopier de le mort se mere et maistre Jake Leschopier sen frere, excepté les maisons et les hyretages séans en le rue du Rivage, des quels li homme dirent par jugement que la saisine len[3] seroit baillié, sauve la priore [?]. Et pour chou que les coses dessus dites demeurent fermes en tout le tamps à venir et soient fermement gardées, jou ai baillié au dit Jehan Leschopier, en tesmoignage des coses dessus dites, ches présentes lettres seelées du seel de le senescauchie de Pontieu; qui furent faites en l'an de grace M. CCC. X, el secund jour du moys d'avril.

Fol. 77 recto et fol. 381 verso.

Le sénéchal voulut bien reconnaître que ce jugement d'une affaire d'intérêt privé portée en la cour du comte sur une question d'héritages situés « en le vile d'Abbevile et par dedens le banlieue », ne créerait pas un précédent préjudiciable aux droits de justice de la ville. Il fit cette déclaration « en plaine assise » de Pontieu. Livre Rouge de l'Hôtel de Ville, folio 103 verso; — Abbeville avant la Guerre de Cent Ans, p. 288-289.

---

1. C'est-à-dire devant les assises tenues en la Cour Ponthieu.
2. Ces considérations sont bien barbarement exprimées.
3. Lui en ?

CCCII

L'ABBAYE D'ÉPAGNE — PONT DE REMY

DROIT DE TRAVERS

Lettres de vendition faite par les dames d'Épagne au comte de Pontieu du travers de Pont de Remy, moyennant trente deux livres de rente qu'elles en ont par an sur le viscomté d'Abbeville au jour de Pasques et premier jour de Septembre et ainsi de an en an. — *1310, janvier* (1311.)

Nous, seur Maroie, dite abbesse d'Espaigne, et tous li couvens de ce meismes leu, faisons savoir à tous ceuz qui ces présentes lettres verront ou orront que nous, pour le pourfit et le avantage apparissant de nous et de nostre église, par la volonté et le consentement commun de nous toutes, avons donné et ottoyé, donnons et ottoyons en pur escange, à très excellent prinche nostre chier et amé seigneur Edouward par la grace de Dieu roi d'Engleterre, seigneur d'Illande, duc d'Acquitaine, comte de Ponthieu et de Monstroeil, et à très excellente dame, nostre chiere et amée dame Ysabel, par cele meismes grace royne, dame, duchesse et contesse des lieus devant dis, notre travers que nous aviesmes au Pont de Remy et toutes droitures, justiches, seignouries, et toutes les appartenances dudit travers, et quanques nous aviesmes et poiemes avoir au dit travers du Pont de Remy et en toutes les appendances du lieu dudit travers en quelconque manière que ce fust, hormis le passage de nous et de nos biens et de toute nostre ordene, à tenir pepetuelment à tous jours, pour trente et deuz livres de paresis que nous devons avoir, penre (prendre) et recevoir chascun an, perpetuelment, à la visconté d'Abbeville, par la main du receveur de Pontieu qui pour le temps y sera ; et devons penre et recevoir les trente et deuz livres de paresis dessus dites au jour de Pasques prochaines venans seze livres de paresis, et au premier jour de septembre après en suivant seze livres de paresis, et ainsi de an en an, de terme en terme devons avoir et recevoir les trente et deuz livres de paresis perpetuelment et à tous jours, en la maniere que dit est. Et, se nous eussons cous (coûts), frais et damages en quelconque manière que ce fust, par la deffaute de nostre paiement[1], tous les cous, frais et damages que nous y auriemes euz et encourus li seigneur de Pontieu nous seroient tenu[2] rendre et restorer plainement seur nostre simple dit, sans autre preuve faire. Et à ce il ont obligié envers nous tous les biens de Pontieu pour nous faire venir ens le principal et rendre et restorer tous fraiz et tous cous en la manière que dit est. Et est à savoir ensement que le travers du Pont de Remy, droitures, seignouries et appartenances dessus dites, li seigneur de Pontieu doivent retenir, soustenir auz coust[s] de Pontieu en la maniere que il appartient à faire. Et nous et nos biens, et tout cil de nostre ordene, et tout li bien de nostre[3], sommes et serons franc, quitte et delivre au devant dit travers deuz (d'eux) et d'autrui. Et pour que ce soit ferme chose et estable et bien tenue à tous jours, nous avons mis nostre seel à ces présentes lettres. Et prions et requeron à nostre reverent pere en dieu monseigneur l'abbé de Cytiaus que il devant dit eschange wille gréer, ottoyer et confremer en la maniere que dit est. Et nous freres Henris, abbés de Cityaus, à la priere et à la requeste des devant dites abbeesse et couvent, le devant dit eschange, fait en la maniere que dit est, voulons, gréons, ottoyons et confremons. Et avons mis nostre seel avec le seel dame abbeesse et couvent dessus dite à ces présentes lettres, faites et données l'an de grace mil trois cens et dis, ou mois de jenvier.

Fol. 97 recto et fol. 407 recto.

1. De paiement à faire aux religieuses.
2. Li seigneur (pluriel) (tenu pluriel).
3. *Sic,* de nostre, simplement. Cela suffisait sans doute. On dit encore sans plus y mettre du sien.

CCCIII

LE CROTOY

LE MOULIN A VENT

Lettres du molin a vent piéça de par le conte de Pontieu baillié a rente aux maire, eschevins et communaulté de Crotoy. — *1311, 5 juin.*

Il y a dans cette lettre, comme dans celle de même date des maires et échevins, la constatation d'une liberté acquise, celle, pour la communauté du Crotoy, de faire moudre à tel moulin qu'il lui plaira.

Il s'agit évidemment dans cet acte du moulin pour lequel le roi d'Angleterre a transigé avec Jean de Nesle.

Le roi et la reine d'Angleterre l'ont donné à cens, à perpétuité, à la ville du Crotoy.

Nous, Jehans de Lausnoy, chevaliers, senechaus et garde de la tere de Pontieu, faisons savoir à tous et c. que, pour le pourfit de tres excellent prinche, noste chier seignieur, nostre seignieur le roy d'Engleterre, conte de Pontieu, le moulin à vent, le mote où il siet et le tere qui i apent, contenant j journel de tere ou là entour, à lui apartenant, séans de lès le vile du Crotoy, avons baillié à chens et à rente perpetuel au maieur, as eskevins, et à toute le communité de la dite ville du Crotoy, pour xx libres par..., chascun an, à paier à nous ou au recheveur de nostre seigneurie devant dite, à Abbevile, à ij termes; chest assavoir x lb' par... à le feste saint Andrieu et x lb' par... à mi may après ensievant, et ainsi d'an en an, à tous jours mais, as termes dessus dis; et parmi ledite rente paiant ne pëuent (peuvent) estre contraint ledit maieur et eskevins, ne le dite communité, à maurre (moudre) fors à tel moulin qui leur plaira. Et s'il avenoit que nostre devant dis chiers sires ou ses gens fessissent j autre moulin en le banlieue de le dite vile ou en le visconté, si ne pooent il, ne ne doivent, estre contraint, ne nul d'aus (d'eux) de le dite communité, de maurre audit moulin fait comme banier ; anchois poent aler maurre, et chascun d'aus (d'eux), à leur devant dit moulin ou aillieurs à leur volenté. Et porront, si leur plaist, faire j kay dessus marée, de kaillieu (cailloux), de palis ou de closture, pour retenir le dit moulin, le dite mote et le dite tere, et prendre du kaillieu et del araine dessous marée[1] pour retenir le dit kay toutes les fois qu'il leur plaira et que mestiers (besoin) y ert (sera) et faire boine deffense pour le moulin en le maniere que pourfis ert (sera), selonc che qu'il verront. Et, se, par aucune aventure, avenoit que, par fu (feu) ou par guerre ou par tempeste ou par enviellissure ou par deffaute de retenir [ce] qui à leur propres cous (coûts) doit estre retenu, ou en autre quelconque maniere que che fust, que li moulins fust eschillés[2], gastés ou fait nient pourfitables, si sunt li dit maieur et eskevin et le dite communités tenu de le dite rente paier chascun an à perpétuité à nostre dit chier seigneur ou à ses hoirs ou à ses gens, au lieu et as termes dessus dis. Che sauf que li devant dit maieur et eskev. et le communités ont pooir de faire nouvel[3] el lieu dessus dit, pour cheli qui exillés ou gastés seroit, ou en autre lieu aussi convenable en le dite tere ou en le dite mote ; ne rendre ne le poent ne deguerpir qu'il ne soient des ore mais tenu à paier les xx lb' de par... chascun an. Les choses dessus dites, comme de seigneurie, sommes nous tenu de warandir audit maieur et eskevins, contre tous chiaus qui tort leur vaurroient faire et qui à droit et à loy en vaurroient venir. En tesmongnage de che, nous avons seelee ches présentes lettres du seel de la conté de Pontieu, faites en l'an de grace mil CCC et onze, le chennquime[4] jour de juing.

Fol. 303 recto.

---

1. C'est-à-dire de plus bas que ne monte la marée.
2. Prononciation picarde pour *essillés, exilés,* détruit, mis en mauvais état.
3. C'est-à-dire nouveau moulin.
4. Je ne m'explique pas cette forme qui reparaîtra dans la pièce suivante.

CCCIV

LE CROTOY

LE MOULIN A VENT

Lettres des maire et eschevins du Crotoy contenant qu'ils avoient prins a cens du comte de Pontieu le mollin estant lès le Crotoy. — *1311, 5 juin.*

Cet acte est la conséquence du précédent. Les maïeurs et échevins du Crotoy reconnaissent qu'ils ont pris du sénéchal, à cens et à perpétuité, le moulin en question, moyennant une redevance de vingt livres parisis,

Nous, maires et li eskevin et toute la communités du Crotoy, faisons savoir etc... que nous, pour l'onneur, le pourfit et le pais de nous tous et de le dite vile, eu seur chou grant délibération emsamble et grant conseil, avons prins à chens et à rente perpétuel, à noble homme, sage et honorable, monseigneur Jehan de Lausnoy, chevalier, seneschal et garde de toute le conté de Pontieu, le moulin à vent de nostre chier seigneur et très excellent prinche etc..., séant de lès le dite vile du Crotoy, aveuc toute le mote li moulin siet[1] et le tere qui y apent, contenant j journel de tere ou là entour, en tel point comme il est. Pour lequel moulin nous sommes tenu de rendre et de paier, chascun an, à nostre dit chier seigneur ou à sen recheveur, quiconques y sera pour le temps à Abbevile, xx libr' de par. à ij termes en l'an ; chest assavoir x lb' à le feste saint Andrieu et x lb' à mi may après ensievant, et ainsi d'an en an à tous jours mais, as termes dessus dis. Et parmi[2] le rente paiant ne nous peut

---

1. C'est-à-dire où le moulin siet.
2. Moyennant.

ne ne doit nos chiers sires dessus dis, ne ses gens, contraindre à maurre, fors à tel moulin que il nous plaira. Et, se il avenoit que li dis senesch' ou les gens de nostre dit seigneur fesissent un autre moulin en le banlieue de le dite vile ou en le visconté, contraindre ne nous y peut d'aler y maurre comme banier. Anchois poons nous aler maurre, et chascun de nous, au moulin dessusdit ou aillieurs à nostre volenté et poerons, s'il nous plaist, faire j kay dessus marée, de kaillieu, de palis ou de closture, pour retenir ledit moulin, le dit mote et le dite tere et prendre du kaillieu de l'areine dessous marée pour retenir le kay toutes les fois que, il nous plaira et mestiers ert (sera) et faire boine deffense pour le moulin sauver en le manière que pourfis ert (sera) si comme nous porrons veir. Et, se par aucune aventure avenoit que par fu (feu) ou par guerre, ou par tempeste, ou par enviellisseure, ou par deffaute de retenir qui (ce qui) à nos propres cous (coûts) doit estre retenus, ou en autre quelconque manière que ce fust, que li moulins fust exillés ou gastés ou fais nient proufitables, si sommes tenus à le dite rente paier, chascun an, à perpétuité, à nostre dit chier seigneur, à ses hoirs ou ses gens, à lieu et as termes dessus dis ; ne rendre ne le poons ne déguerpir que nous ne soions tenu à rendre des ores mais et à paier les xx lb'... de par... dessus dis chascun an. Che sauf que nous retenons et avons pooir de refaire nouviau moulin, u lieu de cheli dessus dit, pour cheli qui gastés ou exillés seroit, ou en autre lieu aussi convenable en le tere et en le mote dessus dite. As choses dessus tenir et aemplir avons nous obligé et obligons nous tous ensamble et chascun à par lui singulerement tous les biens de nostre communité et tous nos singulers à chascun de nous singuleremenr apartenans. En tesmoing des queles coses, nous avons à ches presentes lettres mis le seel de la dite vile du Crotoy ; faites en l'an de grace M. CCC et XI, le chennquime jour de juing.

Fol. 304 recto.

En 1860, quatre moulins à vent tournaient encore près du Crotoy sur l'onduleuse bordure de sable qui annonce déjà les dunes et les garennes. Dans les années qui suivirent, un de ces moulins, je ne sais si son histoire le rattachait anx chartse de 1311, fut transformé en pavillon de plaisance par M. Victor de Pingré.

CCCV

ABBEVILLE

Lettres comment le ville a prins le bos. — *1311, 23 juin.*

Cette acquisition du bois, hors la porte qui en a conservé le nom, a été une affaire importante pour la ville. — V. Topographie historique d'Abbeville, tome II, p. 103-121.

Nous, maires et esquevin et toute la communautez de la vile d'Abbevile, faisons savoir à tous ceus qui ces presentes lettres verront ou orront que nous, pour profit commun de nous et de nostre communauté et pour occasions de débas eskiever en tout le temps à venir, avons pris à annuel et perpétuel chens, de Guill'... la Tarte, receveur adonc de la conté de Pontieu, del assentement de noble homme monseigneur Jehan del Ausnoi, chevalier, senescal adonc et garde de la dite conté de Pontieu, onze vins et trois jornex de bos séans dedens le banlieuwe d'Abbevile, acostans au chemin par lequel on va d'Abbevile à saint Rikier, d'un costé, et, del autre, au bos del hospital de Saint Nichol' d'Abbevile, et aboute, d'un bout, al teres du Brusle, et, del autre, à le grant espace praeleuse en le quele li grant arbre sunt assis ; le quele espace siet entre les murs de la dite vile et le menu bos[1] ensi livré comme dit est ; li quel bos menu et espace sont limité et devisé par bonnes (bornes) qui mis i sont ; par dis sous de bons parisis de chens (cens) chascun jornel ; et monte le somme

---

1. Il est évident que cette « grant espace praeleuse », plantée de grands arbres, entre les murs de la ville et le petit bois (le taillis), était voisine du manoir du comte (la Cour Pontieu). Notre Champ de Mars actuel la représente.

à cent onze lib' dis sous de bons parisis rendus chascun an perpetuellement et à tous jours, de nous et de nos successeurs à Abbevile, à nostre treschier seigneur et redoté Edward, par la grace de Dieu roy d'Engletere, conte de Pontieu, et à ses hoirs et à ses successeurs, ou à leur receveur qui sera pour le temps en la dite conté de Pontieu, ou à son comant, à trois termes; ce est à savoir au Noel, à Paskes et au jour de le Nativité saint Jehan Baptiste, à chascun des termes dessus dis trente sept lib' trois souz et quatre deniers bons par. En tièle manière que nos avant dis sires ou li senescaus, ou li receverres de Pontieu qui seront pour le temps, pourront prendre II journex des bos dessus diz, en quelconque lieu que il plaira à eus ou à l'un de eus, en bout ou en costé, pour faire molins à vent, sans avoir voies as deus jornex de bos dessus dis par mi le dit bos livré à chens[1]. Et quant nos avant dis sires ou li dis senescaus ou li receverres de Pontieu ou leur comant aront coisi et esleu les II jornex de bos dessus dis, nous devons cesser de paier les x souz par. de cens pour chascun des II jornex dessus dis tant seulement; et paierons perpétuelement pour tout le sourplus en la manière que il est dessus devisé. Et, se meins en prenoit de II jornex, si ne rabatroit on de la somme totale devant dite fors que de tant que on en aroit pris. Ou quel bos dessus dit nous poons faire le porfit de nous et de notre communauté par mi[2] le rente dessus dite paiant, sans escharter ou destruire le bos et faire faire i [y] closure ne deffense que les gens ni (n'y) puissent aler et venir delivrement par mi, excepté closure de haie et de fossé de VI piés d'outure[3] ès liex là où nous verrons que bon ert (sera). Et demore la garenne à notre chier seigneur devant dit et à ses successeurs et à ses gens en la manière que il l'avoit devant ce; sauf que li borgois de la dite vile et jurés i poeut cacher à toutes manières de bestes, exceptées les cerfs et les bisses, et ne poet estre le dite garenne vendue; et s'il avenoit, que Diex ne voillie, que noz chiers sires dessus dis ou ses comans eust coust et damage par

---

1. C'est-à-dire que les deux journaux étant choisis dans les *bouts* ou dans les côtés, on ne pourra y accéder que par le dehors du bois. On pouvait voir encore il y a trentre ou quarante ans des moulins construits sur les deux journaux que le comte s'était réservé le droit de reprendre.
2. Moyennant.
3. De hauteur ?

le défaut de nostre paiement que il ne fust paiez à chascun des termes dessus dis, bien et à plain, desoremais en avant, chascun an, à tous jours, ensi que il est devant dit, nous lui sumes tenu ou à ses successeurs, ou à leur receveur de Pontieu qui adonques sera pour le temps, ou à son commant, à rendre tous cous (coûts), tous damages, tous frais, tous depers[1] que il, ou li uns d'eus, ou leur comans, i aroient eus ou fais, selonc la loi d'Abbevile. Et quant as choses dessus dites toutes tenir et aemplir, avons nous renonché et renonchons, tout ensemble et chascun de nous et de nostre dite communauté à par lui, à tout privilège de crois prise ou à prendre, à tous conduis, à tous respis, à tous délais, à ce que nous puissons dire el temps à venir que nous avons esté décheu (décus) outre la moitié du juste pris, à ce que nous puissons dire que la chose n'a mie esté ensi faite comme il est contenu en ceste présente lettre, à tote exception de force, de peur, de fraude, de boisdie (de tromperie), et especiamment à ce que nous puissons dire ou opposer que nous aions le dit bos laissié ou laissons ou voillions laisser pour la dite rente; kar nous sumes tenu de tenir et d'avoir le dit bos et de le rente paier à tous jours, chascun an, ensi que devant est devisé, sans délaier et sans nous oster ent[2] à tous advoemens de seigneur, de chartres, de privileges, quel que il soient, à tous devis qui dient général renonciation nient valoir, et à toutes les coses généramment et espéciamment qui à nous tous ensemble porroient valoir et à chascun de nous à par lui; et à nostre dit seigneur, ses hoirs, ses successeurs, et à leur dit receveur ou à leur comant, ou de l'un d'eus, nuire ou grever. As coses dessus dites tenir warder et aemplir toutes entierement de point en point à tous jours ensi comme elles sont dessus dites et expressées, avons nous obligié et obligeons nous tous ensemble et chascun de nous à par lui, en se persone singulière, et tous les biens de nostre dite communauté et tous nos biens singuliers apartenans à cascun de nous et à venir, pour prendre, saisir, arest lever, vendre, despendre, alower, convertir et mettre devers nostre chier seigneur de Pontieu, le senescal, le receveur de Pontieu devant dis ou leur comant selonc la loi de la dite vile d'Abbevile, tant que satisfactions plainement en soit faite soffisamment. Les

---

1. Je ne puis lire *despens*, mais je ne trouve nulle part d'exemple de *depers*.
2. Ent, *inde*.

coses dessus dites sont entendues estre faites sauf le droit de nostre chier seigneur devant dit et de ses hoirs, sauf le nostre et l'autrui, sauves nos chartres et nos privileges, toutes les coses dessus dites demorans en leur ..... [?]. En tesmoignage des quels coses dessus dites, nous avons mis à ces presentes lettres le seel fait et ordené as contraxs et as obligacions de la dite vile d'Abbevile ; faites l'an de grace MIL CCC et onze, le vigile saint Jehan Baptiste, el mois de juing.

Fol. 27 verso.

Pour le bois d'Abbeville et l'acquisition de ce bois par la commune, voir la Topographie historique d'Abbeville, *t. II, p. 103-121 et* Abbeville avant la Guerre de Cent Ans, *p. 289-292.*

Cette acquisition, il est inutile de le faire remarquer, ne donnait pas aux bourgeois le droit de défricher, et la garenne était réservée au comte ainsi que la chasse des cerfs et des biches. Les bourgeois pouvaient chasser le reste, — toutes manières (espèces) de bestes.

CCCVI

ABBEVILLE

Lettres des maire et eschevins contre plusieurs particuliers de la ville. — *3 septembre 1311.*

Il s'agit des comptes de la ville.

Nous, maires et eskevin de le vile d'Abbevile, faisons savoir, etc............ el tesmoing de lequele cose, nous avons mis à ches presentes lettres le seel de

la commune de la dite vile, fait et establi ad obligacions et à contrax. Che fu fait l'an de grace mil trois chens et onze, le tierch jour du mois de septembre.
Fol. 44 recto et suivants.

Les maire et échevins promettent de rendrent leurs comptes « dès le temps que Hues Brokete entra primes en la mairie de la vile d'Abbeville [1], jusques au jour de la feste saint Bertremieu desrain passé [2]. *Ils les rendront, offrent-ils, par devant le prieur de Saint-Pierre*, maistre Nicholas de Gaytonne et Guillaume le Tarte, recheveur de Pontieu, commissaires et ordenés à che faire. » .... *Ces comptes ont été demandés par un grand nombre de personnes parmi lesquelles on remarque des femmes*, Marguerite de Senarpont, Thiephagne le Veresse, Mehaus Gorrée, Maroie de Thovoion, Aalis Roussele, Jehane Revele, Thiephagne Alegrin (ou Alegrine). *Les réclamations étaient donc aussi bien féminines que masculines. Les quatre-vingt-trois noms des manifestants montrent d'ailleurs combien la population de la ville a changé depuis le commencement du quatorzième siècle. Quelques noms semblent bien ceux d'anciens maïeurs encore vivants*, Pierres de Maroeil, Jehans li Petis, Jehans Faffelins, Mahieus Au Costé, Mahieus Lenganeur. *D'autres encore font songer à des animosités ou divisions municipales. La déclaration des maire et échevins de 1311 est fort longue. Elle a été publiée par Aug. Thierry*, Documents inédits, t. IV, p. 85.

1. Moyennant, *per medium*, par le moyen.
1. Hues ou Hugues Broquete fut nommé maïeur le 24 août 1309.
2. C'est-à-dire jusqu'à la dernière élection du 24 août 1311.

CCCVII

L'ABBAYE DE DOMMARTIN — LA FORÊT DE CRÈCY

Lettres comment le senescal de Pontieu acorda aux religieulx de Dommartin qu'ils peussent clore soifs[1] jusques a le saint Remy (1ᵉʳ octobre) leur tallis (taillis) qu'il avoient en le forest de Cressy et que ce ne préjudiciast au comte de Pontieu na a yceulx religieulx. — *1311, le lendemain du jour saint Mathieu (22 septembre.)*

A tous ceuls qui ces lettres verront ou orront, nous, frere Thomas, par la souffrance de Dieu abbés de Dompmartin, etc..... l'an de grace mil CCC et XI, lendemain du jour saint Mahieu.
Fol. 189 recto.

Les religieux demandent à pouvoir tenir clos de soifs *les taillis qu'ils ont en la forêt de Crécy jusques à la saint Remi prochaine en un an* « par quoi les bestes de la forest ne nous fachent dommage. » — *S'agissait-il en ces* bestes *des cerfs ou des bestiaux qui avaient la permission de pâture dans la forêt ?*

---

1. Soief, soefe, clôture, haie, palissade..... *sepes*. — *Glossaire de Roquefort*. — Au commencement de ce siècle encore, on appelait *soies* dans quelques villages du Ponthieu les rubans tendus le long des chemins en signe de fête. Ainsi, en 1805, les habitants de Nouvion tendirent des *soies* pour le passage de l'empereur se rendant au camp de Boulogne. Le mot *soie* était-il alors un souvenir resté dans le langage et devenu pour la circonstance, dans la pensée des habitants, un synonyme élégant des passements de coton ?

CCCVIII

ABBEVILLE

Lettres comment la ville tient les frocs (les rues). — *1311, le jour de saint Luc (18 octobre.)*

Une difficulté s'étant élevée à l'occasion de ces « frocs » entre la ville et le sénéchal, la déclaration suivante des maire et échevins constate l'accord intervenu qui a distingué et déterminé les droits respectifs.

Nous, maires et esquevin et toute le communautés de la vile d'Abbevile, faisons savoir à tous ceus qui ces presentes lettres verront ou orront que, comme controversie fust mute entre noble homme et sage monsire Jehan del Ausnoi, chevalier, senescal et garde de toute la conté de Pontieu, d'une part, et nous, d'autre, sur ce que toutes les plaches et les fros[1] estans en la dite vile d'Abbevile et en le banlieuwe d'icele, en quelconque lieu que il fussent, nous desissons de droit apartenir à nous, ledit sénescal, el non (au nom) de tres excellent prince, nostre très chier seigneur Edward, par la grace de Dieu roy d'Engletere et conte de Pontieu, et de très excellente dame, no dame, la royne et contesse des liex dessus dis, sa compaigne, et pour aus, disant le contraire et que à eus apartenoit tous li droiz des coses dessus dites; nous, pour le bien et profit de nous, et le communeté de la dite vile, à che nous sumes assenti et acordé que toutes les plaches communes et les fros séans et estans en Abbevile et en le banlieuwe d'icele vile, députez et estaulis à nul [?] office et toutes les redevances que les bouques (bouches) des celiers et des

---

1. Fro, froc, chemin, à Abbeville rue.

vautes (voutes, caves) de le dite vile, qui ore i sont et seront el temps à venir, doivent ou porront devoir à nos avant dis seigneur et dame et les tenanches livrées à chens (cens) par nos avant dis seigneur et dame à Robert Cordelier, Jaquemon Roussel, Pierron le Carboner et Fremin de Rogehan tenront (tiendront) fermes et estables à perpétuité; mais les chens et les redevances d'iceles, c'est à savoir VI deniers de cens les quex Robers Cordeliers rent (rend) pour une plache, si comme elle lui a esté limitée, séant derrière se maison en le rue le Dien, et XX^s de chens les quex Jaques Rossiaus rent pour une pièche de tere (terre) séant devant le fontaine entre le maison dudit Jaquemon et le maison maistre Jehan de Friencort, abotant au tenement du dit Jaquemon, et cinquante saus de chens, les quex Pierres li Carboniers et Fremins de Rogehan rendent, chascuns à par li XXV sols, pour une pièche de tere estant vers le porte le Contesse, entre les tenemens des avant dis Pierron et Fremin, si comme le maison du dit Pierre se comporte, seront et demorront desoremais en avant à nous et à nos successeurs, au pourfit de le dite communité avoke toutes les coses dessus dites. Duquel markié et de lequele livranche li Bruisles[1] qui est entre les murs et le bos de le vile d'Abbevile est excepté et doit demourer en tiéle forme et manière comme il a demoré dusques à ore, fors que nous i poons prendre de le tere, sablon, argillie et perele, pour l'amendement de la dite vile totes les fois que nous vaurrons (voudrons) et que nous verrons que bon iert (sera); mais, par ce, nous ne poons ne devons faire cose par quoi l'issue du manoir[2] de nos avant dis seigneur et dame soit faite pieur (pire) ou meins honeste. Pour les queles choses dessus dites, nous et no successeur sumes tenu de rendre, chascun an perpétuelment, à nos avant dis seigneur et dame, ou au seneschal ou au receveur qui seront pour le temps en la tere de Pontieu, ou à celui qui ces lettres ara, à Abbeville, XXV livres parisis à trois termes, ces à savoir Noel, Paskes et feste saint Jehan, autant à l'un terme comme à l'autre.

---

1. Le Brusle, canton défriché, près du bois d'Abbeville, doit être cherché en l'emplacement ou bien près de l'emplacement du champ de manœuvre de la garnison d'Abbeville.

2. Il s'agit du manoir du comte (la Cour Ponthieu) qui avait une sortie de ce côté vers le bois d'Abbeville comme nous l'avons vu plus haut, « la grant espace praeleuse », le champ de manœuvre.

Et pourrons, nous et no successeur, ès dites places et frok dessus dis planter arbres, esrachier, cauper, mettre et oster tout ce que à nous plerra, et faire toute nostre volenté au profit de nostre communité. Et ne nous poons afranquir ne descarkier de le dite rente paier pour laisser ou pour dire que nous volons lesser à tenir les liex et les coses dessus dites. A le rente dessus dite paier bien et loyaument chascun an à perpetuité, as termes dessus nomez, à nos avant dis seigneur et dame, au seneschal, au receveur qui seront pour le temps, ou à celui qui ces lettres ara, avons nous obligé et obligons nous, tous ensemble et chascun à par lui singulerement, tous nos biens communs de nostre communité, et tous nos biens propres et singuliers mobles, non mobles, présens et à venir, pour prendre leur justiche, saisir et emporter tant que le rente dessus dite soit paiée pleinement et totes les défautes acomplies par le simple dit du senescal ou du receveur qui seroit pour le temps, ou de celui qui ces lettres ara, as us et as coustumes et selonc le loi de la dite vile. Et pour as coses dessus dites tenir fermement et loiaument en tout le temps à venir, avons nous renonchié et renonchons, tout ensemble et chascun à par lui en se persone singulere, à tous privileges de croiz prise et à prendre, à tous respiz d'apostole, de roy et de tous autres seigneurs terriens, à tous conduis donez et à don empetrez et à empetrer[1], à toutes opposicions, excepcions de fraude, de boisdie, de déception, à ce que nous puissons dire que nous eussons esté déchut outre le moitié du juste pris, et à toutes les coses espéciamment et généramment qui à nous pourroient aider et à nostres seigneur et dame ou à leur comant, ou à celui qui ces lettres aroit, nuire ou grever. En tesmoign des coses dessus dites, nous avons mis à ces présentes lettres le seel de la communité fait et establi pour les contrax et obligacions de la dite vile. Ce fu fait l'an de grace mil CCC et XI, el mois d'octembre, le jour saint Luk éwangeliste.

Fol. 30 recto.

1. Impétré ou à impétrer.

CCCIX

ABBEVILLE

Lettres des descors des maire et eschevins et de pluseurs du commun. — *Le 27 février 1311 (1312.)*

Nous, maires et eskevin, etc........ el tesmongnage de chou, etc....... l'an de grace mil trois chens et onze, le vingt septiesme jour du mois de février. *Fol. 46 recto.*

Cette déclaration, très longue encore, a été publiée par Aug. Thierry, Documents inédits, t. IV, p. 87-90.

CCCX

ABBEVILLE

Autres lettres des descors de la ville d'Abbeville contre plusieurs particuliers du commun. — *Le 28 février 1311 (1312.)*

A tous chiaus qui ches lettres, etc....... Jehans de Lausnoy, chevaliers, senescaus, etc....... et en tesmongnage des coses dessus dites, avons nous mis à ches présentes le seel fait et establi pour ladite conté de Pontieu, faites l'an de grace mil trois chens et onze, le vingte witisme jour de février.

Fol. 48 recto.

Lettre assez longue publiée par Aug. Thierry, Documents inédits, t. IV, p. 90-91. — Thierry a faussement inscrit dans la marge 8 février au lieu de 28 février.

CCCXI

PONT-DE-REMY

DROIT DE TRAVERS

LETTRES TOUCHANT LE TRAVERS DE PONT DE REMY TENU DU COMTE DE PONTIEU PAR LE SEIGNEUR DU PONT-DE-REMY, MOYENNANT CINQUANTE LIVRES L'AN. — *1311, le 1er mars (1312.)*

Je, Thiebaus, chevaliers, viscuens d'Abbevile, sires du Pont de Remy, fais savoir à tous chiaus qui ches lettres verront et orront que, pour le travers que très excellens prinches, nostres sires li rois d'Engleterre, comtes de Pontieu, avoit et devoit ou pooit avoir au Pont de Remy, avoec le maison ordenée pour ledit travers requeillir, et avoecques toutes les appartenances et appendances du dit travers et toute la justice et seignourie que nostres dessus dis sires avoit et pooit avoir pour le cause du dit travers en le maniere que l'abbeesse et li couvens d'Espaigne l'avoient baillié et otrié à monseigneur Jehan de Lausnoy, seneschal de Pontieu adonc, u nom et au pourfit de nostre seigneur dessus dit, par permutaeion d'autre chose selonc la teneur des lettres qui faites en furent seelées de leurs seaus ; les queles choses dessus dites mes sires Jehans de Lausnoy, seneschaus et garde de la conté de Pontieu adonc, m'a baillié et otrié en pur escange, u nom de nostre avant dit seigneur et pour lui, à tenir et à avoir à mi et à mes hoirs, hiretaulement en men propre fief, de nostre avant dit seigneur, sans autre hommage faire ou autre redevanche paier ; et les ay ainsi rechutes pour le pourfit évident et apparant adonc de mi et de mes hoirs, pour les queles choses, en non (nom) dudit escange, je sui tenus de rendre et paier, chascun an, hiretaulement, à nostre dit seigneur ou à sen commant, ou à sen recheveur, quez que il soit qui pour le temps iert (sera), cinquante livres de paresis....... etc. — Thiébaut engage ainsi lui et ses héritiers. — La redevance sera payée en deux termes, savoir 25 livres à la saint Remy et 25 livres à la « feste de le Chandelier. » Il pourra se libérer de la redevance des 50 livres en abandonnant au comte de Ponthieu cinquante livrées de terre[1] « par juste pris et loial aussi delivre que les cinquante livres dessus dis sont : Si tost que je aroie fait et baillié le dite terre, delivres et quittes seroie des cinquante livres dessus dis paier chascun an. » .... Che fut fait l'an de grace mil trois cens et onze, le premier jour du mois de march.

Fol. 98 recto et fol. 408 recto.

CCCXII

ABBEVILLE

Lettres de la ville d'Abbeville contre le commun. — *1311, le 6 mars* (1312).

Nous, Jehans de Bretaigne, contes de Richemont, faisons savoir etc. . . . . El tesmongnage des queles coses etc. . . . . l'an de grace mil trois cens et onze, le sizime jour de mois de march.

Fol. 49 verso.

---

1. Voir pour ce mot du Cange au mot *libra* : *Libra et librata terræ*, dit-il, *quod sit in veteribus cartis, video plane controverti,* etc. Dom Carpentier dans son glossaire françois est plus bref : « Livrée de terre, terre qui rapporte une livre de rente. »

Le titre reprodnit d'après le Terrier n'est pas très exact. La pièce est plutôt une sentence du comte de Richemont sur les dissensions de la ville « les contencions et débas de plusieurs persones singulières contre le maire, les eskevins et les administreurs » *de la ville. Cet acte qui compte treize articles est assez long. Il a éeé publié par Aug. Thierry,* Documents inédits, t. IV, p. 91-95.

CCCXIII

ABBEVILLE

Autres lettres d'accord de la ville contre le commun. — *De la même date, 6 mars 1311 (1312).*

Ce titre n'est pas exact encore. La lettre est un manifeste de Jehan de Bretagne qui, après avoir rendu sa sentence, engage la ville à la paix :

Nous, ... désirans le boen nourrissement de très boine pais et acort estre et durer tous jours entre toutes les personnes de la vile d'Abbevile etc. . . . . Pour les debtes de la vile d'Abbevile, se il convient faire nouvele taille, li dit maires et eskevin appeleront quatre hommes etc. . . . . l'an de grace mil trois cens et onze, le sizime jour du mois de march.

Fol. 52 verso.

CCCXIV

AIRAINES

LA MALADRERIE

Lettres touchant vente de bos et autrement de la maladrerie d'Araines. — *1312, janvier (1313.)*

A tous ceus qui ces presentes lettres verront ou orront Robers de Villenoeuè (Villeueuve), baillis d'Amiens, salut. Sachent etc. . . . .
. . . . Che fu fait en l'an de grace M. CCC et XII ou mois de jenuer.

Fol. 354 recto.

CCCXV

MARQUENTERRE

VENTE DE LA VICOMTÉ PAR LE ROI D'ANGLETERRE COMTE DE PONTHIEU AUX MAIRE ET ÉCHEVINS

Lettres comment, moyennant quarante six livres de rente, fut baillé aux maire et eschevins de Marquenneter la vicomté dudit lieu. — *1313, le 8 du mois de juillet.*

Edowart, par le grace de Dieu roys d'Engleterre, sires d'Irlande, duk d'Aquitaine, contes de Pontieu, à tous chiaus etc. . . . . . Sachent tout que, pour le pourfit évident et apparant de nous et de nos hoirs, avons otroié et baillié, otroions et baillons, hyretaulement et à perpétuité, au maieur et as eskevins et à toute le communité de nostre vile de Mareskiene terre en Pontieu, pour certaine rente, chest assavoir pour XLVI libres de paris. chascun an, toute nostre viscontè que nous aviesmes ou poiesmes avoir en notre dite vile de Mareskiene terre etc. . . . . En tesmoing de lequele cose nous avons mis à ches presentes lettres nostre seel, faites en l'an de grace M. CCC et TREZE, le vitisme jour du mois de jul.

Fol. 324 recto.

CCCXVI

MARQUENTERRE

ACQUISITION DE LA VICOMTÉ

Lettres des maire et échevins de Marquienneter comment, moyennant quarante six livres, ils prennent du comte de Pontieu la vicomté et certains autres droits. *1313, le 8 juillet.*

Nous, maires et eskevin et toute la communités de la vile de Mareskiene terre en Pontieu, faisons savoir à tous chiaus qui ches presentes lettres verront ou orront que très excellens prinches nostre tres chiers sires, mesires Edowars, par le grace de Dieu roys d'Engleterre, sires d'Irlande, duk d'Aquitaine, cuens de Pontieu et de Monstr..., nous a baillié et otrié, et ainsi l'avons nous de lui recheu de sa benigne grace, pour le pourfit du pais et l'avanchement de toute la dite communité, de nous tous ensamble et de chascun par soy, toute la viscontè que nos très chiers sires avoit et pooit avoir en la dite vile et toutes les droitures et les apartenanches à ychelui visconte appetinée [?] et la droiture et le pooir et toute l'auctorité souveraine que il avoit de prendre ou faire prendre par lui ou par ses gens demourans en la conté de Pontieu, les bestes trouvées ès nouveles esteules el mois d'aoust, et de prendre les caretes carians en ychelui mois par devant soleil levant et puis soleil esconsé, partout en la banlieue de la dite vile de Mareskiene terre; et s en doivent des ore mais en avant les gens de nostre très chier seigneur chesser (cesser) de prendre ou de faire prendre ès dites noveles esteules et pour la cause des dites caretes carians. Pour les queles choses dessus dites ainsi à nous otriées et bailliées de nostre tres chier seigneur dessus dit, nous sommes tenu, et ainsi l'avons nous pramis et enconvenons et prometons encore de rendre et de paier à lui et à ses hoirs perpétuelment et hyretaulement, ou à son receveur de Pontieu ou à son commant, à Abbeville, chascun an, quarante et six livres de boins paresis, à deus termes en l'an, chest assavoir vint et trois libr' paresis en chascun jour de la feste saint Jehan Baptiste de sa décollation, et vint et trois lib' paresis en chascun jour du tressime jour du Noel, et ainsi quarante et six lib' par. chascun an, perpetuelment et hyretaulement, as termes dessus dis, ne ne poons, ne ne devons laissier ne relinquir la dite visconté, ne les choses dessus dites, que tous jours nous ne soions tenu à le dite redevanche chascun an paier et de rendre cous (coûts) et damages, se deffaute y avoit en tout et en partie; ad queles choses dessus dites tenir bien et fermement nous avons obligé et obligons nous tous ensamble, et chascun de nous à part lui singulèrement, tous nos biens communs et singulers biens, de nous tous et de chascun à part lui appartenans chasq... singulèrement, moebles, non moebles, cateus et hyretages présens et à venir pour prenre [?], enprisonner, saisir, vendre et despendre et esploitier pour tout deffaut de paiement raemplir et parpayer et tous cous (coûts) et tous damages restorer, sans jamais aler encontre pour chosse que nous laississons à user ou à esploiter de la dite visconté et des choses dessus dites. En tesmoing de che, nous avons mis en ches lettres présentes le seel de la dite communités fait et establis ad contract et ad obligations de la dite vile. Che fu fait l'an de grace mil CCC et treize, le vuitisme jour du mois de juil.

Fol. 324 verso.

CCCXVII

BUSMENARD

LETTRE DU ROI DE FRANCE

Lettres de le justice du Busmenart. — *1314, le mardy après la Quasimodo (Quasimodo est le premier dimanche après Pâques).*

Philippus, Dei gracia Francorum rex, etc.... Cette lettre règle un différend entre le comte de Ponthieu et l'abbé et le couvent de Seri.

Datum in regali abbacia beate Marie juxta Pontisam, die martis post Quasimodo, anno Domini m° ccc° decimo quarto.

Fol. 63 verso.

CCCXVIII

ABBEVILLE

L'HOPITAL DE SAINT-NICOLAS (l'Hôtel-Dieu) EN LA FORÊT DE CRÉCY

Lettres comment ceulz de saint Nicolay ore peuvent faire faudes (charbon) en la forest. — *1315, 1er septembre.*

Par cette lettre les maîtres, frères et sœurs de l'hôpital reconnaissent qu'ils ont reçu, non un droit, mais une autorisation de faire du charbon dans la forêt, et qu'ils ne pourront jamais en faire qu'avec une autorisation du sénéchal, c'est-à-dire du comte.

A tous chiaus qui ches présentes lettres verront ou orront, Nous, li maistres, li frere et les sereurs de le moison del hospital de Saint Nicholas en Abbevile, salut en nostre seigneur et les prières des poures. Comme mes sires li senescaus et li Seigneur de Pontieu, pour Dieu et pour aumosne, nous aient ottié (on otrié) que des coupiers[1] et des brankes que li poure et li malade de no moison ont en le forest de Crescy que nous empuissions faire faude[2] pour le nécessité des poures, et che de leur grace especial, saichent tout que, pour cheste grace qui maintenant faite nous en est, nous ni (n'y) entendons nouvel droit avoir acquis ne acquerre; anchois reconnissons que ore, ne autre fois, faude ni (n'y) poons faire, se pour dieu ne nous donnent le congié et de leur aumosne et grace especial. En tesmoignage de lequel cose nous avons ches présentes lettres bailliés seelées de no seel. Faites l'an de grace mil III^c et quinze, le premier jour de septembre.

Fol. 26 recto.

CCCXIX

SOUES

PLUSIEURS LETTRES CORRÉLATIVES EN 1316

I

Lettres pour le comte de Pontieu touchant certaine droiture et seigneurie en cens, fief et autrement, séant a Soues et vendus audit comte. — *1316, aoust.*

Je, Mahieus de Trie, chevaliers, sires de Vaumain, et je Jehane, dame d'Areynes et de Vaumain, fame dudit monseigneur Mahieu, faisons savoir

---

1. Couppier, branchage. — Ce mot ne peut être sans rapports avec « couplet » qui signifie en Picardie la partie supérieure d'un arbre. Il est évident, cependant, que les pauvres ne pouvaient avoir droit aux sommets vifs des arbres.

2. Faude veut plutôt dire la fosse à faire le charbon que le charbon lui-même.

etc..... que nous etc..... avons vendu etc..... à très excellent, très noble et poissant prinche, le roy d'Engleterre etc..... le fief etc...... que Aubins de Beury tenoit de nous en la vile de Soues..... mil trois chens et seze, u mois d'aoust.

Fol. 372 recto.

II

Lettres touchant la vente des droits, segnourie et hommages de Soues, vendus comme devant est dit. — *1316 août.*

A homme honnerable, leur bon amy, Aubin de Bevery, Mahieus de Trie, chevaliers, sires de Vaumain et Jehanne, dame d'Areynes et de Waumain, salus etc..... mil ccc et seze, u mois d'aoust.

Fol. 374 recto.

III

Lettres touchant la vente ci-dessus *(la vente faite au comte de Ponthieu d'un fief séant à Soues par Mahieu de Trie et par sa femme).* — *1316, août.*

Nous, Robers, cuens de Dreues et de Brayne, sires de Saint Wallery, faisons savoir etc..... que nostre amés et féauls mes. Mahieu de Trie etc..... et sa fame etc..... ont vendu au conte de Pontieu etc..... Donné à Paris, l'an de grace mil ccc et xvi, u mois d'aoust.

Fol. 375 verso.

IV

Lettres de vente faite au comte de Pontieu de certain fief séant a Soues. — *1316, septembre.*

Nous, Mahieus de Trie, chevaliers, sires de Barneu et d'Areynes, et Jehane, dame d'Areynes et de Barneu, se compaigne, faisons savoir etc..... faite en l'an de grace mil ccc et xvi, u mois de septembre, le mardi devant le Saint Remy. — (La Saint Remi est le premier octobre).
Fol. 374 recto.

CCCXX

ABBEVILLE

Lettres comment Jehan Walande vendit se franquise *(c'est-à-dire sa franchise de vendre et d'acheter, etc.)* — *1317, 17 avril.*

Cette charte tranche une question dans la liste des maïeurs d'Abbeville. Waignart et Jacques Sanson ne donnent qu'un maïeur, Gaude, pour l'année échevinale 1316-1317. M. F.-C. Louandre en donne deux, Gaude et Faffelin. La charte qui fait parler comme maire Faffelin le 17 avril 1317 prouve qu'il avait succédé à Gaude avant l'expiration légale de sa magistrature. La magistrature même de Mathieu

Gaude est douteuse; elle a été niée. Pour moi, j'ai rencontré Jean Faffelin maire dans des actes ou mentions d'actes d'octobre 1316 au 17 juin 1317. — Abbeville avant la Guerre de Cent Ans, p. 305-306.

Ego Johannes dictus Faffelins, maior, et scabini Abbatisville notum facimus universis presentes litteras, etc... quod, in nostra presencia constituti, Johannes dictus Wallande et Johanna, ejus uxor, recognoverunt se hereditarie vendidisse, ex voluptate [1] et assensu filii et heredi *(sic)* eorum, domino comiti Pontivi, pro quadam pecunie summa sibi ad plenum persoluta, omnem libertatem quam predicti conjuges habebant, seu reclamare poterant, emendi, vendendi ac ecciam solvendi pedagium [2] seu tributum de omnibus modis, consuetudinibus, per totam terram comitatus Pontivi; quam libertatem venditam in manu magistri Mathei dicti Gaude, tunc temporis Abbatisville baillivi [3], tanquam in manu domini comitis Pontivi supra dicti, ad opud *(sic)* sui et heredum suorum predicti conjuges penitus resignaverunt, prout, presentes coram nobis, recognoverunt et juraverunt coram nobis predicti conjuges venditores et Johannes filius suus et heres se in predicta libertate hereditarie vendita, ut dictum est, nomine hereditatis, dotalicii, victus, acquestus, elemosine, seu alio quoque nomine, pro se vel pro alieno [?], nichil de cetero reclamaturos et ....[?] domini comitis Pontivi et heredibus suis, seu mandato suo, rectam super hoc, ad arbitrium ville Abbatisville, prestabunt garandiam. In cujus rei testimonium presentibus litteris sigillum nostrum duximus apponendum. Actum anno Domini Mº CCCº septimo decimo, septima decima die mensis aprilis.

Fol. 54 recto.

---

1. Singulier ou rare équivalent de *voluntate*.
2. *Pedagium, etc.... tributum, etc. .. ex gallico,* péage... *Pedagium, pro qualibet præstatione...* — Du Cange.
3. Mathieu Gaude, bailli, avait-il pu être maïeur ? Avait-il cessé d'être maïeur pour devenir bailli ?

CCCXXI

FORÊT-L'ABBAYE. — LA FORÊT DE CRÉCY, ETC.

Lettre de l'accord fait entre le roy d'Engleterre duc d'Acquitaine, sire d'Illande, prince de Gales et conte de Pontieu, d'une part et le procureur de religieuses personnes et honnestes le prieur et les frères de la sainte maison del hospital de saint Jehan de Jhrlm (Jérusalem). — 5 juin 1334.

Un sous-titre complèterait ainsi : La succession des Templiers ; l'ordre de Saint-Jean de Jérusalem à Forest-l'Abbaye et ailleurs ; la forêt de Crécy, la garenne du Titre, etc.

L'acte écrit, au nom du roi d'Angleterre comte de Ponthieu, par une main anglaise sans doute, suffirait à justifier le mot de Froissard : Le français appris d'enfance par les anglais en Angleterre « n'estoit pas de telle nature et condition que cil de France. » La langue de cet acte diffère beaucoup de celle du Ponthieu telle que nous la donnent presque toutes les chartes non latines de ce cartulaire.

La lettre est d'écriture assez ingrate et semée d'abréviations. Je ne me suis décidé à la publier in extenso que lorsque j'ai pu rassurer et compléter ma copie à l'aide d'une autre transcription, non toujours certaine cependant, du marquis Le Ver qui paraît aussi n'avoir pas lu sans difficultés.

Cette lettre est longue mais curieuse. Abrégée au fol. 129, elle occupe trois pages et demie des fol. 163 et 164. Elle rappelle que tous les biens de l'hôpital de Saint-Jean de Jérusalem dans le Ponthieu ont appartenu aux Templiers. Elle met fin à des débats déjà anciens. Elle règle, par la constatation d'un accord, des droits controversés entre le comte et les frères (le comte ne les appelle jamais que frères ou religieux) de Saint-Jean de Jérusalem. Entre ces droits, le comte paraît particulièrement tenir à ceux de sa chasse dans la forêt de Crécy, de sa garenne, — du Titre évidemment [1]. *— Il y revient plus d'une fois. La lettre a surtout en vue les frères résidant à* « Forest-Labbeye. »

Le premier article regarde la chasse. Les frères de Forest-l'Abbaye ne pourront chasser que les lièvres et autres bêtes à pied pelu, levés hors de la forêt. Ils pourront suivre leurs chiens et les rappeler, mais sans entrer dans la forêt. Leurs pâtres pourront avoir des chiens, mais seront justiciables, dans la forêt, des gens du comte.

Le second article, assez obscur, regarde encore la forêt, la garenne, le droit des gens du comte de faire haies. S'agirait-il de haies pour la chasse ? — Voir Peigné-Delacourt, la chasse à la haie. *— S'agit-il de haies devant séparer la forêt du comte des bois de la maison* « que on dist de Forest-Labbeye ? » *mais comment expliquer le droit de couper, pour faire les haies,* « toutes manières de bois hormis, etc. » *dans le bois même des frères ?*

L'article trois vise la police de la forêt, les chemins de vidange. Six voies à travers le bois des frères devront faciliter l'exploitation, mais les marchands acquéreurs auront à les faire réparer, à leurs frais, après les charrois.

L'article quatre détermine les droits de justice dans les manoirs et dépendances de Beauvoir, Forest-l'Abbaye, Bellinval, Le Temple près de Waben, le Ayers [?] *Ochelier, qui, de l'ordre des Templiers, sont passés à celui de Saint-Jean de Jérusalem, etc.*

---

1. Les rois d'Angleterre comtes de Ponthieu avaient au Titre une habitation dans laquelle ils semblent avoir mis leur complaisance. Voir plus haut CCLIV, octobre 1288, et CCLV, novembre 1288, pp. 331-332 ; CCLXXIV et CCLXXV, octobre et novembre 1300, pp. 361-362. C'est à grand tort que l'on a qualifié cette habitation de château fortifié. Elle était contiguë à un bois aménagé en garenne et très voisin, s'il n'y touchait, du terroir de Forêt-l'Abbaye. Ce bois contenait encore au dix-septième siècle cinquante journaux et demi, mesure de Ponthieu. Il enfermait « les ruines et masures de l'ancien château du Titre. » — *Procès-verbal de 1667 du s*r *d'Arrest de Chatigny, subdélégué.* — La garenne du Titre tenait alors, d'un côté vers le midi, au terroir du Titre, duquel il regardait l'église, d'autre, vers le septentrion, au bois Colart et au bois de Nouvion, d'autre bout, vers l'orient, au terroir du Titre, tirant vers le village de Lamotte, d'autre bout, vers l'occident, audit terroir du Titre, tirant vers Sailly-le-Sec. — *Ibid.* — Un plan manuscrit de la Garenne du Titre est conservé à la Bibliothèque Nationale : *Réformation générale des eaues et forests de Picardie,* etc. — *Histoire de Cinq Villes, t. VI, pp. 21-25.* — Le comte a bien dit : « la garenne de nostre forest de Cressy » mais alors cette garenne, touchant au bois de Nouvion, faisait bien encore partie du massif de la forêt dite de Crécy, du domaine des comtes.

L'article cinq regarde encore les droits de justice. Il réserve surtout ceux des comtes et mesure ceux des frères.

L'article six regarde les grands chemins, la police, la justice sur ces chemins.

L'article sept maintient au comte la haute justice sur les terres de l'hôpital de Saint-Jean. Les religieux auront la moyenne et la basse hors les grands chemins, le comte se réservant encore tous les droits appartenant à sa garenne.

L'article huit regarde le moulin de Forêt-l'Abbaye. La haute justice appartiendra au comte ; la moyenne et la basse aux religieux.

L'article neuf règle des discords portant sur plusieurs lieux appartenant à la commanderie de Saint Mauville (Saint-Maulvis), savoir Hocquincourt, Noelle Hospital (Nesle l'Hôpital), Brocourt, la Cousture Heudebourt. — Mêmes conditions que pour Forêt-l'Abbaye et Beauvoir.

L'article dix regarde une maison de la paroisse Saint-Gilles à Abbeville dans laquelle demeurait Mahieu Gaude. On se souvient qu'un Mathieu Gaude fut maïeur d'Abbeville en 1316.

L'article onze affranchit jusqu'à un certain point, dans les villes « de loy » du comté, les hommes et les hostes (sujets) des frères, de la juridiction des vicomtes du comte.

L'article douze met à néant toutes les procédures faites en raison des difficultés réglées par l'accord, et, d'avance, celles qui pourraient être engagées en raison de sentences ou d'arrêts antérieurs et contraires à l'accord, etc.

L'accord a réservé comme sauves les anciennes redevances, les anciennes franchises des villes, des vassaux, etc., la souveraineté et seigneurie du comte, etc., enfin « nostre dite garenne avecques tous ses drois », comme il a été dit. — Le roi d'Angleterre ajoute, comme comte : « et sauf le droit du roy de France nostre très chier seigneur et cousin. »

Je dois répéter que ma copie, aidée de celle du marquis Le Ver, laisse quelques parties très obscures. Il semble même y avoir quelques lacunes en des phrases, ou du désordre syntaxique. Je pense que la lettre a été primitivement transcrite dans le cartulaire par un copiste habitué aux ordinaires formes du Ponthieu. Quant à l'orthographe, ma copie variable n'a pu être que peu corrigée par la copie Le Ver. Il ne faut pas oublier d'ailleurs l'anarchie grammaticale du quatorzième siècle.

Edowars, par la grace de dieu roys d'Engleterre, duc d'Acquitaine, sires d'Illande, princes de Gales et contes de Pontieu, faisons savoir à tous ceux qui cestes presentes verront ou orront, comme pluseurs débas, controversies, causes et querelles fuissent de lonc temps meues et encore pendissent en pluseurs et diverses cours du roy de France nostre tres chier seigneur et cousin, entre nostre procureur de nostre dite conté de Pontieu pour nous et en nostre nom, de une part, et le procureur de religieuses personnes et honnestes, le prieur et les frères de la sainte maison de l'hospital de St Jehan de Jérusalem, pour aux et en leur nom, de autre part; que nous, moyennant la d......... [?] de pluseurs sages homes de nostre grant et privé consel, avoecques autres et pour bien du pays, avons accordé avoecques les dis religieux, quant à nous est, et euls avoecques nous, sur tous les débas, controversies, causes et querelles par avant meues et pendans devant cest présent jour, en la manière qui ensieut, sauf et réservé en tout et partout nostres villes et nostres vassals et subgiés (sujets) tous leurs drois, libertés et franchises, et arons la seignourie, souveraineté et ressort lesquels nous avons en yciaux.

Primes, que la garenne de nostre forest de Cressy et des bois, buissons et autres lieux et garennes, soyent en couvert et hors couvert, avoecques tous et singuliers drois appartenant à garennes, parcours et poursieute, sont et seront, appartiennent et apparteront (apparteneront) demorent entièrement seul et pour le tout à nous et autres successeurs contes de Pontieu, euls, nos gens, nos successeurs et leurs gens, arrester, prendre et faire prendre, par entre tous les lieus dessus dis, tous malfaisans et portans damage à nous et à nostre dite garenne, et yciaux punir; sauf tant que li dis religieux porront faire courre leurs levriers as lièvres et as autres bestes à pied pelu, se il les treuvent hors de nostre dite forest et garenne ou hors les lieux et garennes, en fourme et manière que pueent les autres singulières personnes de commun de nostre dite conté de Ponthieu, et sieuir (suivre) et rappeller lors chiens, sans entrer en la forest ne ès alles (allées) d'icelle et sans nulle chose y prendre ne raporter et tout [avec] fraude. Et avoecques ce, li pasteur des dits religieus pourront mener et tenir lors chiens ès lies [?] ou hors lies [?][1] pour lors bestes garder, ainsi toutes

---

1. En liens ou sans liens ?

vois (toutes fois) que si li dit pasteur meffaisoient à nostre dite garenne, nos gens et menistres les pourroient prendre et punir selonc la quantice[1] de lors meffais.

Item, sur ce que li dit religieus contredisoient nos gens à faire haies ès bois appartenans à la maison que on dist de Forest Labbeye, qui paravant furent du Temple et sont ores as dis religieus; accordé est que nous, nos gens et menistres el nom de nous, pourons, pour hayer, copper toutes manières de bois, hormis les estalons et faus (hêtres) où..... [?] faire haye ès bois, et de meismes les bois dessus dis, et prendre et à avoir tous les drois de nostre dite garenne ès tous lieus esquels elle se estent (étend), toutes fois que il plait à nous et autres successeurs, contes de Pontieu, ou autres gens ou menistres, de chassier ès lieus dessus dit[2]; et seront les dites hayes faites des dits bois allueage [?] estans, soyoit vendu ou non vendu, et que volons que, se aucuns ou aucun, en faisant les dites hayes, faisoit ou faisoient aucun notable damage oultre manière..... [?] ès dis religieus, que tout mal fuissent puni convenablement par le senescal de notre dite conté qui par le temps sera.

Item, sur ce que li dis religieux empeschoient les marcheans et pluiseurs autres qui amenoient ou faisoient amener le mairien (bois de charpente) et le bois de nostre dite forest, quant li dis religieux ou lors gens les trouvoient en lors bois dessus dis ou ailleurs illuecques près [?] en lor damage; accordé est que ès bois desdis religieux, lesquels on dist de Forest-l'Abbeye, ara en tout six voyes chariables, desquelles il y en a, ou doit avoir, quatre anchiennes, avoecques lesquelles deux voyes nouvelles seront faites en lieus convenables; par les quelles six voyes, et cascune d'icelles, on (pourra) paisiblement et à aysiement aler et venir, apporter et charier et amener le mairien et le bois de nostre dite forest; les quelles voyes seront ...tenues et réparées aux cous (coûts) des marcheans depuis le temps que elles auront esté faites et, se ...tenues n'estoient convenablement, puni en seroient li dis marcheant et con-

---

1. La quantice, l'importance. Ce mot n'a jamais figuré, je crois, en France que dans cette lettre.

2. Ce passage, si peu clair qu'il soit, fait bien penser à des haies confectionnées en bois coupé en vue de chasses.

traint du faire par nos gens, et se chil qui mairien ou autre bois de nostre dite forest menoient issoient des dites voies et prennoient nouvelles en faisant damage des dis bois ou des autres biens des dis religieux, prendre les pouroient les dis religieux en lors bois dessus dis et en lors terres et yciaux tenir pour le damage et pour l'amende, se lever la voloient.

Item, se les discors meus pour la justice, juridicion des manoirs de Biauvoir [1], de Forest-Labbeye [2], de Bellinval [3], de ycelui que on dist le Temple emprès Waben [4], de celui que on nomme le Ayers [?] Ochelier [5] et des enclos liquel sont à present adjoignant ès manoirs dessus dis ou à aucun ou aucuns des yauls et furent du Temple et sont ore propre du dit hospital; accordé est que comme manière de seignourie et de justice haute, moyenne et basse, est et demourra perpétuelment ès dis religieux seuls pour le tout ès manoirs dessus nommés et ens enclos de yauls jusques aux bournes qui mises seront par accord et assent de nostre gent avoecques les gens des dis religieux, ès lieux ès quiex bournes défaillent et appartiengnent à estre mises; et ne peuent li dit religieus extendre ne eslargir leurs manoirs ne les clausures ne les manoirs dessus nommés contre les clausures ou bournes qui à présent y sont ou les bournes qui mises seront del assent des parties ès lieux ès quex bournes défallent comme est dessus; et porront les dis religieux, ès manoirs dessus dit et en chacun des yciaux, emprisonner et tenir et à loy tous lors couchans et levans et....... [?] seulement ou chiaux qui seroient prins en présent meffais en lor haute justice ou qui seront chatié et sievy à chaude trace, tant les anchyens que les autres qui furent du Temple, et absolre ou condemner yciaux en tous cas de justice haute, moyenne et basse, et faire à yciaux ou faire faire bon droit, en tele manière que li dit religius, ou autres pour aux, ne porront recevoir à droit ou à loy, prendre ne arrester nuls de nos subgés mais

---

1. Ce manoir est représenté plus ou moins aujourd'hui, par la ferme de Blanc habit, Blanque abbaye, Blanche abbaye, commune de Buigny-Saint-Maclou, canton de Nouvion.
2. Forest l'habit, Forest l'abbaye, canton de Nouvion.
3. Bellinval, commune de Brailly, canton de Crécy.
4. Waben, canton de Montreuil (Pas-de-Calais).
5. Où ce lieu?

si li dit religieus ou aucuns de lors gens prendoit ou prendoient com....... [?] en son meffait ou poursieuye [?] à veaue (vue) de œil et poursieute de pié et les détenoient en aucuns de lors dessusdis manoirs ou enclos ou ailleurs en lor juridicion, rendre les doivent sans delay, toutes fois et cantes fois que requis en seront li dit religieus, à nous ou à nos gens en lieu de nous, quant et toutes fois que tieuls cas y eschairont, sans retenir à aux cognoissance de ce jugement ne exécucion.

Item, se ès villes ou ès lieux ès quele nous avons demaine, treffons ou seignourie ou aucuns autres qui nous moenne et qui de nous le tiengne par moyen ou sans moyen, li dit religieus ont ad présent [?] à l'opposite demaine, hostes ou soub.....[1] anciens ou qui furent du Temple ; accordé est que, en tout ce qui de nous vient et ès fros (frocs) qui sont par entre, nous avons et aurons toute manière de seignourie et de justice haute, moyenne, basse, sauf le droit de nos villes et subgés, et ès fros qui sont par entre tele et toute justice que communs drois nous consent (que le commun droit nous concède), ordonne ; et ensement li dit religieus autant et ytel en lor dit demaine, lors hotels et subgés et ès fros qui sont par entre, que drois communs l'ordonne (ou lor donne).

Item, sur les descort meu pour la raison de la garde et de la justice des grans chemins marchissans[2] demaines ès fiefs des dit religieus ; accordé est que la haute justice, la moyenne et la basse, de tous cas et en tous cas, qui eschairont ès grans chemins qui sont par entre les terroirs des manoirs dessus nommés, as quels les manoirs ou les terroirs des dis manoirs adjoignent, et la garde de tous yciaux chemins hors les villes et les fiefs des villes des quels chi dessus est accordé, seront, des ore awant, à nous et nos successeurs pour garde et pour Pontieu seuls et pour le tout ; et en pourrons user et userons, nous et nos successeurs, pour garde et pour justice, par nous et par nos gens, toutes fois et quantes fois que li cas del user s'offerront, sauf tant que, se les gens, les charruyers ou les manisimes [?] des dis religieus, par aucune aventure, sans fraude et sans malice, bechaissent (béchâssent) ou entrepresissent ès chemins ou des

---

1. Soubgiés ? sujets ?
2. Longeant, bordant.

chemins dessus dis, quant il trouveront leur harnas[1] ou que il yront du long et nostres gens ou nostre sergens [?] les trouvoient en ceux meffais, nous volons que il se cessent du prendre, et, se contre nostre présent accort prendoient, nous volons que du prendre puny soient par nostre senescal ou nostre bailly qui seront pour le temps; et seront li dis chemins bournés, se bourne ne sont, de l'assent de nous et des dis religieus, par nostres et leurs gens.

Item, accordé est que ès terres et u terroir des maisons ès lieux dessus nommés et des bois qui ore sont audit hospital et jadis furent du Temple, nous avons et aurons pour nous et nostres successeurs contes de Pontieu, toute justice haute et tous cas et tous exploîs seuls et pour le tout appartenant à haute justice; et li dit religieus ont et aront en ces meismes lieux, hors les grans chemins, la moyenne et la basse, réservé à nous tous nostres drois appartenant à nostre dite garenne.

Item, sur le débat meu pour la justice du molin, lequel on nomme de Forest Labbeye, accordé désormès que la justice haute et tous exploîs à ce appartenant qui eschairont u dit moulin sont et demourront à nous et à nostres successeurs contes de Pontieu seuls et pour le tout; et la moyenne et basse justice, et tous les cas qui à ce appartiengnent, sont et demourront as dis religieus.

Item, sur les discors meus de pluseurs lieux appartenant à la commanderie de St Mauville[2], est assavoir de Hokaincourt[3], de Noelle Hospital[4], de Broecourt[5] et des terroirs de ces lieux ensement, et pour la justice du lieu que on nomme la Cousture Heudebourt[6] qui seut estre du Temple et est ore del hospital; accordé désormès en semblable manière en tout et par tout, comme dit est dessus et expressé des manoirs des terroirs et autres? appartenant ès maisons de Forest Labbeye, de Biauvoir et des autres.

---

1. Instruments de travail.
2. Saint-Maulvis, canton d'Oisemont (Somme).
3. Hocquincourt, canton d'Hallencourt (Somme).
4. Nesle-l'Hôpital, canton d'Oisemont.
5. Brocourt, canton d'Hornoy (Somme).
6. Où ?

Item, la justice toute du manoir estant en Abbeville en la parroche S¹ Gille, à quel demoure ad présent maiste Mahieu Gaude, est et demeure seuls et pour le tout as dis religieus.

Item, sur ce que, en nostres viscontés de nostres villes de loy de nostre dite conté, nostre visconte arrestoient et s'efforchoient, à requeste de partie, de contraindre à respondre et les hommes et hostes anciens des dis religieus et les nouviaux qui seulent estre du Temple ; accordé désormès que plus ne le faicent nostre dit visconte ne aucun de yciaux par aux ne par autruy, mais de ce demourront paisible li dit hommes hostes ; u [où] il ont presté foy adonques il sont couchans et levans des dis religieus ; se ainsi n'estoit que ils fussent prins en aucun meffait présent ou que il eussent donné response à la demande faite ou que il se efforchaissent de emporter aucune redevance de aux à nous ou à nous ou à nostres viscontes deue.

Item, accor desormès avoeques les dis religieus et eux avoeques nous que, pour quelconques usages ou explois fais par avant cest accord ou qui seroient fais en tout le temps advenir par nostres gens ou par les leur ensement contre sentences et arés (arrêts) donnés avant ces lettres[1] en contraire des coses dessus dites ou de aucune de ycelles, sont dès orendroit du tout mis au néant et ne poeent aporter prouffit al un de nous parties dessus nommés ne damage ou préjudice à l'autre en saisine ne en propriété, sauf tant que nos advouenies[2] et les rentes des redevances anciennes et perpetuelles deues à nous des dis religieus ou de ciaux qui furent du Temple et de nous à aux, seront rendues et payées si comme elles seulent estre, réservé ensement en tout et par tout à nostres villes, vassauls et subgés tous les drois, libertés et franchises itels que avant avoient ; et avons la souveraineté, ressort et seignourie les quels nous avons en iciaux et sauve à nous nostre dite garenne avoecques tous ses drois en la manière que dit est par dessus ; et sauf le droit du roy de France, nostre très chier seigneur et cousin, en toutes choses. Les choses dessus dites et chascune de ycelles en la fourme et manière que devisées sont, toute ensamble et chascune

---

1. Le marquis Le Ver a lu heures.
2. Faudrait-il comprendre aveux ?

de ycelles, volons, gréons, accordons et commandons à estre tenues de point en point à toutes nostres gens et menistre qui ad présent sont en nostre dite conté et qui y seront par le temps advenir, sans aler en aucune manière en contre; et toutes et chascune de ycelles promettons à tenir et garder et à faire tenir et garder soubs obligacion de tous les fruicts et émolument présens et advenir de nostre dite conté de Pontieu. En tesmoingnage des quelles coses, en confirmacion de ycelle, nous avons fait faire et baillié aus dis religieux ces présentes lettres scellées de nostre seel, faites l'an de grace mil CCC trente et quatre, le chincquisme jour du moys de juign.

Fol. 129 verso et fol. 163 recto.

CCCXXII

ABBEVILLE

Lettres royaulx sur le fait des réparemens des forteresses en Pontieu et des comptes des receveurs en l'an 1389[1]. — *Donné à Rouen le 26 novembre.*

Charles, par la grace de Dieu roy de France, au senescal de Pontieu ou à son lieutenant, salut. Nous, par délibération de nostre conseil, avons fait certaines ordonnances pour le bien et utilité publique de nostre royaume, etc...

Fol. 166 recto.

Par ces lettres le roi ordonne que toutes les villes fortes du royaume seront visitées et réparées.

1. Cette date ne devait-elle pas être plutôt 1399 ?

QUINZIÈME SIÈCLE

Et sommaires de pièces antérieures, enlevées du Cartulaire et non datées dans ces sommaires

———

UNE CHARTE DU XVIe SIÈCLE

———

DERNIÈRES REMARQUES

CCCXXIII

ABBEVILLE

Maisons achetées pour la construction du chateau de Charles-le-Téméraire

I

Lettres de monseigneur le duc Charles, duc de Bourgongne, de certains tennemens appliqués avec autres pour l'édification de la forteresse d'Abbeville.

Cet article a été enlevé du registre ainsi que les deux qui suivent. Je n'en retrouve l'indication que dans la table avec renvoi au fol. 435 *de l'ancien numérotage.*

Cette table ne donne pas la date de la lettre, mais on sait que le château du duc Charles fut construit en 1469.

II

Autres lettres d'acquisition faites par ledit seigneur de certaines maisons et tennemens appliqués avec autres héritages pour l'édification de ladite forteresse.

Fol. 436 de l'ancien numérotage.

III

Lettres d'acquisition faite par mondit seigneur le duc de Bourgongne, comte de Pontieu, de soixante . . . . de rente héritable que prenoit Nicolas Buttel[1] sur la maison et tennement acquise par iceluy selon les lettres précédentes.

Fol. 437 de l'ancien numérotage.

La table qui signale ainsi les enlèvements coupables ne donne aucune date pour les trois lettres.

CCCXXIV

ABBEVILLE

LE MOULIN LE COMTE — LE MOULIN D'AOUST

Le second paraît avoir empiété sur les droits du premier.

Lettres de sentence rendue par le sénéschal de Pontieu, par lesquelles est dit que a bon cas un nommé Robert Maille, fermier du molin le Conte, a fait prendre au molin de Jacques d'Aoust[2] deux boitteaux de

---

1. Bulletel dans la table de l'hôtel-de-ville.
2. Ce Jacques d'Aoust eut des descendants qui portèrent le même prénom que lui, Jacques : un maire en 1542 ; un autre, s'il n'est le même en 1564. — Le musée d'Abbeville possède un tableau de la confrérie de Notre-Dame du Puy en Saint-Vulfran dont le donateur fut un d'Aoust.

BLED, TANT MOINS[1] DE SEN DROIT DE MOLTURE POUR HUICT SEXTIERS DE BLED PORTÉ MOLDRE AUDIT MOLIN JACQUES D'AOUST.
Fol. 438 de l'ancien numérotage.

L'article a été enlevé du Cartulaire *et je n'en retrouve l'indication ainsi, et sans date, que dans la table.*

L'absence de date m'a obligé à rejeter à la fin de la publication le sommaire de cette pièce qui doit appartenir au treizième siècle.

CCCXXV

ABBEVILLE

DROITS SUR LES BOISSONS

LETTRES DE SENTENCE DUD. SÉNESCHAL AU PROUFFIT DE JEHAN RIDOUL, FERMIER DES FORAGES, CONTRE FREMIN GAUDRY[2], SUR CE QUE LEDIT GAUDRY AVOIT REQUIS VENIR A LOY SUR LES DROITS DESDITS FORAGES.
Fol. 439 de l'ancien numérotage.

L'article a été enlevé du registre et je n'en retrouve l'indication que dans la table. Je la consigne simplement ici, ne la pouvant dater.

1. La table de l'hôtel-de-ville donne tant mais, c'est-à-dire tant plus.
2. Godry deux fois dans la table de l'hôtel-de-ville.

CCCXXVI

ABBEVILLE

RECETTE DU DOMAINE DE PONTHIEU

Lettres patentes de mondit seigneur le duc de Bourgongne, comte de Ponthieu, impétrée par Jean Duclot[1] dit le Gaigneur, son receveur dudit Ponthieu, a lencontre de l'office du sénéchal de lad^e comté, sur l'empeschement et refus que lui ou son lieutenant avoit baillé audit receveur ou fait et exercice de son office du domaine meismement de plusieurs fermes d'iceluy domaine.
Fol. 440 de l'ancien numérotage.

L'article a été enlevé du Cartulaire et je n'en retrouve l'indication que dans la table. J'ai donc été forcé d'en rejeter ici le seul sommaire.

CCCXXVII

RUE

Lettres de la réunion du siège de la séneschaussee de Ponthieu estant en la ville de Rue.
Fol. 441 de l'ancien numérotage.

1. La table de l'hôtel-de-ville donne du Lo.

L'article a été enlevé du Cartulaire; je n'en retrouve ce titre un peu énigmatique que dans la table de la main de M. Traullé. Mon regret rejette ici ce titre.

Que signifient d'abord ces mots « le siège de la sénéchaussée de Ponthieu étant en la ville de Rue ? » La pièce l'eût dit sans doute.

CCCXXVIII

UN ACTE DU SEIZIÈME SIÈCLE

LE MOULIN DU ROY ET LE MOULIN DE LA BABOE

Cette dernière pièce, quoique d'écriture ancienne, ne figure pas dans la table. Elle paraît avoir été annexée au volume longtemps après la confection du cartulaire. Elle a pour titre :
Extrait du dispositif de la sentence rendue par M. le seneschal de Ponthieu pour le moulin du Roy et le moulin de la Baboe.

Entre Jehan Gaffé, musnier du moulin de le Baboe, demandeur, et le procureur du roy et Charles de..., deffendeurs... nous avons ordonné, etc..., ladite sentence prononcée le vingt troizième jour d'octobre mil cinq cens quatre vingts quinze.

Fol. numéroté autrefois IIIIe.....? ; aujourd'huy 409 en rouge.

Le marquis Le Ver a relevé, non analysé, cette pièce. — Ms. 218 de la bibliothèque d'Abbeville, p, 96.

CCCXXIX

L'ABBAYE DE DOMMARTIN

PETITE ADDITION

Je lis dans le catalogue 72, n°s 320 et 321 de la librairie Ernest Dumont :
« DOMPMARTIN (abbaye de), charte de Adam Forniers, chevalier, par laquelle il donne à l'église de Dompmartin 15 journaux de terre situés près de Buires-en-Haloi. Dans l'octave de la Pentecôte 1234, une page in-4, velin. »

Et :

« Accord fait entre Jehan du Quesnoy, seigneur de Nempont, et les religieux de Dompmartin, au sujet du *Camp du Poivre,* situé près Buires-en-Haloi, 27 avril 1412, une page in-fol., velin. »

DERNIÈRES REMARQUES

I

La table du cartulaire remis à la bibliothèque impériale avant 1811 est, nous l'avons dit, de la main de M. Traullé[1]. C'est la copie, ou à peu près, d'une autre table beaucoup plus ancienne, égarée ou recueillie dans les archives de l'hôtel-de-ville d'Abbeville. Cette dernière, en parchemin bien entendu, a les mêmes dimensions que le Cartulaire, hauteur 34 centimètres, largeur 24. Elle compte, en deux cahiers, 20 folios (12 et 8), dont 18 seulement sont écrits. Des chiffres arabes, d'encre relativement récente, ont numéroté ces folios, de 1 à 18, à une date non lointaine, tandis que l'écriture de la table paraît contemporaine du recueil conservé à Paris. Cette table renvoie d'ailleurs aux foliations primitives du cartulaire. En l'absence de couverture, d'en tête, l'arrachement visible des cahiers peut faire penser qu'ils ont été enlevés du manuscrit même de la Recette du Ponthieu. M. Traullé a intitulé sa table : Table nouvelle etc. L'épithète est un aveu. Une autre table existait, a été remplacée, celle très vraisemblablement des archives d'Abbeville. Si l'on pouvait établir qu'elle fut dans ce dépôt avant la Révolution, il faudrait alors voir en elle un double anciennement obtenu par la ville pour la protection de quelques-uns de ses intérêts. Je suis plus porté à croire qu'elle fut confiée au trésor municipal par M. Traullé, après la copie qu'il en avait faite en la rajeunissant un peu. Ce point, dont l'importance n'est pas grande, demeure en question.

---

1. Le cahier de parchemin qui a reçu cette table, non pas neuf, paraît moins vieux cependant que le parchemin du volume. Il est légèrement moins large et un peu plus court que le format de ce volume dont les folios ont, en général, 34 centimètres de hauteur, et 23, quelquefois 24 centimètres de largeur.

Cette ancienne table figure en l'inventaire de l'hôtel-de-ville dans la série AA, sous le n° 128, mais elle porte aussi en tête un n° 186 qui doit appartenir à une classification plus vieille ou provisoire.

Bien que j'aie fréquemment interrogé l'inventaire des archives d'Abbeville, le souvenir m'a fait défaut quand j'ai abordé le cartulaire et pendant l'impression de ce volume. Je remercie le conservateur des archives, M. Ledieu, de m'avoir signalé et communiqué le vieil index. Averti plus tôt, j'aurais consulté cette table de préférence à celle de M. Traullé.

II

Je reviens sur la publication même des actes.

Les textes latins ont été, sauf de rares exceptions, très faciles à établir. Il n'en est pas tout à fait de même des textes français. Les pièces ont été transcrites dans le cartulaire assez longtemps après la rédaction des originaux, et non toujours correctement, par des copistes déjà ignorants des formes orthographiques du treizième siècle[1]. Je ne me suis pas permis, bien entendu, de corriger les textes. Je n'ai pris quelque liberté que pour l'accentuation des voyelles et l'addition d'apostrophes. Le cartulaire ne connaît ni les accents, ni les apostrophes, ni même beaucoup les lettres majuscules. Je me suis départi d'une rigueur d'abord trop craintive, mais avec des scrupules que l'on aura pu remarquer. Ils exigent de la conscience ces textes « qui sont, comme l'a dit si justement M. Léopold Delisle, le plus solide fondement de notre histoire »; mais ils ne demandent pas que trop de respect empêche de dissiper quelquefois sur eux une brume. Je me suis, en commençant, appliqué à suivre, autant que possible, une règle en chaque pièce, sans sortir de cette règle en cette pièce, mais sans en faire une loi pour les autres. Des unes j'ai, obéissant à la lettre,

---

1. Le vieil idiôme de France, dit M. Gebhart, « donna au XIVᵉ siècle le spectacle d'une véritable anarchie grammaticale. » — RABELAIS, etc., par M. Émile Gebhart. — L'exposition et l'explication rapides du fait sont dans toutes les mains avec le DICTIONNAIRE de Littré, *complément de la préface*. — L'hésitation orthographique est apparente surtout dans les titres ou sommaires du XIVᵉ siècle.

exclu les accents ; je les ai introduits dans les autres. La permission m'était donnée, ai-je eu le droit de penser, par les éditeurs de documents picards. MM. Thierry, Bourquelot, Louandre ; MM. Victor de Beauvillé, Gaston Raynaud ; et même par les éditeurs les plus mesurés de textes littéraires, MM. Raynaud, Meyer, Paris, Longnon. Je confesse qu'en avançant dans la publication, c'est ce procédé, si bien autorisé, que j'ai définitivement adopté.

TABLES

TABLE DES ACTES

	Pages
Hommage	1

DOUZIÈME SIÈCLE

I. — Une libéralité du comte Gui. — Lettres de le franquise Wille d'Aumale. — Sans date	9
II. — Saint-Quentin (en Vimeu). — Lettres de l'église d'Eu comment le comte de Pontieu octroye et conferme aux religieulx la mansion de Saint-Quentin. — Sans date	10
III. — Saint-Quentin. — Lettres comment Willaume, comte de Pontieu, accorda et conferma aux religieulx d'Eu pareillement que le comte Wy comme appert ès lettres presentes. — Sans date	11
IV. — Saint-Quentin. — Mers. — Lettres pour l'église d'Eu touchant l'église de Saint-Quentin. — Comment le seigneur de Mers donna aux religieulx d'Eu aucuns drois à Saint-Quentin au dehors d'Eu. — 1149	12
V. — Saint-Quentin. — Mers. — Autres lettres pour l'église d'Eu touchant Saint-Quentin au dehors d'Eu. — 1162	13
VI. — Abbeville. — Épagne. — Rouvroy. — Le moulin dit plus tard des Nonnains. — Pour Espaigne. — 1176	15

VII. — Le Val aux Lépreux. — Lettres faisans mention de plusieurs rentes, tant bos, terres, que aultres coses, que le comte de Pontieu donna aux frères de le maison du Val d'Abbeville. — 1177. 16

VIII. — Les religieuses d'Épagne. — Le moulin. — Pour Espaigne. — 1178 19

IX. — Lettres du mariage du fils du seigneur de Saint-Walery et de la fille du comte de Pontieu. — 1178 20

X. — Les Lépreux du Quesne. — Lettres de l'official d'Amiens. — Sans date. (Mais. lettres du pape Luce de 1182.) . . . 24

XI. — L'abbaye de Dommartin (Saint-Josse-au-Bois). — Dons du comte Jean. — Memorandum d'une lettre de Jean comte de Ponthieu en faveur de l'abbaye de Dommartin. — 1183. 26

XII. — Abbeville. — Lettre du comte de Pontieu comment il acorda à la ville d'Abbeville loy et commune l'an 1184 26

XIII. — Abbeville. — Lettres comment le ville d'Abbeville doibt au comte de Ponthieu cascun an dix livres monnoie de Pontieu à payer en dedens Penthecoustes pour le pois (poids) et pour les mesures, sauf le tonelieu (tonlieu) qui demeure au comte, et se faulseté étoit trouvée esdittes mesures ou aud. pois, le congnoissance appartenra auxdits maire et eschevins. — 1187, au mois de novembre . . . 27

XIV. — Crécy. — La charte. — Lettres comment le comte de Pontieu octroya et donna à ceulx de Cressi loy et commune selon les drois et coustumes de le commune d'Abbeville. — 1194 27

XV. — Saint-Quentin. — Autres lettres de l'église d'Eu pour Saint-Quentin. — Sans date 29

XVI. — Abbeville. — Les moulins de Baboe et du Comte. — Lettres d'accord du comte de Pontieu et du prieur et couvent de Saint-Pierre sur le fait du molin Baboe et du molin le Comte. — 1115. (pour 1195) 30

XVII. — Marquenterre. — Lettre de le commune de Marquenneterre. — Rue, 1199. 32

TREIZIÈME SIÈCLE

XVIII. — Abbeville. — Lettres de rente à prendre sur le vicomté d'Abbeville. — Septembre 1225. (Erreur pour 1201) . . 37
XIX. — Droits du comte de Ponthieu à Saint-Josse-cur-Mer. — 1203. 38
XX. — Les Lépreux du Quesne. — Don d'un demi muid de blé par Enguerran de Saint Albin (ou Saint Aubin) aux lépreux du Quesne. — 6 des Kalendes d'avril 1203 (27 mars 1204). 40
XXI. — Affaires d'un seigneur de Bouillencourt-en-Sery. — Lettres de l'amendise (de la réparation) du seigneur de Boulaincourt en Sery. — 1205. (Date fausse). 40
XXII. — La vassalité du seigneur de Saint-Valery. — Lettres comment le segneur de Saint-Valery promet au comte de Pontieu le service, excepté contre le roy de France et [celui] d'Angleterre. — 1205 (aoust.) 41
XXIII. — Vergelai (aujourd'hui Verjolay. — Lettres comment le comte de Pontieu acorde que l'église de Notre Dame de Vergelai ait cascun an sur le vicomté de Rue ung muy de sel que Jehan son père, comte de Pontieu, et Betrix se mere, comtesse dudit lieu, avoient donné en aumosne à ledite eglise. — Sans date 42
XXIV. — Saint-Josse-au-Bois. — Les viviers de Rue. — Lettres comment Wille, comte de Pontieu, donna à l'église de saint Giosse ou bois soixante sols de cens à prendre à Rue, à trois termes, sur le maison qui fu Robert le Botille, qui est en Richebourc, et comment ledit comte donna à ladite eglise de saint Giosse autant que deux pesqueurs pourroient prendre au tramaire en ung jour ès viviers de Rue en le sepmaine devant le saint Giosse. — 1205. 43

XXV. — Abbeville. — Saint-Vulfran. — Lettres de saint Oulfran. — 1205 44

XXVI. — Le moulin de Tigny. — Lettres faisans mention de chertaine convention et acord du moulin de Tigny, de l'abbé et couvent de saint Giosse-ou-Bois et du comte de Pontieu. — 1205, mars (1206.). 45

XXVII. — Abbeville. — La chapelle de sainte Croix dans le château de Ponthieu. — Lettres pour les cappelains de le comte de Pontieu, de treize livres et demi qu'il prendent, cascun an, sur le vicomté. — 1205, mars (1206.) 46

XXVIII. — Saint-Quentin (en Vimeu). — Lettres comment le comte de Pontieu prinst en sa garde toutes les possessions des religieux d'Eu et meismement de Saint-Quentin au dehors d'Eu avec les appartenances. — 1207, juillet. . 47

XXIX. — Abbeville. — Concession d'un étal et par conséquent d'un droit de change par le comte. — Lettre du cange sur le pont-aux-poissons. — 1207 48

XXX. — Saint-Quentin (en Vimeu) et seigneurs de Mers. — Lettres comment Simon d'Eu donna et acorda aux religieux d'Eu les dons et aumosnes que ses prédécesseurs leur avoient donnés. — 1208 49

XXXI. — Nouvion, Cocquerelle, Noielle, Noielette, Sailly-le-Bray, Bonnele, Hurt, Favières. — Hue Dolehaim chevalier. — Lettres comment le comte de Pontieu donna à mess. Hue Dolehaim, chevalier, et à ses hoirs tout ce que ledit comte avoit à Nouvion, Cocquerelle, Noielle, Noielette, Sailly le bray, Bonnele et Hurt, et deux muis davaine à Favieres et ce que esd. terres porroit acquerir ; lesquelles coses led. Dolehaim debvoit tenir dud. comte comme son homme lige. — 1208 (août.) 50

XXXII. — Maioch. — Le Crotoy. — Lettres de le commune de Mayoch données par Guillaume comte de Pontieu. — 1209. 52

XXXIII. — Dourier. — La Broie. — Ponches. — Lettres comment le segneur de Dourier confesse tenir ligement du segneur de la Broie se maison et ville de Dourier et les appartenances, excepté le cauchie (la chaussée) qu'il tient du segneur de Ponches. — 1209, mai . . 55

XXXIV. — Les religieuses de Moreaucourt. — La vicomté de Rue. — Lettres du comte Guillaume comment les religieuses de Moriaucourt prennent, cascun an, sur le vicomté de Rue, au jour sainct Jehan Baptiste, treize muids de sel. — Fait à Cressy. — 1209, décembre . 55

XXXV. — Conventions entre le comte de Ponthieu et Thomas de Saint-Valery garanties par Guillaume de Caieu. — Lettres par lesquelles Guillaume de Cayeu fait savoir qu'il servira de gage à son seigneur Thomas de Saint-Valery pour des conventions de paix faites entre Thomas et le comte de Pontieu. Il devra, si Thomas manque aux conventions, se rendre au comte avec tout son fief, jusqu'à satisfaction donnée par Thomas. — 1209, au mois de septembre 56

XXXVI. — Les catiches dans un lieu dit Hermes, etc. — Lettres d'un accord du comte de Pontieu et du segneur de Saint Walery pour le fait des catiches. — 1209 . . 57

XXXVII. — Vassalité du seigneur de Saint-Valery envers le comte de Ponthieu. — Lettres comment le segneur de Saint-Walery promist au comte de Ponthieu le service comme son segneur et qu'il ne feroit nulles emprinses sur nully contre ledit comte en tant que ledit comte feroit droit et jugement de ses pers audit segneur de Saint-Walery. — Fait à Mautort l'an 1209 61

XXXVIII. — L'hôpital de Saint-Riquier. — Lettres comment Guillaume, comte de Pontieu et de Monstroeul, prinst en

	se garde l'ospital saint Nicolas de Saint-Riquier. — 1209, janvier (1210.)	62
XXXIX.	— Crécy. — Lettres de fondation de l'ospital de Cressy. — Janvier 1209 (1210.)	63
XL.	— Rue. — Lettres comment Willaume, comte de Pontieu, conferme le vente que sen pere Jehan, comte de Pontieu, fist de le commune de Rue, lesquelles lettres font mention de le loy de le ville de Rue. — 1210 au mois de mai.	
XLI.	— Abbeville. — Le moulin de Rouvroy. — Les Nonnains d'Épagne. — Lettres de Guillaume comte de Pontieu en faveur du moulin de Rouvroy et du meunier. — 1209 février (1210.)	64
XLII.	— Abbeville. — Rouvroy. — Maison des religieuses d'Épagne détruite pour cause de guerre. — Autorisation donnée aux religieuses de rebâtir. — Lettres du comte de Pontieu pour Espaigne. — 1209 février (1210.). . .	65
XLIII.	— Lieux voisins d'Abbeville. — Épagne, Saint-Aubin, Mautort, Vaux, le bois Muluel. — Lettres de Guillaume conte de Pontieu pour l'abbaie d'Espaigne. — 1210. .	66
XLIV.	— Crécy. — Lettres comment Guillaume, conte de Pontieu et de Monstroeul, debvoit cascun an au Noel LX sols parisis à Simon de Nouvion. — 1210	68
XLV.	— Abbeville. — Le Val Louvrech (Vallis Luposa) — Moulins dans la banlieue. — Lettres pour le Val Ouvrech. — 1210, octobre.	69
XLVI.	— Le Crotoy. — Le port du Crotoy. — Lettre de convenance du port du Crotoy. — Sans date. (de 1191 à 1221)	70
XLVII.	— Les Lépreux du Quesne. — Don d'un demi muid de sel par Estienne Mulet aux malades du Quesne. — 1211 .	71
XLVIII.	— Villeroy. — Lettres comment le segneur de Villeroye bailla commune et loy à ceulx de Villeroye selon le loy de le ville d'Abbeville. — Novembre 1211 . . .	72

XLIX. — Vismes. — Lettres comment le comte de Pontieu acorda loy et commune à ceulx de Vime selonc le loy des maire et eschevins d'Abbeville. — 1212 72

L. — Les Lépreux du Quesne. — Arrangement d'un débat entre la maison des Lépreux du Quesne et Foulque du Quesne, chevalier. — 1213 73

LI. — Rue. — Prélèvement de sel sur la vicomté. — Lettre d'Éverard évêque d'Amiens faisant savoir que Guillaume comte de Pontieu et sa femme ont reconu avoir donné en perpétuelle aumone à l'église de Sainte-Marie de Clairvaux et au même couvent deux cens muids de sel par an à la mesure de Rue, à prendre au mois de may sur le vicomté de Rue. — 1212, janvier (1213.) . . . 74

LII. — Rue. — Le Gard. — Traité du comte avec les bourgeois de Rue. — 1214. 75

LIII. — Rue. — Sel à prendre à Rue. — Lettres du comte Guillaume donnant huict muids de sel à l'hospital d'Amiens à prendre tous les ans à Rue. — 1213, février (1214.) 77

LIV. — Les Lépreux du Quesne. — Don d'un terrage par le comte de Pontieu aux Lépreux du Quesne. — 1414, juillet . 77

LV. — Abbeville. — Gages de l'oiseleur du comte sur la vicomté d'Abbeville. — Permissions de chasse et de pêche. — Lettres comment le comte de Pontieu donna en fief et hommage à Robert de Bove, chevalier, et à ses hoirs, vingt-cinq livres parisis, cascun an, à prendre au jour saint Remy sur le vicomté d'Abbeville et soixante cappons du Mont de Rue, et si luy donna qu'il fust son oyseleur à héritage, et plusieurs aultres coses contenues en ces présentes. — 1214, aoust 79

LVI. — L'abbaye de Balances. -- Droits accordés à cette abbaye. — Lettres comment Willaume, comte de Pontieu, acorde à l'abbaye de Balanches tout ce que Jehan, son père, comte de Pontieu, leur donna ; c'est assavoir, cascune sepmaine, ung muy et demy de vin pour célébrer messes, et quatorze sextiers de vin pour accommunier les convers sept fois l'an, et le my aoust deux muids de vin pour pitanche ; et si augmenta ledit segneur comte de Pontieu ledite somme de vin de quatre sextiers ; ainsi est somme toute huit muids de vin cascun an ; item, le nuit de le my aoust, pour pitanches, généralement tous les poissons de ses viviers ou trente sols ; item, cascun an, trois sextiers de fourment pour faire pain à canter, et encore pluseurs aultres droits contenus en ces présentes. — 1214 81

LVII. — Domqueur. — Lettres comment le segneur de Drucat confesse que Jehan Leprevost de Miannay et ses hoirs tenront (tiendront) de lui franquement en toutes coses ung manoir séant à Dunquerre pour quatre deniers de cens rendus à Drucat au Noel et par XII deniers de relief, par XII deniers de ayde à sen fils aisné faire chevalier, et par XII deniers d'ayde à se fille aisnée marier, par chascun journel, quant il y esquerra. — 1214, janvier (1215) 84

LVIII. — Abbeville. — Rouvroy. — Constatation d'une convention entre le comte de Pontieu et le possesseur d'un fief sis à Rouvroy ou dit de Rouvroy. — Lettres de Rouvroy-lès-Abbeville. — 1215 84

LIX. — Noyelles. — Lettres des maire et eschevins de Noielle faisans mention comment Vermond Feres recognut devant eulx debvoir cascun an à le saint jehan baptiste trois muis de sel à Hue Dolehaim. — 1215, février (1216). . . 85

LX. — Rotainville (Marquenterre). — Lettres du comte Guillaume de Pontieu faisant savoir qu'un certain territoire qui est appelé Rotainville après la Maye, de Monchaux

jusques aux dunes et jusqu'à l'Authie, est de l'église de Saint-Walery. — 1215, mars.	86
LXI. — L'abbé de Saint-Valery et la commune de Marquenterre. Lettres de Richarius abbé de Saint-Valery. — 1215, mars.	88
LXII. — Les Lépreux du Quesne. — Vente d'un terrage aux Lépreux du Quesne par Hugue Haterel, chevalier. — 1216.	89
LXIII. — Rue. — Les Lépreux de Lannoy. — Lettres comment les ladres de Lannoy de Rue ont cascun an ung muy de blé sur les molins de Rue du meilleur après le blé de Valoires et plusieurs aultres dons contenus en ces présentes, et après ces présentes sont contenues les rentes que les dessus dits ladres ont à Rue sur le comte de Pontieu. — Sans date, mais du comte Guillaume.	90
LXIV. — Bois près du Titre. — Le Gard lès Rue. — Lettres comment l'abbé et couvent de Saint-Riquier accordèrent au comte de Pontieu (Guillaume) tout ce qu'ils avoient au bois de lès le Tristre pour quarante sols l'an au Noel à prendre sur le vicomté (d'Abbeville) et aussi comment ils accordèrent audit comte tout ce qu'ils avoient de le terre et marès dedans le closture du Gard et dehors pour un muy d'avaine à le saint Remy. — 1216, février (1217).	98
LXV. — Crécy. — Lettre comment Wille comte de Pontieu affranquit Bernard Tueleu et ses hoirs tant qu'ils demeureront à Cressy. — Fait à Cressy en 1217, avril. . .	100
LXVI. — Rue. — L'hôpital, les moulins de Rue. — Le Titre. — Lettres comment le comte de Pontieu donna à l'ospital de Rue demi muy d'avaine à le saint Remy et aultres cens en escange de dix journeulx de terre au Tristre. — 1217, avril	101

LXVII.	Hommage du comte d'Eu pour un fief. — Lettres de quarante livres que le comte d'Eu prent en Pontieu sur le vicomté au Noel. — 1217, juin	102
LXVIII.	Port. — Lettres de le commune de Port. — 1218 . . .	104
LXIX.	Abbeville. — Étal à Boucher vendu au comte. — Lettres del estal Pierron Pipetarte. — 1218, octobre	105
LXX.	Rente sur la vicomté d'Abbeville. — Les seigneurs de Maisnières	106
	I. — Lettre de rente qui se print sur le vicomté d'Abbeville. — 1218, novembre	106
	II. — Aveu de Jean de Maisnières. — 1218.	107
LXXI.	Abbeville. — Les moulins. — Droits de moutures. — Lettres comment on ne doit prendre aux molins d'Abbeville que pour chacun sextier un boistel. — 1218, la veille des calendes de février (31 janvier 1219) . . .	109
LXXII.	Sery. — Échange par l'abbé de Sery et le comte de Ponthieu de la terre dite Fraileville contre le fief Rohastre. — Lettres de l'abbé de Sery. — 1219	110
LXXIII.	Abbeville. — Lettres du comte Guillaume pour saint Oulfran comment deux des nouvelles prébendes doibvent prendre huit livres à le vicomté. — 1219, mai . . .	111
LXXIV.	Montigny. — Lettres comment le comte de Pontieu donna en augmentation à le capelle de Monteigni cent sols parisis. — 1219 au mois de mai	112
LXXV.	Boufflers et le moulin d'Anconay. — Lettres comment Guy de Caumont tenoit du comte de Pontieu Bofflers et le molin d'Anconay. — 1219, novembre	113
LXXVI.	Les Lépreux du Quesne. — Don d'une mine de blé aux Don d'une mine de blé aux Lépreux du Quesne par Gauthier de Pierecort. — 1219	114

LXXVII. — Rue. — Sel à prendre à Rue. — Lettres du comte Guillaume donnant huict muids de sel à prendre, par an, le jour de saint Johan Baptiste, à l'ospital de montd. — 1220, juillet. 115

LXXVIII. — Moromesnil. — Lettres comment l'abbesse et couvent de Moriaucourt vendirent au comte de Pontieu le terre qu'ils avoient à Moromaisnil emprès Braisli pour cent sols parisis qu'ils en rechurent et comment ils en quittèrent ledit comte. — 1220, octobre   115

LXXIX. — Saint-Valery. — Droits sur la navigation. — Lettres d'accord de Robert comte de Dreues, seigneur de Saint-Walery, et du comte de Pontieu, pour le fait des haules de le mer et du navire. — 1220, décembre   116

LXXX. — Rue. — Lettre comment le comte de Pontieu donna plusieurs héritages à plusieurs gens dénommés en ces présentes. — Sans date. 119

LXXXI. — Hallencourt. — Airaines. — Fontaines. — Lettres de Gaultier seigneur d'Hallencourt. — 1220, février (1221). 125

LXXXII. — Les Lépreux du Quesne. — Don de Robert de saint Albin aux Lépreux du Quesne de trois arpens de terre. — 1222 126

LXXXIII. — Les Lépreux du Quesne. — Lettres de l'évêque d'Amiens en faveur des Lépreux du Quesne. — 1223, octobre. 126

LXXXIV. — Les Lépreux du Quesne. — Don par Mathilde de Fresnoi de dix arpens de terre aux Lépreux du Quesne. — 1223, octobre. 127

LXXXV. — Saint-Riquier. — La Léproserie. — Lettres touchant la léproserie de Saint-Riquier, don de dix journeulx de bos aux lépreux par Guillaume comte de Pontieu. — 1222, février (1223) 128

LXXXV bis. — Touchant la forest de Cressy et autres bois ou plusieurs prendent droit, quels droits y ont esté qu'ils n'ont. — Sans date 129

LXXXVI. — Abbeville. Lettres de fundacion de saint Jehan des Prés. 1223, février (1224) 130

LXXXVII. — Lettres de Louis VIII. — Lettres de Louis VIII dit le Lion, données à Chinon l'an 1225 dont le commencement manque mais dans lesquelles il est question d'une supplique de Marie comtesse de Pontieu. — Sommaire de la table. — 1225 131

LXXXVIII. — Corbie et Maignières. — Lettres de Corbie et de Maignières. — Octobre, 1225 134

LXXXIX. — Les Lépreux du Quesne. — Don de Firmin Marcess' aux Lépreux du Quesne. — 1225, décembre . . . 134

XC. — Les Lépreux du Quesne. — Don d'un terrage par Foulques du Quesne aux Lépreux du Quesne. — 1225, février (1226) 135

XCI. — Abbeville. — Prieuré de saint Pierre. — Lettres comment le comte de Pontieu confesse estre tenu de paier aux prieur et couvent de Saint-Pierre les parties qui ensuivent : c'est assavoir cent et dix sols à le saint Jehan baptiste ; cent et dix sols au Noel pour le molin Brasseres, dix livres pour se capelle, quarante sols pour l'obit du comte Guillaume et quarante sols pour un chierge, lesquelles sommes (total vingt-cinq livres) le chantre de saint Wlfran soloit recepvoir et par acord fait entre le capitle de saint Wlfran et le dit couvent ils se payent de présent au dit prieur et couvent. — Abbeville, 1226, mois de décembre. (Date rectifiée) 136

XCII. — Royonval. — Lettres comment l'église de Royonval prend, cascun an, sur le vicomté de Rue un millier

	de herenc roux (de harengs saurs) à prendre à le candelier (la Chandeleur). — 1229, mai	137
XCIII.	Rue. — Sel à prendre sur la vicomté. — Lettres (de la comtesse Marie) comment les religieuses de Saint-Miquel de Doullens furent assignées par le comtesse de Pontieu sur le vicomté de Rue de quatre muis de sel que le père de ledite comtesse avoit donnés auxd. religieuses. — 1229, juin.	138
XCIV.	Ergnies. — Lettres du bois d'Ergnies. — Mars 1228 (1229)	139
XCV.	Abbeville. — Le Valouvrech. — Les moulins. — Lettres du Valouvrech comment l'ospital Saint-Nicolay devoit à Robert du Vaulouvrech et à Jaque le Fournier, cascune sepmaine, une mine de blé tel que lesd. molins gaignoient. — 1230, mai	140
XCVI.	Échange entre un seigneur de Villers-sur-Authie et le prieur de Maintenay. — Lettres d'accord du segneur de Maroeul et du prieur de Mentenay. — 1230, mai . .	141
XCVII.	Corbie et Maignières. — Autres lettres de Corbie contre Maignières. — Décembre, 1230	142
XCVIII.	Saint-Leu-d'Esserent. — Harengs à prendre sur la vicomté de Rue. — Lettres comment l'église de Saint-Leu de Escherens prent cascun an dix milliers de herengs sur le vicomté de Rue. — 1230, mars	142
XCIX.	Nihelle. — Lettres du vicomte de Pont-de-Remy comment il dist que le comte de Pontieu fist faire deux molins à ses dépens en ung fief seant à Noielle que Watier de Noielle tenoist dudit vicomté et que ce fust du consentement dudit vicomte. — 1230, janvier (1231) . . .	143
C.	Abbeville. — Le Val des Lépreux. — Lettres comment le comte de Pontieu donna au Val d'Abbeville, cascun an, deux quaretées de mort bos. — 1231, au mois d'aoust.	144
CI.	Les Lépreux du Quesne. — Don de Hugues de Moiliens	

confirmé par Hugues de Fontaines, chevalier et seigneur de Long, aux Lépreux du Quesne. — 1232, avril	145
CII. — Le Tréport. — Lettres de l'abbé du Tréport. — Janvier, 1232 (1233)	147
CIII. — Les Lépreux du Quesne. — Wautier de Crokoison, chevalier, reconnoit qu'il doit, suivant l'usage de ses ancêtres (more antecessorum meorum, dit-il), un demi sextier de blé aux Lépreux du Quesne. — 1232, février (1233)	146
CIV. — Le Titre, etc. — Lettres du seigneur de Lonc. — 1253, avril.	146
CV. — Abbeville. — Lettres d'un accord du comte de Pontieu et de Robert Malet. — 1233, mai	148
CVI. — Bois près de Forêtmontiers donnés à défricher. — Lettres des bois donnés à Mathieu de Roye près de Foresmontiers par le comte et la comtesse de Pontieu. Il s'agit de trois cens journeulx de bois donnés à défricher suivant la volonté dudit Mathieu et à prendre au chemin qui va vers Ponthoile. — 1233, octobre.	150
CVII. — Airaines. — Ce sont les copies des chartres et des lettres touchant la ville et la baillie d'Areines et premierement de la chartre de la commugne de ladite ville. La lettre est de Simon comte de Pontieu et de sa femme. — 1233 au mois de janvier (1234)	152
CVIII. — Airaines. — Autres lettres pour Areines écrites par Henri de Areines. — Sans date	152
CIX. — Notre-Dame de Boulogne-sur-Mer. — Somme à prendre sur la vicomté de Rue. — Lettres de Vidimus de l'official de Therouene comment il avoit veu les lettres du comte de Pontieu contenant comment l'église de Notre-Dame de Boulogne prent, cascun an, quarante sols parisis à prendre sur le vicomté de Rue au jour de le Notre-Dame my aoust. — A Boulogne, 1233, février (1234).	153

CX. — Le Gard-lès-Rue. — Don au chapelain du Gard sur les moulins et la vicomté de Rue. — Lettres comment le capelain du Gard de lès Rue, prent, cascune sepmaine, sur les molins de Rue ung prouvendier de fourment et huict livres parisis sur le vicomté de Rue et si poeut avoir ès pastures du Gard deux vasques (vaches) et leur sievans (suivants). — 1234, may. 154

CXI. — Accord du comte de Ponthieu et de la comtesse d'Eu. 1234. — Lettres de l'acort de le comtesse d'Eu et comment le comte d'Eu doibt au comte de Pontieu service de trois chevaliers quant le comte de Ponthieu en a besoing. . 155

CXII. — Saint-Josse-au-Bois. — Les moulins de Tigny et de Nampont, etc. — Lettres comment Simon, comte de Pontieu, et Marie, comtesse de ce mesme lieu, accordèrent aux religieulx de Saint-Giosse ou bois le légat que Wille leur prédécesseur comte de Pontieu avoit fait auxd. religieulx, c'est assavoir le moitié de le moitié que icéluy comte avoit ès molins de Tigny et de Nempont, et aussi comment il accordèrent auxd. religieulx certains terrages et ung muy de bled à Cauroy que le segneur de Ponches leur avoit donné en ausmosne. — 1234. . 158

CXIII. — Droits de l'abbaye de Saint-Valery dans le Marquenterre. — Lettre de Richarius, abbé de Saint-Valery, faisant savoir que tout ce que le comte Simon a concédé dans le Marquenterre pour le droit de tourbage, il l'a fait par la volonté dudit abbé. — 1235, avril 158

CXIV. — Cercamps. — Sel à prendre à Rue. — Lettres du comte Simon pour différentes choses (pour Cercamps). — 1235, au mois de mai 159

CXV. — Les Lépreux du Quesne 160

I. Don de Anchelmus de Beaucamp, lépreux, à la léproserie du Quesne, de dix journaulx de terre, etc. —

	1235 février (1236)............	160
	II. Don par Jean de Beaucamp de dix journaux de terre aux Lépreux du Quesne pour l'ame de son frère mort chez eux. — 1235, février (1236)	161
CXVI.	— Pont-de-Remy. — Lettres comment Enguerran, vicomte du Pont-de-Remy et seigneur dudit lieu, confesse que son père lé fist saisir (le mit en possession), par le comte de Pontieu, de toute se terre quelque part qu'elle fust. Il acorda que sen dit père aroit se vie durant le moitié de ledite terre et le manage qui avoit été à son père, et qu'il lui garandiroit. — 1236, juillet	162
CXVII.	— Auxy. — Lettres comment Hue d'Auxy, chevalier, tenoit se fief d'Auxy de Simon, comte de Pontieu. — Octobre, 1236	163
CXVIII.	— Les Lépreux du Quesne. — Guillaume Haterel, rappelant la vente faite par son père aux Lépreux du Quesne en 1216, la leur confirme avec quelques explications. — 1236, février (1237)............	163
CXIX.	— L'abbaye de Valoires. — Somme à prendre sur la vicomté du Crotoy. — Lettre du comte Simon qui assigne au couvent de Valloires sur le vicomté du Crotoy dix livres de rente annuelle à prendre à la saint Remy, que son père (c'est-à-dire le père de la comtesse), le comte Guillaume, a léguées à ce couvent, dum laboraret in extremis. -- Décembre, 1237..........	164
CXX.	— Maintenay. — Villers. — Fresnes. — Lettres comment le comte de Pontieu donna et quitta au prieur Mentenay tout le droit vicomtier à Villers et à Fraisnes, excepté murdre, larrechin, rapt, etc. — 1237	165
CXXI.	— Abbeville. — Lettres (du comte et de la comtesse de Ponthieu) comment l'afforement du vin est au segneur de Pontieu et à le ville (d'Abbeville). — Août, 1237 .	168

CXXII. — Les religieuses d'Épagne. — Harengs à prendre sur la vicomté de Rue. — Lettres (du comte Simon et de comtesse Marie) comment les religieuses d'Espaigne ont, cascun an, quatre milliers de herengs, à le saint Andrieu, à prendre sur la vicomté de Rue. — Aoust, 1237 169

CXXIII. — Abbeville. — Somme à prendre sur la vicomté d'Abbeville. — Lettre comment le comte et le comtesse de Pontieu (Simon et Marie) confessent avoir donné à sire Guiffroy de le Capelle, chevalier, trente livres tournois de rente à prendre, cascun an, à le vicomté d'Abbeville, au jour de le candelier (la Chandeleur) jusques à tant que aultre assignation souffisante luy sera faite et par si qu'il doibt estre homme lige dudit comte pour lesd. trente livres. — 1237, octobre. . 170

CXXIV. — Le Crotoy. — Somme à prendre sur la vicomté pour l'obit du comte Guillaume à Valloires. — Lettres comment l'abbé et couvent de Valoiles ont, cascun an, au jour saint Remy, soixante sols parisis à le vicomté du Crotoy pour l'obit du comte Guillaume. — 1237, au mois de décembre. 171

CXXV. — Jeanne de Ponthieu reine de Castille. — Conventions matrimoniales entre le roi de Castille et Jeanne de Ponthieu. — Lettres de Louis roi de France faisant connaître des lettres du roi de Castille. — 1237 et 1238 172

CXXVI. — Maintenay. — Villeroy. — Lettres comment Guillaume, segneur de Mentenay, accorde aux maire et eschevins de Villeroye l'assignation de cent dix livres à prendre sur le fief qu'il tient du comte de Pontieu, lequelle assignation leur fist Willaume de Villeroye, nepveu dudit Willaume, et aultres drois touchans le comte

	de Pontieu. — 1237, au mois de mars (avant Pâques) 1238)	174
CXXVII.	— Les Lépreux du Quesne. — Don par Jean de Beauchamp aux Lépreux du Quesne de dix journaux de terre au terroir de Beauchamp. — 1238, mai. . .	175
CXXVIII.	— Le Titre. — Le bois de la Vaquerie. — Lettre de don fait par le seigneur de Long du bos de le Vacquerie proche le Tristre. — 1238, juin	176
CXXIX.	— Les Lépreux du Quesne	177
	I. Don par Pierre de Saint-Albin aux Lépreux du Quesne (d'une pièce de terre d'un journal environ au terroir de Saint-Aubin). — 1238, avril. . . .	177
	II. — Lettre du doyen d'Airaines. — Don (d'une pièce de terre d'un journal environ) par Pierre de Saint-Albin aux Lépreux du Quesne. — 1238, avril . .	178
CXXX.	— Engagement du comte de Ponthieu et de la comtesse de Dreux par devant le roi de France. — Lettres comment le comte de Pontieu et le comtesse de Dreues promirent par devant le roy de Franche et son conseil à tenir ce qu'il seroit appointié du descors dudit comte et de ladite comtesse. — 1238, octobre	179
CXXXI.	— Le Crotoy. — Sel à prendre sur la vicomté. — Lettres de Simon comte de Pontieu qui acorde à Bernard d'Amiens, chevalier, soixante livres de rente annuelle à prendre sur le vicomté du Crotoy. — 1239, au mois de juillet	179
CXXXII.	— Brailly. — Un hommage de Guy de Vaudricourt. — Lettre comment le comte de Pontieu donna à Guy de Waudricourt le manage que ledit comte avoit à Brailly pour une paire d'esperons dorés, cascun an. — 1239, août	181

CXXXIII. — Pour l'obit du comte Simon. — Somme à prendre sur la vicomté de Rue. — Lettres (de la comtesse Marie) comment l'église de Boulogne prent, cascun an, vingt sols parisis au jour de le Nostre Dame my aoust, pour l'obit Simon comte de Pontieu, à prendre sur le vicomté de Rue. — 1239, octobre 182

CXXXIV. — L'abbaye de Sery. — Cens à prendre au Translay pour l'obit du comte Simon. — Lettres comment le comte de Pontieu Simon donna vingt sols de cens aux religieulx de Sery pour son obit qu'on fait en ledite église à le saint Mahieu et se prendent au Tranleel au jour saint Remy. — Octobre, 1239. 183

CXXXV. — Abbeville. — L'obit du comte Simon à Saint-Vulfran. — Lettres pour saint Oulfran comment il prendent au jour saint Remy soixante sols parisis pour l'obit du comte Simon. — Octobre, 1239 184

CXXXVI. — Rue. — L'obit du comte Simon dans la maladrerie de Rue. — Lettres comment le maladrerie de Rue prend, cascun an, à le saint Mahieu, xx sols à le vicomté de Rue pour l'obit de Simon comte de Pontieu. — 1239 185

CXXXVII. — Rue. — L'obit du comte Simon dans l'église de Saint-Vulphi de Rue. — Lettres comment l'église de Rue Saint Wlfi prend cascun an vingt sols à le feste saint Remy sur le vicomté de Rue pour l'obit Simon comte de Pontieu. — 1239, octobre 186

CXXXVIII. — Rue. — L'obit du comte Simon dans l'hôpital de Rue. — Lettres comment les povres de Rue, ont, cascun an, à le saint Remy dix sols sur le vicomté de Rue pour l'obit Simon comte de Pontieu. — 1239, octobre 187

CXXXIX. — Le Crotoy. — Somme à prendre sur la vicomté. — Lettres de dix livres parisis pour une capelle à Saint-

	Leu d'Esserans (ou Esserens) lesquelles on prent à le vicomté du Crotoy. — 1239, au mois d'octobre . .	188
CXL.	— Abbeville. — L'obit du comte Simon dans la léproserie du Val d'Abbeville. — Lettres comment le maison du Val d'Abbeville prent vingt sols cascun an à le saint Remy à le vicomté d'Abbeville pour l'obit Simon comte de Pontieu. — 1239, au mois de décembre. .	189
CLXI.	— Saint-Josse-au-Bois. — Somme à prendre sur la vicomté de Crécy pour l'obit du comte Simon. — Lettres comment Marie, comtesse de Pontieu, acorda aux religieulx de Saint Giosse ou bois qu'ils aient, cascun an, à le saint Remy, trente sols parisis à le vicomté de Cressy pour l'obit de Simon comte de Pontieu. — 1239, décembre.	190
CXLII.	— Abbeville. — Les chapelains de la Cour Ponthieu. — La Porte Comtesse. — Lettres comment le comtesse de Pontieu assigna aux capellains de le Court Pontieu quarante sols à prendre sur le tenement de Pierre Trochart séant oultre le porte Comtesse. — 1240, juillet.	191
CXLIII.	— Crécy. — Vente d'un cens sur la vicomté	192
	I. Lettres comment Jehan Rabot vendi à Pierre Dominus cent sols de cens que ledit Rabot prendoit cascun an sur le vicomté de Cressy au jour saint Remy. — 1242, septembre	192
	II. Lettres comment Jehan Rabos vendi à Pierre Dominus, bourgeois du Crotoy, cent sols de cens que ledit Rabot, cascuu an, prendoit sur le vicomté de Cressy. — 1242, septembre	194
CXLIV.	— Rue. — Rente à prendre par l'église de Longpont sur la vicomté de Rue en échange de dons du comte Guillaume. — Lettres comment l'église de Long pont prent, cascun an, quatre livres parisis à le saint Jehan baptiste,	

sur le vicomté de Rue, en recompensation de douze journeulx de grève pour faire sel qu'il avoient de lès Rue et de trente journeulx de bos qu'il avoient en le Nœuve Deffense (in novo deffenso). — 1243, aoust . . 194

CXLV. — Corbie et Maisnières. — Lettres de Corbie contre Maignières. — 1244. — Avant la fête de saint Barnabé, apôtre. 195

CXLVI. — Fiefs vendus à Robert d'Artois. — Lettres comment Mathieu, comte de Pontieu, vendi à Robert, comte d'Artois, le fief que Hue, comte de Saint-Pol, tenoit dudit comte de Pontieu, ou quel fief sont pluseurs hommages déclairès en ces présentes et le fief du vicomte de Pont de Remi. — Mai, 1244. 196

CXLVII. — Fiefs vendus à Robert d'Artois. — Lettres comment le roy de Franche Loys conferma et acorda le vente des fief dessus dits. — Novembre, 1244 197

CXLVIII. — Le fief de la Cuisine. — Lettres comment le comte de Pontieu Mathieu vendi à Phelippe le Roux de Rue le fief de Notre Cuisine lequel fief fut à Jehan Hoket; en rechupt ledit comte cent livres parisis. — 1245, juillet 199

CXLIX. — Les Lépreux du Quesne. — Lettres d'Estienne de Biencourt aux Lépreux du Quesne. — 1245, septembre. . 200

CL. — Abbevillle. — Le Brule près du bois d'Abbeville. — Les chapelains de Sainte Croix en la Cour Ponthieu. — Lettres comment le comte de Pontieu donna aux capellains de le Court de Pontieu xc journeux de terre au Brulle derriere le bos d'Abbeville, entre le quemin d'Arli (d'Ailly) et le quemin de Vauchelle et tous les drois que ledit comte prendoit ou moulin Sainte Croix, et ce leur donna ledit comte en escange d'un redime que les dessus dits capellains prendoient en sept cent journeulx de terre audit Brulle. — 1245, mars (1246) 201

CLI. — Arbitrage à Saint-Valery entre le comte de Ponthieu et le comte de Dreux. — Lettres d'arbitrage du comte de Pontieu et du comte de Dreues, segneur de Saint-Walery. — 1247, septembre.   203

CLII. — Abbeville. — Une table de changeur. — Lettres comment sire Bethremieulx Trochars avoit baillié à cens à Pierre de Loherene son cange qu'il avoit sur le Pont aux Poissons. — Juin, 1248.   205

CLIII. — Le Crotoy. — La garenne du Crotoy et de Maioc. — Le Warenne du Crotoy et de Maïoque. Lettres (de l'abbé de Saint-Riquier) comment le comte de Pontieu a le warenne au Crotoy et Maioc et pluseurs aultres droits que l'abbé accorde par ces présentes. — 1248, juin. .   206

CLIV. — L'abbaye de Balances (Valloires). — Lettres pour l'abbé de Balanches. — 1248, au mois de juillet   207

CLV. — Abbeville   211

    I. Lettres de quarante sols parisis donné par li sires de Moroïl à Godefroy Lengles et à sa femme chacun an. — 1249, juillet.   211

    II. Lettres de le comtesse de Pontieu de la confirmation du don dessus dit. — 1249, juillet.   211

CLVI. — Hiermont. — Lettres comment Robert de Noyellette vendi à Jehan de Baiardes cinq journeulx de terre à Hiermont. — 1250, juin   212

CLVII. — Question de commerce de Mer. — Lettres touchant le commerce de mer. — 1250, samedi dans les octaves de l'Assomption, août.   213

CLVIII. — Port et Noyelles. — Lettres comment la comtesse d'Eu donna à Emeline de Fontaines le fief qui fu Jehan de Wisqueni, lequel fief siet ou terroir de Port et de Noyelle, et le tenoit ledit Jehan de Wisqueni de ladite comtesse par une paire de wans (gants) cascun an, au

jour de Pasques, et si estoit ledit fief tenu de l'abbé de
Saint Cornelle de Compiengne. — Juillet, 1251. . . . 215

CLIX. — Hesdimont. — Lettres touchant les bois de Hesdimont,
l'an 1253, octobre 216

CLX. — Abbeville. — Crécy. — Don de cent journaux de la
forêt de Crécy au chapitre de Saint-Vulfran. — Lettres
comment le comte (c'est-à-dire la comtesse) de Pontieu donna aux doyen et capitle de Saint Wlfran cent
journeulx de bos en le forest de Cressy emprès le
maison du Temple que on nomme le Forest, d'un costé,
et de l'aultre costé jusques au bos W. de Bouberch et
que on nomme Rondel (ad usus proprios eorumdem),
par condition que ce soit aux canoines residens sur le
lieu et, s'il avient que deux ou trois canoines demeurent
ensemble, ils ne prendront que tant seullement pour
ung seul ; et seront tenus les warde de le forest de faire
serment auxd. doyen et capitle qu'ils garderont led.
bois ; et, si aucune amende avient audit bois, l'amende
appartient, c'est assavoir moitié au comte de Pontieu
et l'autre aud. capitle. — 1255, au mois d'août. . . 217

CLXI. — Pont-Remy et Dun. — Lettres comment ceulx de Dun
ont le pasturage ès marès de Pont de Remy de toutes
les bestes, exceptés Brebis et pourcquaulx, et doibt
cascun homme qui a bestes aud. marès, cascun an, à
le Saint Remy, au comte de Pontieu une livre de chire.
— Janvier, 1255 (1256) 218

CLXII. — Airaines. — Droits de travers. — Lettres comment le
segneur de Araines avoit vendu pour quatre ans son
travers de ladite ville de Araines à deux bourgeois
d'Abbeville. — 1255, janvier (1256) 219

CLXIII. — Le Crotoy. — Don viager à un chapelain. — Lettres
comment le royne de Castille, comtesse de Pontieu,

donna à M^{ss} Jehan Berton, prestre, capellain du Crotoy, douze livres parisis, le vie dudit Berton durant et non plus. — 1256, au mois d'aoust, le vigille saint Bartholomé apotre 220

CLXIV. — Échange entre l'abbé de Forêtmontiers et le comte de Pontieu. — Tourmont. — Machiel. — Lettres comment le comte de Pontieu et l'abbé de Forest Montier cangèrent de le ville de Tormont à Machiel et autres pluseurs coses. — Mars, 1256 (1257). 221

CLXV. — Hesdimont. — Lettres touchant le bois de Hesdimont. — 1257, au mois de novembre. 222

CLXVI. — Forêtmontiers. — Lettres d'acort du comte de Pontieu et des religieux de Forest Montier. — 1257, janvier (1258) 222

CLXVII. — Le Translay. — Lettres comment le segneur de Framicourt, en Vimeu, vendi au comte et à le comtesse de Guelles douze journeulx de terre au Transleel qu'il tenoit de mons^r Jehan de Ascheu et comment à se requeste le comte de Pontieu en saisit lesd. comte et comtesse de Guelles. — 1257, janvier (1258) . . . 224

CLXVIII. — Laviers. — Lettre du segneur de Laviers. — 1257, janvier (1258) 224

CLXIX. — Le Translay. — Lettre comment le segneur d'Acheu confesse que tout le droit de segneurie qu'il avoit en douze journeux de terre séans au Transleel, lesquels le segneur de Framicourt avoit vendu au comte de Guelles, il résigna en le main du comte de Pontieu et de le comtesse. — 1257, janvier (1258) 225

CLXX. — Mareuil. — Charte de Guillaume Tyrel. — Lettres faisans mention comment le segneur de Pois debvoit à M^{ess} Mahieu de Trie, segneur dudit lieu et de Monchy, trois mille livres parisis, lequel segneur de Pois les assigna aud. sieur Mahieu sur le terre de

Mareul à quatre chens livrées de terre sur led. terre de Maroeul et sur le forteresse à recepvoir jusques à tant qu'il en soit récompensés. — 1257, le lundi devant le Chandeleur (1258). 226

CLXXI. — Hiermont. — Les religieuses de Willencourt. — Lettres comment Jehanne, royne de Castille et comtesse de Pontieu, conferme aux religieuses de Willencourt deux muis d'avaine que Willaume, comte de Pontieu, leur donna à prendre, cascun an, à Hiermont, pour faire cervoise pour lesdites religieuses, et leur donne item ung mui d'avaine pour l'obit du comte Simon. — 1257, au mois de février (1258) 227

CLXXII. — Échange entre le comte de Ponthieu et l'abbé de Forêt-montiers. — Tourmont. — Machiel. — Lettres (de l'évêque d'Amiens) comment le comte de Pontieu et l'abbé de Forest Montier cangèrent de le ville de Tormont à Machiel et aultres pluseurs coses. — 1257, mars (1258). 229

GLXXIII. — Airaines. — Le fief Pignon. — Lettres comment la comtesse Jehanne donna à Riquard le Mareschal un fief Pignon et comment depuis la comtesse assigna audit Mareschal sept livres treize sols parisis à prendre au Crotoy pour la recompensation dud. fief. — 1257, au mois de mars, le jour de la feste de saint Grégoire (c'est-à-dire le 12 mars [1258]. 232

CLXXIV. — Saint-Quentin en Marquenterre. — Lettres de Tormont. — 1257, avril (1258). 233

CLXXV. — Vicomtés et seigneuries en Vimeu. — Lettres de compromis en arbitrage de madame le comtesse de Dreues, dame de Saint Wallery, et de la comtesse de Pontieu touchant certaines questions à cause de leurs vicomtés et seigneuries et autrement en Vimeu et ailleurs. — 1258, au mois de juin. 235

CLXXVI. — Moreuil. — Probablement Mareuil. — Lettres de recongnoissance d'amendise faites par le s^r de Villers. — 1258, le lundi après la saint Andrieu (décembre) 237

CLXXVII. — Les Religieux de Pont Hermier. — Lettres de Jehanne, royne de Castelle et de Léon et comtesse de Pontieu, rappelant une générosité de Simon de Dommartin et de Marie sa femme, faite en perpétuelle aumosne aux chapelains d'hôtel dieu de Pont Hermier. — 1258, au mois de mars 238

CLXXVIII. — Hiermont. — Lettres comment Mre Betremieulx de Rue vendi à Simon Dupuch le fief qu'il tenoit à Hiermont. — 1260, mai. 239

CLXXIX. — L'abbaye de Balances (Valloires). — Droit de pêche échangé contre une somme sur la vicomté de Rue. — Lettres comment le comte de Pontieu donna aux religieulx de Balanches, cascun an, soixante sols parisis à prendre sur le vicomté de Rue en recompensation de l'usage qu'ils avoient de pesquier cascun an ès viviers de Rue. Fait à Cressy. — 1261   240

CLXXX. — Abbeville. — Lettres comment nulz ne peut prester aux usures à Abbeville, ce n'est par le congié du comte et de la ville. — 29 septembre 1261 . . . 241

CLXXXI. — Fontaines. — Aumale. — Lettres comment le segneur de Fontaines et de Long vendi à Jehan Silet, bourgois d'Abbeville, dix livres tournois de rentes qu'il prenoit en le prevosté de Aumalle, au jour saint Miquel, par ung homme au comte de Pontieu. — 1262, juin 242

CLXXXII. — Airaines. — Lettre de Henri, seigneur d'Airaines, à son seigneur Jean de Neelle, comte de Pontieu, et à sa femme, leur demandant de confirmer, comme seigneur, au couvent de Saint-Pierre de Selincourt, certaines concessions qu'il a faites. — 1262, février (1263) 242

CLXXXIII. — Épagne. — Auxy. — Lettres des sire et dame d'Espaigne et du sieur d'Auxy touchant certains fiefs et autres choses tenues de la seigneurie. — 1264, février (1256) 243

CLXXXIV. — Auxy. — Lettres comment Hue d'Auxy, chevalier, segneur dudit lieu, se mist en l'appointement que le comte de Pontieu ordeneroit du débat qui estoit entre luy et Drien d'Auxy son frère. — 1er août 1265 243

CLXXXV, — Abbeville. — Lettres comment le vicomte d'Abbeville doit faire serement. — Mai 1266 244

CLXXXVI. — Marquenterre. — Lettres du comte de Pontieu touchans le commune et les limites de le banlieue accordées aux maire et eschevins de Mareskieneterre. — 1266, le samedi devant le saint Martin . 244

CLXXXVII. — Vaudricourt. — Lettres comment Hue de Waudricourt, chevalier, donna se fille à mariage à Watier de Gransart, et aultres drois au traité de mariage pour paix, etc. — 1266, mars (1267). 246

CLXXXVIII. — Le Bouteillerie. — Lettres de vendition faite du fief de la Botilliere pour Jehan de Belloy sire de Vieullaines au comte de Pontieu Jehan de Neele. — 2 mai 1267 246

CLXXXIX. — Concession de droits de justice. — Lettres comment le royne de Castelle, comtesse de Pontieu, donna à M^{ess} Drieuon d'Amiens, segneur de Vinacourt, l'escat, le rapt, le murdre et larresin, ès fief que ledit tenoit de ledite comtesse. — 1267, septembre 247

CXC. — Fieffes. — Lettres de convenches (conventions) de Enguerran de Fiefes et de M^{ess} Mahieu de Lannoy. — 1248 (avril). — Probablement 1268 250

CXCI. — Forêtmontiers. — Confirmation par le comte J. de Neelle et la comtesse Jeanne, des lettres données par la comtesse en janvier 1257 (1258). — 1268, octobre . 251

CXCII. — Épagne. — Lettres touchant dix journaux de pré séant à Espaigne, piéça vendu à Thumas Pullois, homme de l'ospital de Saint Jehan de Jerusalem. — 1268, le 6 janvier (1269) 252

CXCIII. — Nouvion. — Forêtmontiers. — Lettres comment le segneur de Nouvion a livré à l'abbé de Forest Montier iiii^{xx} journeulx de bos pour essarter. — 1270, le jour de saint Honoré (mai) 253

CXCIV. — Nouvion. — Forêtmontiers. — Autres lettres touchant les quatre-vingt journeulx de bos dessus dits. — 1270, le jour de saint Honoré (16 mai) 254

CXCV. — Défaut de relief. — Saisie de terre. — Lettres comment le comtesse de Guelle quitta le comte de Pontieu des levées qu'il avoit fait de terres estans en Pontieu appartenant à lad. comtesse, que led. comte de Pontieu avoit prins en se main par deffault de relief. — 1270, décembre, le jour de saint Nicolas en hiver 255

CXCVI. — Arrech. — Lettre de Henri de Nouvion. — Lettres comment le segneur de Fontaines vendi aux religieux de Forest Monstiers le moitié des terrages d'Arrech. — 1270, au mois de mars (1271) 256

CXCVII. — L'abbaye de Royonval. — Harengs concédés sur la vicomté de Rue. — Vidimus du don fait par le comte Simon et sa femme (mai 1229) et confirmation de ce don par Jeanne reine de Castille. — Janvier 1271 (1272). — Lettres de l'église de Royonval 257

CXCVIII. — Cambron. — Andrieu de Camberon, chevalier, confesse avoir receu sa terre du comte de Pontieu qui, pour aucune cause, l'avoit print en sa main. Quittance des levées. — 1271, janvier (1272). 258

CXCIX. — Forêtmontiers. — Lettres de Jehan de Neelee, comte de Pontieu, et de Jehanne, sa femme, faisant savoir qu'il a donné au couvent de Forest Monstier des droits dans le bois qu'ils (les religieux) ont acheté de Drieuon d'Amiens de Roye, etc. — 1272, novembre. . . . 259

CC. — Forêtmontiers. — Lettres de l'abbé de Forest Montier faisant savoir que Jehans de Neelee, comte de Pontieu, et sa femme ont concédé au couvent certains droits dans le bois qu'ils (les religieux) ont acheté de Drieuon de Roye. — 1272, novembre 261

CCI. — Crécy. — Vente du Moulin Cokin 262
I. Lettres comment Mre Robert Cloche d'Amours, prestre, vendi au comte de Pontieu le molin Cokin, séant à Cressy dessoubs le maladrerie. — 1273, au mois d'aoust 262
II. Lettres comment le comte de Pontieu acata le molin Cokin à M^{ess} Robert de Valines, prestre, et comment l'abbé de Forest Montiers en bailla la saisine audit comte par en payant cascun an les redevances contenues en icelles lettres et comment le comte s'obligea que, ou cas que led. molin ne seroit soufisant, si seroient tousdis paiés lesd. religieulx de leur vente sur le domaine de le comte de Pontieu. — Au mois de décembre 1273. 263

CCII. — Aumale. — Lettre de l'abbé de Saint Martin d'Aumale. — 1273, dans le jour des Quatre Couronnés . . . 264

CCIII. — Rue. — Lettres d'acord du comte de Pontieu et de le ville de Rue pour le fait du mesurage des grains. — Janvier 1273 (1274) 265

CCIV. — Long. — Lettres du seigneur de Long. — Lettres comment le sire de Lonc a la basse justice, non la haute. — 1273, février (1274) 268

CCV. — Le Translay et Maigneville. — Lettres comment Alfons de Rouvroy, escuier, vendi à Phelippe le comtesse de Guelle toutes les choses qu'il tenoit au Transleel et à Maigneville. — 1273, mars (1274) 269

CCVI. — L'abbaye de Royonval. — Les harengs de la vicomté de Rue. — Lettres comment Jehane, royne de Castelle, comtesse de Pontieu, donna à l'abbaye de Royonval ung millier de Herenc à prendre cascun an, au jour de le Candelier, sur le vicomté de Rue, avec ung aultre millier que Simon, pere de ledite royne, avoit donné à ledite abbeye; ainsi sont deux milliers de herenc cascun an. — 1274, février (1275) 270

CCVII. — Sailly-le-Sec. — Lettre du fief qui fu Thumas le Prevost à Sailly. — 1275, mai 271

CCVIII. — Abbeville. — Lettre de le franque feste Sainte Crois en Abbeville. — Juin 1275 272

CCIX. — Saint-Riquier. — Vinacourt, etc. — Lettres de l'abbé et couvent de Saint-Riquier touchant certains dons à eulx faits par le sire de Vinacourt, de fiefs et hommage séant en le rivière d'Authie et le cauchie Brunehault et également touchant aucune garenne sur lesdits fiefs mouvans..... du comte de Pontieu. — 1275, aoust . 274

CCX. — Saint-Riquier. — Accord de l'abbé et du comte de Ponthieu. — Lettres d'un acord de l'abbé et couvent de Saint-Riquier et du comte de Pontieu pour deux hommages, c'est assavoir de demiselle Ève de Lannoy et de Mre Jehan de Gaissart, lesquels hommages sont tenus du comte de Pontieu. — 1275, aoust 274

CCXI. — Rue. — Projet de dérivation de l'Authie vers Rue. — Lettres comment le comte de Pontieu accorde à ceulx de Rue qui (qu'ils) soient quittes de l'obligation en quoy ils sont obligés pour l'acord qui (qu'il) leur a fait de faire venir le cours de le rivière d'Autie à Rue, ou cas que ce faire ne porroient. — 1277, mai   275

CCXII. — Dommartin. — Waben. — Lettres comment Marie de Cayeu et Anseaus son fils donnèrent aux religieulx de l'église de Dommartin tout le terrage qu'ils prendoient ès terres de ladite église que on tenoit de eulx au terroir de Waben et une mine de fourment et deux cappons que le maison de Bannières de lès Waben leur rendoit et ce pour l'obit de feu Ansel de Cayeu. — 1277, juin   277

CCXIII. — Dommartin. — Nampont. — Lettres comment Marie de Cayeu et Ansel, son fils, donnèrent aux religieulx de Dommartin toutes les terres Waignables, tous les cens, tous les cappons, toutes les rentes de blé et d'avaine que ils avoient en le ville de Nempont et six sextiers de grain moitié de soile et moitié baillart, et aultres choses. — Juin 1277   278

CCXIV. — Marquenterre. - Droits respectifs de l'abbaye de Dommartin et du comte de Pontieu sur un moulin à vent en Marquenterre. — Lettres comment l'abbé et couvent de Dompmartin ont les deux parts ou [au] molin à vent qui est en Marquenterre et le comte de Pontieu le tierce partie et aultres droits du molin. — Juillet 1277   279

CCXV. — Le Translay. — Lettres de le fondation de la capellerie du Transleel que le comtesse de Guelles fonda l'an 1277 au mois d'aoust   279

CCXVI. — Villeroy. — Lettres comment Luce de Villeroye vendi aux maieur et esquevins de Villeroye treize journeulx de terre oudit terroir. — 1278, juillet   280

CCXVII. — Nampont. — Lettres comment le comte de Pontieu ne poeut faire escluses de eaues (eaux) ès marès (marais) qui sont entre Nempont devers Monstroeul et Roussen, lesquelles eaues courans par yceulx marès appartiennent aux religieulx de Dommartin. — 1278, septembre. 281

CCXVIII. — Abbeville. — Lettres comment ceulx d'Abbeville voloient avoir serrement du comte de Pontieu. — 1279, juin. 282

CCXIX. — Nouvion. — Coquerel. — Noyelle. — Nollette. — Sailly-Bray. — Bonnelle. — Hurt. — Favières. — Lettres comment Mess. Jehan Dolehaim vendi au comte de Pontieu tous les droits contenus ès lettres précédentes. — 1279, juin 284

CCXX. — Vinacourt. — Fontaine. — Embreville, etc. . . . 285
I. Lettres comment le segneur de Vinacourt donna et otroya à Édouard, roy d'Engleterre et comte de Pontieu, tous les drois des hommages que la dame de Fontaines-sur-Somme et Thumas d'Embreville tenoient de luy. — 1279 après les octaves saint Martin en hiver 285
II. Lettres comment le segneur de Vinacourt manda à la dame de Fontaines que, du fief qu'elle tenoit de luy, elle en fesist hommage au roy d'Engleterre comte de Pontieu. — 1279, le lundi après les octaves, etc. — Même date 286
III. Lettres comment le seigneur de Vinacourt manda à Thumas d'Embreville qu'il fesist hommage et service du fief et arrière fief qu'il tenoit de luy au comte de Pontieu comme à luy mesme. — Même date. . . 286
IV. — Lettres de Drieux d'Amiens au roy et à la royne d'Engleterre, faisant savoir qu'il a donné à

	Pierron d'Amiens, seigneur de Conaples, différens drois. — 1279, novembre.	287
	V. Lettres comment mons. Driex d'Amiens, seigneur de Vinacort, donna à mons. Pierron d'Amiens, sen cousin, tout l'hommage que maistre Robert de le Porte tenoit de luy et toutes aultres coses que ledit maitre Robert tenoit de luy ès fiefs de Pontieu. — 1279, novembre.	287
	VI. Lettres comment mons. Pierre d'Amiens, chevalier, fait savoir que se (si) ès dons que lui a fait mons. Drieu d'Amiens, segneur de Vinacourt, avoit (il y avait) aucune cose qui appartenist à le vente que li sires d'Amiens a fait au vidame de Pinquegni (Picquigny), ne (cela ne) puist tourner à préjudice au comte de Pontieu et le saisine qu'il avoit rechupt dudit don il le met du tout au néant. — 1279, novembre. .	288
CCXXI.	— Airaines. — Le fief Pignon. — Lettres (des maire et échevins d'Airaines) de la vente du fief Pignon séant à Areines, faite au comte de Pontieu Édouard, roy d'Angleterre, par Antiaume..... — 1279 au mois de novembre, le vigile saint Andrieu	288
CCXXII.	— Crécy. — Le marché du lundi. — Lettres comment Édouard, roy d'Engleterre, et Aliénor, sa femme, comtesse de Pontieu, accordèrent aux bourgois et communauté de Cressy que le marquié du lundy à Cressy soit franc de tonelieu en vendant et en acatant, par en paiant, cascun an, à le Saint Jehan Baptiste, à le vicomte dudit lieu, dix livres tournois, salve les forages des vins vendus yceluy jour, et aussi que nuls banis, à l'occasion dudit marquié, puissent venir en icelle ville led. jour de marquié. Fait à Westminster, le 4 novembre, la septième année du regne du roy Édouard (donc 1279).	289

CCXXIII. — Dreuil. — Lettres touchant la reconnoissance des drois et coutume dans lesquels le seigneur de Dreuil doit tenir ses hommes audit lieu de Dreuil. — 1279, décembre 291
CCXXIV. — Abbeville. — Rente sur la vicomté. — Lettres de rente à prendre sur le vicomté d'Abbeville. — Décembre 1279 291
CCXXV. — Fontaine-sur-Somme. — Lettres pour le ville de Fontaines-sur-Somme. — Sans date 292
CCXXVI. — Abbeville. — Lettres du tenement du Sauvoir. — 1279 au mois de février (1280) 292
CCXXVII. — Machy. 293
 I. Lettres comment Fremin de Machy, escuyer, vendi au comte de Pontieu toutes les rentes qu'il avoit à Cressy. — 1279 mars, le vendredi devant le Bouhourdich 294
 II. Lettres comment Fremin de Machy, escuyer, vendi au comte de Pontieu le hommage que Bernard de Moreuil, chevalier, segneur de Villers, tenoit de luy. — Abbeville, au mois de mars lendemain du Bouhourdich 294
 III. Lettres comment l'official d'Amiens mande au doyen de Rue que les conventions faites entre le roy d'Engleterre et Fremin de Machy et demisele Mehaud (Mathilde), se femme, qu'il les oye et qui (qu'il) les y (lui) envoye. — 1279, au mois de mars (1280) . 295
 IV. Lettres comment le doyen de Rue envoya à l'official d'Amiens lesdites auditions. — Sans date, mais la réponse du doyen dut suivre de près la demande de l'official 296
CCXXVIII. — Machy 296
 I. Lettres comment Henry de Wascoigne vendi au

comte de Pontieu (roi d'Angleterre) dix journeulx de bos séant desseure Machy (deseur Machy dans la lettre). — Au mois de juin 1280 296

II. Lettres comme Henry de Wascoigne et demiselle Jehanne, se femme, recongnurent devant l'official d'Amiens le vente des dix journeulx de bos dessus dits. — La date manque 297

CCXXIX. — Le Crotoy. — Lettres d'aucuns marchans confessant que le seneschal de Pontieu leur avoit donné un cheval sur quoy avoit esté noyé un homme audit Crotoy. — L'an 1280, le vendredi devant le saint Martin en hiver. — C'est-à-dire avant le 11 novembre 297

CCXXX. — L'abbaye de Dommartin. — Métigny. — Lettres de vidimus comment l'évesque d'Amiens dist avoir veu des lettres de la royne de Castille faisans mention comment Marie contesse de Pontieu, mère de laditte royne, avoit donné aux religieulx de Dompmartin ce que elle possessoit à Metigny sur Autie; c'est assavoir les trois parties du marès, le justice haulte et basse, tous drois de cens, rentes de yaues (eaux), de pesqueries, et tous aultres drois pluseurs, contenus en ces présentes en recompensation de pluseurs tors qu'elle leur avoit fait. — 1280, jour de saint Martin d'hiver. — (Martin de Tours, 11 novembre 299

CCXXXI. — Hesdimont. — Vente du bois au comte roi d'Angleterre. — Lettres de vendition du bos de Hesdimont faite par Raoul, seigneur de Bougainville, au comte de Pontieu. — 1280, novembre 299

CCXXXII. — Abbaye de Dommartin. — Forêt de Crécy 300

I. Lettre de vidimus comment l'évesque d'Amiens dist avoir veu les lettres de Jehanne, royne de Castille et contesse de Pontieu, faisans mention des droits et usages que les religieulx de saint Giosse ou Bois ont en le forest de Cressy. — 1280, novembre . . . 300

II. Littera abbatis et conventus Domni Martini de confirmatione facta à nobili domina Johanna, dei gracia regina Castelle et Legionis, Pontivi et Monstreoli comitissa, de litteris matris sue predictis abbati et conventui donatis de quibusdam libertatibus. — 1280 301

III. Lettres touchant l'abbé et couvent de Saint-Josse faisant mention de certains usages en la forêt de Cressy. — 1280, le dimanche après l'octave de Tous les Saints 301

CCXXXIII. — Crécy. — Lettres de vidimus de l'evesque d'Amiens comment le comte de Pontieu dist par ses lettres que les arbres que les carpentiers avaient coppé en le forest de Cressy en l'assignation de Dompmartin pour leur usage il accorde et ressaisit de nouvel lesd. religieulx dudit usage. — 1280, novembre . . . 302

CCXXXIV. — L'abbaye de Dommartin (Saint-Josse-au-Bois). — Lettres comment l'abbé et le couvent de Dompmartin vendirent au roy Édouard le aumosne que Ansel de Cayeu leur avoit donné et en reçurent cent liures livres tournois. — Janvier 1280 (1281) 303

CCXXXV. — Rente rachetée par le roi d'Angleterre comte de Ponthieu 303

I. Lettres de la rente racatée par Édouard roy d'Engleterre. — 1280, avril (1281) 304

II. Lettres comment l'official d'Amiens mande au doyen d'Abbeville qu'il oye les conventions faites du roy d'Engleterre comte de Pontieu et de le comtesse et de messire Guiffroy de le Capelle, et que icelles conventions il envoie devers luy. — 1280, le cinquième jour après Letare, Jérusalem (1281). 304

        III. Lettres comment le doyen d'Abbeville envoya à l'official d'Amiens les conventions dessus dittes. (Lettres se rapportant aux lettres de 1280, cinquième jour après Letare). 305

        IV. Lettres de l'official d'Amiens se rapportant aux lettres de 1280, cinquième jours après Letare. — Sans date 305

CCXXXVI. — Abbeville. — Le maire et les échevins remettent Michel Catine au sénéchal de Ponthieu, etc. — Lettres du rapotissement Miquiel Catine, le mardi avant Pasques fleuries. — 1280 (1281). . . . 306

CCXXXVII. — Abbeville. — L'abbaye d'Épagne. — Le Pont-aux-Poissons à Abbeville. — Lettres pour Espaigne. — 1281, avril. 307

CCXXXVIII. — L'abbaye de Dommartin. — La forêt de Crécy. — Échange d'un usage dans la forêt de Crécy contre cent soixante journaux de bois 308

        I. Lettres comment l'abbé et couvent de Dommartin cangèrent l'usage qu'il avoient en le forest de Cressy au comte de Pontieu, et, en recompensation de ce, il ont cent et soixante journeulx de bos en une pièche séant entre Campmartin et les haies Eslain, et a oudit bos le comte de Pontieu haulte et basse justice et le cache (la chasse) et le viage, et si le poevent vendre lesd. religieulx tout ou partie desd. bois, et, se amende esqueoit oudit bois, ce seroit ausd. religieulx, et si poevent lesd. religieulx clorre quatre journeulx dudit bois pour faire ung manage, et pluseurs aultres coses contenues ès dites lettres; mais, se lesd. religieulx vendoient lesd. bos par leurs mains et si le quariessent (et s'ils le charriaient), il seroient quittes dudit viage. — Juin, 1281. 308

II. Lettres de l'abbé de Premonstré comment il acorde l'escange faite de l'usage que les religieulx de Dommartin avoient en le forest de Cressy à cent et soixante journeulx de bos que lesdits religieulx ont en recompensation. — Juin 1281	309
CCXXXIX. — Abbeville. — L'autorité du comte tenue haute sur les Bourgeois. — Lettres comment Hue de Famechon, adonc bailly d'Abbeville, fu remis en la ville d'Abbeville, nonobstant qu'il fust bannis et comment les maire et eschevins ne pevent congnoistre du senesçal de Pontieu ne des baillifs. — 6 juin 1282	310
CCXL. — Abbeville. — Le moulin le Comte. — Lettres de vi livres de rente acatée sur le molin le Comte que Robert le Cordellier doit. — 1283, mai	310
CCXLI. — Corbie. — Maisnières. — Lettres de Corbie contre Maignieres. — 1283, mai	313
CCXLII. — Obligations du comte d'Eu envers le comte de Pontieu. — Et est assavoir que li cuens d Eu doit au comte de Pontieu le service de iij chevaliers toutes les fois que li dis cuens de Pontieu va en l ost le roy de France par semonce au coust du dit conte, ou avok le dit conte de Pontieu quant il va en ost pour sa propre besoigne ; et de ce est li cuens de Pontieu en bone saisine si comme il pert (appert) ci après. — 1283, juin	314
CCXLIII. — Bertaucourt. — Lettres par lesquelles Guillaume, abbé de Balances, fait savoir comment Wuillaume, comte de Pontieu, a légué à l'abbaye de Bertaucourt chincq muids de sel à Rue pour son anniversaire. — Année 1283	315
CCXLIV. — Le Crotoy. — Maioc. — Lettres touchant aucunement de le petite viscomté de Crotoy et de Mayock. — 1284, may	316

CCXLV. — Autres lettres touchant la petite viscomté du Crotoy et de Maioch. — 1284, juin 317
CCXLVI. — L'abbaye de Dommartin. — Lettres comment l'abbé de saint Giosse ou bois a quittié au comte de Pontieu le pesquerie qu'il avoit cascun an pour ung jour ès viviers de Rue, parmi lequel (moyennant quoi) lesd. abbé et couvent en recebvent, cascun an, quarante sols parisis à prendre au jour saint Remy sur le viconté de Cressy. — Octobre 1284 318
CCXLVII. — Dommartin (Saint-Josse-au-Bois). — Lettres d'un accord du comte de Pontieu et de l'abbé et couvent de Dompmartin de pluseurs coses contenues en ces présentes, tant pour le justice du comte comme pour aultres choses. — 1284, octobre 319
CCXLVIII. — Abbeville 219
    I. Lettres de l'official d'Amiens comment il mande au doyen d'Abbeville que les conventions faites entre Pierre et Jehan de Famechon, Mabille leur sereur, et Hawede de le Werche (le Verche) et le comte de Pontieu il les envoie dedens ung mois devers luy. — 1284, le sixième jour après les Cendres, (1285) . 320
    II. Lettres comment le doyen d'Abbeville envoia audit official les conventions dessus dites. — Le lundi après le premier dimanche de Carême. — 1284 (1285). . 320
    III. Lettres du tènement et gardin qui est devant Faumechon que Édouard, roy d'Angleterre, acata à Pierre de Famechon et à Jehan son frère. — Le samedi après les Brandons. — 1284 (1285). 322
CCXLIX. — Le Crotoy. — Lettres touchant un moulin à vent d'en costé le Crotoy pièça baillié moyennant certaine close (clause) par xx livres l'an, au roy et à le royne d'Engleterre, par Jehan de Neele, sire de Fallin. — 1284, mars (1285) 323

CCL. — Le Crotoy. — Lettre d'Édouard roy d'Engleterre donnée à Westminster le 8 juin (de son règne le tressime) relativement à des difficultés entre le sénéchal de Pontieu et les maire et échevins du Crotoy et de Maioch. — Juin 1285 324

CCLI. — Le Crotoy. — Lettres comment se doit faire chacun an le maire du Crotoy, soit en cas de débat ou non ou... — 1285, le jour saint Remi. 326

CCLII. — Assises au manoir du comte à Abbeville. — Lettres de l'amendise (de la réparation) du seigneur de Boulaincourt en Sery. — 1205 pour 1285. 328

CCLIII. — Abbeville. — Le Valouvrech. — Lettres pour le Valouvrech contenant comment les maistre, freres et soreurs de Saint Nicolay vendirent au comte de Pontieu le molin de Valouvrech. — 1286, le jeudi après la fête de saint Vincent martyr (1287 après le 22 janvier). . . 331

CCLIV. — Le Titre. — Lettre touchant aucunes terres au Tristre à cause de la vendition devant dite. — 1288, le samedi avant la Toussaint (c'est-à-dire octobre) 331

CCLV. — Le Titre. — Lettres comment Witasse de Fontaines sires de Long vendi au comte de Pontieu et à sa femme (le roi et la reine d'Angleterre) toute la terre, justice, segnourie et autres droitures et appartenances qu'il avoit au Tristre. — 1288, novembre, le samedi après la Toussaint. 333

CCLVI. — L'abbaye du Gard. — Soues. – Acquisition de droits à Soues par l'abbaye du Gard 334

I. Lettres de vendition touchant la justice etc., et autres droits appartenant aux religieux du Gard à Soues. — 1289, avril 334

II. Autres lettres pour lesd. religieux touchant la justice et autres droits qu'il ont à Soues. — 1289 avril le jeudi devant la feste saint Marc évangéliste. — (La fête de saint Marc est le 25 avril) 335

    III. Lettres touchant les religieux du Gard en ce qu'ils ont aud. lieu de Soues. — 1289, mai. 335

    IV. Lettres pour les religieux du Gard touchant autres droits à Soues. — 1289, juillet, seconde semaine . . 336

CCLVII. — Le Crotoy. — Lettres touchant le molin du Crotoy que Jehan de Neele, sires de Fallin, acorda et confesse appartenir au roy d'Engleterre. — 1289, 1ᵉʳ août. . . . 337

CCLVIII. — Drucat. — Lettres comment le comte de Pontieu et le comtesse tenoient en leurs mains le fief de Durcat, lequel fief il donnèrent et vendirent à Guillaume de Durcat, chevalier, par condition que le comte de Pontieu pooit reprendre ledit fief après le trespas dudit Guillaume, et en poevent et doibvent faire souffisant escange. — 1289, 16 août 338

CCLIX. — Abbeville. — Les ordonnances du molin le Comte. — 1289 (1290). 339

CCLX. — Abbeville. — Le moulin le Comte. — Lettres du molin le Comte comment Jean Alegrins vendit à Pierre Alegrin son frère et à sa femme le droit qu'il avoit sur ledit molin. — Janvier 1289 (1290) 340

CCLXI. — Airaines. — Lettres de cent livres de rente piéçà vendue au comte de Pontieu par les maire et eschevins et communauté d'Araines. — 1289, mars (lendemain de miquaresme) 1290. 341

CCLXII. — Hangest. — Lettres touchant le droit que ont les religieux du Gard à Hangest. — 1289, avril. 342

CCLXIII. — L'abbaye du Gard. — Rouvroy-les-Soues. — Lettres touchant ce que les religieux du Gard ont à Rouvroy-lez-Soues. — 1290, 14 août. 343

CCLXIV. — Le Crotoy, Mayoch, Bertaucourt. — Lettres comment

les maire, échevins et communaulté de Mayoch, Crotoy et Bertaucourt, vendirent à Édouard roy d'Engleterre cent livres de rente moyennant mille livres parisis à prendre sur lesdittes villes. — Octobre 1290 344

CCLXV. — Hesdimont. — Acquisition par le roi d'Angleterre comte de Ponthieu du bois de Hesdimont . . . 346

    I. Lettres touchant le vente des bois de Hesdimont fait par devant les maire et échevins d'Airaines. — 1290, novembre 347

    II. Autres lettres touchant ledit bois de Hesdimout. — 1290, novembre 347

    III. Lettres touchant ledit bois de Hesdimont fait par devant les maire et échevins d'Airaines en l'an 1290, novembre 348

    IV. Lettres touchant le bois de Hesdimont. — 1290, novembre 348

    V. Lettres comment les maire et échevins et communauté d'Araines confessèrent avoir reçu du comte de Pontieu douze cens livres qu'il leur devoit par avant qu'ils les reçussent à cause de la vente de cent livres de rente et des bos de Hesdimont par eux faite audit comte de Pontieu. — En 1291 le jour de la Purification Nostre Dame. (C'est-à-dire le 2 février 1292) 349

CCLXVI. — Abbeville. — Lettres contre Saint Pierre d'Abbeville, du comte et de la ville d'Abbeville. — 1291. — C'est un arrêt du Parlement 350

CCLXVII. — Abbeville (Banlieue). — Les droits de justice à Mautort 350

    I. Lettres faisans mention de le banlieue d'Abbeville vers Mautort et comment les maire et eschevins ont leur justice dedens ledite banlieue. — 1291 mai, lendemain de l'Invention de Sainte Croix (c'est-à-dire le 4 mai) 351

II. Lettres du seneschal de Pontieu faisans mention de l'acord des maire et eschevins d'Abbeville et du s^{gr} de Mautort pour le banlieue d'Abbeville. — Abbeville l'an de grace 1291 au mois de mai lendemain de la Translation de saint Nicolay (c'est-à-dire le 10 mai) 351

CCLXVIII. — La Croix qui Corne 352

Lettres comment Jehan de Durcat (Drucat) vendi à Jehan d'Espaigne, clerc, et à Aubrée, sa femme, deux journeulx et huict vergues de terre séans à le Croix qui Corne desseure Rouvroy et comment il s'en dessaisi en le main du seneschal de Pontieu au pourfit d'iceulx Jehan et se femme. — 1293, au mois de mars (1294) . . . . , . . . 352

II. Lettres comment le senescal de Pontieu bailla le saisine de le terre susditte à Jean d'Espaigne et à se femme par en rendant cascun an quatre deniers de recongnoissance et autant de relief et autant d'ayde. — 1293, le jour de la Croix aourée (1294) . . . 353

CCLXIX. — Donqueur. — Lettres du fief tenu de Drucat à Domqueur ; comment le seigneur de Durcat l'a baillié à Jehan le Prevost de Miannay. — 1294, janvier (1295) 354

CCLXX. — Dreuil. — Lettres du sieur de Dreuil au prouffit de de Jehan Plichon, son homme. — 1295, janvier (1296) 355

CCLXXI. — Abbeville. — Lettres pour le droit du pain. — Jugemedt de l'échevinage d'Abbeville. — Lettres pour le droit du pain que le vicomte et les Lucques prendroient sur les fourniers. — Lettres comment les boulenguiers d'Abbeville doibvent au vicomte du Pont-aux-Poissons le rente du pain qu'il vendent se il mêlent férine acatée au (avec) leur propre. — 1297, le vendredi après le Tiphaigne (l'Épiphanie) donc 1298 356

CCLXXII. — Abbeville. — La justice en la vicomté de Saint-Pierre- — La franche fête de Saint-Pierre.. 357

I. Lettres de Saint-Pierre et de le ville d'Abbeville touchant le fait de le justice de le vicomté de Saint-Pierre et de le franque feste de Saint Pierre. — 22 octobre 1298 357

II. Ce sont aucunes déclaracions faite par l'évesque Willaume (de Macon) sur ledit compromis. -- 1299, le 29 mai 359

CCLXXIII. — Biens confisqués et rendus après une condamnation injuste. — Lettres comment le senescal de Pontieu rendi à Jehanet Rabot le terre qui fu Adrien Rabot, son oncle, pour ce que on avoit fait morir à tort son dit oncle. — 1299, aoust 360

CCLXXIV. — Hommage du comte d'Eu au comte de Ponthieu. — Lettres comment le comte d'Eu fist feueté au seneschal de de Pontieu. — 1300, le vigile saint Bertremieulx (23 août) 360

CCLXXV. — La chaussée et le droit de travers du Titre. . . . 361

I. Lettres de vente faite au comte de Pontieu de le cauchie et travers du Tristre et d'un tenement illec par avant tenu de lui. — 1300, octobre 361

II. Lettres comment Hugues, baillieus (bailly) du Maisnil, vendi au comte de Pontieu le cauchie du Tristre et le maison qu'il y avoit avec toutes les appartenances. — 1300, lendemain de la saint Martin d'hiver, c'est-à-dire le 12 novembre . . . 362

CCLXXVI. — L'abbaye de Forêtmontiers. — La forêt de Crécy. — Lettres de l'abbé de Forestmontiers rappelant que les comtes de Pontieu leur ont accordé un chemin allant et revenant de Cressy et de Machiel au monastère de Forestmontiers avec un sentier se dirigeant vers les bois du couvent à Bernay, etc. — L'an 1300, novembre . . . . , . . 363

CCLXXVII. — Forêt de Crécy et bois voisins de cette forêt. — Touchant la forest de Cressy et autres bois ou pluseurs prendent droit, quels droits y ont esté qu'ils n'ont. — Sans date mais évidemment du treizième siècle . 364

Note pour la pièce CCLXXVI 366

QUATORZIÈME SIÈCLE

CCLXXVIII. — L'estage, service féodal. — Procuration et déclaration d'un seigneur de Vismes. — Lettres comment le segneur de Vismes establi son procureur Jehan de Vismes son aisné fils pour comparoir par devant les gens du comte de Pontieu pour recongnoitre par devant eulx qu'il doibt estage à Abbeville en le manière que les pers (pairs) de Pontieu le doibvent, c'est à savoir quarante jours en l'an quant ils en sont requis et souffisamment adjournés. — 1304, avril 369

CCLXXIX. — Le Translay 370
I. Ce sont les copies des chartres touchant à le chastelerie et à le ville du Tranleel et autres lettres de la comtesse de Guelles du don fait Alleaume de Biencourt. — Sans date 370

II. Lettres comment le comte de Guelles vendi au comte de Saint-Pol le ville, castel et toute le segnourie du Transleel, pour le prix et somme de huit mille livres, et, quant il s'en vint dessaisir en le main du comte de Pontieu duquel ledite segnourie estoit tenue, le dit comte de Pontieu le retint pour les mille livres dessus dit, et par ces présentes ledit comte de Guelles accorde audit comte de Pontieu ledite terre et segnourie. — Le 9 mars 1304 (1305) 371

CCLXXX. — Vis-sur-Authie. — Lettres comment ceux de Vy sur Autie ne pouet (peuvent) faire mayeur et esquevins qui puissent estre que une année, se n'est du consentement du senescal de Pontieu. — 1306, samedi par devant le Toussaiut 372

CCLXXXI. — Abbeville. — Le refuge de l'abbaye de Saint-Valery. Lettres pour le maison l'abbé de Saint-Valery. — Février 1306 (1307) 373

CCLXXXII. — Abbeville. — Lettres de Renaud de Vilers, chevalier, qui fait savoir qu'il a vendu à noble homme Jean de Clinton, sénéchal de Pontieu, xx livres de rente qu'il avoit et devoit avoir chascun an (sur) le visconté d'Abbeville. — 3 avril 1307 374

CCLXXXIII. — Abbeville. — Lettre du Parlement touchant le ville d'Abbeville, comment le senescal de Pontieu mist en se main, comme en le main du comte, le office et estat de le ville et comment il y mist ung gouverneur et comment il mist prisonniers les maire et eschevins et aultres choses pluseurs. — Sans date, mais 1307 ou 1308 375

CCLXXXIV. — Abbeville. — Mandement du roy adrechant au baillif d'Amiens que ledit baillif commette deux hommes non suspects à gouverneur le loy des maire et esche-

	vins d'Abbeville. — 15 juin 1308	377
CCLXXXV.	— Abbeville. — Lettres comment le senescal de Pontieu mist le loy de le ville d'Abbeville en le main du roy et comment il y mist maistre Jehan le Boulenguier gardien de le ville. — 14 mai 1309	377
CCLXXXVI.	— Abbeville. — Le Valouvrech. — Lettres pour les tanneurs banniers des molins du Valouvrech. — 1308, 6 mars (1309)	378
CCLXXXVII.	— Abbeville. — Lettres d'une saisine d'une maison en le rue Saint-Gilles, qui fu Robert Delecourt. — L'an 1309, aoust	379
CCLXXXVIII.	— Abbeville. — Le pré de Canōain ?. — Lettre comment le fossé du pré de Canōain ? est au roy. — 1309, octobre	380
CCLXXXIX.	— Abbeville. — Lettres comment le seneschal de Pontieu bailla à cens à Pierre Faffelin le jone (le jeune) vingt jorneulx de terre en trois pièches et deux sextiers d'avaine que ledit Pierre tenoit du comte de Pontieu. — 1309, novembre . . .	381
CCXC.	— Airaines. — Lettres du sénéschal de Pontieu touchant la délivrance qu'il fist des maire et eschevins d'Araines lors occupés à cause d'aucuns meffais et entreprises. — 1309, le dernier jour de mars	383
CCXCI.	— Airaines. — Lettres du sénéchal de Pontieu Jehan de Lannoy comment le comte de Pontieu acorda et consenti en l'an 1309 aux maire et eschevins d'Araines pour huit ans en sievant l'assis des vins et boires et aultres choses par eulx estre levés et cueillis. — 1309, le dernier jour de mars. . .	384
CCXCII.	— Airaines. — La maladrerie	384
	I. Déclaration des maire et échevins. — Lettres	

pour le comte de Pontieu des maire et eschevins et communauté d'Araines touchant les droitures et segnourie de la maladrerie dud. lieu. — 1399, le 1ᵉʳ avril.	385
II. Lettres du séneschal Jehan de Lannoy touchant le fait, prouffit et segnourie de la maladrerie d'Araines. — 1309, le 1ᵉʳ avril	385
CCXCIII. — Airaines. — Lettres de trente deux livres de rente piéça donnée pour huit ans seullement par les maire et eschevins d'Araines à le comtesse de Pontieu. — 1309, le 8 avril	386
CCXCIV. — Abbeville. — Rente sur la vicomté. — Lettres de nantissement pour la rente à prendre sur la vicomté d'Abbeville. — Le 6 février 1309 (1310)	387
CCXCV. — Le Crotoy. — Les dunes. — Acquisition par la commune du Crotoy. — Lettres des maire et eschevins et communauté du Crotoy contenant qu'ils ont prins à cens du comte de Pontieu les dunes du Crotoy et autres plusieurs choses. — 1310, le lendemain du jour de Pâques	388
CCXCVI. — Abbeville. — La rue Le Dien. — Lettres comment le senescal de Pontieu bailla à maistre Robert Le Cordelier ung ténement séant en le rue Le Dien, avecques les frocs. — 1310, 1ᵉʳ mai.	390
CCXCVII. — Abbeville. — La fontaine le Comte. — Lettres comment le senescal de Pontieu bailla à Jacques Roussel pour lui et pour ses hoirs ung tenement devant le fontaine le Comte. — 1310, le jeudi après la Pentecoste.	391
CCXCVIII. — Abbeville. — Rouvroy. — Lettres comment Jehan de Drucat, écuier, vendi à Alleaume de Canechières environ quatre journaux de terre séant au terroir de Rouvroy, dont lui et ses hoirs doivent, chacun an, au	

roi deux sols au Noel. — 1310, le vendredi après le saint Jean Baptiste 392

CXCIX. — Crécy. — Vente d'une rente au comte de Ponthieu. . 393

    I. Lettres comment Gosse le fauconnier vendi au comte de Pontieu soixante sols parisis que ledit Gosse prenoit cascun an sur le vicomté de Cressy. — 1310 . . . 393

    II. Lettres de le vendition, etc... comme il est question ès lettres précédentes. — 1310, le lendemain de saint Pierre aux Liens (c'est-à-dire le 2 août). 393

CCC. — Abbeville. — Le Valouvrech. — Moulins. 394

    I. Lettres comment les capellains de saint Jehan des Prés ont cascun an sur les molins de Vaulouvrech vingt cinq sextiers de blé à deux sols six deniers cascun sextier, pris du meilleur, à payer au jour saint Remy. — Juillet 1310 394

    II. Lettres pour le Valouvrech à saint Jehan des Prés contenant comment les capellains de saint Jehan des Prés baillèrent au comte de Pontieu le droit (qu'ils) y avoient de prendre une mine de bled par cascune sepmaine sur lesdits molins, excepté deux sepmaines en l'an, parmy ce que le comte leur en doibt paier au jour saint Remy, cascun an, vingt cinq sextiers de bled. — 1310, octobre 394

CCCI. — Abbeville. — Question d'héritage. — Jugement au profit de Jean Leschoppier. — Lettres d'appointement piéça fait entre Jehan Leschoppier et Fremine Leschoppière et Jehan Delattre, son mary, touchant les héritages de deffunts Jehanne Leschoppière et maistre Jacques Leschoppier. — 1310, le 2 avril 395

CCCII. — L'abbaye d'Épagne. — Pont de Remy. — Droit de travers. — Lettres de vendition faite par les dames d'Épagne au comte de Pontieu du travers de Pont de

	Remy, moyennant trente deux livres de rente qu'elles en ont par an sur le viscomté d'Abbeville au jour de Pasques et premier jour de septembre et ainsi de an en an. — 1310, janvier (1311)	397
CCCIII.	— Le Crotoy. — Le moulin à vent. — Lettres du molin à vent piéça de par le conte de Pontieu bailliè à rente aux maire, eschevins et communaulté de Crotoy. — 1311, 5 juin.	399
CCCIV.	— Le Crotoy. — Le moulin à vent. — Lettres des maire et eschevins du Crotoy contenant qu'ils avoient prins à cens du comte de Pontieu le mollin estant lès le Crotoy. — 1311, 5 juin	401
CCCV.	— Abbeville. — Lettres comment le ville a prins le bos. — 2311, 23 juin	403
CCCVI.	— Abbeville. — Lettres des maire et eschevins contre plusieurs particuliers de la ville. — 3 septembre 1311.	406
CCCVII.	— L'abbaye de Dommartin. — La forêt de Crécy. — Lettres comment le senescal de Pontieu acorda aux religieulx de Dommartin qu'ils peussent clore de soifs jusques à le saint Remy (1er octobre) leur tallis (taillis) qu'il avoient en le forest de Cressy et que ce ne préjudiciast au comte de Pontieu ni à yceulx religieulx. — 1311, le lendemain du jour saint Mathieu (22 septembre) . .	408
CCCVIII.	— Abbeville. — Lettres comment la ville tient les frocs (les rues). — 1311, le jour de saint Luc (18 octobre) . .	409
CCCIX.	— Abbeville. — Lettres des descors des maire et eschevins et de pluseurs du commun. — Le 27 février 1311 (1312)	412
CCCX.	— Abbeville. — Autres lettres des descors de la ville d'Abbeville contre plusieurs particuliers du commun. — Le 28 février 1311 (1312)	412
CCCXI.	— Pont-de-Remy. — Droit de travers. — Lettres touchant le travers de Pont de Remy tenu du comte de Pontieu	

DU PONTHIEU 499

    par le seigneur du Pont-de-Remy, moyennant cinquante livres l'an. — 1311, le 1er mars (1312) 413

CCCXII. — Abbeville. — Lettres de la ville d'Abbeville contre le commun. — 1311, le 6 mars (1312). 414

CCCXIII. — Abbeville. — Autres lettres d'accord de la ville contre le commun. — De la même date, 6 mars 1311 (1312). 415

CCCXIV. — Airaines. — La Maladrerie. — Lettre touchant vente de bos et autrement de la Maladrerie d'Araines. — 1312, janvier (1313) 416

CCCXV. — Marquenterre. — Vente de la vicomté par le roi d'Angleterre comte de Ponthieu aux maire et éschevins. — Lettres comment, moyennant quarante six livres de rente, fut baillé aux maire et eschevins de de Marquenneter la vicomté dudit lieu. — 1313, le 8 du mois de juillet. 416

CCCXVI. — Marquenterre. — Acquisition de la vicomté. — Lettres des maire et échevins de Marquienneter comment, moyennant quarante six livres, ils prennent du comte de Pontieu la vicomté et certains autres droits. — 1313, le 8 juillet 417

CCCXVII. — Busmenard. — Lettre du roi de France. — Lettres de le justice du Busmenart. — 1314, le mardy après la Quasimodo (Quasimodo est le premier dimanche après Pâques). 419

CCCXVIII. — Abbeville. — L'hôpital de Saint-Nicolas (l'Hôtel-Dieu) en la forêt de Crécy. — Lettres comment ceulx de Saint Nicolay ore peuvent faire faudes (charbon) en la forest. — 1315, 1er septembre. 419

CCCXIX. — Soues. — Plusieurs lettres corrélatives en 1316. . . 420
    I. Lettres pour le comte de Pontieu touchant certaine droiture et seigneurie en cens, fief et autrement,

	séant à Soues et vendus audit comte. — 1316, aoust	420
	II. Lettres touchant la vente des droits, segnourie et hommages de Soues, vendus comme devant est dit. — 1316, août	421
	III. Lettres touchant la vente ci-dessus (la vente faite au comte de Ponthieu d'un fief séant à Soues par Mahieu de Trie et par sa femme). — 1316, août .	421
	IV. Lettres de vente faite au comte de Pontieu de certain fief séant à Soues. - 1316, septembre . . .	422
CCCXX.	— Abbeville. — Lettres comment Jehan Walande vendit se franquise (c'est-à-dire sa franchise de vendre et d'acheter, etc.) — 1317, 17 avril	422
CCCXXI.	— Forêt-l'Abbaye. — La forêt de Crécy, etc. — Lettre de de l'accord fait entre le roy d'Engleterre, duc d'Acquitaine, sire d'Illande, prince de Galés et conte de Pontieu, d'une part et le procurenr de religieuses personnes et honnestes le prieur et les frères de la sainte maison del hospital de saint Jehan de Jhrlm (Jérusalem). — 5 juin 1334	424
CCCXXII.	— Abbeville. — Lettre royaulx sur le fait des réparemens des forteresses en Pontieu et des comptes des receveurs en l'an 1389. — Donné à Rouen le 26 novembre	433

QUINZIÈME SIÈCLE

CCCXXIII.	— Abbeville. — Maisons achetées pour la construction du château de Charles-le-Téméraire.	437
	I. Lettres de monseigneur le duc Charles, duc de Bourgongne, de certains tennements appliqués avec autres	

pour l'édification de la forteresse d'Abbeville. — Sans date 437

II. Autres lettres d'acquisition faites par ledit seigneur de certaines maisons et tennemens appliqués avec autres héritages pour l'édification de ladite forteresse. — Sans date . . . , ... 437

III. Lettres d'acquisition faite par mondit seigneur le duc de Bourgongne, comte de Pontieu, de soixante ..... de rente héritable que prenoit Nicolas Buttel sur la maison et tennement acquise par iceluy selon les lettres précédentes. — Sans date 438

CCCXXIV. — Abbeville. — Le moulin le Comte. — Le moulin d'Aoust. — Lettres de sentence rendue par le sénes-chal de Pontieu, par lesquelles est dit que à bon cas un nommé Robert Maille, fermier du molin le Conte, à fait prendre au molin de Jacques d'Aoust deux boitteaux de bled, tant moins de sen droit de molture pour huict sextiers de bled porté moldre audit molin Jacques d'Aoust. — Sans date . . . 438

CCCXXV. — Abbeville. — Droits sur les boissons. — Lettres de sentence dud. séneschal au prouffit de Jehan Ridoul, fermier des forages, contre Fremin Gaudry, sur ce que ledit Gaudry avoit requis venir à loy sur les droits desdits forages. — Sans date 439

CCCXXVI. — Abbeville. — Recette du domaine de Ponthieu. — Lettres patentes de mondit seigneur le duc de Bour-gongne, comte de Pontieu, impétrée par Jean Duclot dit le Gaigneur, son receveur dudit Ponthieu, à lencontre de l'office du sénéchal de lad^e comté, sur l'empeschement et refus que lui ou son lieutenant avoit baillié audit receveur ou fait et exercice de son office du domaine, meisment de plusieurs fermes d'iceluy domaine. — Sans date 440

CCCXXVII. — Rue. — Lettres de la réunion du siège de la sénéschaussée de Ponthieu estant en la ville de Rue. — Sans date 440
CCCXXVIII. — Un acte du seizième siècle. — Le moulin du Roy et le moulin de la Baboe. — 23 octobre 1595 . . . 441
CCCXXIX. — L'abbaye de Dommartin. — Petite addition 442

Dernières Remarques 443

TABLE DES NOMS DE LIEUX

A

BEVILLE. — Le moulin dit plus tard des Nonnains (d'Épagne) au faubourg de Rouvroy. — 1176. — VI, p. 15.
- La Haie du Comte. — 1177. — VII, p. 17.
- La charte de commune. — 1184. — XII, p. 26.
- Ce que doit au comte la ville affranchie pour le poids et les mesures, etc., la connaissance des infractions à la loi appartenant aux maire et échevins. — Novembre 1187. — XIII, p. 27.
- Les moulins de Baboe et du Comte. — 1195. — XVI, p. 30.
- Saint-Vulfran (église de). — 1205. — XXV, p. 44.
- La Cour Ponthieu. Chapelle de Sainte-Croix en ce manoir. Lettre du comte Guillaume qui fait des dons aux chapelains. — 1206. — XXVII, p. 46.
- Étal à boucher vendu au comte. — 1218. — LXIX, p. 105.
- (Les moulins d'). Le comte de Ponthieu règle par une charte les droits des meuniers pour la mouture. — 1219. — LXXI, p. 109.
- Lettre de fondation de saint Jean des Prés. — 1224. — LXXXVI, p. 130.

ABBEVILLE. — Le prieuré de Saint-Pierre. — 1226. — XCI, p. 136.
— L'hôpital de Saint-Nicolas. Il doit une mine de blé chaque semaine sur les moulins du Valouvrech, etc. — 1230. — XCV, p. 140.
— Les moulins du Valouvrech. — 1230. — XCV, p. 140.
— Le Val des Lépreux. Don par le comte de Ponthieu de deux charretées de bois mort à prendre dans la forêt de Crécy. — 1231. — C, p. 144.
— Accord du comte et de la comtesse de Ponthieu et de Robert Malet. Règlement d'intérêts. — 1233. — CV, p. 148.
— L'afforement du vin suivant un accord entre la ville et le comte et la comtesse de Ponthieu. — 1237. — CXXI, p. 168.
— Rente accordée sur la vicomté à un chevalier par le comte et la comtesse de Ponthieu. — 1237. — CXXIII, p. 170.
— Somme à prendre sur la vicomté d'Abbeville pour l'obit du comte Simon. — 1239. — CXXXV, p. 184.

- ABBEVILLE. — La vicomté. Rente sur elle pour l'obit du comte Simon à la léproserie du Val. — 1239. — CXL, p. 189.
- — (Le Val des lépreux d'). Il reçoit une rente pour l'obit du comte Simon. — 1239. — CXL, p. 189.
- — L'obit du comte Simon dans la léproserie du Val d'Abbeville. — 1239. — CXL, p. 189.
- — La Cour Ponthieu. Les chapelains de Sainte Croix en la Cour Ponthieu. — 1240. — CXLII, p. 190.
- — La Porte Comtesse. — 1240. — CXLII, p. 190-192.
- — Une table de changeur sur le Pont-aux-Poissons. — 1248. — CLII, p. 205.
- — Le chapitre de Saint-Vulfran. Il reçoit de la comtesse Jeanne, reine de Castille, cent journaux de bois dans la forêt de Crécy. — 1255. — CLX, p. 217.
- — Le prêt à usures n'est permis qu'avec le congé du comte et de la ville. — 1261. — CLXXX, p. 241.
- — Le vicomte d'Abbeville prêtera serment à la ville mais après l'avoir prêté au comte. Les avis sur certaines causes ne seront plus demandés à Amiens, à Corbie et à Saint-Quentin. Lettre du comte Jean de Nesle. — 1266. — CLXXXV, p. 244.
- — Comment le vicomte d'Abbeville doit faire serment. — CLXXXV, p. 244.
- — Franche Fête Sainte-Croix. Réglement en l'échevinage d'une contestation pour la justice entre le comte de Ponthieu et le curé de Notre-Dame du Castel. — 1275. — CCVIII, p. 272.
- — Lettre d'Édouard roi d'Angleterre, etc., et comte de Ponthieu, et d'Aliénor reine etc. et comtesse de Ponthieu. En sa qualité de roi, il n'a voulu prêter que par procureur le serment que lui demandaient les bourgeois de garder leurs chartes et leurs usages, mais ses héritiers qui ne seraient que comtes devront le prêter selon l'ancienne coutume. — 1279. — CCXVIII, p. 283.
- ABBEVILLE. — Rente sur la vicomté due à Jehan de Rankeroles comme elle l'était à ses devanciers. — 1279. — CCXXIV, p. 291.
- — Le ténement du Sauvoir est donné à cens par Jehan de Nesle, sire de Falvi. C'est ainsi qu'il se nomme depuis la mort de la comtesse sa femme avec laquelle il a perdu le titre de comte. 1280. — CCXXVI, p. 293.
- — Le maire et les échevins remettent un coupable au sénéchal de Ponthieu, puis le maire, pour lui et la commune, fait amende au sénéchal. — 1281. — CCXXXVI, p. 306.
- — L'autorité du comte s'affirme dans la commune. Rétablissement en la ville d'un bailli banni par l'échevinage etc. La lettre est des maire et échevins qui se montrent très condescendants envers le comte roi d'Angleterre. — 1282. — CCXXXIX, p. 310.
- — Le moulin le Comte. Rente de six livres sur ce moulin vendue par Jean Alegrin au comte Édouard roi d'Angleterre et à la comtesse Aliénor. — 1283. — CCXL, p. 311.
- — Vente au comte et à la comtesse de Ponthieu, roi et reine d'Angleterre, d'une habitation et d'un jardin près des murs de la ville et de la Cour Ponthieu. — 1285. — CCXLVIII, p. 319.
- — Lettres de l'official d'Amiens et du doyen d'Abbeville relatives aux conditions de cette vente. — 1285. — Ibid., pp. 320-322.
- — La Prairie, lieu voisin de la Cour Ponthieu. — 1285. — CCXLVIII, p. 321.
- — Le comte de Ponthieu, roi d'Angleterre, a acheté dans ce lieu une habitation dont les dépendances touchent aux murs de la ville et à son manoir. — Lettres de l'official d'Amiens. — 1285. — Ibid., p. 322.

ABBEVILLE. — Assises au manoir du comte pour une réparation du seigneur de Boulaincourt-en-Sery. Noms des assistants aux assises. — 1285. — CCLII, p. 238.
— Le Valouvrech. Le maître et les frères et sœurs de l'hôpital de Saint-Nicolas ont vendu au comte de Pontieu roi d'Angleterre et à la comtesse Aliénor le moulin de Valouvrech. — 1287. — CCLIII, p. 331.
— Les ordonnances du moulin le Comte. — 1290. — CCLIX, p. 339.
— Le moulin le Comte. Jean Alegrin vend à son frère un droit qu'il avait sur ce moulin. — 1290. — CCLX, p. 340.
— Le comte de Pontieu (Édouard) et la ville d'Abbeville contre le prieuré de Saint-Pierre, pour des droits de justice dans la vicomté de ce prieuré. Arrêt du Parlement. — Novembre 1291. — CCLXVI, p. 350.
— Bornes de la banlieue. — 1291. — CCLXVII, p. 350.
— Accord entre la Ville et Michel de Mautort. Les maire et échevins ont la justice en deça des bornes de la banlieue. — 1291. — CCLXVII, p. 351.
— Les fourniers doivent au vicomte du Pont-aux-Poissons la rente du pain qu'ils vendent s'ils mêlent de la farine achetée avec leur « waagne ». La farine de leur gain ? Ils étaient payés en farine probablement. Jugement de l'échevinage d'Abbeville. — 1298. — CCLXXI, p. 356.
— Lettres sur la justice en la vicomté de Saint-Pierre et la franche fête de Saint-Pierre. — 1298. — CCLXXII, p. 357.
— Restitution, par le sénéchal, de biens confisqués après une condamnation injuste. — 1299. — CCLXXIII, p. 360.
— La maison de refuge acquise a Abbeville, en la rue Fretelengue, par l'abbaye de Saint-Valery. — 1307. — CCLXXXI, p. 373.

ABBEVILLE. — Lettre du Parlement touchant la main mise par le sénéchal sur l'office et état, *officium et statum*, de la ville, l'emprisonnement par lui du maire et des échevins, etc. Sans date mais 1307 ou 1308. — CCLXXXIII, p. 375.
— Mandement du roi de France Philippe-le-Bel. Il ordonne au bailli d'Amiens de commettre deux hommes non suspects pour gouverner la ville selon la loi des maire et échevins. — 1308. — CCLXXXIV, p. 377.
— Le sénéchal de Ponthieu met « la loi » d'Abbeville dans la main du roi de France et commet pour gardien et gouverneur de la ville maistre Jehan Le Boulenguier.—1309.—CCLXXXV, p. 377.
— Le Valouvrech. — Lettres octroyées par le sénéchal de Ponthieu aux tanneurs banniers des moulins du Valouvrech. — 1309. — CCLXXXVI, p. 378.
— Saisine d'une maison en la rue Saint-Gilles, tenue à rente du comte de Ponthieu. — 1309. — CCLXXXVII, p. 379.
— Comte (le pré le). — 1309. — CCLXXXVIII, p. 380.
— Caurroy, lieu très voisin du Valouvrech. — 1309. — CCLXXXVIII, p. 380.
— Kanðain [?] (le pré de). — 1309. — CCLXXXVIII, p. 380.
— Terres tenues du comte de Ponthieu baillées à cens par le sénéchal. — 1309. — CCLXXXIX, p. 381.
— Milesent (la caière) près du bois d'Abbeville. Caière dans la langue du Ponthieu signifie ordinairement chaise. Ne faut-il pas comprendre ici carrière ? — 1309. — CCLXXXIX, p. 382.
— Poulie (le) Maroie... Origine probable du nom de la rue des Poulies. — 1309. CCLXXXIX, p. 382.
— Cachecornelle. Rue ou quartier de la ville. — 1309. — CCLXXXIV, p. 382.
— Kaine (puch à le), le puits à la Chaîne.

64

LE CARTULAIRE

— 1309. — CCLXXXIX, p. 382.

ABBEVILLE. — Rostelu (la rue). — 1309. — CCLXXXIX, p. 382.

— Teliers (la rue as), ou rue des Tisserans. — 1309. — CCLXXXIX, p. 382.

— La vicomté. Rente à prendre sur elle. Lettres de nantissement données par le sénéchal. — 1310. — CCXCIV, p. 387.

— La rue Le Dien. — 1310. — CCXCVI, p. 390.

— La fontaine le Comte, la rue de la Fontaine le Comte. — 1310. — CCXCVII, p. 391.

— Rouvroy. Vente au terroir de Rouvroy par Jean de Drucat, écuyer, à Alyaume de Canechières, bourgeois d'Abbeville. — 1310. — CCXCVIII. p. 392.

— Le Valouvrech. Les chapelains de Saint-Jean-des-Prés ont droit à du blé sur les moulins du Valouvrech. Ils traitent avec le comte de Ponthieu. — 1310. — CCC, p. 394.

— Question d'héritage. Un appointement. — 1310. — CCCI, p. 395.

— Le bois d'Abbeville. Acquisition de ce bois par la Ville. A quelles conditions. Les bourgeois ne pourront le défricher. Réserves du comte pour la chasse. — 1311. — CCCV, p. 403.

— Lettres des maire et échevins. Ils se défendent d'attaques pour les comptes. Ils les rendent. — 1311. — CCCVI, p. 406.

— Lettres des maire et échevins. Accord entre la ville et le sénéchal pour les places et les rues, les bouches des celliers et des caves. — 1311. — CCCVIII, p. 409.

— Lettres des maire et échevins pour leurs débats avec plusieurs « du commun ». — 1311. — CCCIX, p. 412.

— Lettres du sénéchal pour les mêmes débats. — 1311. — CCCX, p. 412.

— Sentence de Jean de Bretagne comte de Richemont sur ces débats. — 1312. — CCCXII, p. 414.

ABBEVILLE. — Jean de Bretagne engage la ville à la paix. — 1312. — CCCXIII, p. 415.

— L'hôpital de Saint-Nicolas. Les maître, frères et sœurs reconnaissent qu'ils n'ont reçu des comtes de Ponthieu qu'une autorisation gracieuse révocable, mais non un droit plein de faire du charbon daus la forêt de Crécy. — 1315. — CCCXVIII, p. 419.

— Vente au comte de Ponthieu, par devant les maire et échevins, d'un droit d'acheter et de vendre en franchise dans le comté — 1317. — CCCXX, p. 422.

— Lettres du roi pour la réparation des forteresses et les comptes des receveurs. — 1389. — CCCXXII, p. 433.

— Maisons achetées pour la construction du château du duc de Bourgogne, Charles-le-Téméraire. — 1469. — CCCXXIII, p. 437.

— Le moulin le Comte en contestation avec le moulin d'Aoust. Sans date. — CCCXXIV, p. 438.

— Le moulin d'Aoust. Sans date. — CCCXXIV, p. 438.

— Droits sur les boissons. Sans date. — CCCXXV, p. 439.

— Recette du domaine de Ponthieu. — Lettres patentes du duc de Bourgogne comte de Ponthieu. Sans date. — CCCXXXVI, p. 440.

— Le moulin du Roi, anciennement le moulin le Comte, et le moulin de la Baboe. Sentence du sénéchal de Ponthieu pour ces moulins. — 1595. — CCCXXVIII, p 441.

AIENVAL. — Inval-Boiron. — 1233. — CIII, p. 147.

AIRAINES. — 1221. — LXXXI, p. 125.

— Charte de la commune. — 1234. — CVII, p. 152.

— Lettres d'Henri de Areines pour cette ville. Sans date, mais rappelées dans la lettre du comte Simon de 1234. — CVIII, p. 152.

Airaines. — Droits de travers. — 1256. — CLXII, p. 219.
— (le fief Pignon à). — 1258. — CLXXIII, p. 232.
— Le fief Pignon est vendu au roi d'Angleterre comte de Ponthieu. — 1279. — CCXXI, p. 288.
— Les maire et échevins ont vendu, pour satisfaire à leurs dettes, une rente au comte, roi d'Angleterre, et à la comtesse. — 1290. — CCLXI, p. 341.
— C'est par devant les maire et échevins d'Airaines que sont faites les ventes partielles du bois de Hesdimont au comte et à la comtesse de Ponthieu, Édouard et Aliénor. — 1290. — CCLXV, p. 347.
— Les maire et échevins d'Airaines ont reçu du roi d'Angleterre comte de Ponthieu une somme pour la vente à lui faite par la commune d'une rente et des bois de Hesdimont. — 1292. — CCLXV, p. 349.
— Le sénéchal de Ponthieu délivre les maire et échevins « occupés » à cause d'aucuns meffaits. — 1309. — CCXC, p. 383.
— Le roi d'Angleterre comte de Ponthieu accorde pour huit ans aux maire et échevins l'assis des vins, etc. — 1309. CCXCI, p. 384.
— La Maladrerie. — 1309. — CCXCII, p. 384.
— Déclaration des maire et échevins d'Airaines. — *Ibid.*, p. 385.
— Lettres du sénéchal, touchant le prouffit et segnourie de la Maladrerie. — *Ibid.*, p. 385.
— Lettres des maire et échevins. Désirant faire courtoisie à la nouvelle comtesse de Ponthieu (Isabelle) reine d'Angleterre, ils lui serviront pendant huit ans une rente de trente-deux livres. — 1309. — CCXCIII, p. 386.

— La Maladrerie. Vente de bois de cette maladrerie. — 1313. — CCCXIV, p. 416.
Alenay. — 1220. — LXXIX, p. 118.
Alençon (le comté d'). — 1225. — LXXXVII, p. 133.
Anconnay (le moulin d'), commune du Boisle, canton de Crécy. — 1219. — LXXV, p. 113.
Andainville, canton d'Oisemont. — 1216. — LXII, p. 89.
Ane (bois de), non loin de la forêt de Crécy. — 1258. — CLXXII, p. 230.
Arguel (la commune d'). — Elle intervient dans une donation du comte de Ponthieu en faveur des Lépreux du Quesne. 1214. — LIV, p. 78.
— Le maire de 1223. — LXXXIV, p. 127.
Arrech. — Arrest. — La moitié des terrages d'Arrech vendue aux religieux de Forêtmontiers. — 1271. — CXCVI, p. 256.
Arry, canton de Rue. — Dans une lettre sans date du comte Guillaume. — LXIII, p. 91.
— Les vavasseurs d'Arry concèdent cinquante-cinq journaux dans le bois d'Arry aux Lépreux de Lannoy. — Lettre sans date du comte Guillaume. — LXIII, p. 93.
Aubigny, canton de Falaise (Calvados). — 1225. — LXXXVII. p. 132.
Aumale (la prévôté d'). — Rente prise sur elle et vendue par Aliaume de Fontaines, chevalier, sire de Long. — 1262. — CLXXXI, p. 242.
— (Lettre de l'abbé de Saint-Martin d'). — 1273. — CCII, p. 264.
Aurenc (Payen de). — Aurenc, lieu inconnu ? Lettre sans date du comte Guillaume. — LXIII, p. 94.
Avesnes, probablement Avesnes-Chaussoy dans le canton d'Oisemont. — 1211. — XLVII, p. 71.
Avesnes-le-Comte, détaché du Ponthieu. — 1225. — LXXXVII, p, 132.

B

Baboe (moulin de). — 1195. — XVI, p. 30.
— (le moulin de la). — Sentence du sénéchal pour ce moulin. — 1595. — CCCXXVIII, p. 441.
Baharmer, extrémité de la banlieue de Maioch du côté de la mer. — 1209. — XXXII, p. 53.
— Lieu de la commune du Crotoy et de Maioc. — 1285. — CCLI, p. 327.
— (La croix de). — Limite de la commune du Crotoy. — 1310. — CCXCV, p. 388.
— Baillon, manage dépendant de Machy, canton de Rue. — Dans une lettre sans date du comte Guillaume. — LXIII, p. 92.
Balances (l'abbaye de). — Droits accordés à cette abbaye par les comtes de Ponthieu. — Charte du comte Guillaume. — 1214. — LVI, p. 81.
Voir d'ailleurs Valloires, l'abbaye de Balances étant devenue celle de Valloires.
— Confirmation par le comte Mathieu de toutes les chartes de ses prédécesseurs comtes de Ponthieu en faveur de l'abbaye. — 1248. — CLIV, p. 207.
— Vin donné à l'abbaye par le comte Guillaume et le comte Mathieu. — 1248. — CLIV, p. 209.
— Jean de Nesle, comte de Pontieu, et Jeanne reine de Castille, sa femme, donnent aux religieux une rente sur la vicomté de Rue en compensation d'un usage de pêche qu'ils avaient sur les viviers de Rue. — 1261. — CLXXIX, p. 240.
Barre (le moulin de la). — 1248. — CLIV, p. 208.
Bavencourt ou Bavincourt (moulin de) sur la Vime, canton de Gamaches. — 1220. — LXXIX, p. 117.

Beaucamps, canton d'Hornoy. — 1216. — LXII, p. 89.
Beauvoir, Forêt-l'Abbaye, Bellinval, le Temple près de Waben, etc., tous lieux en Ponthieu, passés de l'ordre du Temple à celui de Saint-Jean de Jérusalem. — 1334. — CCCXXI, p. 429.
Bekerel (le moulin de). — Entre 1191 et 1221. — LXXX, p. 123.
Bellinval, aujourd'hui de la commune de Brailly, manoir des Templiers passé à l'ordre de Saint-Jean de Jérusalem. — 1334. — CCCXXI, p. 429.
Bernai (le bois de). — Sans date. Commencement du XIIIe siècle. — LXXXVbis, p. 129.
Bernaville (arrondissement de Doullens). — 1178. — IX, p. 21.
Bertaucourt-lès-Rue, lieu détruit. — Lettre sans date du comte Guillaume. — LXIII, p. 97.
Bertaucourt. — Bertaucourt-sur-Mer, autrement dit Saint-Firmin, commune du Crotoy. — 1266. — CLXXXVI, p. 245.
Bertaucourt (l'abbaye de). — Attestation de l'abbé de Balances pour un legs de sel à l'abbaye de Bertaucourt par Guillaume comte de Ponthieu. — 1283. — CCXLIII, p. 315.
Biaumes, Beaumets, probablement du canton de Bernaville. — Lettre sans date du comte Guillaume. — LXIII, p. 94.
Bihen (le pont de). — Bihen aujourd'hui entre le Champneuf, Balifour et Becquerelles. — 1209. — XXXII, pp. 53-54.
Bonnances (la grange de). — 1248. — CLIV, p. 208.
Bonnelle de la commune de Ponthoile. — 1208. — XXXI, p. 51.
— (La haie de). — 1258. — CLXXII, p. 230.
— Jean Dolehaim (ou d'Olehaim), cheva-

lier, vend au roi d'Angleterre, comte de Ponthieu, ce qu'il possède à Bonnelle. — 1279. — CCIX, p. 284.

Boubert, commune de Mons, canton de Saint-Valery. — 1209. — XXXVI, p. 58.

Boufflers sur l'Authie (canton de Crécy). — 1219. — LXXV, p. 113.

Bouillencourt-en-Sery. — 1285. — XXI, p. 40 et CCLII, p. 328.

Boulogne-sur-Mer. — Lettre de l'official de Thérouenne. Il a vu une lettre de Simon comte de Ponthieu en faveur de l'église de Notre-Dame de Boulogne. — 1234. — CIX, p. 153.

Bouvaincourt. — Avant 1147. — II, p. 10.

Brailly. Brailly-Cornehote, canton de Crécy. — 1220. — LXXVIII, p. 116.

— Manage donné à Guy de Waudricourt par le comte et la comtesse de Ponthieu. — 1239. — CXXXII, p. 181.

Brasseres (le moulin) à Abbeville. — 1226. — XCI, p. 137.

Broecourt (Brocourt). — Une dépendance de la commanderie de Saint-Maulvis. — 1334. — CCCXXI, p. 431.

Bruisle (le). — Le Brusle, canton défriché près du bois d'Abbeville et non loin d'une sortie de la Cour Ponthieu vers le bois. — 1311. — CCCVIII, p. 410.

Brunehault (chaussée). — 1275. — CCIX, p. 274.

Brulle (le), près et derrière le bois d'Abbeville. — 1246. — CL, p. 201.

Buigni (le bois de). — 1248. — CLIV, p. 208.

Buires-en-Haloi. — 1234. — CCCXXIX, p. 442.

Burgespine, lieu servant de limite de pêche dans la basse-Somme. — Entre 1191 et 1221. — LXXX, p. 124.

Busmenard. — Lettre du roi de France pour la justice du Busmenard. — 1314. — CCCVII, p. 419.

Buvache. — La Bouvaque, faubourg d'Abbeville. — 1195. — XVI, p. 30.

C

Cahaule, lieu près du Titre, canton de Nouvion. — 1217. — LXIV, p. 98.

Cambron. — La terre de Cambron saisie par le comte de Ponthieu sur Hue seigneur de Cambron et rendue par lui à Hue moins les fruits levés pendant la saisie. — 1272. — CXCVIII, p. 258.

Campsart, canton d'Hornoy. — 1216. — LXII, p. 89.

Cantastre (forêt de). — 1177. — VII, p. 18.

Cantatre (le bois de). — 1248. — CLIV, p. 208.

Cauroy. — Terrage donné en ce lieu à l'abbaye de Saint-Josse au bois par Gui, chevalier, seigneur de Ponches. — 1234. — CXII, p. 158.

Caurroy, lieu très voisin du Valouvrech. — 1309. — CCLXXXVIII, p. 380.

Cercamps (l'abbaye de). — Lettres du comte Simon en sa faveur.

Chastelet ou Catelet (le) aux environs du Quesne. — 1222. — LXXXII, p. 126.

Chaussée (le moulin de la) près de Rue. — Entre 1191 et 1221. — LXXX, p. 122.

Chaussée (la) de Pont-de-Remy à Dun. — 1256. — CLXI, p. 219.

Cinq Ports (les). — Lettre des barons des Cinq Ports d'Angleterre à Marie comtesse de Ponthieu. Question de commerce de mer. — 1250. — CLVII, p. 213.

Closemont ? (le fief) à Hiermont. — 1260. — CLXXVIII, p. 239.

Colines (sur l'Authie). — 1230. — XCVI, p. 141.

COMTE (le moulin le ou du). — 1195. — XVI, p. 30.

COQUEREL. — 1208. — XXXI, p. 51.

COQUEREL. — Jean Dolehaim (ou d'Olehaim), chevalier, vend au roi d'Angleterre, comte de Ponthieu, ce qu'il possède à Coquerel. — 1279. — CCXIX, p. 284.

CORBIE (l'abbaye de). — 1225. — LXXXVIII, p. 134.

— (L'abbaye de). — Lettres de l'abbé pour un échange. — 1230. — XCVII, p. 142.

— Accord entre l'abbé de Corbie et Jean de Maisnières, chevalier. — 1244. — CXLV, p. 195.

— (L'abbaye de). — Lettre de l'abbé pour un accord avec Jean seigneur de Maisnières. — 1283. — CCXLI, p. 313.

CORBIÈRE (le champ de) lieu dit, probablement dans les environs de Machy (canton de Rue). — Dans une lettre sans date du comte Guillaume. — LXIII, p. 92.

CRÉCY. — La charte de commune. — 1194. — XIV, p. 27.

— (Fondation de l'Hôpital de). — 1210. — XXXIX, p. 63.

— La porte de Crécy du côté de Machy. — 1210. — XLIV, p. 68.

— Faveur du comte. — 1217. — LXV, p. 100.

— (La forêt de). — Dix journaux en cette forêt à la léproserie de Saint-Riquier. — 1223. — LXXXV, p. 128.

— (La forêt de). — La maladrerie de Crécy y a dix journaux de bois. Sans date ; commencement du XIIIe siècle. — LXXXV*bis*, p. 129.

— (La forêt de) et autres bois. — Sans date, commencement du XIIIe siècle. — LXXXV*bis*, p. 129.

— (La forêt de). — L'hôpital de Rue y a dix journaux de bois. — Sans date, commencement du XIIIe siècle. — LXXXV*bis*, p. 129.

— La vicomté ; rente sur elle pour l'obit du comte Simon en l'abbaye de Saint-Josse-au-Bois. — 1239. — CXLI, p. 190.

CRÉCY. — La vicomté (Vente d'un cens sur la). — 1242. — CXLIII, p. 192.

— (La grange de). — 1248. — CLIV, p. 208.

— (La forêt de). — Cent journaux de bois y sont donnés au chapitre de Saint-Vulfran par la comtesse Jeanne. — 1255. — CLX, p. 217.

— Le moulin Cokin. — Robert Cloche d'Amours, prêtre, l'a vendu au comte de Ponthieu. — 1273. — CCI, p. 262.

— Le marché du lundi est déclaré franc par le roi d'Angleterre comte de Ponthieu. A quelles exceptions et à quelles conditions. — 1279. — CCXXII, p. 289.

— (La forêt de). — Usages de l'abbaye de Dommartin dans la forêt maintenus par le comte J. de Nesle. Vidimus de l'évêque d'Amiens de 1280. — CCXXXIII, p. 302.

— (La vicomté de). — Une rente est donnée sur elle à l'abbé de Dommartin par le comte de Ponthieu, roi d'Angleterre. — 1284. — CCXLVI, p. 318.

— La vicomté. — Vente d'une rente prise sur elle au comte de Ponthieu. — 1310. — CCXCIX, p. 393.

— (La forêt de). — Dans l'accord du roi d'Angleterre comte de Ponthieu et des frères de l'ordre de Saint-Jean de Jérusalem. — 1334. — CCCXXI, p. 424.

— (La forêt de). — Les chemins de vidange du côté de Forêt-l'Abbaye. Par qui réparés. — 1334. — CCCXXI, p. 428.

— (Forêt de) et bois voisins. — Droits qui y sont exercés par divers. Sans date. — CCLXXVII, p. 364.

CROIX (la) qui Corne, sur Rouvroy. — 1294. — CCLXVIII, p. 352.

CROTOY (le château de). — 1209. — XXXII, p. 53-54.

— (Le). — Le port du Crotoy. — Vers 1210. — XLVI, p. 70.

Crotoy. — Le seigneur de Saint-Valery n'y a rien. — 1220. — LXXIX, p. 117.
— (La vicomté du). — Elle sert une rente à l'abbaye de Valloires. — 1237. — CXIX, p. 164.
— (La vicomté du). — Somme à prendre sur cette vicomté pour l'obit du comte Guillaume, dans une confirmation du comte Simon et de la comtesse Marie. — 1237. — CXXIV, p. 171.
— (Rente à prendre sur la vicomté du). — 1239. — CXXXI, p. 179.
— (La vicomté du). — Rente à prendre sur elle pour une chapelle à Saint-Leu d'Esserent.—1239.—CXXXIX, p. 188.
— (La garenne du) et de Maioc. — 1248. — CLIII, p. 206.
— Don viager par la comtesse Jeanne à un chapelain du Crotoy. — 1256. — CLXIII, p. 220.
— Lettre de marchands du Crotoy qui reconnaissent que le sénéchal de Ponthieu leur a abandonné un cheval sur lequel un homme a été noyé. — 1280. — CCXXIX, p. 297.
— La petite vicomté. — Lettre des maire et échevins d'Abbeville choisis pour arbitres entre le sénéchal Thumas de Sandwich et les maire et échevins de Maioc. — 1284. — CCXLIV, p. 316.
— Autres lettres des maire et échevins d'Abbeville sur la petite vicomté. — 1284. — CCXLV, p. 317.
— Un moulin à vent cédé au comte et à la comtesse de Ponthieu, roi et reine d'Angleterre, par Jean de Nesle, sire de Fallin (Falvy), moyennant une rente qni s'éteindra avec lui. — 1285. — CCXLIX, p. 323.
— Le comte de Ponthieu, roi d'Angleterre, exempte la commune d'une redevanee pour la petite vicomté mais les maire et échevins répondront de claim et de catel devant son vicomte du Crotoy. 1285. — CCL, p. 325.

Crotoy. — En quelle manière doit-être élu annuellement le maieur d'après l'avis et les exemples de tous les maieurs et des meilleurs échevinages du Ponthieu. Lettre donnée par Thumas de Sandwich, sénéchal de Ponthieu. — 1285 [?] — CCLI, p. 326.
— Baharmer, Maioc. — Pierre de Cahours nommé « garde » de la commune par le sénéchal de Ponthieu, pendant un débat entre les jurés du Crotoy et ceux de Baharmer et de Maioc pour l'élection du maieur. — 1285. — CCLI, p. 327.
— Maioc (Mont de), lieu de la commune du Crotoy où se faisaient les élections de l'échevinage.—1285.—CCLI, p. 327.
— Le moulin cédé par Jean de Nesle au comte de Ponthieu, roi d'Angleterre. — 1289. — CCLVII, p. 337.
— Mayoch, Bertaucourt. — Les maire et échevins, pour satisfaire aux dettes de la commune, ont vendu une rente au comte roi d'Angleterre et à la comtesse. — 1290. — CCLXIV, p. 344.
— Les Dunes, — Les maire et échevins les ont acquises (prises à cens) du roi d'Angleterre, comte de Ponthieu. — Conditions : la jouissance perpétuelle, moins le droit de chasse. — 1310. — CCXCV, p. 388.
— Le moulin à vent. Le roi d'Angleterre comte de Ponthieu le baille à cens, à perpétuité, à la communauté du Crotoy, etc. — 1311. — CCCIII, p. 399.
— Le moulin à vent. Les maire et échevins reconnaissent qu'ils ont pris à cens et à perpétuité ce moulin, moyennant une redevance de vingt livres parisis. — 1311. — CCCIV, p. 401.
Cuisine (le fief de la), vendu par Mathieu, comte de Ponthieu, et Marie sa femme, à Philippe le Roux, de Rue. — 1245. — CXLVIII, p. 199.

D

Dame Alain (la Croix de), probablement dans les environs de Machy (canton de Rue). — Lettre sans date du comte Guillaume. — LXIII, p. 93.

Dain ou Dudain (le Val du), non loin du Quesne ou de Fresnoy-Andainville. — 1223. — LXXXIV, p. 127.

Deipa, rivière. — 1178. — IX, p. 21.

Devant le puits (le Champ), lieu dit probablement dans les environs de Machy. — Lettre sans date du comte Guillaume. — LXIII, p. 92.

Domart-en-Ponthieu. — 1178. — IX, p. 21.

Dommartin (abbaye de) ou de Saint-Josse-au-Bois. — 1183. — XI, p. 26.

— Charte du comte Guillaume. — 1205. — XXIV, p. 43.

— Le comte Simon et la comtesse Marie confirment à l'abbaye de Saint-Josse-au-Bois un legs du comte Guillaume. — 1234. — CXII, p. 157.

Ils confirment aussi à cette abbaye un don de Gui, chevalier, seigneur de Ponches. — *Ibid.*

— (L'abbaye de). — Charte de Adam Forniers, chevalier, qui donne à cette abbaye quinze journaux de terre. — 1234. — CCCXXIX, p. 442.

— L'abbaye reçoit une rente pour l'obit du comte Simon. — 1239. — CXLI, p. 190.

— (L'abbaye de). — La comtesse Marie, suivant des lettres de sa fille la comtesse Jeanne, (lettres de janvier 1254), aurait donné aux religieux ce qu'elle possédait à Métigny-sur-Authie (Montigny). Vidimus de l'évêque d'Amiens de 1280. — CCXXX, p. 298.

— Marie de Kaieu, veuve d'Ansel de Kaieu, et son fils donnent aux religieux de Dommartin tout le terrage des terres tenues d'eux au terroir de Waben. — 1277. — CCXII, p. 277.

Dommartin. — Marie de Kaieu, veuve, etc. et son fils donnent aux religieux de Dommartin toutes les terres qu'ils possédaient à Nampont. — 1277. — CCXIII, p. 278.

— L'évêque d'Amiens a vu la lettre donnée en 1259 par Jeanne pour confirmer les dons de sa mère à l'abbaye de Dommartin. — 1280. — CCXXXII, p. 300.

— Autres lettres de l'évêque constatant la confirmation par J. de Nesle, comte de Ponthieu, des usages de l'abbaye de Dommartin dans la forêt de Crécy. — 1280. — *Ibid.*, p. 302.

— L'abbaye vend à Édouard, comte de Ponthieu, et à la comtesse Éléonore, l'aumône que lui avait faite Ansel de Cayeu. — 1281. — CCXXXIV, p. 303.

— Par un échange avec le comte de Ponthieu (Édouard roi d'Angleterre) l'abbaye abandonne ses droits d'usage dans la forêt de Crécy et reçoit cent soixante journaux de bois entre Campmartin (?) et les haies Eslain (?) près des terres de Henri de Nouvion. — 1281. — CCXXXVIII, p. 308.

— L'abbé a abandonné au comte, roi d'Angleterre, son droit d'un jour de pêche dans les viviers de Rue moyennant une rente sur la vicomté de Crécy. — 1284. — CCXLVI, p. 318.

— Accord du comte de Ponthieu et de l'abbé pour la justice du comte, etc. — 1284. — CCXLVII, p. 319.

— Le sénéchal accorde aux religieux de clore jusqu'au 1er octobre leur taillis en la forêt de Crécy pour que les bêtes ne leur fassent dommage. — 1311. — CCCVII, p. 408.

Domqueur, canton d'Ailly-le-Haut-Clocher. Manoir en ce lieu tenu du seigneur de Drucat par Jean Leprevost de Miannay. — 1215. — LVII, p. 84.

Donqueur. — Fief à Donqueur tenu du seigneur de Drucat. — 1295. — CCLXIX, p. 354.

Doullens, détaché du Ponthieu. — 1225. — LXXXVII, p. 132.

Dourier (canton de Campagne dans le Pas-de-Calais. — 1209. — XXXIII, p. 55.

Dreuil-sous-Airaines. — Thiébaut de Pont-de-Remi, chevalier, reconnaît qu'il doit maintenir les habitants de Dreuil en leurs us et coutumes comme l'ont fait ses prédécesseurs. — 1279. — CCXXIII, p. 291.

Drucat. — Édouard, comte de Ponthieu et la comtesse Aliénor ont vendu le fief de Drucat à Guillaume de Drucat, à la condition qu'il pourront le reprendre après la mort de ce chevalier. — 1289. — CCLVIII, p. 338.

Dun. — Les hommes de Dun reçoivent de la comtesse Jeanne le droit de pâture pour leur bêtes dans le marais de Pont-de-Remi. — 1256. — CLXI, p. 218.

Dunes (la grange des) dans le Marquenterre sans doute. — 1248. — CLIV, p. 208.

E

Épagne (les murs d'). — 1210. — XLIII, p. 67.

— (Les religieuses d'). — Elles ont à prendre des harengs sur la vicomté de Rue. — 1237. — CXXII, p. 169.

— Le pré des Roques à Épagne vendu par Andrieu d'Épagnette à Thumas Pullois. — 1269. — CXCII, p. 252.

— (L'abbaye d'). Elle vend à Édouard, comte de Ponthieu, et à la comtesse Aliénor, une rente due sur un tènement du Pont-aux-Poissons. — 1281. — CCXXXVII, p. 307.

— (L'abbaye d'). — Les religieuses cèdent au comte de Ponthieu, roi d'Angleterre et à la comtesse Isabelle, leur droit de travers du Pont-de-Remy, moyennant une rente qu'elles prendront sur la vicomté d'Abbeville. — 1311. — CCCII, p. 397.

Épine Émelin (l') aux environs du Quesne probablement. — 1225. — LXXXIX, p. 135.

Ergnies, les bois d'Ergnies. — 1229. — XCIV, p. 139.

Escandecat (la rue de) à Rue. — Lettre sans date du comte Guillaume. — LXIII, p. 95.

Eu (hommage du comte d') au comte de Ponthieu pour un fief. — 1217. — LXVII, p. 102.

Eu (obligations du comte d') envers le comte de Ponthieu, alors le roi d'Angleterre. — 1283. — CCXLII, p. 314.

F

Favières, canton de Rue. — 1208. — XXXI, p. 51.

Fontaine (dans le Vimeu). — 1221. — LXXXI, p. 125.

Fontaines-sur-Somme. — Lettre d'Édouard roi d'Angleterre et comte de Ponthieu. Sans date mais entre 1279 et 1288. — CCXXV, p. 292.

Forêt-l'Abbaye (les bois de) aux Templiers, dans ou contre la forêt de Crécy. — Sans date, commencement du XIIIᵉ siècle. LXXXV*bis*, p. 130.
— Accord entre le roi d'Angleterre comte de Ponthieu et les frères de l'ordre de Saint-Jean de Jérusalem particulièrement à Forêt-l'Abbaye. L'accord porte surtout sur des questions forestières et de chasse. — 1334. — CCCXXI, p. 424.
Forêt-l'Abbaye (le moulin de). — 1334. — CCCXXI, p. 431.
Forêtmontiers (bois près de) donnés à défricher. — 1233. — CVI, p. 150.
Forêtmontiers. — Accord du comte de Ponthieu Guillaume et des religieux. Vidimus de la comtesse Jeanne 1258. — CLXVI, p. 222.
— Confirmation par Jean de Nesle et Jeanne des anciennes lettres données par la comtesse aux religieux. — 1268. — CXCI, p. 251.
— (l'abbaye de). — Elle a reçu, du seigneur de Nouvion, moyennant une redevance à servir, quatre-vingts journaux de bois à défricher. — 1270. — CXCIII, p. 253.
— Les religieux ont acheté des bois de Drieuon d'Amiens. — 1272. — CXCIX, p. 259.
— L'abbé fait savoir que le comte et la comtesse de Ponthieu ont concédé des droits au couvent dans le bois que les religieux ont acheté. — 1272. — CC, p. 261.

Forêtmontiers (l'abbaye de) — L'abbé rappelle que les comtes de Ponthieu ont accordé à son couvent un chemin à travers la forêt vers Machiel et un sentier vers les bois des religieux à Bernay. — 1300. — CCLXXVI, p. 363.
Frailevile, Friville [?], terre échangée contre le fief Rohastre par l'abbé de Sery et le comte de Ponthieu. — 1219. — LXXII, p. 110.
Fraisnes, — Fresnes, — sur l'Authie, commune de Nampont. — 1230. — XCVI, p. 141.
Fraisnes, — Fresne, — sur Authie. — Droit vicomtier cédé par le comte et la comtesse de Ponthieu au prieur de Maintenay. — 1237. — CXX, p. 165.
Frêne (le champ du) près de Saint-Quentin en Vimeu. — 1208. — XXX, p. 49.
Frestelengue (la rue) à Rue. — Lettre sans date du comte Guillaume. — LXIII, p. 95.
Friaucourt. — Avant 1147. — II, p. 10.
Fort manage, — Fortmanoir peut-être, dans les environs de Rue. — 1214. — LV, p. 80.
Les eaux de Fort manage, un vivier voisin, etc. — *Ibid.*
Fosse (la terre de) à Rue ou près de Rue. — Entre 1191 et 1221. — LXXX, p. 123.
Foucarmont-sur-l'Yères, canton de Blangy (Seine-Inférieure). — 1211. — XLVII, p. 71.

G

Gadain (la forêt de). — 1177. — VII, p. 17.
Gard (l'abbaye du). — Ce qu'elle a acheté à Soues. — 1289. — CCLVI, pp. 334-336.
Gard (le) près de Rue. — 1217. — LXIV, p. 98.
Gard-lès-Rue (le). — Don au chapelain par le comte Simon sur les moulins et la vicomté de Rue. — 1234. — CX, p. 154.
Genestele. — Petit cours d'eau entre la commune de Maioc et celle de Rue. 1209. — XXXIII, p. 54.

Grèves (le moulin des) à Rue. — Entre 1191 et 1221. — LXXX, p. 122 et 123.
Groing, lieu difficile à identifier aux environs de Rue. — Entre 1191 et 1221. — LXXX, p. 124.

Guessart ou Gueschart ? (Gaultier). — 1205. — XXIV, p. 44.
Guihale (la) de Rue. — Lettre sans date du comte Guillaume. — LXIII, p. 97.

H

Haie du Comte (la forêt dite la). — 1177. — VII, p. 17.
Haistrel (terre de). — 1210. — XLIV, p. 68.
Hallencourt. — 1221. — LXXVI, p. 125.
Hamelet (le), commune de Favières. — 1209. XXXVI, p. 59.
Hangest. — Droits acquis par les religieux du Gard à Hangest. — 1289. — CCLXII, p. 342.
Haute Avène (la croix de). — 1177. — VII, p. 17.
Hère, dans la commune de Rue ou dans celle de Quend, plutôt de Rue. — Lettre sans date du comte Guillaume. — LXIII, p. 97.
Hermes, lieu inconnu. — 1209. — XXXVI, p. 57.
Hesdimont ou Haidimont (le bois de) non loin d'Airaines. — 1253. — CLIX, p. 216.
— (Le bois d'). — Accord pour ce bois, entre... et les maire et échevins d'Airaines. — 1257. — CLXV, p. 222.
— (Le bois de). — Il est vendu à Édouard roi d'Angleterre, comte de Ponthieu, et à la comtesse Aliénor, sa femme, par Raoul, écuyer, seigneur de Bougainville en partie. — 1280. — CCXXXI, p. 299.
— (Le bois de). — Il a été acheté par le roi d'Angleterre, comte de Ponthieu et par la comtesse. — 1290. — CCLV, p. 346.
Hiermont. — 1250. — CLVI, p. 212.
Hokaincourt (Hocquincourt), une dépendance de la commanderie de Saint-Maulvis. — 1334. — CCCXXI, p. 431.
Hôtel - Dieu d'Abbeville. — Abbeville. L'hôpital de Saint-Nicolas. Les maître frères et sœurs reconnaissent qu'ils n'ont reçu des comtes de Ponthieu qu'une autorisation gracieuse et révocable, mais non un droit, de faire du charbon dans la forêt de Crécy. — 1315. — CCCXVIII, p. 419.
Hout, lieu inconnu. — Entre 1191 et 1221. — LXXX, p. 121.
Hurt (le), lieu près de Ponthoiles. — 1208. — XXXI, p. 51.
Hurt. — Jean Dolehaim (ou d'Olehaim) vend au roi d'Angleterre, comte de Ponthieu, ce qu'il possède à Hurt. — 1279. — CCXIX, p. 284.

J

Jardin (l'ancien) du comte hors la porte Comtesse. — 1240. — CXLII, pp. 191-192.

K

Kaine (Puch à le). — Le puits à la Chaîne, rue d'Abbeville. — 1309. — CCLXXXIV, p. 382.

Kalunkaisnoi, lieu inconnu. — 1210. — XLIII, p. 67.

Kanōain (le pré de). — 1309. — CCLXXXVIII, p. 380.

L

Labroye, canton d'Hesdin (Pas-de-Calais). — 1209. — XXXIII, p. 55.

Lanchères. — Avant 1147. — II, p. 10.

Lannoy près de Rue (les lépreux de). — Blé auquel ils ont droit sur les moulins de Rue. — Autres dons. — Rentes à Rue sur le comte de Ponthieu. — Lettre du comte Guillaume, sans date, rappelant les dons de son père Jean. — LXIII, p. 90.

Laviers (Robert seigneur de), chevalier. — Il a livré à deux bourgeois d'Abbeville cinquante journaux de terre entre Laviers et le flos de Cambron, moyennant un cens annuel. — 1258. — CLXVIII, p. 224.

Leuetel, Levetel ou Leukel (le bois de) sur la voie qui mène de Nouvion à Forêtmontiers livré à défricher par le seigneur de Nouvion aux religieux de Forêtmontiers, moyennant redevance. — 1270. — CXCIII, p. 253.

Leures (un fief de) vendu par Mathieu de la Vaquerie seigneur d'Épagne au seigneur d'Auxy. — 1265. — CLXXXIII, p. 243.

Long. — Lettre du seigneur. Il a à Long la basse justice non la haute. — 1274. — CCIV, p. 268.

M

Machy, canton de Rue, dans une lettre sans date du comte Guillaume. — LXIII, p. 92.

Machy (bois dessus) vendu au roi d'Angleterre comte de Ponthieu. — 1280. — CCXXVIII, p. 296.

Machiel. — 1219. — LXXIV, p. 113.

— Échange entre la comtesse Jeanne et l'abbé de Forêtmontiers. — 1257. — CLXIV, p. 221.

— La comtesse de Ponthieu Jeanne échange avec l'abbé de Forêtmontiers Machiel contre Tourmont — Lettres de l'évêque d'Amiens. — 1258. — CLXXII, p. 229.

— Maigneville, aujourd'hui de la commune de Frettemeule. — Alfons de Rouvroy a vendu à la comtesse de Guelle tout ce qu'il tenait du comte de Ponthieu à Maigneville. — 1274. — CCV, p. 269.

Maintenay (le prieuré de Notre-Dame de). — 1237. — CXX, p. 165.

Maioch. — Lettres de commune. — 1209. XXXII, p. 52.

Maisons (Maison-Ponthieu). — 1250. — CLVI, p. 212.

Malrepast (la grange de) près d'Argoules. — 1248. — CLIV, p. 208.

Manage le Comte (du comte) à Rue. — Lettre sans date du comte Guillaume. — Faudrait-il identifier cette maison du comte à Rue avec la maison du Gard-lès-Rue ? — LXIII, p. 97.

Mareuil. — Guillaume Tyrel, chevalier, seigneur de Pois, assigne trois mille livres parisis, etc., à Mathieu de Trie sur la terre de Mareuil, etc. — La forteresse, etc. — 1258. — CLXX, p. 226.

Marquenterre. — Lettre de la commune de Marquenterre. — 1199. — XVII, p. 32.

Marquenterre. — L'établissement de la commune n'aura pas à craindre de réclamation de la part des religieux de Saint-Valery ; quelques réserves faites par l'abbaye. — Lettre de l'abbé. — 1215, mars. — LXI, p. 88.

— Éclaircissement d'un mot de la charte touchant les limites de la banlieue accordée à la commune du Marquenterre. — 1266. — CLXXXVI, p. 244.

— Droits respectifs de l'abbaye de Dommartin et du comte de Ponthieu sur un moulin à vent. — 1277. — CCXIV, p. 279.

Marquenterre. — Vente de la vicomté par le roi d'Angleterre comte de Ponthieu aux maire et échevins, moyennant le service d'une rente. — 1313. — CCCXVI, p. 416.

— Lettres des maire et échevins, ils reconnaissent avoir acquis la vicomté pour une rente de quarante-six livres qu'ils serviront annuellement au comte en deux termes. — 1313. — CCCXVII, p. 417.

Mautort. — Les habitants sont tenus de faire moudre au moulin des religieuses d'Épagne. — 1178. — VIII, p. 20.

Mautort. — Banlieue d'Abbeville. — Lieu d'un traité entre le comte Guillaume et Thomas de Saint-Valery. — 1209. — XXXVII, p. 61.

Mautort (les décimes de) — 1210. — XLIII, p. 67.

Menaufay (la haie, le bois de). Où situé ?

— Lettre sans date du comte Guillaume. — LXIII, p. 93.

Meneslies. — Avant 1147. — II, p. 10.

Mentenay, Maintenay, sur l'Authie, canton de Campagne (Pas-de-Calais). — 1214. — LVI, p. 83.

— Maintenay (le prieuré de). — 1230. — XCVI, p. 141.

— Maintenay (Guillaume, chevalier, seigneur de). — 1237. — CXXVI, p. 174.

Merderon (le vivier et le moulin de) près de Rue. — Entre 1191 et 1221. — LXXX, p. 122.

Mers. — 1149. — IV, p. 12.

— (seigneurs de). — 1208. — XXX, p. 49.

Mesoutre (la grange de) près de Vironchaux. — 1248. — CLIV, p. 208.

Métigny-sur-Authie (Montigny). — La comtesse Marie y aurait donné beaucoup de droits suivant un vidimus, très postérieur, de l'évêque d'Amiens. — 1280. — CCXXX, p. 298.

— Milesent (la caiere) près du bois d'Abbeville. — Caiere dans la langue du Ponthieu signifie ordinairement chaise. Ne faut-il pas comprendre ici carrière ? — 1309. — CCLXXXIX, p. 382.

Mond. (Montdidier ?). — 1220. — LXXVII, p. 115.

Monsures ? — Sans date dans une charte du comte Guillaume. — III, p. 12.

Mont de Buc (le) à Rue. — Lettre sans date du comte Guillaume. — LXIII, p. 97.

Mont Renaud, lieu inconnu. — 1220. — LXXIX, p. 118.

Montigny, lieu voisin de Valloires, aujourd'hui de la commune de Nampont. — 1214. — LVI, p. 83, et 1219. — LXXIV, p. 112.

Moreaucourt, près de l'Étoile, canton de Picquigny (les religieuses de). — 1209. — XXXIV, p. 55 ; et 1218. — LXX, pp. 107-108 ; et 1220. — LXXVIII, p. 116.

Morlay, annexe de Ponthoile, canton de

Nouvion. — Lettre sans date du comte Guillaume. — LXIII, p. 95.

MOROMESNIL (près Brailly - Cornehote). — 1220. — LXXVIII, p. 115.

MOULIN (le) de Bekerel. — Entre 1191 et 1221. LXXX, p. 123.

MOULIN (le) Brasseres à Abbeville. — 1226. — XCI, p. 137.

MOULIN (le) de la chaussée, près de Rue. — Entre 1191 et 1221. — LXXX, p. 122.

MOULIN (le) de Notre-Dame de Forêtmontiers. — Entre 1191 et 1221.— LXXX, p. 122.

MOULIN (le) des Grèves à Rue. — Entre 1191 et 1221. — LXXX, p. 122.

MOULIN (le) de Merderon près de Rue. — Entre 1191 et 1221. — LXXX, p. 122.

MOULIN (le) de Perele, à Rue. — Entre 1191 et 1221. — LXXX, p. 123.

MOULIN (le) de Nampont. — 1234. — CXII, p. 157.

MULUEL (le bois) voisin d'Épagne. — 1210. XLIII, p. 67.

N

NAMPONT (le moulin de). — 1234. — CXII, p. 157.

NAMPONT. — 1277. — CCXIII, p. 278.

NAMPONT. — Le comte de Ponthieu ne peut établir des écluses dans les marais entre Nampont et Roussen, les eaux courant dans ces marais appartenant aux religieux de Dommartin. — 1278. — CCXVII, p. 281.

NEUVILLE - COPPEGUEULE ? — 1223. — LXXXIV, p. 127.

NIHELLE (ou Noielle), hameau ou ferme près du Pont-de-Remy, lieu détruit. — 1231. — XCIX, p. 143.

NOELLE HOSPITAL (Nesle - l'Hôpital), une dépendance de la commanderie de Saint-Maulvis. — 1334. — CCCXXI, p. 431.

NOLETTES, commune de Noyelles-sur-Mer. — 1208. — XXXI, p. 51.

NOLLETTE. — Jean Dolehaim (ou d'Olehaim) vend au roi d'Angleterre, comte de Ponthieu, ce qu'il possède à Nollette. — 1279. — CCXIX, p. 284.

NOUVELLE DÉFENSE (bois de la). — 1235. — CXIV, p. 160.

NOUVION. — 1208. — XXXI, p. 51.

— (le bois de), contre la forêt de Crécy. — Les comtes de Ponthieu y ont cinq voies pour l'exploitation de la forêt. — Sans date mais commencement du XIIIe siècle. — LXXXVbis, p. 130.

— Jean Dolehaim (ou d'Olehaim), chevalier, vend au roi d'Angleterre comte de Ponthieu ce qu'il possède à Nouvion. — 1279. — CCXIX, p. 284.

NOYELLE (le château de). — 1178. — IX, p. 22.

NOYELLES-SUR-MER. — 1208. — XXXI, p. 51.

— 1216. — LIX, p. 85.

NOYELLES (sur mer). — Les maires et échevins attestent un droit de sel à prendre à Noyelles même sans doute. — 1216. — LIX, p. 85.

NOYELLE-SUR-MER échangé par Gui, frère du comte Jean, avec ce comte, pour quarante livres de rente à prendre sur la vicomté d'Abbeville. Dans des lettres de Guillaume comte de Ponthieu et de Jean de Maisnières. — 1218. — LXX, pp. 106-108.

NOYELLE. — Jean Dolehaim (ou d'Olehaim), chevalier, vend au roi d'Angleterre, comte de Ponthieu, ce qu'il possède à Noyelle. — 1279. — CCXIX, p. 284.

P

PERELLE ou PRÊLE (le champ de la). Où ? — Lettre sans date du comte Guillaume. LXIII, p. 94.

PERELE (le moulin de) à Rue. — Entre 1191 et 1221. — LXXX. p. 123.

PIGNON (le fief) à Airaines. — 1258. — CLXXIII, p. 232.

PIGNON ou PIGNOM (le fief) à Airaines, vendu au roi d'Angleterre, comte de Ponthieu, par Antiaume dit Pignon ou Pignom, — 1279. — CCXXI, p. 288.

PINCHEHAM, PINCHESNE ? non très loin de Forêtmontiers. — 1258. — CLXXII, p. 230.

POIVRE (Camp du) près de Buires-en-Haloi. — 1412. — CCCXXIX, p. 442.

PONCHES, canton de Crécy. — 1209. — XXXIII, p. 55.

PONT HERMER (les chapelains d'hôtel-Dieu de) ont reçu du comte Simon une générosité que rappelle la comtesse Jeanne. — 1258-1259 ? — CLXXVII, p. 238.

PONT-REMY (le marais de). — Droit de pâture aux habitants de Dun. — 1256. CLXI, p. 218.

— Droit de travers tenu du comte de Ponthieu par le seigneur de Pont-de-Remy. Comment. — 1312. — CCCXI, p. 413.

PONT (le) de Viliers (Villers-sur-Authie ?) — Entre 1191 et 1221. — LXXX. p. 124.

PONTHOILE, canton de Nouvion. — 1209. — XXXVI, p. 59.

PONTHOILES. — Cinquante journaux de bois donnés à l'église de Saint-Valery par le comte Jean en compensation de dommages et rachetés par le comte Guillaume, moyennant une redevance sur la vicomté d'Abbeville. — 1215 (ou 1216). — LX, p. 87.

PORT (la lettre de commune de). — 1218. — LXVIII, p. 104.

PORT (Petit). — 1220. — LXXIX, p. 117.

PRÉ GUI (le Champ du). — Avant 1147 et... — II et III, pp. 10 et 11 ; IV, p. 13.

POUMEROIL ou PUMEROIL, ténement sis probablement à Noyelles-sur-Mer. — 1216. — LIX, p. 86.

Q

QUESNE (le) (les lépreux du). — Lettre de l'official d'Amiens. — Sans date mais communiquant deux lettres du pape Lucius de 1182. — X, p. 24.

— (Les lépreux). — Don à ces lépreux par Enguerran de Saint-Aubin (Saint-Aubin-Rivière du canton d'Oisemont). — 27 mars 1204. — XX, p. 40.

— Les lépreux. — 1211. — XLVII, p. 71.

— Les lépreux. — Accomodement d'un différend entre la maison des lépreux et le seigneur du Quesne. — 1213. — L, p. 73.

QUESNE (le). — Don d'un terrage par le comte de Ponthieu aux lépreux du Quesne. — 1214. — LIV, p. 77.

— Vente d'un terrage aux lépreux. — 1216. — LXII, p. 89.

— (Les lépreux du). — 1219. — LXXVI, p. 114.

— (Les lépreux du). — 1222. — LXXXII, p. 126.

— (Les lépreux du). — Lettres de l'évêque d'Amiens en leur faveur. — 1223. — LXXXIII, p. 126.

— (Les lépreux du). — Don de terre en

leur faveur. — 1223. — LXXXIV, p. 127.
Quesne (les lépreux du). — Ils reçoivent un don de trois journaux d'un de leurs frères. — 1225. — LXXXIX, p. 134.
— (Les lépreux du). — Ils reçoivent un terrage au terroir de Saint-Aubin-Rivière. — 1226. — XC, p. 135.
— (Les lépreux du). — Ils reçoivent un don de Hugues de Molliens. — 1332. — CI, p. 145.
— (Les lépreux du). — Reconnaissance d'un droit qui leur est dû. — 1233. — CIII, p. 147.

Quesne (les lépreux du). — Don de six journaux de terre par A. et J. de Beaucamp. — 1236. — CXV, p. 160.
— (Les lépreux du). — La vente d'un terrage leur est confirmée. — 1237. — CXVIII. p. 163.
— (Les lépreux du). — Confirmation du don de Jean de Beaucamp. — 1238. — CXXVII, p. 175.
— (Les lépreux du). — Ils reçoivent le don d'un journal. — 1238. — CXXIX, p. 177.
— (Les lépreux du). — Satisfaction donnée aux frères de la léproserie par Étienne de Biencourt. — 1245. — CXLIX, p. 200.

R

Rabette (la) eau qui servait de défense à la ville d'Abbeville hors la porte Comtesse. — 1240. — CXLII, p. 191, note.
Revel (le moulin de). — 120. — LXXIX, p. 120.
Richebourg, quartier de la ville de Rue. — 1205. — XXIV, p. 43.
Richebourg ou Riquebourg, quartier de la ville de Rue. — Lettre sans date du comte Guillaume. — LXIII, p. 94.
Riomenez [?], Riominiez [?] ou Riemers [?], terrage vendu aux lépreux du Quesne. — 1216. — LXII, p. 89.
Riemers, nom douteux. — 1237. — CXVIII, p. 163.
Rohastre (le fief). — Busménard ou partie de Busménard (commune du Translay, canton de Gamaches). — 1219. — LXXII, p. 111.
Rondel (bois du). — Sans date. Commencement du XIIIe siècle. — LXXXVbis, p. 129.
Roques (le pré des) à Epagne. — 1269. — CXCII, p. 252.
Rosières (de la commune de Neuville-Coppegueule ? — III, p. 12.
Rotainville en Marquenterre; Routhiauville, commune de Quend. — 1215.

— LX, p. 86. — Appartient à l'église de Saint-Valery. — *Ibid.*, p. 87.
Rouvroy de la banlieue d'Abbeville dans une charte d'Ingerran, sénéchal de Ponthieu, de 1176. — VI, p. 15.
— Le moulin des Nonnains. — 1178. — VIII, p. 19.
— Le moulin des religieuses d'Epagne à Rouvroy. — 1210. — XLI, p. 64.
— Autorisation donnée aux religieuses d'Epagne de reconstruire des maisons détruites pour cause de guerre. — 1210. — XLII, p. 65.
— (Le moulin de), où les hommes de Cambron, de Mautort et de Sur-Somme sont tenus de faire moudre. — 1210. — XLIII, p. 67.
— Convention entre le comte de Ponthieu et le possesseur d'un fief sis à Rouvroy. — 1215. — LVIII, p. 84.
Rouvroy-lès-Soues. — Ce que les religieux du Gard y ont acquis — 1290. — CCLXIII, p. 343.
Royonval (L'abbaye de). — Elle prend tous les ans un millier de harengs saurs sur la vicomté de Rue. — 1229. — XCII, p. 137.

Royonval (l'abbaye de). — Elle reçoit de la comtesse Jeanne un nouveau millier de harengs à prendre annuellement sur la vicomté de Rue. — 1272. — CXCVII, p. 257.

— (L'abbaye de). — La comtesse Jeanne confirme à l'abbaye de Royonval les dons de harengs du comte Simon et les siens. — 1275. — CCVI, p. 270.

Rue. — Confirmation par le comte Guillaume du droit de commune acheté par les habitants de Rue au comte Jean. — 1210. — XL, p. 63.

— Le Gard lès Rue. — Le comte Guillaume s'engage envers les bourgeois de Rue à ne pas fortifier sa maison du Gard. — 1214. — LII, p. 75.

— Don par le comte Guillaume à l'hôpital d'Amiens de huit muids de sel à prendre annuellement à Rue. — 1214. — LIII, p. 77.

— La porte de la Grève. — 1214. — LV, p. 80.

— Le mont de Rue. — 1214. — LV, p. 79.

— (Les moulins de). — 1217. — LXVI, p. 101.

— (Sel à prendre à). — 1220. — LXXVII, p. 115.

— Don par le comte de Ponthieu de quelques héritages à plusieurs habitants de Rue. — Sans date — LXXIX, p. 120.

— Importance probable de la pêche. — 1230. — XCVIII, p. 143.

— L'église de Saint-Vulphi reçoit une rente pour l'obit du comte Simon. — 1239. — CXXXVII, p. 186.

— Les navires approchaient encore de Rue en 1248. — CLIV, p. 209.

— Lettre de l'échevinage de Rue sur la mesurage et les mesureurs du blé. — 1273. — CCIII, p. 265.

— Projet de dérivation de l'Authie vers Rue. — 1277. — CCXI, p. 275.

— Guihale (la) de Rue. — Dans une lettre sans date du comte Guillaume. — LXIII, p. 91.

Rue. — Lettres de la réunion du siège de la Sénéchaussée de Ponthieu estant en la ville de Rue.—Sans date.—CCCXXVII, p. 440.

Rue (l'hôpital de). - 1217. — LXVI, p. 101.

— L'obit du comte Simon dans l'hôpital de Rue. — 1239. — CXXXVIII, p. 187.

Rue (la maladrerie de) ou de Lannoy reçoit une somme pour l'obit du comte Simon. — 1239. — CXXXVI, p. 185.

Rue. — La Vicomté. — Prélèvement de sel sur cette vicomté. — 1213 (1214). — LI, p. 74.

— L'obit du comte Simon dans la maladrerie de Rue à prendre sur la vicomté de Rue. — 1239. — CXXXVI, p. 185.

— Sel à prendre sur la vicomté par les religieuses de Saint-Michel de Doullens. — 1229. — XCIII, p. 138.

— La vicomté. — Dix mille harengs à fournir annuellement à l'église de Saint-Jean d'Esserent. — 1230. — CXVIII, p. 142.

— Quarante sols parisis à prendre sur la vicomté par l'église de Notre-Dame de Boulogne. — 1234. — CIX, p. 153.

— La vicomté. — Harengs à prendre par les religieuses d'Epagne. — 1237. — CXXII, p. 169.

— Somme à prendre sur la vicomté pour l'obit du comte Simon. — 1239. — CXXXIII, p. 182.

— Somme à prendre sur la vicomté pour l'obit du comte Simon dans la maladrerie de Rue. — 1239. — CXXXVI, p. 185.

— Autre somme à prendre sur la vicomté pour l'obit du comte Simon. — 1239. — CXXXVII, p. 186.

— Somme à prendre sur la vicomté pour l'obit du comte Simon dans l'hôpital de Rue. — 1239. — CXXXVIII, p. 187.

— La vicomté. (Rente à prendre sur la) par l'église de Longpont. — 1243. — CXLIV, p. 194.

Rue. — La vicomté. — La comtesse Jeanne assigne sur cette vicomté une rente viagère à un chapelain du Crotoy. — 1256. — CLXIII, p. 220.
— Rente sur la vicomté pour le rachat d'un usage de pêche des religieux de Balances. — 1261. — CLXXIX, p. 240.
Rue. — Un nouveau millier de harengs à prendre sur la vicomté par l'abbaye de Royonval. — 1272. — CXCVII, p. 257.

S

Sailly-Brai, de la commune de Noyelles-sur-Mer. — 1208. — XXXI, p. 51.
Sailly-Brai. — Jean Dolehaim (ou d'Olehaim), chevalier, vend au roi d'Angleterre, comte de Ponthieu, ce qu'il possède à Sailly-Brai. — 1279. — CCXIX, p. 284.
Saint-Aubin sur la Somme. — 1210. — XLIII, p. 67.
Saint-Aubin-Rivière. — Terrage. — 1226. — XC, p. 135.
Saint-Ewin, Saint-Ouen, canton de Domart. 1267. — CLXXXIX, p. 249.
Saint-Jean-des-Prés. — Les chapelains de Saint-Jean-des-Prés échangent avec le comte de Ponthieu des droits qu'ils ont sur les moulins du Val Louvrech contre une redevance de blé. — 1210, octobre. — p. 69.
Saint-Josse-au-Bois (l'abbaye de). — Voir Dommartin.
Saint-Josse-sur-Mer (abbaye de). — Fragment d'une charte de l'abbé Florent (accord entre lui et le comte de Ponthieu Guillaume). — 1203. — XIX, p. 38.
Saint-Léger-lès-Rouvrel, canton d'Ailly-sur-Noye. — 1209. — XXXIV, p. 56.
Saint-Leu-d'Esserent (l'église de). — Elle prend dix milliers de harengs sur la vicomté de Rue. — 1230. — XCVIII, p. 142.
Saint-Leu-d'Esserent (une chapelle de) reçoit une rente sur la vicomté du Crotoy. — 1239. — CXXXIX, p. 188.
Saint-Loch (Saint-Lau). — 1267. — CLXXXIX, p. 249.

Saint-Mauville (Saint-Maulvis). — Commanderie. — 1334. — CCCXXI, p. 431.
Saint-Maxent, canton de Moyenneville. — 1220. — LXXIX, p. 117.
Saint-Quentin (en Vimeu). — II, p. 10. — Avant 1147. — Et III, p. 11. — Sans date. — et IV, p. 12. — 1149. — Et V, p. 13. — 1162.
— Après 1191. — XV, p. 29.
— Le comte Guillaume prend en sa protection toutes les possessions des chanoines réguliers d'Eu et particulièrement à Saint-Quentin. — Juillet 1207. — XXVIII, p. 47.
— Confirmation par Simon d'Eu aux religieux d'Eu des dons que ses prédécesseurs leur ont faits sur le terroir de Saint-Quentin. — 1208. — XXX, p. 49.
Saint-Riquier (l'hôpital de). — 1210. — XXXVIII, p. 62.
— (L'abbé et le couvent de) accordent au comte de Ponthieu tout ce qu'ils ont au bois près du Titre et dans la clôture du Gard-lès-Rue. — 1217. — LXIV, p. 98.
— (La léproserie de). — 1223. — LXXXV, p. 128.
— (La ville de) détachée du Ponthieu. — 1225. — LXXXVII, p. 132.
— Fiefs et arrière-fiefs donnés à l'abbaye dans la vallée de l'Authie ou près de la chaussée Brunehault par D. d'Amiens, seigneur de Vinacourt. — 1275. — CCIX, p. 274.
— Accord de l'abbé et du comte de Pon-

thieu pour deux hommages de fiefs donnés à l'abbaye par D. d'Amiens, seigneur de Vinacourt. — 1275. — CCX, p. 274.

Saint-Valery (l'abbaye de) ne réclamera pas, moyennant quelques réserves, contre l'établissement de la commune de Marquenterre. — Lettre de l'abbé. — 1215 mars. — LXI, p. 88.

— Droits sur la navigation. — 1220. — LXXIX, p. 116.

— Droits de l'abbaye de) dans le Marquenterre. — 1235. — CXIII, p. 158.

Sainte-Croix (la chapelle de) dans le manoir dit la Cour Ponthieu. — Charte du comte Guillaume. — 1206. — XXVII, p. 46.

— Les chapelains reçoivent de Mathieu, comte de Ponthieu, et de Marie sa femme, 90 journaux au Brulle en compensation d'un rédime sur 700 journaux au même lieu.—1246.—CL, p. 201.

Saulnier (le champ ou camp). Où ? — Lettre sans date du comte Guillaume. — LXIII, p. 94.

Scardon (le). — Sa bifurcation sous le moulin de la Bouvaque. — 1195. — XVI, p. 30.

Sept-Acres (le champ des) près de Saint-Quentin en Vimeu. — 1208. — XXX, pp. 49-50.

Sept-Meules, aujourd'hui commune sur l'Yères, canton d'Eu (Seine-Inférieure). — 1211. — XLVII, p. 71.

Sery (l'abbaye de). — Elle reçoit vingt sols de cens sur le Translay pour l'obit du comte Simon. — 1239. — CXXXIV, p. 185.

Simon de Avesnes (fief de) probablement dans les environs de Machy (canton de Rue). — Lettre sans date du comte Guillaume. — LXIII, p. 93.

Soues. — Possessions des religieux du Gard à Soues. — 1289. — CCLVI, pp. 334-336.

— Droits, seigneurie, cens, fief, hommage, à Soues, vendus au roi d'Angleterre comte de Ponthieu, par Mathieu de Trie, chevalier, sire de Vaumain. — 1316. — CCCXIX, p. 420.

Sur-Somme (la rue dite). — Les habitants tenus de faire moudre au moulin des religieux d'Épagne. — 1178. — VIII, p. 20.

T

Tengnon (le marais de) dans le Marquenterre. 1235. — CXIII, p. 159.

Tigny (canton de Montreuil-sur-Mer). — Le moulin de Tigny. — Lettre d'un abbé de Saint-Josse-au-Bois. — 1206. — XXVI, p. 45.

— (le moulin de). — 1234. — CXII, p. 157.

Tilloy, ferme dépendant de Valloires. — 1214. — LVI, p. 83.

Tilloy (le bois de) voisin de l'abbaye de Valloires. — Lettre sans date du comte Guillaume. — LXIII, p. 93.

Tilloy (la grange de) voisine de Vironchaux. — 1248. — CLIV, p. 208.

Titre (bois près du), canton de Nouviou. — 1217. — LXIV, p. 98.

— Terre au Titre échangée par le comte de Ponthieu avec l'hôpital de Rue. — 1217. — LXVI, p. 101.

— Échange de terres entre Hugues de Fontaines, seigneur de Long, et le comte et la comtesse de Ponthieu, Simon et Marie. — 1233. — CIV, p. 147.

— (La garenne du), note de l'acte CCCXXI, p. 425.

Titre (le). — Le bois « de le Vacquerie » près du Titre. — 1238. — CXXVIII, p. 176.
— Wistasses de Fontaines fait savoir qu'il a vendu au roi d'Angleterre, comte de Ponthieu, et à la comtesse Aliénor tout ce qu'il auait ou pouvait avoir au Titre. — 1288. — CCLIV, p. 331, et CCLV, p. 333.
— Le cauchie (la chaussée) et le travers du Titre vendus au comte de Ponthieu Édouard par Hue, bailli du Mesnil, vavasseur.—1300.—CCLXXV, p. 361.
Tofflet près de Laviers. — 1256. — CLXI, note, p 218.
Tollent, canton d'Auxy-le-Château (Pas-de-Calais). — 1219. — LXXV, p. 113.
Tormont (Tourmont), aujourd'hui Saint-Quentin en Marquenterre. — Échange entre l'abbé de Forêtmontiers et la comtesse Jeanne. — 1257. — CLXIV, p. 221.
— L'abbé de Forêtmontiers échange avec la comtesse Jeanne de Ponthieu la ville de Tourmont contre Machiel. — Lettres de l'évêque d'Amiens. — 1258. — CLXXII, p. 229.
— La comtesse Jeanne en donne à Eudes de Ranqueroles le domaine qu'elle a par suite de l'échange avec le couvent de Forêtmontiers. — 1258. — CLXXIV, p. 233.

Translay (le). — Le seigneur d'Acheu a résigné entre les mains du comte de Ponthieu son droit de seigneurie sur les terres que le seigneur de Framicourt a vendues au comte de Guelles. — 1258. — CLXIX, p. 225.
— Terres vendues au comte et à la comtesse de Guelles. — 1268. — CLXVII, p. 224.
— Alfons de Rouvroy a vendu à la comtesse de Guelle tout ce qu'il tenait du comte de Ponthieu au Translay. — 1274. — CCV, p. 269.
— Fondation de la capellerie du Translay par la comtesse de Guelle. — 1277. — CCXV, p. 279.
— Le comte de Guelle a vendu au comte de Saint-Pol le manoir, la « vile » et le « chastel » du Tranleel. — Le comte de Ponthieu, Édouard, comme sire souverain, a retenu le Tranleel pour le prix convenu entre le vendeur et l'acheteur. — 1305. — CCLXXIX, p. 371.
— La « chastellerie » et « le ville » du Tranleel. — Charte de la comtesse de Guelle. — Sans date. — CCLXXIX, p. 370.
Le Tréport. — Lettre de l'abbé du Tréport pour un différend entre son couvent et le comte de Ponthieu. — 1233. — CII, p. 146.

V

Vacquerie, lieu voisin de Cambron. — 1220. — LXXIX, p. 117.
Val Bordel (les malades du). — 1238. — CXXVIII, p. 176.
Val Guyon (le), lieu dit, probablement dans les environs de Machy (canton de Rue). — Lettre sans date du comte Guillaume. — LXIII, pp. 92-93.
Val (le) des lépreux d'Abbeville. — Il reçoit une rente pour l'obit du comte Simon. — 1239. — CXL, p. 189. Voir d'ailleurs Abbeville pour ce Val.
Valloires (l'abbbaye de). Voyez Balances.
Valloires (l'abbaye de). — Elle prend une somme sur la vicomté du Crotoy. — 1237. — CXIX, p. 164.
Val Louvrech (le), le plus souvent le Valoùvrech, lieu près d'Abbeville. — Les

moulins du Val Louvrech. — 1210. — XLV, p. 69.
— (Les moulins du). — 1230. — XCV, p. 140.
— Le maître et les frères et sœurs de l'hôpital de Saint-Nicolas ont vendu au comte de Ponthieu roi d'Angleterre et à la comtesse Aliénor le moulin de Valouvrech. — 1287. — CCLIII, p. 331.
— Lettres octroyées par le sénéchal de Ponthieu aux tanneurs banniers des moulins du Valouvrech. — 1309. — CCLXXXV, p. 378.
Val Segaut (le), lieu dit aux environs de Saint-Aubin-Rivière. — 1238. — CXXIX, p. 178.
Vaux, commune de Cambron (décimes de). — 1210. — XLIII, p. 67.
Vergelai (Verjolay), dans une charte de Guillaume comte de Ponthieu. — Septembre 1205. — XXIII, p. 42.
Veue? (l'eau de). — 1267. — CLXXXIX, p. 249.
Villeroy, aujourd'hui annexe de Vitz-sur-Authie, canton de Crécy. — Concession d'un droit de commune par le seigneur, du consentement du comte de Ponthieu. — 1211. — XLVIII, p. 72.
— (les maire et échevins de), créanciers de Guillaume de Villeroy. — 1238. — CXXVI, p. 174.
— « Demisele » Luce de Villeroye a vendu aux maieur et échevins de Villeroye treize journaux de terre sis sur leur terroir. — 1278. — CCXVI, p. 280.
Villers-sur-Authie ? — Dans une lettre sans date du comte Guillaume. — LXIII, p. 94.
Villers-sur-Authie. — 1230. — XCVI, p. 141.
— Droit vicomtier cédé par le comte et la comtesse de Ponthieu au prieur de Maintenay. — 1237. — CXX, p. 165.
Villers et Fresnes-sur-Authie (les marais de Villers et de Fresnes). — 1237. — CXX, p. 166.
Vimeu (vicomtés et seigneuries en). — Compromis entre la comtesse de Dreux, dame de Saint-Valery, et Jeanne, comtesse de Ponthieu. — 1258. — CLXXV, p. 235.
Vironchaux (?) — 1210. — XLIV, p. 68.
Vironchaux, canton de Rue. — 1214. — LVI, p. 83.
Vismes. — Concession du droit de commune à Vismes d'après une lettre du maire, des échevins et de toute la commune. 1212. — XLIX, p. 72.
— L'estage, service féodal. — Déclaration d'un seigneur de Vismes. — 1304. — CCLXXVIII, p. 369.
Viviers de Rue (les). — Charte du comte Guillaume. — 1205. — XXIV, p. 43.
Vy-sur-Authie (Vis). — Les habitants de Vis demandent à garder leur maieur qui va sortir de fonction. Ils reconnaissent qu'ils ne peuvent réélir leurs élus que du gré du sénéchal. — 1306. — CCLXXX, p. 372.

W

Waben. — 1277. — CCXII, p. 277.
— 1334. — CCCXXI, p. 429.
Wascoigne (les bois de). — Sans date. — Commencement du XIIIe siècle. — LXXXVbis, p. 129.

Wasque (la) de Vron. — 1280. — CCXXVII, p. 295.
Willencourt (les religieuses de) ont reçu des comtes Guillaume et Simon des dons d'avoine pour faire de la bière.

Lettre de confirmation de la comtesse Jeanne. — 1258. — CLXXI, p. 227.

WIQUIGNY (le bois de). — CLVIII, note, p. 215.

WISQUENI. — WIQUIGNY. — Le fief de Jehan de Wisqueni au terroir de Port et de Noyelle, tenu de la comtesse d'Eu et de l'abbé de Saint-Corneille de Compiègne. — 1251. — CLVIII, p. 215.

Y

YONVAL (les décimes d'). — 1210. — XLIII, p. 67.

Z

ZOTEUX (les Auteux). — 1220. — LXXIX, p. 117.

TABLE DES NOMS DE PERSONNES

A

Acheu (Jean seigneur d'), chevalier. — Il a résigné entre les mains du comte de Ponthieu ses droits de seigneurie sur des terres au Translay. — 1258. — CLXIX, p. 225.

Ailly (Robert d'), chevalier, seigneur de Bouberch. — Sa lettre d'accord avec la comtesse Marie pour les bois d'Ergnies. — 1229. — XCIV, p. 139.

Airaines (Henri de) aliène pour quatre ans ses droits de travers d'Airaines. — — 1256. — CLXII, p. 219.

Airaines (Henri seigneur d'). — Il demande au comte de Ponthieu de confirmer au couvent de Saint-Pierre de Selincourt certaines concessions. — 1263. — CLXXXII, p. 242.

Areynes, — Airaines, — (Ferran d'), écuyer, sire de Dromesnil, fait savoir que Jean d'Épagne a vendu à l'abbaye du Gard tout ce qu'il avait à Soues. — 1289. — CCLVI, p. 336.

Alegrin (Jean). — Sa lettre. — Il a vendu au comte de Ponthieu, Édouard, et à la comtesse Aliénor, une rente de six livres sur le moulin le Comte. — 1283. CCXL, p. 312.

Alegrin (Jean) vend à son frère Pierre un droit qu'il avait sur le moulin le Comte. — 1290. — CCLX, p. 340.

Amiens (Bernard d'), chevalier. — Il reçoit du comte et de la comtesse de Ponthieu une rente sur la vicomté du Crotoy. — 1239. — CXXXI, p. 179.

Amiens (Drieu d'), seigneur de Vinacourt, abandonne au roi d'Angleterre, comte de Ponthieu, les droits des hommages que lui devaient la dame de Fontaines-sur-Somme et Thumas d'Embreville. Il abandonne à son cousin Pierre d'Amiens, seigneur de Canaples, l'hommage que lui doit Robert de le Porte. — 1279. — CCXX, p. 285.

Apoule (Robert), bourgeois, propriétaire d'une maison hors la porte Comtesse. — 1240. — CXLII, pp. 191-192.

Argoules (Gui de). — 1205. — XXIV, p. 44.

Arrech (Jean d'). — Il a vendu la moitié des terrages d'Arrech (Arrest) aux religieux de Forêtmontiers. — 1271, p. 256.

Artois (Robert comte d'). — Il a, d'après sa lettre, acheté à Mathieu, comte de Ponthieu, le fief que le comte de Saint-Pol tenait dudit comte de Ponthieu et le fief du vicomte du Pont-de-Remi.

— 1244. — CXLVI, p. 196, et CXLVII, p. 197.

Au Costé (Jacques), maieur d'Abbeville. — 1280-1281. — CCXXXVI, p. 306.

Aumale (Willaume d'), probablement marchand. — I, p. 9.

Aurenc (Payen de). — Dans une lettre sans date du comte Guillaume. Aurenc est un lieu inconnu, dans le département de la Somme du moins. M. J. Garnier ne l'a pas rencontré. — LXIII, p. 94.

Ausnoi, — Lausnoi, — Lannoy (Jean de l'), chevalier, sénéchal de Ponthieu. — 1309. — CCLXXXVI, p. 378. — Voir Lannoy.

Auxy (Hue d'), chevalier. — 1236. — CXVII, p. 163.

Auxy (Hue d'Auxy, seigneux d'), se met en l'appointement que le comte de Ponthieu ordonnera pour un débat entre lui et son frère. — 1265. — CLXXXIV, p. 243.

Avesnes (Mathieu de), a vendu au comte de Ponthieu le fief de la Cuisine qui avait appartenu à Jehan Hoket, dans une lettre du comte Mathieu. — 1245. — CXLVIII, p. 199.

B

Baiardes (Jehan de). — Il a acheté à Robert de Noyelette cinq journaux de terre sis à Hiermont. — 1250. — CLVI, p. 212.

Baillieul (Jehan sire de). — Peut-être le futur roi d'Écosse ou son père. — 1267. — CLXXXVII, p. 246.

Barbafust (Gui), bourgeois d'avant la concession écrite de la commune d'Abbeville. — 1178. — VIII, p. 19.

Baucouel (Jean de), chevalier, sénéchal de Ponthieu. — 1300. — CCLXXVI, p. 363.

Baudouin, chapelain de Port. — 1218. — LXVIII, p. 104.

Beaucamp (Alexandre de). — 1223. — LXXXIV, p. 127.

Beaucamp (Jean de). — Il confirme son don aux Lépreux du Quesne. — 1238. — CXXVII, p. 175.

Beeloy (Jehan de). — Il vend au comte de Ponthieu le fief de la Botillière. — 1267. — CLXXXVIII, p. 246.

Bernard, seigneur de Saint-Valery. — 1178. — IX, p. 21.

Biencourt (Étienne de). Son accord avec les frères de la léproserie du Quesne. — 1245. — CXLIX, p. 200.

Bois (Gautier du), maire de Vismes. — 1212. — XLIX, p. 73.

Boisars (Wautier), maire de Noyelle (sur-Mer). — 1216. — LIX, p. 85.

Boisshet (Renier), maire d'Abbeville. — 1283. — CCXL, p. 311.

Bosshet (Renier), maieur d'Abbeville. — 1298. — CCLXXI, p. 357.

Bonnele (Watier de). — Témoin de la charte de Crécy. — 1194. — XIV, p. 28.

Bouberch (le sire de), propriétaire du Rondel. Sans date, commencement du XIIIe siècle. LXXXVbis, p. 129.

Bougainville (Raoul, écuyer, seigneur de). — Il vend au roi d'Angleterre, comte de Ponthieu, tout ce qu'il peut avoir au bois de Haidimont. — 1280. — CCXXXI, p. 299.

Bove (Robert de), oiseleur du comte de Ponthieu. — 1214. — LV, p. 79.

Briméu (Eustache de). — 1210. — XLIII, p. 67.

Brokete (Hue), maieur d'Abbeville. — 1309. — CCLXXXVIII, p. 380.

Brunesbek (Jehan de), chevalier, sénéchal de Ponthieu. — 1294. — CCLXVIII, p. 353.

C

Camberon (Andrieux de), fils de Hue, seigneur de Camberon (Cambron). — Sa lettre donne quittance au comte de Ponthieu des fruits de la terre levés pendant une saisie. — 1272. — CXCVIII, p. 258.

Camp Sehart, — Campsart (Alexandre de), chevalier. — 1236. — CXV, p. 160.

Candas (Ingerran de). — Il approuve la convention intervenue entre Théobald, son frère et son homme, et le comte de Ponthieu, pour le fief que ce frère tenait de lui à Rouvroy près d'Abbeville. — 1215. — LVIII, p. 85.

Canteleu (Eustache de). — 1209. — XXXIV, p. 56.

Capelle (Guiffroy de le), chevalier. — Il reçoit une rente du comte et de la comtesse de Ponthieu. — 1237. — CXXIII, p. 170.

Caumont (Henri de), témoin dans la charte de Crécy. — 1194. — XIV, p. 28.

Caumont (Gui de). — Il tient du comte de Ponthieu, Boufflers, etc. — 1219. — LXXV, p. 113.

Cayeu (Guillaume de), servira de gage à Thomas de Saint-Valery pour des conventions entre ce seigneur et le comte de Ponthieu. — Septembre 1209. — XXXV, pp. 56-57.

Cayeu (Guill.... de), sire de Bouillencourt-en-Sery. — Lettre d'amendise (de réparation). — 1285. — XXI, p. 40, et CCLII, p. 328.

Chapelle (Guiffroy de la), chevalier. — Il a remis au comte et à la comtesse de Ponthieu la rente qu'il touchait sur la vicomté d'Abbeville. — 1281. — CCXXXV, p. 304.

— Correspondance entre l'official d'Amiens et le doyen d'Abbeville sur la convention du comte de Ponthieu et de Guiffroy de la Chapelle. — 1281. — *Ibid.*, pp. 304-305.

Cholete (Hugues), bourgeois d'avant la concession écrite de la commune d'Abbeville. — 1178. — VIII, p. 19.

Clinton (Jean de), sénéchal de Ponthieu. — 1307. — CCLXXXII, p. 374.

Cloche d'Amours (Robert), prêtre. — Il a vendu au comte de Ponthieu le moulin Cokin séant à Crécy. — 1273. — CCI, p. 262.

Coleman (Andrieu), maire d'Airaines. — 1290. — CCLXV, p. 347.

Cophin (Gontier), bourgeois d'avant la concession écrite de la commune d'Abbeville. — 1178. — VIII, p. 19.

Coquerel (Jean et Hugues), neveux d'Enguerran de Fontaines, sénéchal de Ponthieu. — 1178. — VIII, p. 20.

Couliard (Firmin), maieur d'Abbeville. — 1298. — CCLXXII, p. 358.

Crokoison (Wautier de), chevalier. — Il doit du blé aux lépreux du Quesne. — 1233. — CIII, p. 147.

D

Dolehaim ou d'Olehaim (Hue), chevalier. — 1208. — XXXI, p. 50.

Dolehaim (Hugues) a droit à trois muids de sel que doit lui servir Vermond Feret. — 1216. — LIX, p. 85.

Dolehaim ou d'Olehaim (Jean), chevalier. — Il a vendu au roi d'Angleterre, comte de Ponthieu, tout ce qu'il avait à Nouvion, à Coquerel, à Noyelle, à Nollette, à Sailly-Brai, à Bonnelle, à Hurt, à Favières. — 1279. — CCXIX, p. 284.

Dominus (Pierre), bourgeois du Crotoy. — Il achète un cens sur la vicomté de Crécy. — 1242. — CXLIII, p. 192.

Domqueur (Simon de). — Dans une lettre sans date du comte Guillaume. — LXIII, p. 91.

Donqueur (Simon de) et son fils Ingerran. — 1205. — XXIV, p. 44.

Donqueur (Simon de), chevalier. — 1218. — LXVIII, p. 104.

Dreuil (Godefroi du Pont-de-Remi, écuyer, sire de). — 1296. — CCLXX, p. 355.

Dreux (Robert de), seigneur de Saint-Valery. — Sa lettre d'accord avec le comte de Ponthieu pour différents droits. — 1220. — LXXIX, p. 116.

Dreux (Jehan comte de), sire de Saint-Valery. — Sa lettre constatant un arbitrage qui a réglé des difficultés entre lui et le comte et la comtesse de Ponthieu. — 1247. — CLI, p. 203.

Dreux (Marie comtesse de) et dame de Saint-Valery, traite avec Jeanne comtesse de Ponthieu, pour les vicomtés et seigneuries du Vimeu. — 1258. — CLXXV, p. 235.

Dreux (Jean comte de) et Braine, sire de Saint-Valery, fait savoir que don Jean de Saint-Acheul, moine et portier du Gard a acheté à Jean d'Oisemont tout le fief qu'il tenait à Soues. — 1289. — CCLVI, p. 336.

Dreux (Robert comte de), etc., sire de Saint-Valery. — Il fait savoir que son amé et féal Mathieu de Trie, chevalier, et sa femme, dame d'Areynes, ont vendu au roi d'Angleterre comte de Ponthieu, des droits cens, etc., à Soues. — 1316. — CCCXIX, p. 421.

Drucat (Renier de). — 1218. — LXVIII, p. 104.

Drucat (Guillaume de), chevalier, a acheté d'Édouard, comte de Ponthieu, et de la comtesse, le fief de Drucat. — 1289. — CCLVIII, p. 338.

Drucat (Jean de) de Rouvroy, homme lige du comte de Ponthieu, vend à un bourgeois d'Abbeville, Jean d'Épagne, un peu de terre près de la Croix qui Corne. — 1294. — CCLXVIII, p. 352.

E

Édèle, fille de Jean, comte de Ponthieu, fiancée au fils du seigneur de Saint-Valery. — Conditions du mariage. — 1178. — IX, p. 20.

Édle ou Édèle, fille du comte Jean et sœur du comte Guillaume. — 1209. — XXXVI, p. 59.

Édouard, roi d'Angleterre, comte de Ponthieu. — Il prête par procureur le serment de garder les chartes et les usages de la ville d'Abbeville. — 1279. — CCXVIII, p. 283.

Édouard, roi d'Angleterre, comte de Ponthieu, et la comtesse Aliénor accordent aux bourgeois de Crécy que leur marché du lundi sera franc; à quelles conditions. — 1279. — CCXXII, p. 289.

Édouard, etc., et la comtesse Aliénor. — Ils achètent à l'abbaye de Dommartin l'aumone que lui a faite Ansel de Cayeu, chambellan de l'empire de Constantinople. — 1281. — CCXXXIV, p. 303.

Édouard, etc., et la comtesse Aliénor. — Ils rachètent la rente faite par le comte Simon à Guiffroy de la Chapelle sur la vicomté d'Abbeville. — 1281. — CCXXXV, p. 303.

Édouard, etc., comte de Ponthieu. — Il exempte la commune du Crotoy de sa redevance pour la petite vicomté. Les maire et échevins répondront de toute demande de catel par devant son vicomte du Crotoy. — 1285. — CCL, p. 325.

ÉDOUARD, etc., et la comtesse ont acheté de la commune d'Airaines une rente dont le capital satisfera aux dettes de cette commune. — 1290. — CCLXI, p. 341.

ÉDOUARD, etc., et la comtesse ont acheté de la commune du Crotoy-Maioc-Bertaucourt, une rente dont le capital sera appliqué aux besoins de cette commune. — 1290. — CCLXIV, p. 344.

ENGUERRAN, sénéchal, dans la charte de Crécy. — 1194. — XIV, p. 28.

ENGUERRAN, notaire du comte de Ponthieu, dans la charte de la commune de Crécy. — 1194. — XIV, p. 29.

ÉPAGNE (les religieuses d'). — 1178. — Dans une lettre d'Enguerran de Fontaines, sénéchal de Ponthieu. — VIII, p. 19.

ÉPAGNE (Mathieu de la Vaquerie sire d') et sa femme ont vendu au seigneur d'Aussy (Auxy) tout leur fief de Leures. — 1265. — CLXXXIII, p. 243.

ÉPAGNE (Mathieu de la Vacquerie sire d'). Il fait connaître la vente d'un pré. — 1269. — CXCII, p. 252.

ESPAIGNE, — ÉPAGNE (Jean, écuyer, sire d') fait savoir que par devant lui Jean d'Oisemont et sa femme ont reconnu avoir vendu aux religieux du Gard tout ce qu'ils avaient à Soues. — 1289. — CCLVI, p. 335.

Il a vendu lui-même aux religieux tout ce qu'il avait à Soues. — 1289. *Ibid.*, p. 336.

ESPAUT ? (Arnoul de l'). — 1205. — XXIV, p. 44.

EU (Simon d'), neveu de Guillaume de Mers. — 1208. — XXX, p. 49.

EU (Jean comte d'). — Il s'acquitte de son hommage envers le comte de Ponthieu par devant le sénéchal. — 1300. — CCLXXIV, p. 360.

EUSTACHE, vicomte de Pont-Remy. — 1231. — CXIX, p. 143. — seigneur du fonds de Nihelle. — *Ibid.*, p. 144.

F

FAFFELIN (Pierre), maire d'Abbeville. — Il fait savoir comment, par l'intervention acceptée de l'échevinage, une contestation pour la justice pendant la franche fête de Sainte-Croix a été réglée entre le comte de Ponthieu et le curé de Notre-Dame du Castel. — 1275. — CCVIII, p. 272.

FAFFELIN (Pierre). — Il reçoit à cens du sénéchal vingt journaux de terre sis dans la banlieue d'Abbeville et tenus du comte de Ponthieu. — 1309. — CCLXXXIX, p. 381.

FAFFELIN (Jean), maieur d'Abbeville. — 1317. — CCCXX, p. 423.

FAISSOUEF (Willard), chanoine de Saint-Vulfran d'Abbeville. — 1219. — LXXIII, p. 112.

FAMECHON (Hue de), bailli d'Abbeville. — 1281. — CCXXXVI, p. 306 ; — et 1282. — CCXXXIX, p. 310.

FAMECHON (Pierre et Jean de) et leur sœur. Ils vendent au comte et à la comtesse de Ponthieu, roi et reine d'Angleterre, une habitation et un jardin voisins de la Cour Ponthieu. — 1285. — CCXLVIII, pp. 320-321.

FAUCONNIER (Gosse le). — Il vend au comte de Ponthieu la rente qu'il prenait sur la vicomté de Crécy. — 1310. — CCXCIX, p. 393.

FERET (Vermond) a reconnu devoir annuellement trois muids de sel à Hugue Dolehaim. — 1216. — LIX, p. 85.

FIEFFES (Enguerran, chevalier, sire de). — Conventions entre lui et Mathieu de Lannoy. — 1248, probablement 1268. — CXC, p. 250.

FONTAINES (Enguerran de), sénéchal de Ponthieu. — Lettre en faveur de l'abbaye d'Épagne. — 1178. — VIII, p. 19.

FONTAINES (Hugue de), chevalier. — 1218. LXVIII, p. 104.

FONTAINES (Hugue de), chevalier, seigneur de Long. — Il fait connaître et confirme un don aux lépreux du Quesne. — 1232. — CI, p. 145.

FONTAINES (Hugues de), chevalier, seigneur de Long. — Il échange des terres au Titre et à Airaines avec le comte et la comtesse de Ponthieu, Simon et Marie. — 1233. — CIV, p. 148.

FONTAINES (Alyaumes de), chevalier, sire de Long. — Il a donné à son oncle Henri de Vi, chevalier, le bois de la Vaquerie au terroir du Titre. — 1238. — CXXVIII, p. 176.

FONTAINES (Émeline de). — Elle reçoit de la comtesse d'Eu le don d'un fief. — 1251. — CLVIII, p. 215.

FONTAINES (Aliaumes de), chevalier, sire de Long). — Il vend à un bourgeois d'Abbeville une rente qu'il prenait sur la prévôté d'Aumale. — 1262. — CLXXXI, p. 242.

FONTAINES (Aliaume de), seigneur de Long, homme lige de Henri seigneur de Nouvion. — Il a autorisé Jean d'Arrest à vendre des terrages tenus de lui à Arrest. — 1271. — CXCVI, p. 256.

FONTAINES (Aliaumes de), chevalier, seigneur de Long. — Il reconnait n'avoir à Long que la basse justice, non la haute. — 1274. — CCIV, p. 268.

FONTAINES (Wistasse de), sire de Long. — Il fait connaître une convention entre lui et un de ses hommes liges à Sailly-le-Sec ou au Titre. — 1275. — CCVII, p. 271.

FONTAINE (Wistasse de), sire de Long, fait savoir qu'il a vendu au comte de Ponthieu roi d'Angleterre et à la comtesse Aliénor tout ce qu'il a ou peut avoir au Titre. — 1288. — CCLV, p. 333.

FORNIERS (Adam), chevalier. — Il donne quinze journaux de terre à l'abbaye de Dommartin. — 1234. — CCCXXIX, p. 442.

FRAMICOURT (Bartholomée seigneur de). — Il vend au comte de Guelles des terres au Translay. — 1258. — CLXVII, p. 224.

FRESNOI (Mathilde de), bienfaitrice des lépreux du Quesne.—1223.—LXXXIV, p.127.

G

GAFFÉ (Jean), meunier du moulin de la Baboe. — 1595. — CCCXXVIII, p. 441.

GAIPIN (Bertremieu), propriétaire de dix journaux de bois près de la forêt de Crécy. — Sans date, commencement du XIIIe siècle. — LXXXVbis, p. 130.

GAUDE (Mathieu), bailli d'Abbeville. — 1317. — CCCXX, p. 423.

GAUDE (Mathieu). — Sa maison en la rue Saint-Gilles à Abbeville est dans la justice des religieux de l'ordre de Saint-Jean de Jérusalem. — 1334. — CCCXXI, p. 432.

GIROLD, prieur de Saint-Pierre d'Abbeville. — Avril 1195. — XVI, pp. 30-31.

GIROLD, abbé de Saint-Riquier. — 1218. — LXVIII, p. 104.

GOLDE (Bernard). — Un des arbitres entre le comte de Ponthieu et le prieuré de

Saint-Pierre pour les moulins de Baboe et du Comte. — 1195. — XVI, p. 30.

GRANSART (Watier de). — 1267. — CLXXXVII, p. 246.

GUELLES (le comte et la comtesse de) achètent des terres au Translay. — 1258. — CLXVII, p. 224.

GUELLE (Phelippe comtesse de). Elle a demandé au comte et à la comtesse de Ponthieu de consentir à la fondation de sa « capellerie » du Translay et d'y apposer leurs sceaux. — 1277. — CCXVI, p. 280.

GUESSART ou GUESCHART ? (Gauthier), — 1205. — XXIV, p. 44.

GUI, comte de Ponthieu. — Extrait d'une charte de 1100, du comte Gui, reproduisant déjà elle-même des dispositions du comte Hugues, pour l'abbaye de Saint-Josse-sur-Mer. Dans une charte de l'abbé Florent de 1203. — XIX, p. 38.

— Charte du comte de Ponthieu Gui. — Vers 1144. — I, p. 9.

— Charte du comte Gui en faveur des chanoines réguliers d'Eu. — Avant 1147. — II, p. 10.

GUI, frère du comte de Ponthieu Guillaume. — 1218. — LXX, pp. 106-107.

GUILLAUME III, comte de Ponthieu. — Charte de ce comte en faveur de l'église d'Eu, postérieure à 1191. — XV, p. 29.

— Il donne à Crécy sa charte de commune. — 1194. — XIV, p. 28.

— Charte de ce comte. — Accord avec le prieuré de Saint-Pierre pour les moulins de Baboe et du Comte. — 1195. — XVI, p. 30.

— Il donne la charte de commune du Marquenterre. — Sa lettre est faite à Rue. — 1199. — XVII, p. 32.

— Il donne vingt livres parisis à prendre annuellement sur la vicomté d'Abbeville à Pierre *de Poestisiaco?* — De 1291 à 1203. — XVIII, p. 37.

— Il confirme par une charte de septembre 1205 le don fait par son père et par sa mère à l'église de Sainte-Marie de Vergelai d'un muid de sel à prendre annuellement sur la vicomté de Rue. XXIII, p. 42.

— Par une charte de 1205 il fait différents dons à l'église de Saint-Josse-au-Bois, cens à Rue, un jour de pêche dans les viviers de Rue. — XXIV, p. 43.

— Charte dans laquelle il fait une revue confirmative de ses dons à l'église de Saint-Vulfran d'Abbeville. — 1205. — XXV, p. 44.

— Monnayage de Ponthieu (le). Dans une charte du comte Guillaume pour Saint-Vulfran. — 1205. — XXV, p. 45.

— Il prend en sa protection toutes les possessions des chanoines réguliers d'Eu et particulièrement à Saint-Quentin-en-Vimeu. — Juillet 1207. — XXVIII, p. 47.

— Droit de change concédé par le comte Guillaume à un particulier et à ses hoirs. Étal ou table de ce change sur le Pont-aux-Poissons. — 1207. — XXIX, p. 48.

— Lettre de plusieurs dons à Hue Dolehaim, chevalier. — 1208. — XXXI, p. 50.

— Il donne des lettres de commune à Maioch (le Crotoy). — 1209. — XXXII, p. 52.

— Il donne treize muids de sel aux religieuses de Moreaucourt. — Décembre 1209. — XXXIV, p. 55.

— Il fait un accord avec le seigneur de Saint-Valery « pour le fait des catiches. » — 1209. — XXXVI, p. 57.

— Il prend en sa garde l'hôpital Saint-Nicolas de Saint-Riquier. — 1210. — XXXVIII, p. 62.

— Il fonde l'hôpital de Crécy. — 1210. — XXXIX, p. 63.

— Il confirme aux habitants de Rue le droit de commune qu'ils ont acheté au comte Jean 1210. — XL, p. 63.

— Il exempte des coutumes de la commune d'Abbeville le moulin et le meunier des religieuses d'Épagne à Rouvroy. — 1210. — XLI, p. 64.

Guillaume. — Il fait savoir que les religieuses d'Épagne pourront faire rebâtir hors de la barbacane de Rouvroy des maisons détruites pour cause de guerre. — 1210. — XLII, p. 65.

— Il confirme des dons faits à l'abbaye d'Épagne par le sénéchal Enguerran. 1210. — XLIII, p. 66.

— Il reconnait devoir une rente annuelle à Simon de Nouvion. — 1210. — XLIV, p. 68.

— Lettres pour le port du Crotoy. — Vers 1210. — XLVI, p. 70.

— Il fait un accord avec les religieux de Forêtmontiers. — 1210. — Vidimus de la comtesse Jeanne de 1258. — CLXVI, p. 223.

— Il a concédé le droit de commune à Vismes. — Dans une lettre des maire et échevins de Vismes de 1212. — XLIX, p. 73.

— Le comte Guillaume et la comtesse ont reconnu avoir donné à l'église de Sainte-Marie de Clairvaux deux cents muids de sel à prendre annuellement sur la vicomté de Rue. — Lettre d'Évrard de Fouilloy évêque d'Amiens. — 1213. — LI, p. 74.

— Il s'engage envers les bourgeois de Rue à ne pas fortifier sa maison du Gard. 1214. — LII, p. 75.

— Il donne à l'hôpital d'Amiens huit muids de sel à prendre annuellement à Rue. — 1214. — LIII, p. 77.

— Il fait don d'un terrage aux lépreux du Quesne. — 1214. — LIV, p. 77.

— Il donne à Robert de Bove, chevalier, une rente de vingt-cinq livres sur la vicomté d'Abbeville, etc., et le nomme son oiseleur à héritage. — 1214. — LV, p. 79.

— Il confirme et augmente les dons faits par le comte Jean son père à l'abbaye de Balances. — 1214. — LVI, p. 81.

Guillaume. — Il fait savoir que le territoire de Rothainville (Routhiauville) situé outre la Maye, entre Monchaux et les dunes et jusqu'à l'Authie, est de l'église de Saint-Valery et que cette église y doit percevoir, etc. — 1215. — LX, p. 86.

— Conditions pour un échange portant sur des bois à Ponthoiles. — Ibid., p. 87, etc., Ibid.

— Il exempte de droits de travers et de tonlieu Bernard Tuelu demeurant à Crécy. — 1217. — LXV, p. 100.

— Il fait quelques dons à l'hôpital de Rue en échange de dix journaux de terre sis au Titre. — 1217. — LXVI, p. 101.

— Il a reçu hommage de Raoul d'Issoudun, comte d'Eu. — 1217. — LXVII, p. 102.

— Il donne la lettre de commune de Port. — 1218. — LXVIII, p. 104.

— Il rappelle que le comte Jean a assigné à son frère Guy quarante livres de rente sur la vicomté d'Abbeville en échange de Noyelle-sur-Mer, et que Guy a de ces quarante livres donné cent sols de rente annuelle aux chevaliers du Temple, etc... et il confirme ces conventions. — 1218. — LXX, p. 106.

— Il règle les droits de moutures pour les moulins en la banlieue d'Abbeville. — 1219. — LXXI, p. 109.

— Lettre en faveur des chanoines de Saint-Vulfran d'Abbeville. — 1219. — LXXIII, p. 111.

— Il donne en augmentation à la chapelle de Montigny cent sols parisis. — 1219. — LXXIV, p. 112.

— Il fait un don de sel à l'hôpital de Mond.[?] 1220. — LXXVII, p. 115.

— Il fait un accord avec le seigneur de Saint-Valery pour différents droits. — 1220. — LXXIX, p. 116.

— Lettre sans date, dans laquelle il rappelle les dons de son père Jean aux lépreux de Lannoy. — LXIII, p. 90.

· — Charte de confirmation de Guillaume aux religieux d'Eu. — Sans date. — III, p. 11.

GUILLAUME. — Disposition testamentaire en faveur de l'abbaye de Balances, attestée par l'abbé de ce lieu. — 1223. — LXXXV, p. 128.
— Il a légué une rente à l'abbaye de Valloires. Rappelé dans une charte de 1237. — CXIX, p. 164.
— Il a légué pour son obit une somme à l'abbaye de Valloires. Confirmation par le comte et la comtesse de Ponthieu. — 1237. — CXXIV, p. 171.
— Il a fait à l'abbaye de Bertaucourt un legs de sel à prendre à Rue pour son anniversaire, suivant une attestation de l'abbé de Balances (Valloires). — 1283. — CCXLIII, p. 315.
— Il a donné au chapelain du Gard-lès-Rue une provende sur les moulins de Rue. Le comte Simon et la comtesse Marie confirment ce don. — 1234. — CX, p. 154.
GUILLAUME. — Il a donné à l'église de Longpont douze journaux de grève près de Rue pour faire sel et trente journaux dans le bois de la Nouvelle Défense. Dans une lettre du comte Mathieu de 1243. — CXLIV, p. 195.
— Il a donné aux religieuses de Willencourt deux muids d'avoine pour faire de la bière. Lettre de confirmation de la comtesse Jeanne. — 1258. — CLXXI, p. 227.
GUILLAUME, abbé de Balances. — Il atteste des dispositions du comte Guillaume de Ponthieu en faveur de son abbaye. — 1223. — LXXXV, p. 128.

H

HAIDIMONT (Symon de). — Il reconnait les droits d'usage des habitants d'Airaines dans le bois dont il porte le nom. — 1253. — CLIX, p. 216.
HATEREL (Hugue), chevalier. — Il vend un terrage aux lépreux du Quesne. — 1216. — LXII, p. 89.
HATEREL (Guillaume). — Il confirme une vente que son père Hugue a faite aux lépreux du Quesne. — 1237. — CXVIII, p. 163.
HODENC. — HOUDENT. — 1220. — LXXIX, p. 118.
HOKET (Jehan) a possédé le fief de la Cuisine. Dans une lettre du comte Mathieu. — 1245. — CXLVIII, p. 199.

I

INGERRAN, dapifer, officier de table du comte de Ponthieu. Dans une charte de 1162. — V, p. 15.

J

JEAN, comte de Ponthieu. — Il intervient dans une charte de Guillaume de Mers pour l'église d'Eu. — 1162. — V, p. 14.
— Charte en faveur des lépreux du Val de Buigny ou d'Abbeville. — 1177. — VII, pp. 16-19.
JEAN. — Il marie sa fille avec le fils du seigneur de Saint-Valery. — Lettre de l'évêque d'Amiens. — 1178. — IX, pp. 20-23.

Jean. — Memorandum d'une lettre de ce comte en faveur de l'abbaye de Dommartin. — 1183. — XI, p. 26.
— Il donne la charte de commune d'Abbeville. — 1184. — XII, p. 26.

Jean, fils de Gui, c'est-à-dire neveu du comte Jean et cousin du comte Guillaume. — 1218. — LXX, p. 107.

Jean, comte d'Eu, témoin dans une charte de 1162. — V, p. 15.

Jeanne, reine d'Espagne et de Castille, fait accorder par ses parents le comte et la comtesse de Ponthieu un don aux religieuses d'Épagne. — 1237. — CXXII, p. 169.
— Elle obtient de ses parents le comte et la comtesse de Ponthieu une rente sur la vicomté du Crotoy pour le vin de l'abbaye de Valloires. — 1237. — CXXIV, p. 171.
— Conventions matrimoniales entre le roi de Castille et elle. — 1237. — CXVI, p. 172.

Jeanne, reine de Castille, devenue comme héritière comtesse de Ponthieu, donne au chapitre de Saint-Vulfran d'Abbeville cent journaux de bois dans la forêt de Crécy. — 1255. — CLX, p. 217.
— Elle accorde à Jehan de Toflet et à ses hommes de Dun le droit de pâture dans le marais de Pont-de-Remi. — 1256. — CLXI, p. 218.
— Elle assigne une rente viagère sur la vicomté de Rue à un chapelain du Crotoy. — 1256. — CLXIII, p. 220.
— Elle fait avec l'abbé de Forêtmontiers un échange portant sur Tormont et Forêtmontiers. — 1657. — CLXIV, p. 221.
— Elle a donné scelées de son scel les lettres de Guillaume Tryel à Mathieu de Trie. — 1258. — CLXX, p. 227.
— Elle confirme aux religieuses de Willencourt les dons des comtes Guillaume et Simon. — 1258. — CLXXI, p. 227.
— Elle a donné à Ricard le Mareschal le fief Pignon à Airaines et depuis une rente à prélever sur la vicomté du Crotoy pour la récompensation de ce fief. — 1258. CLXXIII, p. 232.

Jeanne. — Elle donne à Eudes de Ranqueroles la ville de Tormont et tout ce qu'elle y a par suite de l'échange avec l'abbé de Forêtmontiers. Elle ajoute à ce don une rente de quarante livres sur la vicomté d'Abbeville. — 1258. — CLXXIV, p. 233.
— Elle traite avec la comtesse de Dreux, dame de Saint-Valery pour les vicomtés et seigneuries du Vimeu. — 1258. — CLXXV, p. 235.
— Elle confirme une générosité du comte Simon en faveur des chapelains de l'hôtel-Dieu de Pont-Hermer. — 1258-1259 ? — CLXXVII, p. 238.
— Elle a donné en 1258 des lettres aux religieux de Forêtmontiers. — Dans une confirmation de J. de Nesle et de Jeanne de 1268. — CXCI, p. 251.
— Elle fait savoir que Bertremiex de Rue a vendu le fief Closemont ? à Symon Dupuch. — 1260. — CLXXVIII, p. 239.
— Elle donne à Drieuon d'Amiens, seigneur de Vinacourt, tous les droits de justice dans les fiefs qu'il tient d'elle. — 1267. — CLXXXIX, p. 248. — État de ces fiefs. — *Ibid.*
— Elle confirme à l'abbaye de Royonval les dons de harengs du comte Simon et les siens. — 1275. — CCVI, p. 270.
— Elle accorde à l'abbaye de Royonval un nouveau millier de harengs à prendre annuellement sur la vicomté de Rue. 1272. — CXCVII, p. 257.

K

Kaisu (Ansel de), grand baron et « camberlenc » de l'empereur de Constantinople. — Dans les lettres de sa veuve. — 1277. — CCXII et CCXIII, pp. 277-278.

Kières (Quieret ?) Henri. — 1220. — LXXIX, p. 118.

L

Lannoy (Mathieu de). — Conventions entre lui et Enguerran de Fieffes. — 1248, probablement 1268. — CXC, p. 250.

Laviers (Robert de), neveu d'Enguerran sénéchal de Ponthieu. — 1178. — VIII, p. 20.

Le Bouteiller (Robert), possède une maison à Rue. — 1205. — XXIV, p. 43.

Lecos (Jehan). — Témoin dans la charte de Crécy. — 1194. — XIV, p. 28.

Le Fournier (Jean). — 1205. — XXIV, p. 44.

Le Fournier (Jaques). — 1230. — XCV, p. 140.

Lens (Willaume de), chevalier, sénéchal de Ponthieu. — 1299. — CCLXXIII, p. 360.

Leprevost (Jean), de Miannay, tient du seigneur de Drucat un manoir à Domqueur. — 1215. — LVII, p. 84.

Le Roi (Gaultier). — Dans une lettre sans date du comte Guillaume. — LXIII, p. 93.

Le Roux (Philippe), de Rue, achète au comte de Ponthieu le fief de la Cuisine. — 1245. — CXLVIII, p. 199.

Leschoppier (Jean). — Il plaide en la Cour Ponthieu pour une question d'héritage mais le sénéchal déclare que le jugement ne créera pas un précédent préjudiciable à la justice de la ville. — 1310. — CCCI, p. 395.

Loherenne (Pierre de). — Il acquiert à cens une table de change sur le Pont-aux-Poissons à Abbeville. — 1248. — CLII, p. 205.

Longuet (Gui de). — Arbitre entre le comte de Ponthieu et le prieuré de Saint-Pierre pour les moulins de Baboe et du Comte. — 1195. — XVI, p. 31.

Louis VIII, roi de France. — Lettre en réponse à une supplique de Marie comtesse de Ponthieu. — 1225. — LXXXVII, p. 131.

Louis IX, roi de France. — Lettre constatant l'accord du comte de Ponthieu et de Robert Malet. — 1233. — CV, p. 148.

— Sa lettre approuvant et précisant les conditions du mariage de Jeanne de Ponthieu et du roi de Castille. — 1238. — CXXV, p. 172.

— Il ratifie la vente de fiefs faite par le comte et la comtesse de Ponthieu, Mathieu et Marie, à Robert comte d'Artois. — 1244. — CXLVIII, p. 197.

M

Machy (Firmin de), écuyer, vend à Édouard, comte de Ponthieu et à la comtesse Aliénor des rentes à Crécy. — 1280. CCXXVII, p. 294.

Il lui vend l'hommage de Bernard de Mareuil seigneur de Villers. — 1280. — *Ibid.*

Enquête de l'official d'Amiens et lettre du doyen de Rue sur ces ventes. — 1280. — *Ibid.*, pp. 295-296.

Maintenay (Guillaume, seigneur de), chevalier. — 1237. — CXXVI, p. 174.

Maisnières (les seigneurs de), descendants des comtes de Ponthieu. — 1218. — LXX, pp. 106-107.

Maisnières (Guillaume de), neveu du comte

Jean et cousin du comte Guillanme. — 1218. — LXX, p. 107.

MAISNIÈRES (Jean de), fils de Gui et neveu du comte Jean. — Il rappelle que le comte Jean a donné à son père Gui quarante livres de rente, de la monnaie du Ponthieu, sur la vicomté d'Abbeville, en échange de Noyelles-sur-Mer, etc. — 1218. — LXX, pp. 107-108.

MAIGNÈRES (Jehan de). — Son accord avec l'abbaye de Corbie. — 1225. — LXXXVIII, p. 134.

MAISNIÈRES (Jean de). — 1230. — XCVII, p. 142.

MAISNIÈRES (Jean de), chevalier. — Accord entre lui et l'abbé de Corbie. — 1244. — CXLV, p. 195.

MAISNIÈRES (Jean seigneur de). — Accord avec l'abbaye de Corbie. — 1283. — CCXLI, p. 313.

MARESCHAL (Ricard le), reçoit le fief Pignon à Airaines de la comtesse Jeanne. — 1258. — CLXXIII, p. 232

MARIE, comtesse de Ponthieu. — Sa lettre pour le prieuré de Saint-Pierre. — 1226. — XCI, p. 137.

— Sa lettre en faveur des religieuses de Saint-Michel de Doullens. — 1229. — XCIII, p. 139.

— Elle donne avec son mari revenu d'exil une charte en faveur de l'abbaye de Royonval. — 1229. — CXII, pp. 137-138. — Jusqu'à la mort de son mari toutes les chartes seront données par lui et elle. — Voyez Simon.

— Elle ratifie un legs de son mari à l'église de Notre-Dame de Boulogne pour son anniversaire. — 1239. — CXXXIII, p. 182.

— Elle ratifie un legs de son mari aux religieux de Sery pour l'anniversaire de sa mort. — 1239. — CXXXIV, p. 183.

— Elle ratifie un legs de son mari à l'église de Saint-Vulfran d'Abbeville pour son obit. — 1239. — CXXXV, p. 184.

— Elle ratifie un legs de son mari à la maladrerie de Rue ou de Lannoy pour son anniversaire. — 1239. — CXXXVI, p. 185.

MARIE, comtesse de Ponthieu. — Elle ratifie un legs de son mari à l'église de Saint-Vulphi de Rue pour son obit. — 1239. — CXXXVII, p. 186.

— Elle ratifie un legs de son mari à l'hôpital de Rue pour son anniversaire. — 1239. — CXXXVIII, p. 187.

— Elle ratifie une fondation de chapelle à Saint-d'Esserent par son mari et une rente en faveur de cette chapelle sur la vicomté du Crotoy. — 1239. — CXXXIX, p. 188.

— Elle ratifie un legs de son mari à la léproserie du Val d'Abbeville pour son anniversaire. — 1239. — CXL, p. 189.

— Elle ratifie un legs de son mari à l'abbaye de Saint-Josse-au-Bois pour son obit. — 1239. — CXLI, p. 190.

— Elle assigne aux chapelains de Sainte-Croix en la Cour Ponthieu quarante sols de cens à prendre sur les ténements d'un bourgeois. — 1240. — CXLII, pp. 190-192.

— Elle confirme seule, — elle n'est pas encore veuve mais va l'être, — un don de Bernard de Mareuil. — 1249. — CLV, p. 211.

— La comtesse est de nouveau veuve. — Elle constate par une lettre que Robert de Noyellette, son homme lige, a résigné en sa main cinq journaux de terre à Hiermont et qu'elle en a saisi Jehan de Baiardes. — 1250. — CLVI, p. 212.

MARIE, comtesse de Ponthieu. — Suivant le témoignage de sa fille la comtesse Jeanne, elle donna à l'abbaye de Dommartin beaucoup droits à Métigny-sur-Authie (Montigny). Vidimus très postérieure de l'évêque d'Amiens. — 1280. — CCXXX, p. 298.

MARITAT (Hugue), maire d'Arguel. — 1216. LXII, p. 90.

Maritat (Hugues), maire d'Arguel. — 1223. — LXXXIV, p. 127.

Maritat (Hugues), maire d'Arguel. — 1225. — LXXIX, p. 135.

Maroeul (Bernard de), chevalier, seigneur de Viliers (Villers - sur - Authie). — Accord avec le prieur de Mentenay. — 1230. — CXVI, p. 141.

Mathieu de Montmorency, comte de Ponthieu, et Marie, sa femme. Vidimus de la lettre de Jean Rabot pour la vente d'un cens sur la vicomté de Crécy. — 1242. — CXLIII, p. 192.

— Iis donnent une rente sur la vicomté de Rue à l'église de Longpont en échange de dons du comte Guillaume. — 1243. CXLIV, p. 195.

— Ils ont vendu à Robert, comte d'Artois, le fief que Hue, comte de Saint-Pol, tenait du comte de Ponthieu, et le fief du vicomte du Pont-de-Remi. — 1244. — CXLVI, p. 196.

— Ils donnent quatre-vingt-dix journaux de terre au Brulle en échange d'un rédime sur sept cents journaux au même terroir. — 1246. — CL, p. 201.

— Ils ont fait un accord avec l'abbaye de Saint-Riquier pour la garenne du Crotoy et de Maioc, etc. — 1248. — CLIII, p. 206.

Mers (Guillaume de). — Charte en faveur des religieux d'Eu. — 1149. — IV, p. 12.

Autre lettre de Guillaume de Mers pour la même cause. — 1162. — V, p. 13.

Moiliens — Moliens ou Molliens (Hugues de). — Don aux lépreux du Quesne. — 1232. — CI, p. 145.

Monchiaus (Landri de), témoin dans la charte de Crécy. — 1194. — XIV, p. 28.

Monnekin (Simon), garde de la terre de Ponthieu de par le roi de France. — 1296. — CCLXX, p. 355.

Montenai (Hugues de), un des arbitres entre le comte de Ponthieu et le prieuré de Saint-Pierre pour les moulins de Baboe et du Comte. — 1195. — XVI, p. 50.

Montreuil (Wautier de), seigneur de Mentenay. — 1214. — LVI, p. 83.

Moriaus (Ernous) ou Monachus, témoin dans la charte de Crécy. — 1194. — XIV, p. 29.

Moroil, — Mareuil (Bernard sire de). — Il donne une rente à Godefroy Lengles et à sa femme. — 1249. — CLV, p. 211.

Moroil, — Mareuil (Bernard de), sires de Viliers, — Villers près de Caubert. Il fait amende à la comtesse Jeanne. — 1258. — CLXXVI, p. 237.

Mulet (Étienne), bienfaiteur de la léproserie du Quesne. — 1211. — XLVII, p. 71.

Mulet (Gautier), bourgeois d'Abbeville. — 1218. — LXIX, p. 105.

Muluel (Gautier), dans une lettre sans date du comte Guillaume. — LXIII, p. 95.

N

Nempont (Jean du Quesnoy, seigneur de). — Il fait un accord avec les religieux de Dommartin. — 1412. — CCCXXIX, p. 442.

Nesle (Jean de), comte de Ponthieu par son mariage avec Jeanne. Il saisit de terres au Translay le comte et la comtesse de Guelles. — 1258. — CLXVII, p. 224.

Nesle (Jean de), comte de Ponthieu, et Jeanne sa femme rachètent, moyennant une rente sur la vicomté de Rue, un usage de pêche aux religieux de Balances. — 1261. — CLXXIX, p. 240.

NESLE (Jean de), comte de Ponthieu, et Jeanne sa femme. — Leurs lettres établissent que nul à Abbeville ne peut prêter à usure sans leur congé et celui de la ville. — 1261. — CLXXX, p. 241.

— Ils veulent que le vicomte d'Abbeville fasse le serment à la ville après l'avoir fait au comte. Ils ne veulent plus que des causes soient portées hors de la ville à Amiens, à Corbie ou à Saint-Quentin. — 1266. — CLXXXV, p. 244.

— Leur lettre touchant les limites de la commune du Marquenterre. — 1266. — CLXXXVI, p. 245.

— Ils confirment l'accord du comte Guillaume avec les religieux de Forêtmontiers. — 1268. — CLXVI, p. 223.

— Ils ont saisi des terres de la comtesse de Guelle (Gueldre) et perçu des profits pour défaut de relief La comtesse de Guelle les tient quittes des levées qu'ils ont faites. — 1270. — CXCV, p. 255.

— Ils abandonnent au couvent de Forêtmontiers tous les droits qu'ils peuvent avoir dans un bois que les religieux ont acheté, ne s'y réservant que la chasse « à toutes bêtes sauvages. ». — 1272. CXCIX, p. 259.

— Leur lettre. — Ils ont acheté de Robert de Valines, autrement dit Cloche d'Amours, prêtre, le moulin Cokin qu'il tenait des religieux de Forêtmontiers. — A quelles conditions. — 1273. — CCI, p. 263.

— Ils tiennent quittes les habitants de Rue de l'engagement qu'ils ont pris de faire venir le cours de l'Authie en leur ville. — 1277. — CCXI, p. 275.

— Ils se sont accordés avec les religieux de Dommartin pour leurs droits respectifs dans un moulin à vent en Marquenterre. — 1277. — CCXIV, p. 279.

— Ils reconnaissent qu'ils ne peuvent établir d'écluses dans les marais entre Nampont et Roussen, les eaux courant dans ces marais appartenant aux religieux de Dommartin. — 1278. — CCXVII, p. 281.

NESLE (Jean de), sire de Fallin (Falvi) (c'est ainsi qu'il se nomme depuis la mort de la comtesse avec laquelle il a perdu le titre de comte) donne à cens à Nichole Poiher, chanoine, le ténement du Sauvoir à Abbeville. — 1280. — CCXXVI, p. 293.

— Il ne se nomme plus que chevalier (n'étant plus comte), sire de Fallin (Falvy). — Il vend au comte et à la comtesse de Ponthieu un moulin à vent au Crotoy, moyennant une rente viagère. — CCXLIX, p. 323.

— Sa lettre constate qu'après une contestation entre lui et le sénéchal il a été convenu qu'il toucherait une rente viagère pour le moulin qu'il a cédé au comte de Ponthieu, roi d'Angleterre. 1289. — CCLVII, p. 337.

NIHELLE ou NOIELLE (Watier de), homme du vicomte de Pont-de-Remy et tenant du fief de Nihelle près du Pont-de-Remy; a consenti à la construction sur ce fief de deux moulins par le comte de Ponthieu. — 1231. — XCIX, p. 144.

NORMAN (Pierre), maire d'Abbeville. — 1218. — LXIX, p. 105.

NORON ? (Landri de), témoin dans la charte de Crécy. — 1194. — XIV, p. 28.

NOUVION (Henri, chevalier, sire de), a livré, moyennant une redevance, aux religieux de Forêtmontiers quatre-vingts-journaux de bois à défricher. — 1270. — CXCIII, p. 253.

— Sa lettre touchant les quatre-vingts journaux de bois qu'il a livrés à défricher, moyennant redevance, aux religieux de Forêtmontiers. — 1270. — CXCIV, p. 254.

— Il prie le comte de Ponthieu de confirmer une vente. — 1271. — CXCVI, p. 256.

NOYELLETTE (Robert de). — Il a vendu à Jehan de Baiardes cinq journaux de terre à Hiermont. — 1250. — CLVI, p. 212.

O

OISELEUR (l') du comte de Ponthieu. — 1214. — LV, p. 79.
OYSEMONT (Jean de), vend à l'abbaye de Gard tout ce qu'il a ou peut avoir à Soues. — 1289. — CCLVI, p. 334.

P

PATIN (Gontier), bourgeois d'avant la concession écrite de la commune d'Abbeville. — 1178. — VIII, p. 19.
PATIN (Gontier), maïeur d'Abbeville en avril 1195. — XVI, p. 31.
PEVELLON (Hugue), maire de Port. — 1218. — LXVIII, p. 104.
PHILIPPE, comtesse d'Eu et dame de Coucy. — Don par elle d'un fief à Émeline de Fontaines. — 1251. — CLVIII, p. 215.
PIERRECOURT (Gauthier de). — Pierrecourt, du canton de Blangy (Seine-Inférieure). — 1219. — LXXVI, p. 114.
PIPETARTE (Pierre). — Vend au comte de Ponthieu un étal de boucher. — 1218. — LXIX, p. 105.

POESTISIACO ? (Pierre de). — Dans une charte de septembre de 1201 à 1203. — XVIII, p. 37.
PONCHES (Droco de) et son fils Jean. — 1205. — XXIV, p. 44.
PONCHES (Gauthier de), chanoine de Saint-Vulfran d'Abbeville. — 1219. — LXXIII, p. 112.
PONCHES (Gui, chevalier, seigneur de). — Il a fait à l'abbaye de Saint-Josse-au-Bois un don de terrage au Cauroy. — 1234. — CXII, p. 158.
PONCHES (Gui de). — 1248. — CLIV, p. 208.
PONT-DE-REMY (Enguerran vicomte du) et seigneur dudit lieu. — 1236. — CXVI, p. 162.

Q

QUESNE (Foulque seigneur de). — 1213. — L, p. 73.
QUÉSNE (Foulque du), témoin dans une charte du comte de Ponthieu pour les lépreux du Quesne. — 1214. — LIV, p. 78.

QUESNE (Foulque du), chevalier. — Don aux lépreux. — 1226. — XC, p. 135.
QUESNES (Foulques du). — 1232. — CI, p. 145.

R

RABOT (Jehan). — Il vend un cens sur la vicomté de Crécy. — 1242. — CXLIII, p. 192. — Ses lettres. *Ibid.*, p. 193, et p. 194.

REVEL (Renier de), constructeur du moulin de Rouvroy. — 1176. — VI, p. 15.
REVELIN RABOS, chevalier. — 1218. — LXVIII, p. 104.

Rioles (Bernard), un des arbitres entre le comte de Ponthieu et le prieuré de Saint-Pierre pour les moulins de Baboe et du Comte. — 1195. — XVI, p. 30.

Rogehan (Fremins de), maire d'Abbeville. — Sa lettre constatant le bail à cens d'une table de change. — 1248. — CLII, p. 205.

Pokelle, Rokesley (Richard de), chevalier, sénéchal de Ponthieu. — 1307 ou 1308. — CCLXXXIII, p. 375.

Rouvroy (Alfons de), écuyer, fils de J. de Rouvroy, chevalier, seigneur de Tricot. — 1274. — CCV, p. 269. — Il a vendu des terres à la comtesse de Guelle. — 1274. — CCV, p. 269.

Rouvroy (Pierre de). — Il vend aux religieux du Gard ce qu'il possède à Hangest. — 1289. — CCLXII, p. 342.

Roye (Mathieu de), chevalier, seigneur de la Ferté (lès-Saint-Riquier). — Il atteste qu'une rente est due sur la vicomté d'Abbeville à Jehan de Rankeroles. — 1279. — CCXXIV, p. 291.

Roye (Mathieu de), chevalier, seigneur de Germigni. — Il a reçu *pro bono pacis*, du comte et de la comtesse de Ponthieu, trois cents journaux de bois sis près de Forêtmontiers pour les défricher ou en faire sa volonté. — 1233. — CVI, p. 150.

S

Sache Espée, Sacquespée (Osbert). — 1211. — XLVII, p. 71.

Saint-Aubin (Enguerran de) — 27 mars 1204. — XX, p. 40.

Saint-Aubin (Ingerran de), témoin dans une charte du comte de Ponthieu pour les lépreux du Quesne. — 1214. — LIV, p. 78.

Saint-Aubin (Robert de), bienfaiteur des lépreux du Quesne. — 1222. — LXXXII, p. 126.

Saint-Aubin (Pierre de), doyen d'Airaines. — 1223. — LXXXIII, p. 127.

Saint-Albin, — Aubin — (Pierre de), bienfaiteur des lépreux du Quesne. — 1238. — CXXIX, p. 177.

Saint-Pol (Hugues comte de), témoin dans une charte du comte Guillaume de Ponthieu de 1201 à 1203. — XVIII, p. 37.

Saint-Pol (Hue comte de). — 1209. — XXXIV, p. 56.

Saint-Valery (Renaud de) et Bertrand son fils. — Dans une charte de 1162. — V, p. 15.

Saint-Valery (Renaud fils du seigneur de). — 1178. — IX, p. 21.

Saint-Valery (Thomas de). — Il promet le service au comte de Ponthieu. — 1205. — XXII, p. 41.

Saint-Valery (Thomas de). — Il a fait paix avec le comte Guillaume. — A quelles conditions. — 1209. — XXXVII, p. 61.

Selvestre, chapelain du comte de Ponthieu. — 1194. — Témoin dans la charte de Crécy. — XIV, p. 28.

Senarpont (Gilles de), de la famille des maïeurs de ce nom. — Il avait une maison sur le Pont-aux-Poissons. — 1281. — CCXXXVII, p. 307.

Silvestre, clerc du comte de Ponthieu. — 1205. — XXIV, p. 44.

Simon, comte de Ponthieu, et Marie, sa femme. — Leur lettre en faveur de l'abbaye de Royonval (ou plutôt Riéval). — 1229. — XCII, p. 137.

— Ils ont confirmé un accord entre Bernard de Maroeul et le prieur de Mentenay. — 1230. — XCVI, p. 141.

Simon, comte de Ponthieu et Marie sa femme. — Ils donnent à l'église de Saint-Leu-d'Esserent dix mille harengs à prendre annuellement sur la vicomté de Rue. — 1230. — XCVIII, p. 142.
— Ils ont fait construire à leurs frais deux moulins à Nihelle (ou Noielle) près du Pont-Remy. — 1231. — CXIX, p. 141.
— Ils donnent aux lépreux du Val d'Abbeville deux charretées de bois mort à prendre dans la forêt de Crécy. — 1231. — C, p. 145.
Simon, comte de Ponthieu. — Un différend entre lui et l'abbé du Tréport a été porté devant le roi de France. — 1233. — CII, p. 146.
Simon, comte de Ponthieu et Marie, sa femme, s'accordent avec Robert Malet sur quelques intérêts. — Questions de droit. — 1233. — CV, p. 148.
— Ils ont donné à Mathieu de Roye trois cents journaux des bois voisins de Forêtmontiers *pro bono pacis*, avec autorisation de les défricher, mais à la condition qu'il n'y construira ni château ni forteresse. — 1233. — CVI, p. 150.
— Ils ont donné quarante sols parisis de rente à prendre sur la vicomté de Rue. — Lettre de vidimus. — 1233 (1234). — CIX, p. 154.
— Ils confirment une charte de commune donnée à Airaines par le seigneur de ce lieu. — 1234. — CVII, p. 152.
— Ils font don d'une rente, etc., sur la vicomté de Rue au chapelain du Gard-lès-Rue. — 1234. — CX, p. 154.
— Ils font un accord avec la comtesse d'Eu qui continuera à devoir au comte de Ponthieu le service de trois chevaliers, etc. — 1234. — CXI, p. 155.
— Ils donnent une charte en faveur de l'abbaye de Saint-Josse-au-Bois. — 1234. — CXII, p. 157.
— Simon a fait tourber dans le marais de Tengnon appartenant à l'abbaye de Saint-Valery mais avec l'autorisation des religieux. — 1235. — CXIII, p. 159.
Simon, comte de Ponthieu. — Le comte et la comtesse réservent six journaux de grève près de Rue, au profit des religieux de Cercamps, pour y faire du sel, et vingt journaux de bois de la Nouvelle Défense ou Réserve. — 1235. — CXIV, p. 159.
— Ils confirment un legs fait par le comte Guillaume en faveur de l'abbaye de Valloires. — 1237. — CXIX, p. 164.
— Ils assignent à l'abbaye de Valloires une somme à prendre sur la vicomté du Crotoy. — 1237. — CXIX, p. 164.
— Ils abandonnent au prieur de Maintenay tout le droit vicomtier à Villers et à Fresnes-sur-Authie. — 1237. — CXX, p. 165.
— Ils font un accord pour l'afforement du vin. — 1237. — CXXI, p. 168.
— Ils donnent aux religieuses d'Épagne quatre milliers de harengs à prendre sur la vicomté de Rue. — 1237. — CXXII, p. 169.
— Ils attribuent une rente sur la vicomté d'Abbeville à un chevalier, Guiffroy de le Capelle. — 1237. — CXXIII, p. 170.
— Ils confirment à l'abbaye de Valloires une somme léguée par le comte Guillaume pour son anniversaire. — 1237. — CXXIV, p. 171.
— Ils prennent un engagement par devant le roi de France. — 1238. — CXXX, p. 179.
— Ils accordent à Bernard d'Amiens, chevalier, une rente de soixante livres à prendre sur la vicomté du Crotoy. — 1239. — CXXXI, p. 179. — Conditions de la donation. — *Ibid.*, p. 180.
— Ils donnent à Guy de Waudricourt, moyennant le service d'un hommage annuel, un manage sis à Brailly. —

1239. — CXXXII, p. 181. C'est la dernière chárte de Simon qui est près de sa fin.

SIMON, comte de Ponthieu, a laissé pour son obit aux religieuses de Willencourt un muid d'avoine à prendre à Hiermont. — Lettre de confirmation de la comtesse Jeanne. — 1258. — CLXXI, p. 228.

SIMON, prieur de Saint-Pierre d'Abbeville. — 1218. — LXVIII, p. 104.

T

TANNEURS D'ABBEVILLE (noms des). — 1309. — CCLXXXV, p. 378.

TEMPLIERS (les) à Forêt-l'Abbaye. — Sans date, commencement du XIIIe siècle. — LXXXVbis, p. 130.

THOMAS seigneur de Saint-Valery. — Il promet le service au comte de Ponthieu, excepté contre les rois de France et d'Angleterre. — Août 1205. — XXII, p. 41.

THOMAS, doyen du chapitre de Saint-Vulfran d'Abbeville. — 1218. — LXVIII, p. 104.

TOFFLAIT (Gui de), témoin dans la charte de Crécy. — 1194. — XIV, p. 28.

TOFFLET (Jehan de). — Il reçoit de la comtesse Jeanne, pour lui et pour ses hommes de Dun, le droit de faire pâturer les animaux de ce lieu dans le marais de Pont-de-Remy. — 1256. — CLXI, p. 218.

TRIE (Mathieu de), chevalier, seigneur de Trie et de Monchy. — 1258. — CLXX, p. 226.

TRIE (Mathieu de), chevalier, sire de Vaumain. — Il vend au roi d'Angleterre, comte de Ponthieu, des droits, cens et seigneurie à Soues. — 1316. — CCCXIX, p. 420.

TROCHART (Hue). — Il reçoit du comte Guillaume le droit d'exercer le change sur le Pont-aux-Poissons. — 1207. — XXIX, p. 48.

TROCHART (Pierre), bourgeois, propriétaire de tenements hors la porte Comtesse sur lesquels la comtesse Marie assigne quarante sols de cens aux chapelains de la Cour Ponthieu. — 1240. — CXLIII, pp. 191-192.

TROCHARD (Bertremex ou Barthélemy), chanoine. — Il baille à cens sa table de change sur le Pont-aux-Roissons — 1248. — CLII, p. 205.

TUELEU (Bernard), affranchi de droits par le comte Guillaume. — 1217. — LXV, p. 100.

TYREL (Guillaume), chevalier, seigneur de Pois, etc. — Il assigne trois mille, livres, etc., à Mathieu de Trie sur la terre de Mareuil. — 1258. — CLXX, p. 226.

V

VALINES (Robert de), dit aussi Cloche d'Amours. — Il a vendu au comte de Ponthieu le moulin Cokin séant à Crécy. — 1273. — CCI, p. 263.

VALOUVRECH (Robert du). — 1230. — XCV, p. 140.

VAQUERIE (Mathieu de la), seigneur d'Épagne. — 1265. — CLXXXIII, p. 243.

VIEULLAINES (Jehan de Beeloy sire de). — Il a vendu au comte Jean de Nesle le fief de la Botilliere (Bouteillerie) qu'il avait « en l'ostel le conte de Pontieu. » — 1267. — CLXXXVIII, p. 246.

VILEROYE (Jean sire de). — Il approuve la vente de terres faite par sa sœur aux maire et échevins de Vileroye (Villeroy). 1278. — CCXVI, p. 280.

VILIERS, — Villers près de Caubert. — Bernars de Moroil, — Mareuil, — sires de Viliers, fait amende à la comtesse Jeanne. — 1258. — CLXXVI, p. 237.

VILERS (Renaud de), chevalier. — Il vend au sénéchal de Ponthieu la rente qu'il touchait sur la vicomté d'Abbeville. — 1307. — CCLXXXII, p. 374.

VILLEROY (Guillaume de) et les maire et échevins de Villeroy. — 1238. — CXXVI, p. 174.

VIME (Robert, chevalier, seigneur de). — 1304. — CCLXXVIII, p. 369.

W

WALLANDE (Jean). — Il vend au comte de Ponthieu son droit d'acheter et de vendre en franchise dans tout le comté de Ponthieu. — 1317. — CCCXX, p. 423.

WALTIERS (Galterus), abbé de Saint-Riquier. — Lettre par laquelle il constate un accord entre l'abbaye et le comte de Ponthieu pour la garenne du Crotoy et de Maioc, etc. — 1248. — CLIII, p. 206.

WARIN ou GARIN DE MAUTORT dans une charte de 1162. — V, p. 15.

WASCOIGNE (Henri de), écuyer, vend au roi d'Angleterre, comte de Ponthieu, dix journaux de bois dessus Machy. — 1280. — CCXXVIII, p. 296.

WASCONSONS (Robert de). — 1232. — CI, p. 145.

WAUCOS (Pierre) et ses fils. — 1205. — XXIV, p. 44.

WAUDRICOURT (Guy de). — Il reçoit du comte et de la comtesse de Ponthieu un manage à Brailly pour une paire d'éperons dorés tous les ans. — 1239. — CXXXII, p. 181.

WAUDRICOURT, — VAUDRICOURT (Hue de), chevalier. — 1267. — CLXXXVII, p. 246.

WICART (Robert de). — 1210. — XLIV, p. 68.

Y

YSONARD, abbé de Sery. — 1219. — LXXII, p. 110.

Je n'ai pu, malgré mes soins, ne pas laisser échapper des fautes dans mes corrections. Une lecture nouvelle de mes copies et la confection des tables m'en ont fait reconnaître plus d'une que j'ai eu le tort de ne pas relever. Voici cependant deux ou trois remarques.

Page 88. — Le renvoi 4 n'a pas de réponse au bas de la page. La réponse, peu importante, eût dû être : « de Balances dans la seconde copie fournie par le Cartulaire. »

La note 4 au bas de la même page se rapporte au renvoi numéroté à tort 7 et au mot *Hos*.

Page 121. — Note 6 : *servatorum* pour *servatorium* sans doute; réservoir d'eau suivant du Cange. Ce mot ne voudrait-il pas dire aussi abreuvoir ou simplement mare ?

Page 175. — De Bello Compo, lisez : de Bello Campo.

Page 176. — Sommaire. — Du Bos de Bos, lisez simplement du Bos.

Achevé d'imprimer

PAR

FOURDRINIER & Cie

A ABBEVILLE

Le 1er Octobre 1897